Tout Savoir

5e

Français Marjorie Champetier

Mathématiques Raja Siblini

Histoire-Géographie/Éducation civique
Guillaume Joubert

Sciences de la Vie et de la Terre
Patrick Vermeulen

Physique-Chimie Pierre Assouline

Anglais Corinne Touati

© Hatier, Paris, 2011– ISBN : 978-2-218-94929-6

Hatier

Tout savoir en 5e

Sommaire

Français ...... page 4

Mathématiques ...... page 60

Histoire-Géo/Éducation civique .... page 120

Retenir l'essentiel

Une **puce** se promenait sur le bras d'un fauteuil. **Elle** rencontra un long cheveu blond qui se regardait dans un miroir de poche.
– Hé ! fit **le** cheveu, faites donc attention où vous marchez. Surtout ne **me** touchez pas, ne me déplacez pas : je suis un indice !
– Un **indice**, qu'est-ce que c'est que ça ?
– Figurez-vous qu'un crime a été commis dans **cette** pièce.

■ Bernard Friot, « Histoire policière », *Histoires pressées* © Milan Poche Junior.

Pour chaque terme en gras, s'agit-il d'un nom, d'un déterminant ou d'un pronom ?

Puce et **indice** sont des noms ; **elle** et **me** sont des pronoms ; **le** et **cette** sont des déterminants.

Le nom et ses déterminants

● Un **nom** est un mot, de genre masculin ou féminin, qui désigne un être, une chose (*indice*) ou une idée. Variable, il s'emploie soit au singulier (*un **crime***) soit au pluriel (***des crimes***).
Il existe différentes catégories de noms :
– un **nom commun** désigne une réalité qui n'est pas unique (***un miroir***) ;
– un **nom propre** désigne une réalité unique (***Camille; Paris***) ; il a une majuscule à l'initiale.

● Un nom est en général introduit par un **déterminant**, qui s'accorde avec lui en genre et en nombre (***un fauteuil; des fauteuils***).
Il existe plusieurs catégories de déterminants, parmi lesquelles :
– les **articles** : définis (*le, la, l'*), indéfinis (*un, une, des*), partitifs (*du, de la...*) ;
– les **déterminants** : démonstratifs (*ce, cette, ces*), possessifs (*mon, ton, son, leur*).

Les pronoms

● Un pronom remplace en général un mot ou groupe de mots appartenant au contexte : son antécédent.
***Elle** rencontra un long cheveu blond [...].*
Le pronom *Elle* remplace *une puce*, son antécédent.
Certains pronoms, cependant, peuvent être employés sans antécédent. ***Je** suis un indice !*

● Un pronom peut varier en genre (*celui, celle*), en nombre (*le tien, les tiens*), parfois en personne (*je, tu, il*) selon la fonction occupée (*il, le, lui*). *Surtout ne **me** touchez pas, [...] : **je** suis un indice !*
Me et *je* (sujet) sont deux pronoms personnels de la 1re personne du singulier.

● Il existe plusieurs catégories de pronoms, parmi lesquelles les :
– **pronoms personnels** : *je, tu, vous* ;
– **pronoms possessifs** : *le mien, le nôtre* ;
– **pronoms démonstratifs** : *celui, ceux, c'* ... ;
– **pronoms relatifs** : *qui, de laquelle...*

Comprendre comment faire

► Pour reconnaître et employer des démonstratifs

● Les **déterminants démonstratifs** (ce, cette, ces...) permettent de désigner des êtres ou des choses que l'on montre (en latin, le verbe *demonstrare* signifie « montrer, désigner »), ou qui ont déjà été évoqués précédemment.
***Une puce rencontre un cheveu. Cette** puce se demande ce qu'il fait là.*

● Les **pronoms démonstratifs** peuvent être simples (celui, celle, ce...) ou composés (celui-ci, ceux-ci, celles-là...). Généralement, ils remplacent un nom introduit par un déterminant démonstratif (***cette** pièce/**celle-ci***).

● Les pronoms démonstratifs invariables (ce, ça, c', ceci, cela) reprennent des noms inanimés, des infinitifs ou des propositions entières.
*Un indice, qu'est-ce que c'est que **ça** ?*
→ Le pronom démonstratif *ça* reprend le nom inanimé « un indice ».

FOCUS

Le démonstratif français (ce, cet, cette) tire son origine du pronom latin *iste* (celui-ci) précédé de l'adverbe *ecce* (voici). L'expression *ecce iste* s'est peu à peu contractée en *cest*, puis *ce(t)*.

S'entraîner

★ **1 Précise le genre (M ou F) et le nombre (S ou P) des noms ci-dessous, puis souligne les noms propres.**

a. l'aide (............) b. du poivre (............)
c. Rome (............) d. les États-Unis (............)
e. l'enquête (............) f. un pou (............)
g. de la tarte (............) h. des endives (............) i. Jules César (............)

★ **2 Dans le texte ci-dessous, indique si les mots en gras sont des déterminants (D) ou des pronoms (P).**

L'(....) enquête a prouvé que l'assassin était assis sur **le** (....) fauteuil où **nous** (....) nous trouvons. Alors, voyez-**vous** (....), je suis extrêmement important : quand **les** (....) policiers **me** (....) découvriront, **ils** (....) chercheront d'où je viens et, grâce à **moi** (....), ils démasqueront l'assassin ! Tout **le** (....) monde parlera de moi, les journaux, **la** (....) télé, **je** (....) vais devenir célèbre !

■ Bernard Friot, « Histoire policière », *Histoires pressées*, © Milan Poche Junior.

★★ **3 Dans les phrases suivantes, entoure le déterminant qui convient. Attention aux accords !**

a. (Cet / ce / ces) récit me paraît invraisemblable. Cesse de dire (mes / tes / des) bêtises !

b. Ils ont pris (du / le / des) retard, car (son / leurs / leur) train n'est pas parti à l'heure.

c. Relis mieux (sa / le / la) consigne de l'exercice et corrige (tes / ton / ta) travail ensuite.

d. Pour le goûter, ils adorent manger (du / le / des) bonbons, mais ce n'est pas bon pour (sa / leur / leurs) santé !

e. Dans (tes/leurs/mes) souvenirs, te rappelles-tu être déjà allé dans (ce / le / cet) endroit ?

★★ **4 Dans les phrases ci-dessous, indique la nature des déterminants en gras : article défini ou partitif, ou bien déterminant possessif, démonstratif ou indéfini ?**

a. **Les** (........) inspecteurs qui mènent **l'** (........) enquête ont **du** (........) travail en perspective.

b. **Ces** (........) spécialistes recueillent **de** (........) nombreux indices.

c. **Chaque** (........) trace est observée à **la** (........) loupe avant que les inspecteurs fassent **leur** (........) rapport.

d. **Certaines** (........) preuves sont mises de côté, en attente d'**une** (........) observation plus approfondie.

e. **Ce** (........) témoin donne **quelques** (........) éléments de réponse, mais **sa** (........) mémoire paraît peu fiable.

★★★ **5 Dans le texte ci-dessous, remplace les pointillés par le déterminant ou le pronom démonstratif qui convient.**

Une puce rencontre un cheveu étendu sur un fauteuil. .... la supplie de ne pas le déplacer, car il prétend être un indice essentiel dans l'enquête sur un crime. .... crime vient en effet d'être commis dans .... pièce qui n'a pas encore été inspectée par les policiers. Le cheveu espère que .... vont bientôt le découvrir et il souhaite devenir célèbre en tant qu'indice principal. D'après .... étonnant récit, la puce en conclut donc qu'il est préférable d'être chauve quand on est un assassin ! .... enlève aussitôt .... perruque blonde qu'elle avait sur la tête et abat .... pou trop bavard. .... lui apprendra à trop se vanter. .... puce meurtrière s'enfuit aussitôt de .... pièce après avoir pris soin d'effacer .... traces.

Livret des corrigés p. 1

Retenir l'essentiel

Deux des formes s'arrêtèrent. La troisième était plus **grande** que les autres : ses cheveux étaient longs et luisants, et son heaume était surmonté d'une couronne. D'une main, elle tenait une **longue** épée, de l'autre un poignard ; le poignard et la main qui le tenait rayonnaient tous deux d'une **pâle** lumière.

■ J.R.R. Tolkien, *Le Seigneur des Anneaux*, tome 1, trad. F. Ledoux, Pocket © Christian Bourgois, 1972.

Quelle est la nature des termes mis en gras ?

Les termes mis en gras sont des **adjectifs qualificatifs.**

Le rôle de l'adjectif qualificatif

● L'adjectif qualificatif caractérise le nom ou le pronom auquel il se rapporte. Il s'accorde en genre et en nombre avec ce mot (*une **longue** épée* ; *de **longues** épées*).
Le participe présent et le participe passé peuvent s'employer comme des adjectifs (*des cheveux **luisants*** ; *des cheveux **séchés***).

● L'adjectif qualificatif est **épithète** lorsqu'il est placé juste à côté du nom ou du pronom qualifié (*une couronne **magnifique***).
Il est **attribut du sujet** lorsqu'il se rapporte à un sujet par l'intermédiaire d'un verbe d'état (*être, sembler*...). *La troisième était plus **grande** que les autres.*

Les degrés de l'adjectif qualificatif

● L'adjectif peut caractériser un nom avec **plus ou moins d'intensité** : il varie en degré avec différents adverbes (voir tableau).

● Certains adjectifs ont un comparatif et un superlatif **irréguliers.**
bon → *meilleur* (comp. de supériorité) → *le meilleur* (superlatif)
mauvais → *pire* (comp. de supériorité) → *le pire* (superlatif)

Degré	Formation	Exemple
Comparatif de supériorité	*plus* + adjectif	*Il est **plus courageux** que lui.*
Comparatif d'infériorité	*moins* + adjectif	*L'épée est **moins tranchante** que le poignard.*
Comparatif d'égalité	*aussi* + adjectif	*Ils sont **aussi gentils** l'un que l'autre.*
Superlatif relatif de supériorité	*le plus* + adjectif	*Il est **le plus rapide** à la course.*
Superlatif relatif d'infériorité	*le moins* + adjectif	*Elle est **la moins paresseuse** de tous.*
Superlatif absolu	Adjectif précédé d'un adverbe de quantité (*très, extrêmement*...)	*Cette histoire est **extrêmement** passionnante.*

Comprendre comment faire

Pour reconnaître un adjectif verbal

● On appelle adjectif verbal un participe présent fonctionnant comme un adjectif qualificatif. L'adjectif verbal et le participe présent se terminent tous deux **en** *-ant*. Mais tandis que l'adjectif verbal s'accorde en genre et en nombre avec le nom auquel il se rapporte (*une chevelure **luisante***), le participe présent reste invariable (*une chevelure **séchant** au soleil*).

● Pour les distinguer et savoir si on doit accorder, il faut **remplacer le nom par un féminin** de façon à faire entendre l'accord.
*Les élèves obéissan**ts** travaillent.* → *Les filles obéissant**es** travaillent.* (Adj. verbal)
*Les élèves, obéissan**t** à leur professeur, travaillent.* → *Les filles, obéissan**t** à leur professeur, travaillent.* (Participe présent)

FOCUS
Le Seigneur des anneaux, **ouvrage fondateur de la littérature de *fantasy*, se compose de six livres que l'auteur, J.R.R. Tolkien, souhaite tout d'abord publier en un seul volume. Toutefois, le papier étant extrêmement coûteux à cette époque (1954-1955), son œuvre est finalement divisée en trois volumes.**

S'entraîner

★ **1** **Relie les noms de la colonne de gauche aux adjectifs qui les qualifient.**

des silhouettes ●	● magique
un poignard ●	● ridée
une ombre ●	● perçants
la main ●	● menaçante
des yeux ●	● sombres
l'anneau ●	● tranchant

★★ **2** **Dans les phrases suivantes, souligne :**
– en bleu, les adjectifs qualificatifs;
– en vert, les participes présents employés comme adjectifs (adjectifs verbaux) ;
– en rouge, les participes passés employés comme adjectifs.

a. Les inquiétantes silhouettes terrifiaient le jeune Frodon.

b. Grâce à l'anneau, il semblait protégé des dangers.

c. Les flammes vacillantes rendaient le paysage encore plus effrayant.

d. Apeurés, ils détalèrent aussitôt.

e. Encouragé par ses amis, Frodon s'élance sans hésitation vers les nombreux dangers.

★★ **3** **Dans les phrases ci-dessous, accorde les adjectifs entre parenthèses, puis encadre ceux qui sont attributs du sujet et souligne ceux qui sont épithètes.**

a. Les pouvoirs de l'Anneau sont (nombreux), mais aussi très (dangereux).

b. Cette (long) épopée est tout à fait (passionnant).

c. Les (multiple) aventures du (brave) héros ne cessent d'enchanter les lecteurs.

d. Ces (petit) créatures (étrange) souhaitent vivre dans une paix (total).

e. Les (fidèle) compagnons de Frodon sont très (fier) de leur camarade.

★★ **4** **Complète les phrases ci-dessous en ajoutant des adjectifs et des compléments du comparatif ou du superlatif.**

Exemple : *Le film est aussi réussi que le livre.*

a. Ces concurrents sont moins ....

b. Cette fillette est plus ....

c. La nouvelle voiture de mon père est la plus ....

d. Ma sœur est aussi ....

e. Notre nouveau professeur est le moins ....

f. Samuel semble le plus ....

g. Pas d'inquiétude : l'équipe adverse paraît moins ....

★★★ **5** **Dans le texte ci-dessous, indique si les adjectifs en gras sont employés au comparatif de supériorité, d'infériorité ou d'égalité, ou au superlatif absolu.**

John Ronald Reuel Tolkien est plus **connu** (.....................) sous sa signature : J.R.R. Tolkien. Cet auteur a publié la très **célèbre** (.....................) saga du *Seigneur des Anneaux*. Avant lui, d'autres écrivains avaient publié des romans de *fantasy*, mais ils sont moins (.....................) **connus**. Lorsque paraissent *Bilbo le Hobbit* (1937), puis *Le Seigneur des Anneaux* (1954-1955) aux États-Unis, le succès de Tolkien est bien plus **retentissant** (.....................) et, grâce à son œuvre, la *fantasy* devient un genre littéraire aussi **important** (.....................) que d'autres. Parmi les êtres imaginaires qui peuplent cette œuvre extrêmement **lue** (.....................) à travers le monde, les Hobbits sont plus **appréciés** (.....................) que les autres. Les lecteurs sont aussi **impressionnés** (.....................) par les personnages très **originaux** (.....................) que par cet incroyable univers.

Livret des corrigés p. 1

Retenir l'essentiel

À cet instant, le visage **de la jeune fille** s'éclaira d'un sourire furtif : elle tenait en ses mains le plus sûr moyen de faire naître l'amour en Tristan et de le lier à Iseult pour toujours. Brangien déposa le flacon avec une coupe **d'argent ciselé** sur une table **à laquelle Iseult s'était accoudée** et elle lui dit d'un air riant : « Reine Iseult, prenez ce breuvage **qui a été préparé en Irlande pour le roi Marc !** »

■ Béroul et Thomas, *Tristan et Iseult*, XIIe siècle, adaptation René Louis © Livre de Poche, 1972.

Les groupes de mots en gras apportent des précisions sur un nom ; ce sont des expansions du nom. Peux-tu distinguer les deux types d'expansions utilisées ?

« de la jeune fille » et **« d'argent ciselé »** sont des compléments du nom ; **« à laquelle Iseult s'était accoudée »** et **« qui a été préparé en Irlande pour le roi Marc »** sont des propositions subordonnées relatives.

Le complément du nom

● Le complément du nom est un mot ou un groupe de mots, généralement introduit par une préposition (*à, de, en*), qui permet de préciser le sens d'un nom (*le visage **de la jeune fille***). Il appartient au groupe nominal et fait partie, comme l'adjectif épithète, des expansions du nom.

● Le complément du nom peut être d'autres natures :
- pronom (*la joie **des siens***) ;
- verbe à l'infinitif (*le moyen **d'envoûter***) ;
- adverbe (*les coutumes **d'autrefois***).

La proposition subordonnée relative

● La proposition relative est une proposition subordonnée introduite par un **pronom relatif** (*qui, que, dont…*). Elle complète un nom (ou un pronom) qui appartient à la principale et qui est l'**antécédent** du pronom relatif.

*Reine Iseult, prenez ce breuvage [**qui** a été préparé en Irlande pour le roi Marc] !*
(ce breuvage : antécédent)
prop. relative complément de « ce breuvage »

● Il ne faut pas confondre la fonction de la relative – complément de l'antécédent – et celle du pronom relatif. Celui-ci peut occuper toutes les fonctions du GN dans la relative (sujet, COD, COI…).

*Brangien déposa le flacon avec une coupe d'argent ciselé sur une table [**à laquelle** Iseult s'était accoudée].*

La subordonnée relative est complément de l'antécédent *une table*, tandis que le pronom relatif ***à laquelle*** est CC de lieu dans la proposition relative.

FOCUS

Dans *Tristan et Iseult*, les deux héros tombent éperdument amoureux après avoir bu un philtre d'amour. Il s'agit d'un breuvage magique destiné à inspirer l'amour. Ce terme ne doit pas être confondu avec son homophone « filtre » qui vient du verbe « filtrer »…

Comprendre comment faire

▶ Pour trouver le nombre d'un complément du nom

● Un nom complément du nom peut être employé sans déterminant. Pour trouver son nombre, il faut faire attention au sens de l'expression et faire preuve de logique…
Ainsi, on écrira *un fruit **à pépins***, car il y a plusieurs pépins dans un fruit, mais *un fruit **à noyau***, car il n'y a qu'un seul noyau.

● Néanmoins, il est parfois difficile de trancher dans certains cas. Par exemple, on peut écrire *une salle **de bain*** dans laquelle on prend son bain, mais aussi *une salle **de bains***, car on peut y prendre des bains.

S'entraîner

★ **1 Réécris les GN ci-dessous en remplaçant l'adjectif épithète par un complément du nom.**

a. une liaison amoureuse : ....

b. un spectacle musical : ....

c. un conte féerique : ....

d. une idée géniale : ....

e. un oiseau nocturne : ....

f. une chevelure dorée : ....

★★ **2 Souligne dans ce texte les compléments du nom et les relatives, puis entoure les noms qu'ils complètent.**

Cette légende celtique raconte les aventures de Tristan et Iseult, deux jeunes gens qui tombent amoureux sans le vouloir. Tristan est chargé de ramener en Cornouailles l'épouse du roi Marc. Iseult, charmante jeune femme aux cheveux d'or, qui est la fille du roi d'Irlande, n'approuve pas ce mariage. Elle éprouve tout d'abord de la colère contre Tristan qui est venu la chercher. Mais les deux héros, auxquels la servante d'Iseult fait boire un breuvage magique, éprouvent soudain des sentiments d'amour très forts. La passion de Tristan pour Iseult est réciproque, mais vaine car la jeune femme, qui doit se marier prochainement, n'est pas libre.

★★ **3 Ajoute, si nécessaire, une marque de nombre aux compléments du nom dans les GN ci-dessous.**

a. une robe à carreau....

b. un clafoutis au.... cerise....

c. un carnet de timbre....

d. un gâteau au.... chocolat....

e. des coups de bâton....

f. des pots de confiture....

★★ **4 Dans chacune des phrases ci-dessous, mets la proposition relative entre crochets, entoure le pronom relatif et souligne son antécédent.**

a. Iseult, que le roi Marc s'apprête à épouser, aime Tristan en secret.

b. Tristan s'en veut d'avoir trahi son oncle qui lui faisait pleinement confiance.

c. Ce philtre, dont la force est des plus intenses, a le pouvoir d'inspirer l'amour.

d. La servante à laquelle Iseult se confie souhaite venir en aide à sa maîtresse.

e. Les deux jeunes gens, qui éprouvent une passion soudaine, ne sont pas maîtres de leur destin.

f. Cet amour adultère qui va à l'encontre de la loyauté envers le roi est sans issue.

g. Le roi, dont la confiance a été trahie, risque d'entrer dans une colère noire qu'auront à subir les deux amoureux.

★★ **5 Retrouve quelles phrases complètent les propositions relatives ci-dessous, et indique pour chacune la fonction du pronom relatif qui l'introduit.**

a. *où les marins irlandais avaient déposé les coffres d'Iseult et de sa suite;* b. *qu'elle a préparé avec toute sa science de la magie;* c. *où la reine d'Irlande avait versé le vin herbé;* d. *que je verserai au roi Marc et à vous-même.*

« La reine, avant notre départ, a confié à mes soins un boire herbé (....) : c'est un philtre d'amour (....) quand vous serez entrés dans le lit nuptial. » [...] Iseult appela Brangien et lui commanda d'apporter du vin. Celle-ci se hâta de gagner l'angle du pavillon (....). Dans l'un d'eux, elle prit le précieux flacon, reconnaissable entre tous, (....). »

■ Béroul et Thomas, *Tristan et Iseult*, XIIe siècle, adaptation René Louis © Livre de Poche, 1972.

Livret des corrigés p. 1

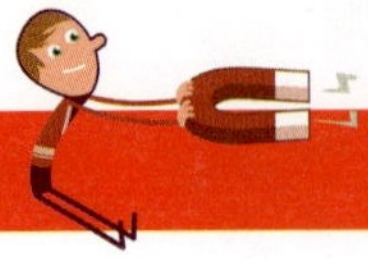

Retenir l'essentiel

La bataille est **prodigieuse** et devient générale. Le comte Roland ne se ménage pas. Il combat avec sa lance tant que la hampe reste entière, mais après quinze coups, la voilà détruite. Il tire alors **Durendal**, sa bonne épée, et va frapper Chernuble. Il brise son heaume où brillent les pierreries, il **lui** fend la tête avec la chevelure, et tout le corps jusqu'à l'enfourchure.

■ *La Chanson de Roland*, adapté par Anne-Marie Cadot-Colin, « Œuvres & thèmes » © Hatier, 2010.

Quelle est la fonction des termes en gras ? Retrouve un sujet, un attribut, un COD, un COS.

« **La bataille** » : sujet de « est » ; « **prodigieuse** » : attribut de ce sujet ; « **Durendal** » : COD de « tire » ; « **lui** » : COS de « fend ».

Le sujet et l'attribut du sujet

● Le **sujet** précise qui fait l'action exprimée par le verbe : il ne peut être supprimé ; il commande l'accord du verbe (***La bataille** est prodigieuse* / ***Les combats** sont cruels.*).

Le sujet peut être de différentes natures :
– nom ou groupe nominal : ***Roland** combat courageusement. **Les nombreux coups adverses** ne l'atteignent pas* ;
– pronom : ***Il** frappe sans relâche* ;
– verbe à l'infinitif : ***Vaincre** est difficile* ;
– proposition subordonnée : ***Qu'il lui en veuille** est compréhensible.*

● L'**attribut du sujet** précise une caractéristique du sujet par l'intermédiaire d'un verbe d'état (*être, sembler, devenir*...). Il appartient au groupe verbal et ne peut être supprimé. *La bataille est **prodigieuse**.*

COD, COI et COS

● Le **COD** est introduit directement avec le verbe, sans préposition. Pour le reconnaître, on pose la question « qu'est-ce... que ? ». *Il tire **Durendal**, sa bonne épée.* (COD)
Qu'est-ce qu'il tire ? « Durendal ».

● Le **COI** est construit indirectement avec le verbe : il est précédé d'une préposition, généralement *à* ou *de* et répond à la question « de qui / à qui / pour quoi... ? ».
*Il **lui** répond.* (COI) À qui répond-il ? À « lui ».

● Le **COS** est introduit indirectement par une préposition, dans une phrase qui contient déjà un complément d'objet.
*Il donne **son heaume** (COD) au chevalier (COS).*

Comprendre comment faire

► Pour remplacer un nom complément d'objet par un pronom personnel

● Pour éviter des répétitions, on peut remplacer un nom ou un GN complément d'objet par un pronom personnel de la 3e personne.
Roland tranche la coiffe. → *Roland **la** tranche.*
Le pronom personnel féminin de la 3e personne du singulier remplace « la coiffe ».

● La forme de ce pronom varie selon qu'il est COD, COI ou COS.

	COD	COI	COS
Pronoms placés avant le verbe	le, la, les, en	lui, leur, y, en	lui, leur
Pronoms utilisés après une préposition	–	à lui/de lui, à elle/d'elle à eux/d'eux, à elles/d'elles	

● Attention à ne pas confondre un pronom personnel complément d'objet placé avant le verbe avec le sujet, et commettre ainsi une faute d'accord.
Roland (Sujet) *parle **aux autres chevaliers*** (COI). → *Roland* (Sujet) ***leur*** (COI) *parle.* (et non : *Roland leur ~~parlent~~.*)

FOCUS
La Chanson de Roland est une **chanson de geste** qui raconte les exploits de héros légendaires, comme Roland, le neveu de Charlemagne. Le mot *geste* vient du terme latin neutre pluriel *gesta* qui signifie « les actes, les hauts faits ». Voilà pourquoi il est au singulier dans cette expression.

S'entraîner

★ **1 Relie les sujets de la colonne de gauche aux verbes de la colonne de droite qui conviennent.**

Les chevaliers ●	● est achevée.
Roland ●	● sont inutilisables.
L'armée ennemie ●	● ont été volés.
Son heaume et son haubert ●	● se concertent.
Son épée et sa lance ●	● est vaincue.
La bataille ●	● est vainqueur.

★★ **2 Souligne dans ce texte les sujets auxquels se rapportent les attributs du sujet en gras, puis indique leur nature.**

La Chanson de Roland est un **long poème épique** qui narre les exploits de ce chevalier. Cette chanson de geste raconte notamment le combat qui s'avéra **fatal** à Roland. En effet, celui-ci fut **surpris** avec ses compagnons par une armée maure. Cette armée ennemie semblait particulièrement **puissante** et elle massacra les Francs au col de Roncevaux. Le récit nous apprend que Ganelon, beau-père de Roland, devint **un traître** par jalousie envers son beau-fils et il semble **responsable** de la fin tragique du jeune chevalier.

★★ **3 Dans les phrases ci-dessous, souligne en bleu les COD, en rouge les COI et en vert les COS.**

a. Le chevalier prend grand soin de ses armes.

b. Les Francs n'avaient pas l'habitude de reculer devant l'ennemi.

c. Roland conserve sa précieuse épée dans un coffre.

d. Les chansons de geste célèbrent les héros légendaires et les vertus féodales.

e. Charlemagne jura de venger Roland de cette infâme trahison.

★★ **4 Dans chacune des phrases, remplace le COD par un pronom personnel.**

a. Le chevalier affronte courageusement les ennemis.

b. Les Sarrasins surprirent l'armée de Roland au col de Roncevaux.

c. Tu m'as déjà raconté cette histoire des dizaines de fois.

d. Le chef de l'armée demande aux chevaliers de prendre garde aux dangers.

e. Est-ce que tu as dit aux enfants d'aller se coucher ?

★★ **5 Indique, dans chaque phrase, si le pronom en gras est COD ou COI.**

a. Les spectateurs **en** (....) redemandent toujours.

b. Tu **y** (....) as ajouté beaucoup trop de sel.

c. Il **lui** (....) a avoué qu'il avait menti.

d. Ne va pas **les** (....) déranger, tu **leur** (....) poseras la question plus tard.

e. Nous **l'** (....) avons aperçue de loin et ne **lui** (....) avons pas parlé.

★★ **6 Décris l'ultime combat de Roland contre l'armée des Sarrasins en complétant les amorces proposées avec des compléments d'objet (COD, COI, COS).**

a. Roland se saisit (+ COI) ....

b. L'armée des Francs aperçoit (+ COD) ....
....

c. Sans relâche, Roland et ses compagnons distribuent (+ COD) (+ COS) ....

d. Soudain, Roland est victime (+ COI) ....
....

e. Il a tout juste le temps (+ COI) (+ COS) ....
....

f. L'oncle de Roland, Charlemagne, arrive (+ COI) ....

g. Mais, il ne peut que constater (+ COD) ......
....

Livret des corrigés p. 1

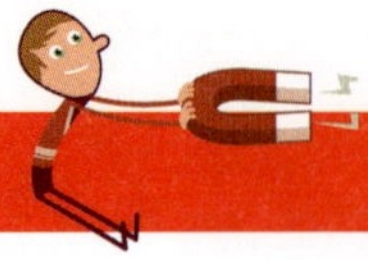

Retenir l'essentiel

Aussi l'École Xanthos, qu'il avait fondée ***à Rome****, était-elle l'une des plus chères […] de la capitale. Seuls, les très riches patriciens pouvaient se permettre d'y envoyer leurs fils. Les élèves* ***y*** *étaient toujours en fort petit nombre, et* ***pour l'instant*** *ils n'étaient même que sept […]. Par hasard, il se trouvait qu'ils habitaient tous* ***sur le mont Esquilin****.*

■ *L'Affaire Caïus*, Henry Winterfeld © Le Livre de Poche Jeunesse, 1996.

Quelle est la fonction des termes en gras ?

« **à Rome** », « **y** » et « **sur le mont Esquilin** » sont des CC de lieu ; « **pour l'instant** » est un CC de temps.

Des compléments facultatifs

● Le complément circonstanciel précise les **circonstances de l'action** exprimée par le verbe. Il est facultatif, il n'appartient pas au groupe verbal et peut être déplacé ou supprimé sans que la phrase ne perde son sens.

L'École Xanthos, qu'il avait fondée ***à Rome***
➜ *L'École Xanthos qu'il avait fondée*

● Certains compléments, qui précisent une circonstance de l'action, appartiennent pourtant au groupe verbal : ils ne peuvent être supprimés.

Ils habitaient tous ***sur le mont Esquilin.***

Le CC de lieu « sur le mont Esquilin » dépend du verbe « habitaient » et ne peut être supprimé, sinon la phrase perd son sens.

Différentes circonstances

● Les compléments circonstanciels expriment **différentes circonstances** :
– le lieu : *Il habite* ***sur le mont*** *Esquilin* ;
– le temps : *Ils ne sont que sept* ***pour l'instant*** ;
– la manière : *Il court* ***rapidement*** ;
– le moyen : *L'élève écrit* ***avec un stylet*** ;
– la cause : *Il râle* ***à cause des punitions*** ;
– le but : *Il étudie* ***pour réussir*** ;
– la conséquence : *Il est* ***si*** *dissipé* ***qu'il se fait souvent gronder*** ;
– la comparaison : *Il parle* ***comme vous.***

● Le complément circonstanciel peut être : nom ou GN (*à Rome*), adverbe (*y*), gérondif (*en courant*), proposition subordonnée conjonctive (*quand il aura terminé*), proposition participiale (*une fois l'énigme résolue*).

Comprendre comment faire

► Pour exprimer la cause ou la conséquence

● Exprimer **la cause** d'une action signifie préciser ce qui est à l'origine de cette action.

Nature du CC	Mots outils à utiliser	Exemple
Nom ou GN	Prépositions : *de, par, à cause de, grâce à…*	*Il a réussi* ***grâce à son courage.***
Infinitif	Prépositions : *pour, à force de, du fait de…*	*Il a gagné* ***à force de s'entraîner.***
Gérondif	Pronom adverbial : *en*	*Ils ont résolu l'énigme* ***en réfléchissant.***
Proposition subordonnée conjonctive	Conjonctions de subordination : *comme, parce que, puisque, étant donné que…*	*Il lui pardonne* ***parce qu'il s'est excusé.***

● Exprimer **la conséquence** d'une action signifie préciser son effet, son résultat.

Nature du CC	Mots outils à utiliser	Exemple
Infinitif	Prépositions : *à, au point de…*	*Il marche* ***au point de tomber.***
Proposition subordonnée conjonctive	Conjonctions de subordination : *de sorte que, si…que, au point que…*	*Il a* ***si*** *peur* ***qu'il a préféré s'enfuir.***

FOCUS
Le complément circonstanciel est un **complément de phrase**, il ne dépend pas du verbe et peut être supprimé, déplacé ou associé à d'autres CC sans que la phrase ne change de sens. Il se distingue des **compléments essentiels** qui ne peuvent être séparés des verbes : c'est le cas des compléments d'objet.

S'entraîner

★ **1 Indique si le mot ou le groupe de mots en gras est essentiel (E) ou facultatif (F).**

a. Les élèves se rendent **à l'école Xanthos** (....) **chaque matin** (....).

b. Caïus est **souvent** (....) **un élève dissipé** (....).

c. Les écoliers romains écrivaient **sur des tablettes de cire** (....).

d. **Le soir** (....), **dans mon lit** (....), je préfère lire **des contes** (....) **pour m'endormir** (....).

e. **La semaine dernière** (....), notre maître nous a lu **une histoire** (....) **en classe** (....).

★★ **2 Indique la circonstance exprimée par chacun des compléments mis en gras dans le texte.**

« Rufus doit fuir, déclara **soudain** Mucius. Nous allons **tout d'abord** le cacher **dans la grotte** qui nous sert de lieu de réunions. Puis **ce soir**, nous lui apporterons des vêtements d'esclave et nous le conduirons **jusqu'au fleuve**. Je connais un endroit où il pourra le traverser **à la nage sans être vu par les veilleurs des ponts**. Il lui faudra marcher **pendant la nuit** et se cacher le jour **pour arriver jusqu'à notre maison de campagne**.

■ *L'Affaire Caïus*, Henry Winterfeld © Le Livre de Poche Jeunesse, 1996.

★★ **3 Complète ces phrases par un CC de cause en respectant la nature demandée.**

a. Les sept copains ont l'habitude de se réunir (groupe nominal prépositionnel) ....

b. Les élèves sont autorisés à sortir en récréation (gérondif) ....

c. Ils se lancent à sa poursuite (proposition subordonnée conjonctive) ....

d. Marcus s'est sauvé (gérondif) ....

e. Rufus a été sévèrement puni (groupe infinitif prépositionnel) ....

f. Caïus s'est fait gronder (groupe infinitif prépositionnel) ....

★★ **4 Indique dans le texte si les compléments en gras caractérisent la cause ou la conséquence, puis précise la nature de chacun d'eux.**

Le maître Xanthos est si sévère **que ses élèves le craignent beaucoup** (......................). Un jour, l'un d'eux, Rufus, se montre insolent **de sorte qu'il est exclu du cours** (......................). En effet, **par moquerie** (......................), il écrit sur sa tablette : « Caïus est un âne ». **En lisant cela** (......................), Caïus se vexe et il s'énerve **si bien que le maître les entend et punit Rufus en le renvoyant** (......................). **Comme il craint la réaction de ses parents** (......................), Rufus n'ose pas rentrer chez lui et s'en va marcher sur le forum.

★★ **5 Complète les phrases avec les mots que tu auras trouvés dans la grille.**

A	G	U	O	R	S	X	K	H	D
E	L	J	P	A	U	F	B	Y	I
P	A	T	R	I	C	I	E	N	S
Y	U	S	P	R	I	H	M	Q	S
S	T	T	W	S	R	O	C	L	I
V	O	D	A	N	E	S	F	Y	P
O	R	P	D	U	X	R	O	M	E
B	I	K	A	P	I	E	R	M	S
S	T	Y	L	E	T	H	U	P	A
N	E	M	L	G	U	S	M	O	F

a. Les écoliers romains écrivaient avec un .... sur des tablettes en ....

b. À l'époque, les gens qui appartenaient à une classe sociale aisée s'appelaient les ....

c. Rufus compare son camarade peu instruit à un ....

d. Xanthos n'aime pas les élèves ...., il fait preuve d'................ .

e. L'école Xanthos se situe à ...., près du .... le centre de la ville.

Livret des corrigés p. 1-2

Retenir l'essentiel

SGANARELLE. Eh bien ! de quoi est-il question ? Qu'avez-vous ? quel est le mal que vous sentez ?
LUCINDE, *répond par signes [...].* Han, hi, hon, han.
SGANARELLE. Eh ! que dites-vous ?
LUCINDE, *continue les mêmes gestes.* Han, hi, hon, han, han, hi, hon.
SGANARELLE. Quoi ?
LUCINDE. Han, hi, hon.
SGANARELLE, *la contrefaisant.* Han, hi, hon, han, ha. Je ne vous entends point. Quel diable de langage est-ce là ?

■ *Le Médecin malgré lui*, II, 4, Molière, 1666.

Quel est le type de phrase utilisé par Sganarelle ? Pourquoi ?

Sganarelle utilise des **phrases interrogatives** : il cherche à savoir de quoi souffre Lucinde.

Interrogation totale ou partielle

● La phrase interrogative permet de poser une question, elle se termine par un point d'interrogation et se caractérise par une intonation montante à l'oral.
L'interrogation est :
– **totale**, si elle porte sur la totalité de la phrase et qu'on y répond par *oui* ou *non* ;
– **partielle**, si elle ne porte que sur une partie de la phrase. L'interrogation partielle est introduite par un mot interrogatif.
*Est-ce **que** ça va ?* Interrogation totale à laquelle on répond par *oui* ou *non*.
***Quel** est le mal que vous sentez ?* Interrogation partielle, introduite par « quel », qui attend une réponse développée.

Les différents registres

● Selon le niveau de langue adopté, l'interrogation totale s'exprime différemment (voir tableau).

Les mots interrogatifs

● L'interrogation partielle est introduite par un mot interrogatif. On peut utiliser :
– un **pronom** (*qui, laquelle...*) : ***Qui** est venu te soigner ?*
– le **déterminant** *quel* accordé avec le nom : ***À quelle** heure vient le médecin ?*
– un **adverbe** (*quand, comment...*) : ***Quand** arrive-t-il exactement ?*

Niveau de langue soutenu	Niveau de langue courant	Niveau de langue familier
Le sujet est inversé et se place après le verbe. *Te sens-tu bien ?*	On emploie la locution « est-ce que... ? ». *Est-ce que tu te sens bien ?*	Seuls l'intonation montante et le point d'interrogation signalent l'interrogation. *Tu te sens bien ?*

FOCUS
Dramaturge, comédien, metteur en scène et directeur de troupe, Molière est l'auteur de **trente-cinq pièces** de théâtre. La première d'entre elles, *Le Médecin volant*, a été jouée en 1645. C'est en interprétant le rôle titre du *Malade imaginaire*, en 1673, que Molière fut pris de convulsions ; il mourut une fois rentré chez lui et non pas directement sur scène comme le veut la légende.

Comprendre comment faire

► Pour employer les mots interrogatifs *qui* et *que*

● Dans le langage courant, les mots interrogatifs *qui* et *que* sont renforcés par *est-ce que*. *Qui **est-ce qui** est venu te soigner ?*

➜ Attention à employer la bonne locution.

L'interrogation porte sur... Il s'agit...	le sujet	le complément d'objet
d'un être	Qui est-ce qui.... ?	Qui est-ce que.... ?
d'une chose	Qu'est-ce qui.... ?	Qu'est-ce que.... ?

***Qui est-ce qui** est malade ? Lucinde est malade.*
***Qu'est-ce qui** a fait ce bruit ? C'est la porte qui a grincé.*
***Qui est-ce que** tu as appelé ? J'ai appelé le médecin.* (le médecin : COD)
***Qu'est-ce que** tu entends ? J'entends le vent souffler.* (le vent souffler : COD)

S'entraîner

★ **1 Indique si les phrases sont des interrogations totales (T) ou partielles (P).**

a. As-tu apprécié de lire cette pièce ? (....)

b. Quelles autres pièces de Molière connais-tu ? (....)

c. Qui viens-tu d'appeler ? (....)

d. Est-ce que tu as bien dormi ? (....)

e. Lis-tu attentivement la consigne avant de faire les exercices ? (....)

★★ **2 Remets dans l'ordre les éléments donnés afin de retrouver les phrases interrogatives correctes.**

a. médecin / Est-ce que / un / Sganarelle / ? / vrai / est

b. pièces / Molière / écrites / Combien / a-t- / ? / de / il

c. penses / cet / Quand /? / terminer / tu / exercice

d. heure / il / arriverait / il / À / a-t- / ? / qu' / dit / quelle

e. ce / tu / ou / à / Est / ? / que / oui / décides / te / venir / non

★★ **3 Dans l'extrait suivant, mets entre crochets les phrases interrogatives et entoure les mots interrogatifs. S'agit-il d'interrogations totales ou partielles ?**

SGANARELLE. Eh bien ! de quoi est-il question ? Qu'avez-vous ? quel est le mal que vous sentez ?

LUCINDE, *répond par signes, en portant sa main à sa bouche, à sa tête, et sous son menton.* Han, hi, hon, han.

SGANARELLE. Eh ! que dites-vous ?

LUCINDE, *continue les mêmes gestes.* Han, hi, hon, han, han, hi, hon.

SGANARELLE. Quoi ?

LUCINDE. Han, hi, hon.

SGANARELLE, *la contrefaisant.* Han, hi, hon, han, ha. Je ne vous entends point. Quel diable de langage est-ce là ?

■ *Le Médecin malgré lui*, II, 4, Molière, 1666.

★★ **4 Indique à quel niveau de langue appartient chacune de ces interrogations.**

a. T'as pas bientôt fini ?

b. Qui est-ce qui vous a répondu ?

c. Avez-vous déjà visité cet endroit ?

d. Tu veux aller au ciné ?

e. Voulez-vous bien ouvrir la fenêtre ?

★★ **5 Retrouve la question qui a été posée pour chacune des réponses ci-dessous. Tu utiliseras « qui est-ce qui » ; « qu'est-ce qui » ; « qui est-ce que » ; « qu'est-ce que ».**

a. J'ai rencontré Sébastien en ville.

➜ ....

b. C'est le bruit qui m'a réveillé.

➜ ....

c. C'est Mathilde qui m'a dit de venir.

➜ ....

d. J'ai acheté des fruits et du pain.

➜ ....

e. La chaleur l'a fait fondre.

➜ ....

★★ **6 Étudie cette image et réponds aux questions.**

■ Gravure de Sauvé d'après le dessin de P. Brissart pour l'édition du *Médecin malgré lui* de 1682. BN, Paris.

a. Selon toi, qui est le personnage de droite ? Que tente-t-il de faire ?

b. D'après les éléments représentés au sol, quelle est la profession du personnage qui reçoit les coups ?

c. Tu as sans doute lu en 6ᵉ la pièce de Molière *Le Médecin malgré lui*. Résume l'intrigue de cette pièce en trois ou quatre phrases.

Livret des corrigés p. 2

Retenir l'essentiel

Alors le roi et les chevaliers désignés de la sorte vinrent prendre place, en veillant à laisser libre le siège périlleux : et c'était messire Gauvain avec les damoiseaux qui avaient défendu le royaume durant l'absence du roi, et les trente-neuf compagnons qui étaient allés en Carmélide en compagnie d'Artus et de Merlin. Aussitôt assis, ils se sentirent pleins de douceur et d'amitié.

■ « Merlin l'enchanteur », *Les Romans de la Table ronde*, ad. de J. Boulenger © Terre de Brumes, 1989.

Combien de propositions contient chacune des deux phrases de cet extrait ? S'agit-il de phrases simples ou complexes ?

La 1re phrase contient 4 propositions : **phrase complexe** ; la 2de contient 1 proposition : **phrase simple**.

Phrase simple et phrase complexe

- La **phrase simple** ne contient qu'un seul verbe conjugué. Elle est constituée d'une seule proposition. *Aussitôt assis, ils **se sentirent** pleins de douceur et d'amitié.*

- La **phrase complexe** contient plusieurs verbes conjugués. Chacun de ces verbes est le noyau d'une proposition. La phrase complexe se compose donc de **plusieurs propositions** qui peuvent être coordonnées, juxtaposées ou subordonnées.

*[...] **c'était** messire Gauvain avec les damoiseaux qui **avaient défendu** le royaume durant l'absence du roi, et les trente-neuf compagnons qui **étaient allés** en Carmélide en compagnie d'Artus et de Merlin.*
Cette phrase complexe contient trois verbes conjugués, donc trois propositions.

Juxtaposition et coordination

- Dans une phrase complexe, des propositions, séparées par une virgule, un point-virgule ou un deux-points, sont dites **juxtaposées**.
*[Le roi et les chevaliers vinrent prendre place] **;** [ils veillèrent à laisser libre le siège périlleux].*

- Des propositions reliées au moyen d'une conjonction de coordination (*ou, car, ni*...) ou d'un adverbe de liaison (*alors, puis, enfin*...) sont dites **coordonnées**.
*[Le roi et les chevaliers vinrent prendre place] **et** [ils veillèrent à laisser libre le siège périlleux].*

FOCUS

Voici un moyen mnémotechnique qui permet de retenir très facilement la liste des conjonctions de coordination : il suffit de mémoriser la phrase « *Mais où est donc Ornicar ?* » (mais / ou / et / donc / or / ni / car). Attention toutefois, à ne pas confondre *où* et *ou* : seul le deuxième, sans accent, est une conjonction de coordination !

Comprendre comment faire

► Pour utiliser des conjonctions de coordination

- Deux propositions coordonnées sont reliées par un mot coordonnant qui peut être une conjonction de coordination. Il existe **sept** conjonctions de coordination : *mais, et, or, car, ni, donc, ou.*

- Pour savoir quelle conjonction de coordination utiliser afin de relier deux propositions, il faut veiller à bien identifier la **relation logique** qui existe entre elles. Il peut s'agir de :
– l'addition : *Les chevaliers servent le roi **et** défendent le royaume* ;
– l'alternative : *Les chevaliers défendent le Bien **ou** sont des traîtres* ;
– la succession : *Arthur a réussi à extraire Escalibur du socle de pierre **et** il est devenu roi* ;
– l'opposition : *Gauvain est le meilleur des chevaliers, **mais** il est tué par Lancelot* ;
– la cause : *La Table est ronde, **car** les chevaliers sont tous égaux* ;
– la conséquence : *Les chevaliers combattent pour la paix, **donc** ils sont vertueux.*

S'entraîner

★ **1 Indique si chacune des phrases suivantes est une phrase simple (PS) ou une phrase complexe (PC). Précise à chaque fois combien la phrase contient de propositions.**

a. Les chevaliers de la Table ronde constituent un ordre chevaleresque au service du roi Arthur. (.... ; .... propositions)

b. Le roi Arthur a fondé cette assemblée de chevaliers, car Merlin le lui avait conseillé. (.... ; .... propositions)

c. Les chevaliers, qui combattent pour le Bien, veulent préserver la paix du royaume. (.... ; .... propositions)

d. Les chevaliers recherchent le Graal, mais cette quête est très difficile, et ils ignorent s'ils parviendront à le retrouver. (.... ; .... propositions)

★ **2 Dans cet extrait, mets une croix sous les verbes noyaux de proposition et isole les différentes propositions à l'aide de crochets.**

« Mais il [le Graal] ne sera trouvé et ses merveilles découvertes que par le meilleur chevalier du monde. Et il est dit qu'au nom de la très Sainte Trinité, le roi Artus doit établir la table qui sera la troisième après celle de la Cène et celle du Graal, et qu'il en adviendra de grands biens et de grandes merveilles à ce royaume. Cette table sera ronde pour signifier que tous ceux qui s'y devront asseoir n'y auront nulle préséance et à la droite de monseigneur le roi demeurera toujours un siège vide en mémoire de Notre Seigneur Jésus-Christ. »

■ « Merlin l'enchanteur », *Les Romans de la Table ronde*, ad. de J. Boulenger © Terre de Brumes, 1989.

★★ **3 Dans les phrases ci-dessous, entoure l'élément qui relie les différentes propositions et indique s'il s'agit de propositions juxtaposées ou coordonnées.**

a. Le chevalier se montre vertueux et d'un grand courage, il est donc admiré de tous.

b. Merlin l'enchanteur apparaît lors du banquet et il demande à Arthur de créer une assemblée de chevaliers.

c. Les chevaliers prennent place autour de la Table, mais ils sont tous à égale distance du centre : ils se sentent ainsi tous égaux.

d. Les chevaliers ont longtemps cherché le Graal, enfin Perceval, Bohort et Galahad l'ont trouvé.

e. Les chevaliers font preuve de courage et de puissance dans les combats; ils se montrent également courtois et loyaux envers leurs ennemis.

★★ **4 Rétablis la conjonction de coordination qui manque dans chacune des phrases. Fais attention au sens et indique la relation logique qui existe à chaque fois entre les deux propositions.**

a. Les chevaliers défendent le royaume et ses habitants, ... ils combattent pour le Bien.

b. Lancelot est amoureux de la reine Guenièvre, ... elle est l'épouse d'Arthur.

c. Les chevaliers ont pour mission de trouver le Graal, ... personne ne sait si cette quête est réalisable.

d. Les chevaliers de la Table ronde sont liés par l'amitié, ... ils partagent les mêmes valeurs.

★★ **5 Retrouve dans cette grille les huit termes qui se rattachent à l'univers des chevaliers de la Table ronde et écris-les.**

R	U	B	I	L	A	C	S	E	S
O	T	G	H	E	O	Q	T	G	P
Y	E	R	D	I	S	H	P	A	M
A	T	A	B	L	E	U	R	R	G
U	F	A	M	A	B	X	G	U	L
M	O	L	A	N	C	E	L	O	T
E	D	Q	U	C	F	Y	U	C	E
K	J	A	M	E	R	L	I	N	V

Livret des corrigés p. 2

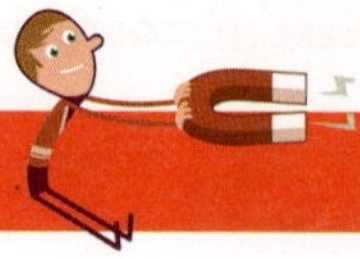

Retenir l'essentiel

« Ah ! Lancelot ! que signifie une conduite aussi insensée ? […] Vraiment, je ne crois pas que Dieu nous ait jamais donné un chevalier qui te fût comparable en valeur ou en renom. Et te voilà dans un tel embarras que tu jettes tes coups en arrière et que tu combats derrière ton dos ! Fais donc le tour de façon à être du côté où tu auras sous les yeux cette tour qu'il est si doux de regarder. »

■ *Le Chevalier de la charrette*, Chrétien de Troyes

Quel mot introduit chacune des propositions subordonnées ?

Deux propositions sont introduites par les pronoms relatifs **qui** et **où**, les deux autres, par la conjonction de subordination **que**.

Les propositions subordonnées : relatives et conjonctives

● La proposition subordonnée dépend d'une proposition principale. Elle est en général introduite par un **mot subordonnant.**

Fais donc le tour de façon à être du côté (proposition principale)
*[**où** tu auras sous les yeux cette tour].* (proposition subordonnée)

● Une proposition subordonnée **relative** est introduite par un **pronom relatif.** Elle est complément d'un nom ou d'un pronom de la proposition principale : c'est son antécédent.

*[…] je ne crois pas que Dieu nous ait jamais donné un chevalier [**qui** te fût comparable]*
(*un chevalier* : antécédent ; *qui* : pr. relatif)

● Une proposition subordonnée **conjonctive** est introduite par une **conjonction de subordination** qui n'a aucune fonction dans cette proposition. Elle peut être :
– **complétive** : CO du verbe qui l'introduit ;
– **circonstancielle** : CC dans la phrase.

*Et te voilà dans un **tel** embarras [**que** tu jettes tes coups en arrière] !*

La proposition entre crochets est une subordonnée circonstancielle, CC de conséquence.

Les subordonnées interrogatives indirectes

● La subordonnée **interrogative indirecte** permet de poser indirectement une question par l'intermédiaire d'un verbe introducteur *(demander, chercher à savoir…)*.

Guenièvre se demandait : « Que signifie une conduite aussi insensée ? »
(interrogative directe)

*Guenièvre se demandait [**ce que** signifiait une conduite aussi insensée].*
(*se demandait* : verbe introducteur ; entre crochets : subordonnée interrogative indirecte)

● Elle est introduite par un **mot interrogatif** :
– l'adverbe interrogatif *si*, lorsque l'interrogative indirecte est totale ;

*Les gens du royaume se demandaient [**si** Lancelot allait remporter le combat].*

– un mot interrogatif : *qui, que, quel, pourquoi, quand*, lorsqu'elle est partielle.

*La reine ignorait [**pourquoi** Lancelot agissait ainsi].*

Comprendre comment faire

► Pour transformer une interrogation directe en subordonnée interrogative indirecte

● Pour transformer une interrogation directe en interrogative indirecte, on utilise un verbe introducteur, on supprime les guillemets et le point d'interrogation, et on veille à respecter la concordance des temps dans l'interrogative indirecte par rapport au temps du verbe introducteur.

Proposition interrogative directe : *« **Quand** mon adversaire va-t-il enfin céder ? »*

Propositions interrogatives indirectes :
– *Lancelot se demande **quand** son adversaire va enfin céder.*
– *Lancelot se demandait **quand** son adversaire allait enfin céder.*

FOCUS

Le mot **« conjonction »** vient du latin *conjunctio* qui est lui-même issu d'un composé du verbe latin *jungere* signifiant « joindre, lier ». La conjonction est en effet l'élément qui permet de joindre, relier deux propositions.

S'entraîner

★★ **1 Précise si les mots en gras sont coordonnants (C) ou subordonnants (S).**

Il recule d'un bond, en contournant Méléagant **qu'** (....) il met ainsi de force entre la tour et lui. Méléagant fait grand effort pour repasser de l'autre côté, **mais** (....) Lancelot se rue sur lui **et** (....) le heurte si violemment de tout son poids avec l'écu, **quand** (....) il veut lui aussi faire le tour, **qu'** (....) il l'en détourne tout à fait, à deux reprises ou plus, malgré lui. En lui grandissent la force et l'audace, **car** (....) Amour le soutient sans réserve **et** (....) il n'avait, d'autre part, jamais haï personne autant que cet homme en train de se battre contre lui.

■ *Le Chevalier de la charrette*, Chrétien de Troyes
© Le Livre de Poche, 1992 et 1996.

★★ **2 Indique le type des propositions entre crochets : indépendante (I), principale (P), coordonnée (C) ou subordonnée (S).**

a. En cours de français, [nous étudions les textes] (....) qui content les exploits des chevaliers.

b. À l'époque, [les chevaliers devaient sans cesse prouver leur bravoure et leur loyauté en combattant] (....).

c. Pour la Dame [qu'il aime] (....), le chevalier est prêt à donner sa vie.

d. [Le roi Arthur attend de ses chevaliers une loyauté sans faille] (....), car [il sait] (....) que ce sont les meilleurs de tous.

e. [L'amour courtois, [qui codifie les sentiments entre la dame et le chevalier] (....), était un véritable art de vivre] (....) [dont la courtoisie que nous connaissons est l'héritière] (....).

★★ **3 Choisis le subordonnant qui convient.**

Au Moyen Âge, la société féodale se composait de trois classes : le clergé (qui/que/dont) regroupait les religieux, la noblesse (dont/que/où) composaient les personnes (qui/quelles/quel) se battaient aux côtés du suzerain, et enfin la bourgeoisie dans (lequel/lesquelles/laquelle) se trouvaient les personnes qui travaillaient, (auxquels/auxquelles/desquels) on ajoutait les paysans.

Les exploits (qu'/dont/quels) on connaît les récits étaient racontés par les troubadours (que/qui/dont) écrivaient des chansons (qui/qu'/quelles) ils chantaient dans les cours seigneuriales.

★★★ **4 Indique la nature de la proposition subordonnée entre crochets : relative (R), conjonctive (C) ou interrogative indirecte (I). Pour cela, observe bien le mot subordonnant.**

a. Le chevalier [qui est amoureux de la reine Guenièvre] (....) s'appelle Lancelot.

b. J'ignore [quel chevalier a finalement trouvé le Saint Graal] (....).

c. Je sais [que les combats étaient sans merci] (....).

d. Il se demande bien [comment il va faire pour déstabiliser son adversaire] (....).

e. Dis-moi [si tu as bien aimé ce livre] (....).

★★★ **5 Transforme les interrogations directes ci-dessous en subordonnées interrogatives indirectes.**

a. Guenièvre se demande : « Lancelot sortira-t-il vainqueur du combat ? »

b. « Comment parvenir à terrasser Méléagant ? » se demandait Lancelot.

c. Stephan cherche à savoir : « Quelles étaient les qualités principales d'un chevalier ? »

d. Marie demanda à son professeur : « Qui sont les chevaliers de la Table ronde ? »

e. Arthur se demandait depuis longtemps : « Lequel de mes chevaliers réussira-t-il à trouver le Saint Graal? »

Livret des corrigés p. 2

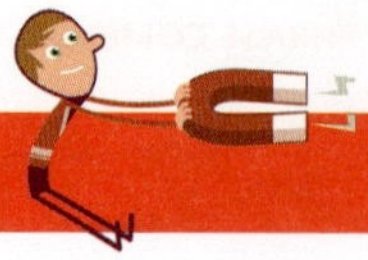

Retenir l'essentiel

Seigneurs, Empereurs et Rois, Ducs et Marquis, Comtes, Chevaliers et Bourgeois, et vous tous qui **voulez** connaître les différentes races d'hommes, et être informés de leurs us et coutumes, prenez donc ce livre et faites-le lire ; car vous y trouverez toutes les grandissimes merveilles de la Turquie, des Tartares et de l'Inde […] ; c'est ainsi que notre livre vous les **contera** en clair et bon ordre, tout comme Messire Marco Polo, sage et noble citoyen de Venise, les **décrit** parce qu'il les a vues de ses propres yeux.

■ *Le Devisement du monde, Le Livre des merveilles I*, 1298, Marco Polo © Klincksieck, 1998.

Quels sont les sujets des verbes mis en gras ?

« **Voulez** » a pour sujet « qui » dont l'antécédent est « vous tous » ; « **contera** » a pour sujet « notre livre » et « Messire Marco Polo » est le sujet de « **décrit** ».

L'accord quelle que soit la position du sujet par rapport au verbe

● Le verbe s'accorde en genre et en nombre avec le sujet.

Mais, attention, le sujet n'est pas toujours placé juste avant le verbe (voir tableau).

Pour repérer le sujet, utilise la question « qui est-ce qui… ? » posée avant le verbe.

L'accord quelle que soit la nature du sujet

● Si le sujet est un GN :
– et que le nom noyau est singulier, le verbe s'accorde au singulier ;
– et que le nom noyau est un pluriel, le verbe s'accorde au pluriel.
*Le **Livre** des merveilles **conte** les aventures de Marco Polo.*

● Si le sujet est un adverbe de quantité (*beaucoup, peu, trop*, etc.), le verbe se met au pluriel. *À l'époque, **beaucoup** de gens **ignoraient** l'existence des autres continents.*

● Si le sujet est l'un des pronoms indéfinis suivants : *aucun, chacun, rien, on*, le verbe s'accorde au singulier. *Rien ne lui **échappe**.*

Cas particulier	Exemple
Inversion sujet-verbe : le sujet est rejeté après le verbe.	*Au XIIIe siècle, **eurent lieu** de grandes découvertes.* (eurent lieu : verbe ; de grandes découvertes : sujet)
Le sujet est séparé du verbe par une négation ou un pronom personnel COD.	*Ils ne le **regretteront** pas.* (Ils : sujet ; regretteront : verbe) *Notre livre vous les **contera** en clair et bon ordre.* (Notre livre : sujet ; contera : verbe)
Le noyau du groupe sujet est séparé du verbe par une expansion.	*Messire Marco Polo, sage et noble citoyen de Venise, les **décrit**.* (Messire Marco Polo : sujet ; décrit : verbe) *Les récits qu'il ne se lasse de raconter **passionnent** tout le monde.* (Les récits : sujet ; passionnent : verbe)

FOCUS

Né en 1254, à Venise, **Marco Polo** part très tôt voyager en Chine avec son père et son oncle. Il devient l'ambassadeur de l'empereur de Chine. Emprisonné en 1298, à cause d'un conflit entre Gênes et Venise, il fait le récit de son voyage et rédige *Le Livre des merveilles*, mêlant descriptions authentiques et éléments légendaires. Ce livre est le premier témoignage sur l'Extrême-Orient et ses mœurs pour les Européens.

Comprendre comment faire

► Pour accorder le verbe d'une subordonnée relative avec le pronom sujet *qui*

Il faut repérer l'antécédent du pronom, c'est-à-dire le mot ou le groupe de mots représenté par le pronom *qui*.

*Les grands explorateurs, [qui **ont découvert** des terres inconnues], ont raconté leurs aventures.* (Les grands explorateurs : antécédent du pronom ; qui : pr. sujet ; ont découvert : verbe)

S'entraîner

★ **1 Dans l'extrait ci-dessous, souligne le sujet avec lequel s'accorde chacun des verbes en gras.**

« Puis demeurant dans le donjon de Gênes par suite de la guerre, et n'aimant pas rester oisif, [Marco polo] **pensa** qu'il **pourrait** composer ledit livre pour le plaisir des lecteurs. Il n'**avait consigné** lui-même que bien peu de choses dont il **a** souvenir encore aujourd'hui. [...] À présent, il **a fait** écrire toutes ces choses en bon ordre à Messire Rustichello, citoyen de Pise, qui **était** avec lui dans le même donjon de Gênes, en l'an 1298. »

■ *Le Devisement du monde, Le Livre des merveilles I*, 1298, Marco Polo © Klincksieck, 1998.

★★ **2 Dans les phrases suivantes, les verbes sont conjugués au présent. Souligne chaque sujet et accorde le verbe correctement.**

a. Les récits des grands explorateurs, les conn....-tu ?

b. Les aventuriers qui ont fait de nombreux voyages aim.... partager leurs connaissances.

c. Marco Polo ne rédig.... pas lui-même son livre, il le dict.... à son compagnon de cellule.

d. Au XVIe siècle, Jean de Léry, citoyen français de religion protestante, voyag.... au Brésil et ses découvertes, il les racont.... dans un livre.

e. Un séjour au Brésil, cela vous tent....-t-il ?

★★ **3 Choisis la forme verbale qui convient dans chacune de ces phrases.**

a. Aucun d'entre vous n'(appréciez / apprécient / apprécie) de partir loin.

b. Les touristes se (renseignes / renseignent / renseigne) sur les pays qu'ils visitent.

c. Une foule de personnes (visite / visitez / visites) la tour Eiffel chaque été.

d. Chacun de vous (préparez / préparent / prépare) consciencieusement son itinéraire.

e. Rien ne me (plais / plaît / plaise) davantage que de voyager !

★★★ **4 Conjugue au présent les verbes des phrases en les accordant avec leur sujet.**

a. Le récit de tous ses voyages (fasciner) ses auditeurs.

b. Pendant les vacances, nous, qui (avoir) l'habitude de voyager, (aimer) découvrir différentes cultures.

c. Les récits de voyage, écrits par les grands explorateurs, (permettre) à l'époque de combattre les préjugés des Européens.

d. Ce sujet de rédaction, que votre professeur vous a donné, (nécessiter) de connaître l'époque des grands explorateurs.

e. Christophe Colomb, qui fut l'un des explorateurs les plus célèbres, (adresser) son journal de bord aux souverains espagnols.

★★★ **5 Dans chacune des phrases suivantes, accorde le verbe de la proposition relative et indique quel est son sujet.**

a. Les nombreuses histoires que tu racont...... sans cesse me donnent envie de voyager.

b. Les Européens, qui ne connaissai...... pas ces terres, les ont découvertes par leurs récits.

c. Un touriste qui ne parl...... pas d'autres langues hésitera à partir à l'étranger.

d. Toi qui veu...... travailler dans le tourisme, tu dois bien étudier les langues étrangères.

e. Le récit de beaucoup d'explorateurs de l'époque qui voulai...... informer les peuples de leurs découvertes contenait des éléments de merveilleux.

Livret des corrigés p. 2

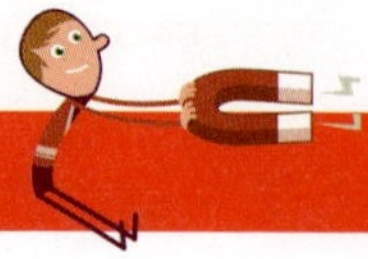

Retenir l'essentiel

Capitaine Renard allait de compagnie
Avec son ami bouc des plus haut **encornés**.
Celui-ci ne voyait pas plus loin que son nez;
L'autre était **passé** maître en fait de tromperie.
La soif les obligea de descendre en un puits.
Là chacun d'eux se désaltère.
Après qu'abondamment tous deux en eurent **pris**,
Le Renard dit au Bouc : « Que ferons-nous, Compère!
Ce n'est pas tout de boire; il faut sortir d'ici. [...] »

■ *Fables*, 1668-1694, III, 5, Jean de La Fontaine.

Quelle est la nature des mots mis en gras? Quelle est la particularité du premier?

Les mots en gras sont des **participes passés**. Le premier est utilisé comme adjectif qualificatif.

Les emplois du participe passé

● Le participe passé peut **s'employer seul** : il fonctionne alors comme un adjectif qualificatif et s'accorde en genre et en nombre avec le nom auquel il se rapporte.
Assoiffés, le Renard et le Bouc descendent dans un puits pour y boire.
Le participe passé « assoiffés » se rapporte au GN « le Renard et le Bouc » et s'accorde donc au masculin pluriel.

● Le plus souvent, un participe passé est employé **avec l'auxiliaire** *avoir* **ou** *être* : il fait partie d'une forme verbale conjuguée à un temps composé (*ils ont **bu***) ou à la voix passive (*il est **pris** au piège*).

Accorder le participe passé employé avec un auxiliaire

● Employé **avec l'auxiliaire** *être*, le participe s'accorde en genre et en nombre avec le sujet du verbe. *L'autre était **passé** maître en fait de tromperie.*
Le participe passé s'accorde au masculin singulier avec « L'autre » mis pour « le Renard ».

● Employé **avec l'auxiliaire** *avoir*, le participe passé ne s'accorde jamais avec le sujet. Il s'accorde avec le COD si celui-ci est antéposé, c'est-à-dire placé devant le verbe :
– le COD est un pronom personnel (*le, la, l', te, vous...*) : *Tu nous as beaucoup **amusés** avec ton histoire.* Le participe « amusés » s'accorde au masculin pluriel avec le pronom « nous » placé devant le verbe;
– le COD est un pronom relatif (généralement *que*) : *As-tu compris la fable que tu as **lue**?* Le participe passé « lue » s'accorde au féminin singulier avec le pronom COD « que » dont l'antécédent est « la fable »;
– le COD est un GN déterminé par *quel*, dans une phrase interrogative ou exclamative.
*Quelles ruses le Renard a-t-il **inventées**?*
*Quelles histoires incroyables tu as **imaginées**!*

FOCUS

La règle de l'accord du participe passé avec le COD antéposé (devant le verbe) est issue d'une particularité de la langue italienne. C'est le poète Clément Marot, auteur français du XVIe siècle, qui a introduit cette règle d'accord dans la langue française.

Comprendre comment faire

► Pour repérer et accorder un participe passé en [e]

● Il ne faut pas confondre la terminaison en *–er* de l'infinitif et celle en *–é* du participe passé. *Le Renard a **piégé** le Bouc pour **remonter** du puits.*
On ne peut pas dire « le Renard a **prendre** le Bouc... », mais on peut dire « pour **prendre** le puits » : la 1re forme est donc un participe passé, la 2de un infinitif.

● Après avoir repéré un participe passé, il faut savoir quelle règle d'accord appliquer en se posant les questions suivantes :
– avec quel auxiliaire, *être* ou *avoir*, le participe est-il employé?
– s'il est employé avec *avoir*, y a-t-il un COD placé devant le verbe?
– s'il est employé seul, à quel nom se rapporte-t-il?

S'entraîner

★ **1 Dans chacune des listes ci-dessous, souligne les participes passés.**

a. prit / pris / prît / prises / prient / prise

b. écrit / écrivit / écrits / écrire / écrites / écrivirent

c. jouais / jouer / joués / jouée / jouèrent / jouées

d. permit / permis / permirent / permise / permît

e. cru / crut / crue / crurent / crût / crues

★★ **2 Souligne en bleu les participes passés employés seuls, en rouge les participes employés avec l'auxiliaire *être* et en vert les participes employés avec l'auxiliaire *avoir*.**

Deux jours s'étaient passés sans qu'aucun vînt au puits ;
Le temps, qui toujours marche, avait, pendant deux nuits,
Échancré, selon l'ordinaire,
De l'astre au front d'argent la face circulaire.
Sire Renard était désespéré.
Compère Loup, le gosier altéré,
Passe par là. L'autre dit : « Camarade,
Je veux vous régaler : voyez-vous cet objet ?
C'est un fromage exquis : le Dieu Faune l'a fait.
[…] »

■ *Fables*, 1668-1694, XI, 6, Jean de La Fontaine.

★★ **3 Souligne l'auxiliaire puis accorde correctement le participe passé.**

a. Le Renard et le Bouc sont descendu.... dans le puits et ils n'ont pas pu.... remonter.

b. Nous avons étudié.... des fables qui ont été écrit.... au XVIIe siècle.

c. J'ignore si la cour a apprécié.... les fables dans lesquelles elle était critiqué....

d. Elle a raconté.... des mensonges, mais nous n'avons pas cru.... un mot de ces histoires.

e. Vous avez fini.... tout votre travail et à présent vous êtes trop fatigué.... pour jouer.

★★ **4 Réécris les phrases selon l'exemple. Attention à l'accord du participe passé !**

Exemple : Tu as organisé une grande fête.
→ La grande fête que tu as organisée.

a. Margot a terminé un récit passionnant.

→ ....

b. Le renard a utilisé une de ses nombreuses ruses. → ....

c. Vous avez appris cette fable par cœur.

→ ....

d. Gustave Doré a illustré les célèbres fables de La Fontaine.

→ ....

★★ **5 Complète chacune des phrases suivantes avec le participe passé du verbe entre parenthèses. Attention aux accords !**

a. Quelle imagination La Fontaine a (avoir) pour écrire toutes ces histoires !

b. La morale de cette fable, tu l'as (comprendre) ou veux-tu que je te l'explique ?

c. Les leçons que La Fontaine a (donner) dans ses fables sont encore d'actualité.

d. Les erreurs que tu as (faire), essaie de ne pas les reproduire.

e. Les défauts de la société, La Fontaine et d'autres écrivains les ont (dénoncer) indirectement dans leurs écrits.

★★ **6 Rétablis ce texte en écrivant correctement les verbes entre parenthèses.**

Jean de La Fontaine a (écrire) ses *Fables* pour (éduquer) le Dauphin qui était (appeler) à (régner) un jour. L'écrivain souhaitait que le futur roi ne recommence pas les erreurs (passer), mais il ne pouvait pas (critiquer) directement le roi et la cour sous peine d'être (condamner). Il a donc (imaginer) un procédé lui permettant de le faire de façon (cacher) : les animaux dont il raconte les aventures lui ont (permettre) de (dénoncer) les défauts des gens de pouvoir, sans qu'on puisse le lui (reprocher). Ses fables sont extrêmement (connaître) et (étudier) depuis des siècles.

Livret des corrigés p. 2-3

Retenir l'essentiel

J'étais seul de nouveau.
Mais déjà, en ces quelques instants, l'aube **tropicale**, qui est d'une brièveté **saisissante**, avait fait place à l'aurore.
Du sein des ombres, la lumière jaillissait d'un seul coup, **parée**, **armée**, **glorieuse**.
Tout brillait, étincelait, scintillait.
Les neiges du Kilimandjaro traversées de flèches vermeilles.

■ *Le Lion*, Joseph Kessel © Gallimard, 1958.

Quelle est la nature des mots mis en gras ? Pourquoi sont-ils tous au féminin ?

Ce sont des **adjectifs qualificatifs** au féminin singulier, car chacun se rapporte à un nom féminin avec lequel il s'accorde.

Les règles générales

● L'adjectif qualificatif s'accorde toujours en genre et en nombre **avec le nom auquel il se rapporte**, quelle que soit sa fonction par rapport à ce nom.
*L'aube **tropicale*** (épithète) *avait fait place à l'aurore.*
*La lumière jaillissait d'un seul coup, **parée, armée, glorieuse*** (apposés).
La nature paraissait ***étincelante*** (attribut).

● Quand un adjectif qualifie **plusieurs noms, il se met** :
– au même genre que ces noms s'ils sont de même genre : des lions et des guépards ***endormis*** ;
– au masculin pluriel s'ils sont de genres différents : *des lions et des gazelles **endormis***.

Les cas particuliers

● Les **adjectifs de couleur** s'accordent normalement, mais ils restent invariables quand ils sont :
– dérivés d'un nom (*orange, marron, prune…*) sauf les adjectifs *rose, fauve, écarlate, mauve, pourpre* qui varient normalement : *des chemises **orange** mais des vestes **mauves*** ;
– composés (*bleu marine, vert pomme…*) : *des cheveux **noir ébène***.

● Quand ils sont formés de deux adjectifs, les **adjectifs composés** s'accordent normalement en genre et en nombre avec le nom auquel ils se rapportent : *un plat **aigre-doux** → des saveurs **aigres-douces***.
Mais si l'un des éléments qui compose l'adjectif est un mot invariable, cet élément ne s'accorde pas : *un enfant **nouveau-né** → des enfants **nouveau-nés*** (= « nouvellement nés » ; *nouveau* fonctionne ici comme un adverbe et ne s'accorde donc pas).

FOCUS

Le mot « **adjectif** » vient d'un terme latin *adjectivum* signifiant « qui s'ajoute ». L'adjectif est en effet ajouté, directement (épithète) ou indirectement (attribut), à un nom pour en préciser les caractéristiques.

Comprendre comment faire

► Pour accorder un adjectif qualificatif dans un groupe nominal complexe

● Pour accorder correctement un adjectif qui qualifie un groupe nominal composé d'un nom et d'un complément du nom, il faut bien identifier à quel nom se rapporte l'adjectif en question. Pour cela, il faut s'interroger sur le sens de l'expression.
*Des histoires de fantômes **terrifiantes*** : ce sont les histoires qui sont « terrifiantes », on accorde donc l'adjectif avec le noyau du GN.
Des *pots de sauce **aigre-douce*** : c'est la sauce qui est « aigre-douce », et non les pots, on accorde donc l'adjectif avec le complément du nom.

S'entraîner

★ **1 Relie chacun des noms de la colonne de gauche à l'adjectif qui lui correspond.**

des paysages ●	● passionnée
un spectacle ●	● somptueux
une bête ●	● sauvage
un cri ●	● apeuré
l'aventurier ●	● terrifiante
une jeune fille ●	● magnifique

★★ **2 Dans cet extrait, souligne en bleu les adjectifs épithètes et en vert les adjectifs apposés.**

« Sur les arbres répandus alentour de ma hutte, et dont les sommets portaient des épines vernies à neuf, les oiseaux chantaient et jacassaient les singes.

Et devant la véranda, les brumes, les vapeurs se dissipaient une à une pour libérer, toujours plus ample et mystérieux, un verdoyant espace au fond duquel flottaient de nouvelles nuées qui s'envolaient à leur tour. »

■ *Le Lion*, Joseph Kessel © Gallimard, 1958.

★★ **3 Dans chacune des phrases ci-dessous, accorde correctement les adjectifs entre parenthèses.**

a. Les teintes (rose) et (bleu) qui colorent le ciel sont (magnifique).

b. Pierre a des amis (franco-américain) qui sont des gens très (haut-placé).

c. Je n'apprécie pas trop les plats (sucré-salé), mais cette recette (aigre-doux) m'a beaucoup plu.

d. Avec sa robe (vert émeraude), son écharpe (jaune citron), ses ongles (écarlate) et ses mèches (mauve), Sabrina ne passe vraiment pas inaperçue !

e. N'oublie pas ton écharpe et tes gants (rouge) et enfile ta veste (noir) par-dessus cette robe (ultra-fin).

★★ **4 Complète l'expression qui fait référence à un animal et accorde l'adjectif.**

a. Impossible de les tromper, Paul et Titouan sont malin.... comme....

b. À cause de sa timidité maladive, en cours, Cybil reste muet.... comme....

c. Méfiez-vous de Françoise et Odile qui sont rusé.... comme....

d. Cette personne est vraiment têtu.... comme....

★★ **5 Étudie l'image suivante.**

■ J.-J. Grandville (1803-1847), *Le Lion tient conseil*, illustration pour *Les Animaux malades de la peste* de Jean de La Fontaine, Paris, BNF.

a. De quel type d'image s'agit-il ?
- Une gravure du XIXe siècle. ☐
- Une photo du XXIe siècle. ☐
- Un dessin satirique du XVIIIe siècle. ☐

b. Quel est le point commun à l'ensemble des personnages représentés ? Quelle particularité partagent-ils pourtant ?

c. Quel est le personnage principal ?
- Le loup vêtu tout de noir. ☐
- Le guépard la tête entourée d'un turban. ☐
- Le lion assis sur le trône. ☐

d. Quelle attitude ont les autres personnages vis-à-vis de lui ? Pourquoi selon toi ?
- Ils le montrent du doigt d'un air accusateur, car ils le jugent coupable. ☐
- Ils le flattent et l'acclament, car ils le craignent. ☐
- Ils le fêtent, car ils louent sa bonté. ☐

e. Selon toi, peut-on trouver facilement l'auteur du texte qu'illustre cette image ?

Livret des corrigés p. 3

Retenir l'essentiel

Le temps **a** laissé **son** manteau
De vent, de froidure **et** de pluie,
Et **s'est** vêtu de broderie
De soleil luisant clair et beau.

Il n'y a bête ni oiseau
Qu'en son jargon ne chante ou crie :
Le temps a laissé son manteau
De vent, de froidure et de pluie.

■ « Rondel », Charles d'Orléans (1394-1465).

Justifie l'orthographe des mots en gras.

1. « Avoir » 3e pers. du sing. au présent de l'indicatif.
2. L'adjectif possessif correspondant à la 3e pers. du sing.
3. La conjonction de coordination.
4. La 3e pers. du sing. du verbe « être » au présent de l'indicatif, précédé du pronom personnel élidé (se).

Reconnaître les verbes *être* et *avoir*

Homophones	Natures	Exemples
a ≠ à	• **a** : 3e personne du singulier du verbe *avoir* • **à** : préposition	*Le temps **a** (avait) laissé son manteau.* *Il faut rentrer **à** (~~avait~~) la maison.*
on ≠ ont	• **ont** : 3e personne du pluriel du verbe *avoir* • **on** : pronom sujet	*Les arbres **ont** (avaient) perdu leurs feuilles.* ***On** (~~avaient~~) les a (avait) rencontrés par hasard.*
et ≠ est	• **est** : 3e personne du verbe *être* • **et** : conjonction de coordination	*Il **est** (était) temps de partir.* *La pluie **et** (~~était~~) l'orage menacent.*
son ≠ sont	• **son** : déterminant possessif • **sont** : 3e personne du pluriel du verbe *être*	*Le temps a laissé **son** manteau (sa veste).* *Les branches **sont** (étaient) désormais nues.*

Reconnaître des mots élidés

Homophones	Natures	Exemples
la ≠ l'a	• **la** : déterminant ou pronom personnel féminin • **l'a** : verbe *avoir* précédé du pronom personnel *l'* élidé	*Après le vent, **la** pluie (le soleil) est arrivée.* *Je **la** (le) vois assise dans l'herbe.* *Il **l'a** (l'avait) salué poliment.*
sans ≠ s'en	• **sans** : préposition qui indique un manque ; c'est le contraire d'*avec* • **s'en** : pronom adverbial précédé du pronom personnel réfléchi *se* élidé	*Cet individu est vraiment **sans** gêne.* *On a beau lui dire, il **s'en** (je m'en) moque éperdument.*
dans ≠ d'en	• **dans** : préposition introduisant un CC de lieu ou de temps • **d'en** : pronom adverbial *en* précédé de la préposition *de* élidée	*Elle a oublié son sac **dans** le bus (à l'intérieur du bus).* *Tu es dans ton bain depuis une heure : il est temps **d'en** sortir (de sortir du bain).*
ni ≠ n'y	• **ni** : conjonction de coordination de sens négatif • **n'y** : pronom adverbial *y* précédé de la négation *ne* élidée	*Il n'est **ni** triste **ni** déçu de partir. (≠ Il est triste et déçu…)* *Ils **n'y** pensent plus désormais. (Ils ne pensent plus à cela désormais.)*

FOCUS

Le **rondeau** est un poème à forme fixe du Moyen Âge. À l'origine, c'est une chanson ronde facile à mémoriser, car elle se compose de treize vers octosyllabiques (de huit syllabes) construits sur deux rimes, et elle contient un refrain.

Comprendre comment faire

► Pour reconnaître les pronoms adverbiaux *en* et *y*

● Les pronoms personnels adverbiaux *en* et *y* sont toujours invariables et sont employés pour désigner des animaux, objets ou idées (mais pas des êtres humains). 1. *Il a adoré le Maroc : il **y** retourne dès que possible !* 2. *Il a une nouvelle chatte : il **en** parle sans arrêt !* 3. Mais : *Il a une nouvelle petite amie : il parle **d'elle** sans arrêt !*

S'entraîner

★ **1** **Dans chaque phrase ci-dessous, entoure une forme du verbe *avoir* ou *être*, puis souligne un homophone.**

a. A-t-il dit à quelle heure il arrivait ?

b. Tu es sûre d'avoir bien pris ton bonnet et tes gants.

c. Bernard l'a vu rentrer hier soir à 22 heures.

d. Ils ont roulé par erreur sur son vélo et ils en sont désolés.

e. On leur dit sans cesse qu'ils ont tort de prendre cette décision.

★★ **2** **Entoure l'homophone qui convient pour compléter chacune des phrases.**

a. Il (ni / n'y) a rien (à / a / as) faire : Christine ne veut (n'y / ni) nager, (n'y / ni) se promener.

b. Michaël (l'a / la / l'as) salue tous les matins, mais elle ne (la / l'a / l'as) pas encore remarqué.

c. Je (l'a / l'as / la) gronderai si j'étais toi : elle n'(as / à / a) pas (as / a / à) faire ça.

d. Ils (on / ont) voulu venir, (ont / on) le leur (as / a / à) pourtant déconseillé.

e. Rachid est allé voir (son / sont) cousin pour les vacances : ils (son / sont) très proches.

★★ **3** **Complète ces phrases avec les homophones suivants : sans/s'en ou dans/d'en.**

a. .... vingt-quatre heures, nous serons enfin en vacances.

b. Séverine .... va .... regrets.

c. C'est un produit très puissant : il convient .... prendre un peu seulement.

d. Il .... doute depuis longtemps, mais il saura la vérité .... peu de temps.

e. Cette recette ne peut réussir .... cet ingrédient : il faut être sûr .... avoir avant de la commencer.

★★ **4** **Rétablis le texte en le complétant avec les homophones qui conviennent.**

Mon oiseau ...... le ventre tout bleu
Sa tête ...... d'un vert mordoré
Il ...... une tache noire sous ...... gorge
Ses ailes ...... bleues avec des touffes de petites
[plumes jaune doré
Au bout de ...... queue il y ...... des traces de
[vermillon
...... dos ...... zébré de noir ...... de vert
Il ...... le bec noir les pattes incarnat ...... deux
[petits yeux de jais.

■ *Feuilles de route* (1947), III, « Départ »

★★ **5** **Étudie cette image.**

■ Giuseppe Arcimboldo (vers 1527-1593), *L'hiver* (XVIe siècle), huile sur toile, 76 × 63 cm, Paris, musée du Louvre.

a. Que représente cette image ? Quels éléments la composent ?
– Une femme composée de fleurs colorées. ☐
– Une tête d'homme composée d'éléments de la nature. ☐
– Un monstre composé de parties d'animaux. ☐

b. Selon toi, quel est le titre du tableau ?
– La Peur, car c'est un tableau destiné à effrayer. ☐
– L'été, car c'est un paysage estival. ☐
– L'hiver, car c'est un personnage qui symbolise cette saison. ☐

c. Nomme les éléments que tu choisirais pour composer une image intitulée « Le Printemps ».

Livret des corrigés p. 3

Retenir l'essentiel

Aussitôt dit, aussitôt fait. Ils **s'en retournent** chez eux. Le paysan **entre** dans l'étable, prend la vache par sa longe et va l'offrir au prêtre. Celui-ci était habile, et rusé. Il **écoute**. « Beau Sire, dit le paysan, les mains jointes, pour l'amour de Dieu je vous **donne** Blérain. » Il lui met dans les mains la longe de la vache et il lui **jure** que maintenant sa femme et lui ne **possèdent** plus rien du tout.

■ « Brunain, la vache au prêtre », Jean Bodel, adapté par P. Gaillard et F. Rachmuhl © Hatier, 2002.

Donne l'infinitif des verbes en gras. Quel est leur point commun ?

S'en retourner, entrer, écouter, donner, jurer, posséder : ces **verbes** sont du **1er groupe**.

Des verbes très réguliers

- Les verbes du 1er groupe se caractérisent par leur **infinitif en -*er***. Ils présentent, en règle générale, un radical unique, que l'on obtient en enlevant la terminaison de l'infinitif (*donner* → radical : *donn-*), et se conjuguent tous sur le même modèle.

Les terminaisons des verbes du 1er groupe aux temps simples de l'indicatif

Présent	Imparfait	Passé simple	Futur
j'aime	*j'aim**ais***	*j'aim**ai***	*j'aimer**ai***
*tu aime**s***	*tu aim**ais***	*tu aim**as***	*tu aimer**as***
il aime	*il aim**ait***	*il aim**a***	*il aimer**a***
*nous aim**ons***	*nous aim**ions***	*nous aim**âmes***	*nous aimer**ons***
*vous aim**ez***	*vous aim**iez***	*vous aim**âtes***	*vous aimer**ez***
*ils aim**ent***	*ils aim**aient***	*ils aim**èrent***	*ils aimer**ont***

Remarque : au futur simple, les terminaisons s'ajoutent à l'infinitif du verbe.

Comprendre comment faire

▶ Pour conjuguer certains verbes du 1er groupe

Certains verbes du 1er groupe présentent une variation de radical. C'est le cas :

– des **verbes en -*cer*** qui prennent une cédille devant les voyelles *a* et *o* ;
placer → *je place, nous placions* mais *je plaçais, nous plaçons*

– des **verbes en -*ger*** qui s'écrivent avec un *e* devant les voyelles *a* et *o* ;
manger → *je mange, nous mangions* mais *je mangeais, nous mangeons*

– des verbes ***jeter*** et ***appeler*** (et des verbes dérivés) qui prennent deux *l* ou deux *t* devant une terminaison avec un *e* muet ;
jeter → *je jetais, je jetai* mais *je jette, je jetterai*
appeler → *j'appelais, j'appelai* mais *j'appelle, j'appellerai*

– des autres **verbes en -*eler*** et **-*eter*** que l'on peut désormais tous conjuguer comme *acheter* et *modeler* (rectifications orthographiques de 1990) ;
acheter → *il achetait* mais *il achète*
modeler → *elle modelait* mais *elle modèlera*

– des **verbes en -*yer*** dont le *y* se transforme en *i* devant un *e* muet.
appuyer → *nous appuyons, vous appuyez* mais *j'appuie, tu appuies, il appuie*

FOCUS

Les verbes du 1er groupe sont les plus nombreux : ils sont près de **7 500** sur les quelque 8 250 verbes que comptabilise la langue française au total. Ils représentent donc **90 %** des verbes du français.

S'entraîner

★ **1 Dans le texte ci-dessous, donne l'infinitif des verbes en gras et souligne ceux qui appartiennent au 1er groupe.**

Le paysan **s'en va** et le curé **donne** l'ordre à son clerc d'**attacher** Blérain (pour qu'elle prenne de nouvelles habitudes) avec sa propre vache Brunain, une belle vache assez grande. Le clerc la **mène** au pré, attache les deux vaches ensemble, puis il les **laisse**… La vache du curé **se penche**, elle **veut** paître. La vache du paysan, elle, ne **veut** pas **se baisser**, et elle **tire** sur la longe, elle tire tellement fort qu'elle **entraîne** Brunain hors du pré, qu'elle l'**emmène** avec elle, par les rues d'abord, puis par toutes les prairies et les cultures de chanvre.

■ « Brunain, la vache au prêtre », Jean Bodel (vers 1165-vers 1210), adapté par P. Gaillard et F. Rachmuhl
© Hatier, 2002.

★★ **2 Dans chacune des listes ci-dessous, souligne les formes qui appartiennent à des verbes du 1er groupe.**

a. tu souris / tu jettes / tu essuies / tu finis / tu parles

b. il nageait / il faisait / il marchait / il cueillait / il chantait

c. vous appelâtes / vous mangeâtes / vous courûtes / vous défendîtes / vous criâtes

d. je ferai / je mettrai / j'amènerai / je penserai / je craindrai

e. ils partent / ils imaginent / ils s'exclament / ils lisent / ils peignent

★★ **3 Dans chacune des phrases, conjugue les verbes entre parenthèses au futur de l'indicatif.**

a. Le paysan (chercher) à faire un bon geste : il (donner) son unique vache.

b. Le curé (profiter) de la générosité du paysan et il (garder) la vache dans son pré.

c. Les deux vaches (s'échapper) de leur enclos et (se retrouver) chez le paysan.

d. Le paysan et sa femme (posséder) deux vaches désormais et en (remercier) le ciel.

e. Tous deux (penser) qu'il s'agit d'une récompense et ils (continuer) à se montrer généreux.

★★ **4 Conjugue les verbes suivants au temps de l'indicatif et à la personne demandés.**

a. ramener (présent) → tu ....

b. s'écrier (imparfait) → nous ....

c. essayer (passé simple) → il ....

d. remplacer (imparfait) → je ....

e. plonger (passé simple) → vous ....

★★ **5 Transpose les formes verbales ci-dessous à la personne du pluriel correspondante.**

a. Elle prit → ....

b. Je menaçai → ....

c. Tu changeais → ....

d. Je m'aperçus → ....

e. Il éteignit → ....

f. Elle s'appuya → ....

★★ **6 Dans chacune des phrases, conjugue correctement le verbe entre parenthèses au présent de l'indicatif.**

a. Nous (manger) ensemble tous les soirs et (partager) nos impressions.

b. Tu (jeter) toujours tes magazines quand tu les as lus ?

c. Nous (nager) plus vite que vous, mais vous (plonger) plus loin.

d. Ils (balayer) le sol pendant que vous (essuyer) la vaisselle.

e. Je vous (rappeler) que vous (remplacer) les joueurs malades pour le match d'aujourd'hui.

f. Tu (penser) qu'il (chanter) faux.

Livret des corrigés p. 3

Retenir l'essentiel

Il y a une armoire à peine luisante
qui **a entendu** la voix de mes grands-tantes,
qui a entendu la voix de mon grand-père,
qui a entendu la voix de mon père.
À ces souvenirs l'armoire est fidèle.
On a tort de **croire** qu'elle ne **sait** que
se taire,
car je cause avec elle.

■ *De l'angélus de l'aube à l'angélus du soir*, Francis Jammes © Mercure de France, 1898.

Quel est le point commun des verbes en gras ?

Les **verbes** en gras appartiennent tous au **3e groupe**.

Les terminaisons du 3e groupe aux temps simples de l'indicatif

● On distingue **3 groupes** de conjugaison :
– le 1er groupe rassemble les verbes en *-er*,
– le 2e groupe rassemble les verbes en *-ir*, dont le participe présent se termine en *-issant*,
– le 3e groupe rassemble tous les autres verbes.

● Les verbes du **3e groupe** présentent une conjugaison irrégulière avec des **variations de radical**. Prenons l'exemple du verbe *croire*, dont le radical peut être *croi, croy, cru*… (Voir tableau ci-dessous.)

Remarque : la plupart des verbes du 3e groupe prennent, au présent de l'indicatif, les terminaisons : *-s, -s, -t, -ons, -ez, -ent*.

Des verbes très irréguliers

● Certains verbes du 3e groupe sont particulièrement irréguliers : non seulement leur radical change, mais ils présentent des **terminaisons différentes**, notamment au présent de l'indicatif. C'est le cas, par exemple, des verbes *aller, dire* et *faire*.

aller	*je vais, tu vas, il va, nous all**ons**, vous all**ez**, ils v**ont***
dire	*je dis, tu dis, il dit, nous dis**ons**, vous di**tes**, ils dis**ent***
faire	*je fais, tu fais, il fait, nous fais**ons**, vous fai**tes**, ils f**ont***

● Les verbes comme : *vouloir, pouvoir, valoir* ont aussi une conjugaison spécifique. Au singulier du présent, ils prennent les terminaisons *-x, -x, -t*.

Vouloir	*je veu**x**, tu veu**x**, il veu**t**, nous voul**ons**, vous voul**ez**, ils veul**ent***
Pouvoir	*je peu**x**, tu peu**x**, il peu**t**, nous pouv**ons**, vous pouv**ez**, ils peuv**ent***
Valoir	*je vau**x**, tu vau**x**, il vau**t**, nous val**ons**, vous val**ez**, ils val**ent***

Présent	Imparfait	Passé simple	Futur
je crois	*je croy**ais***	*je crus*	*je croir**ai***
tu crois	*tu croy**ais***	*tu crus*	*tu croir**as***
il croit	*il croy**ait***	*il crut*	*il croir**a***
*nous croy**ons***	*nous croy**ions***	*nous crû**mes***	*nous croir**ons***
*vous croy**ez***	*vous croy**iez***	*vous crû**tes***	*vous croir**ez***
*ils croi**ent***	*ils croy**aient***	*ils cru**rent***	*ils croir**ont***

FOCUS

Les deux premières conjugaisons sont appelées « conjugaisons vivantes », car elles ne cessent de s'enrichir. Ainsi, quand on crée un verbe, il appartient souvent au 1er groupe, car c'est le plus simple (*forwarder, podcaster*). Au contraire, la 3e conjugaison est appelée « conjugaison morte », car les verbes ne se renouvellent pas.

Comprendre comment faire

▶ Pour conjuguer les verbes en *-dre*

● Au singulier du présent, les **verbes en *-dre*** – qui ne se terminent pas par *-indre* ou *-soudre* – prennent les terminaisons *-ds, -ds, -d*. Ces verbes conservent donc un *d* au singulier qui ne s'entend pas : *il prend*.
Remarque : tous ces verbes en *-dre* font leur passé simple en *-i-* : *j'entend**is**, tu entend**is**, il entend**it**, nous entend**îmes**, vous entend**îtes**, ils entend**irent***.

● Les **verbes en *-indre*** et en ***-soudre*** perdent le *d* du radical et prennent les terminaisons habituelles *-s, -s, -t* : *je peins, tu peins, il peint*; *je résous, tu résous, il résout*.

S'entraîner

★ **1 Dans chaque série de verbes, souligne l'intrus.**

a. avoir, mentir, sourire, finir, prendre.

b. vendre, entendre, pouvoir, rendre.

c. dormir, venir, rougir, tenir, appartenir.

d. voir, savoir, vouloir, souhaiter, pouvoir.

e. obscurcir, couvrir, assombrir, ternir, polir.

★★ **2 Souligne dans le texte les verbes du 3e groupe, puis donne leur infinitif.**

Il y a aussi un coucou en bois.
Je ne sais pourquoi il n'a plus de voix.
Je ne veux pas le lui demander.
Peut-être qu'elle est cassée,
la voix qui était dans son ressort,
tout bonnement comme celle des morts.

■ *De l'angélus de l'aube à l'angélus du soir*, Francis Jammes © Mercure de France, 1898.

★★ **3 Conjugue les verbes suivants au temps de l'indicatif et à la personne demandée.**

a. faire (passé simple) → il ....

b. dire (imparfait) → nous ....

c. survenir (passé simple) → ils ....

d. tenir (futur) → je ....

e. aller (futur) → vous ....

★★ **4 Conjugue les verbes entre parenthèses au passé simple de l'indicatif.**

a. Nous (surprendre) le voleur qui s'enfuyait par la fenêtre.

b. Maxime et Killian (apercevoir) une montgolfière qui survolait le lac.

c. Elle (boire) un grand verre d'eau, puis elle (aller) se recoucher.

d. Marcia et Fatima (se retenir) difficilement de bavarder pendant le cours de maths.

★★ **5 Conjugue les verbes entre parenthèses au temps indiqué.**

a. Ils (entendre, passé simple) un grand fracas et (apprendre, passé simple) ensuite qu'il s'agissait d'un accident.

b. Ils (prendre, imparfait) tout leur temps pour arriver.

c. Jeanne et Nelly (descendre, passé simple) la rivière en canoë, puis elles (attendre, passé simple) qu'on vienne les chercher.

d. Il (prétendre, présent) que nous n'(apprendre, présent) rien en révisant ainsi, mais nous le (surprendre, futur) par nos connaissances le moment venu.

★★ **6 Observe l'image et réponds aux questions.**

■ Vincent Van Gogh (1853-1890), *La Chambre à Arles* (1889), huile sur toile, 57,5 × 74 cm, Paris, musée d'Orsay.

a. Quelle est la nature de l'image et qui en est l'auteur ? Cite deux autres œuvres de l'artiste.

b. Que représente cette image ? Quel est son titre ? Où se situe la scène représentée ?

c. Nomme les différents objets qui y figurent. Quel est l'élément dominant ?

d. Quelles sont les différentes couleurs ? S'agit-il plutôt de couleurs chaudes ou froides ? Pourquoi selon toi ?

e. Quelle est la source de lumière ?

f. Selon toi, quelle idée l'artiste a-t-il voulu donner de la pièce représentée ?

Livret des corrigés p. 3

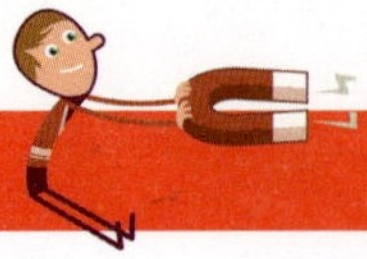

Retenir l'essentiel

– Je voudrais bien savoir comment il **a fait** pour le trouver ! cria d'une voix maussade un grand garçon. Moi qui **ai acheté** vingt tablettes par jour, pendant des semaines et des semaines ! […]
Charlie n'**avait** pas **bougé**. Il n'**avait** même pas **tiré** le ticket d'or de son enveloppe. Muet, immobile, il serrait contre lui sa tablette de chocolat, au milieu des cris, de la bousculade.

■ *Charlie et la chocolaterie*, Roald Dahl © Gallimard jeunesse, 1967.

Indique les temps des verbes en gras.

Les deux premiers verbes sont conjugués au **passé composé**, les deux suivants sont conjugués au **plus-que-parfait**.

La formation des temps composés

● À un temps composé, le verbe se conjugue avec l'auxiliaire ***être*** ou ***avoir***. Cet auxiliaire porte les marques du temps et de la personne ; le verbe est au participe passé : *j'**ai** acheté* ; *nous **avons** acheté*.

● L'auxiliaire du temps composé est conjugué au temps simple correspondant.

Temps simple	Temps composé (auxiliaire au temps simple correspondant + participe passé)
Présent *il fait*	Passé composé *il **a** fait*
Imparfait *il faisait*	Plus-que-parfait *il **avait** fait*
Futur *il fera*	Futur antérieur *il **aura** fait*
Passé simple *il fit*	Passé antérieur *il **eut** fait*

La valeur des temps composés

● Employé avec le temps simple qui lui correspond, un temps composé exprime une action qui s'est déroulée avant l'action exprimée au temps simple.

Je ne possède aucun ticket alors (possède : présent)
que j'ai acheté vingt tablettes par jour. (j'ai acheté : passé composé)
Charlie rentra dès qu'il eut trouvé son ticket. (rentra : passé simple ; eut trouvé : passé antérieur)

● Employé seul, le temps composé exprime une action accomplie, entièrement achevée.

Dans quelques jours, il aura réalisé son rêve. (aura réalisé : futur antérieur)

Comprendre comment faire

► Pour écrire une forme verbale en [i] ou [y]

● Plusieurs formes verbales peuvent se terminer par le son [i] :
– des verbes au présent de l'indicatif ou de l'impératif (*je crie*, *il finit* ; *lis*) ;
– les verbes du 2e groupe et certains du 3e groupe au passé simple (*je rougis* ; *tu entendis*) ;
– le participe passé des verbes du 2e groupe et de certains verbes du 3e groupe (*appris* ; *écrit*).

● Plusieurs formes verbales peuvent se terminer par le son [y] :
– des verbes du 3e groupe au présent de l'indicatif ou de l'impératif (*il conclut* ; *conclus*) ;
– des verbes du 3e groupe au passé simple (*je crus* ; *il vécut*) ;
– le participe passé de certains verbes du 3e groupe (*vu* ; *lu*).
Attention à bien distinguer les formes conjuguées des participes passés :
*il **crut*** → verbe « croire » à la 3e personne du passé simple ;
≠ *il a **cru*** → verbe « croire » au participe passé.

● Quand on a repéré un participe passé, on peut mettre la forme au féminin : ainsi, on sait si elle se termine par une consonne et, si oui, laquelle.
pris → prise ; écrit → écrite ; lu → lue ; cru → crue

FOCUS

En anglais, on retrouve des temps simples et composés, mais ils n'ont pas les mêmes valeurs qu'en français. Ainsi, le **prétérit** est un temps simple, qui sert à exprimer une action passée et achevée. Le temps composé qui lui correspond est le **present perfect**. Il sert à évoquer une action passée, qui est encore reliée au présent.

S'entraîner

★ **1 Associe chaque temps simple de la colonne de gauche au temps composé qui lui correspond à droite.**

il sait ●	● il aura su
il savait ●	● il avait su
il sut ●	● il a su
il saura ●	● il eut su

★★ **2 Effectue les consignes a. et b. pour l'extrait ci-dessous.**

– Mais si, il l'a fermée. Après avoir dit à tous ses ouvriers qu'il était navré, mais qu'ils devaient rentrer chez eux, il a fermé la porte cochère et l'a attachée avec une chaîne. Et soudain, la gigantesque chocolaterie Wonka est devenue silencieuse et déserte. Les cheminées ont cessé de fumer, les machines de ronronner et, à partir de ce fameux jour, on n'y fabriquait plus un bonbon, plus une bouchée de chocolat. Plus personne n'entrait ni ne sortait. Pas un chat. Quant à Mr. Willy Wonka, il disparut complètement.

■ *Charlie et la chocolaterie*, Roald Dahl © Gallimard jeunesse, 1967.

a. Souligne en vert les verbes conjugués à un temps composé et en bleu les verbes conjugués à un temps simple.

b. Entoure l'auxiliaire de chaque verbe conjugué à un temps composé.

★★ **3 Dans chacune des phrases, souligne l'auxiliaire du verbe en gras, puis indique à quel temps ce verbe est conjugué.**

a. Charlie Buckett a **trouvé** (....................) un ticket d'or alors qu'il ne l'espérait plus.

b. Willy Wonka **avait fermé** (....................) son usine, car il **était agacé** (....................) qu'on lui vole ses recettes.

c. Bientôt, Charlie et son grand-père **auront visité** (....................) la fameuse fabrique et ils **auront rencontré** (....................) son mystérieux propriétaire.

d. Augustus Gloop **était tombé** (....................) dans la rivière de chocolat et un immense tuyau l'**avait aspiré** (....................).

e. Charlie **eut** bientôt **compris** (....................) ce qui l'attendait.

★★ **4 Orthographie correctement chacune des terminaisons verbales suivantes.**

a. Son grand-père consenti.... à accompagner Charlie et il s'en réjoui.... à l'avance.

b. Tu di.... que tu as vu.... Willy Wonka, mais il n'est pas sorti.... de son usine depuis des années.

c. Charlie vi.... de ses propres yeux toutes les merveilles dont il avait entendu.... parler.

d. Nous avons appri.... que la visite leur avait beaucoup plu....

e. Si ta leçon est parfaitement su...., alors écri....-la de mémoire. Si tu ne peux pas le faire, c'est que tu l'as appri.... trop vite.

★★ **5 Réécris tous les verbes à l'infinitif que tu auras barrés dans la grille ci-dessous, puis conjugue chacun d'eux à la 1re personne du singulier et du pluriel au passé antérieur. Ensuite, en coloriant les lettres qui restent, tu découvriras le sésame qui permet de visiter la chocolaterie de Mr. Wonka.**

T	P	A	T	I	E	N	T	E	R
A	V	O	I	R	I	D	I	R	E
C	F	A	I	R	E	E	T	R	E
C	O	N	T	E	S	T	E	R	K
L	A	C	E	R	E	R	I	R	E
T	C	O	N	N	A	I	T	R	E
L	I	R	E	D	T	A	P	E	R
A	R	T	I	C	U	L	E	R	O
R	E	N	G	L	O	U	T	I	R

Livret des corrigés p. 3-4

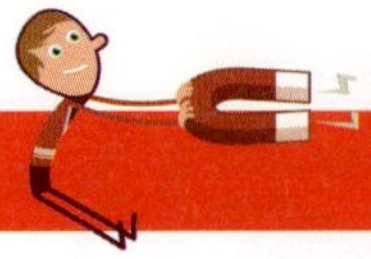

Retenir l'essentiel

Renart continue de duper les animaux ; Ysengrin décide d'être leur champion et d'affronter Renart en duel.
Ysengrin attaque le premier, comme c'est le droit de l'offensé. Renart s'avance, la tête protégée par l'écu. Ysengrin le frappe et l'injurie en même temps :
– Méchant nain ! Que je **sois** pendu, si je ne venge ici ma femme épousée !
– Sire Ysengrin, tenez-moi quitte ; prenez l'amende que je vous offre. Je me reconnaîtrai votre vassal, je quitterai le pays, je m'en irai outre-mer.

■ *Le Roman de Renart* (XIIe-XIIIe siècle) © Hatier.

À quel temps et quel mode est conjugué le verbe en gras. Pourquoi ce mode est-il utilisé ici ?

Le verbe en gras est conjugué au subjonctif présent.
Le mode subjonctif permet ici d'**exprimer le souhait**.

Les formes du subjonctif

● Pour former le **subjonctif présent** d'un verbe, on ajoute au radical de la 1re personne du pluriel du présent de l'indicatif les terminaisons ***-e***, ***-es***, ***-e***, ***-ions***, ***-iez***, ***-ent***. *nous dis-ons* → *que je dis-e, que tu dis-es, qu'il dis-e…*

Attention à la 1re et à la 2e personne du pluriel des verbes en *-yer*, *-iller*, *-ier*, *-gner* : il ne faut pas oublier le *i* de la terminaison (*que nous voy**i**ons*, *que vous brill**i**ez*).

● Certains verbes sont très irréguliers au subjonctif présent (voir tableau ci-contre) :

être	*que je sois, que tu sois, qu'il soit, que nous soyons, que vous soyez, qu'ils soient*
avoir	*que j'aie, que tu aies, qu'il ait, que nous ayons, que vous ayez, qu'ils aient*
pouvoir	*que je puisse, que tu puisses, qu'il puisse, que nous puissions, que vous puissiez, qu'ils puissent*
vouloir	*que je veuille, que tu veuilles, qu'il veuille, que nous voulions, que vous vouliez, qu'ils veuillent*

Le **subjonctif passé** se forme avec l'auxiliaire *avoir* ou *être* au subjonctif présent et le participe passé du verbe conjugué.
*Qu'il **ait** quitté le royaume ! Qu'il **soit** parti au plus vite !*

Le mode du possible

● Le subjonctif est le mode du possible, de l'éventuel. On l'emploie dans des **propositions indépendantes** pour exprimer :
– l'ordre : *Que Renart **soit** jugé !*
– le souhait : *Que je **puisse** enfin me venger !*
– l'indignation : *Après tous ces crimes, qu'il **s'en sorte** encore !*

● On l'utilise aussi dans des **propositions subordonnées** :
– conjonctives, derrière des verbes exprimant la volonté, le doute, un sentiment ;
*Je doute qu'il **parvienne** à s'en sortir cette fois.*
– relatives, pour exprimer un objectif.
*Je voudrais un procès qui **soit** équitable.*

FOCUS
Le terme « **subjonctif** » vient de la préposition latine *sub* qui signifie « sous » et du verbe *jungere* qui signifie « joindre, unir ». En effet, en latin comme en français, on remarque que le mode subjonctif s'emploie surtout dans des propositions subordonnées, qui sont liées à la proposition principale et ne peuvent fonctionner sans elle.

Comprendre comment faire

► Pour distinguer les formes homonymes de l'indicatif présent et du subjonctif présent

Il arrive que la **1re personne du présent de l'indicatif et celle du subjonctif présent** se prononcent de la même manière au singulier (*je cours, que je coure*).
Pour éviter de confondre ces formes :

– on peut remplacer la 1re personne du singulier par la 1re personne du pluriel (*nous courons, que nous courions*) ;

– on peut remplacer le verbe conjugué par un autre verbe dont les formes au présent de l'indicatif et du subjonctif n'ont pas une prononciation identique.
*Qu'il **coure** pour arriver plus vite* → *Qu'il **parte**…* (mode subjonctif).
*Je vois qu'il **court** pour arriver plus vite* → *Je vois qu'il **part**…* (mode indicatif).

S'entraîner

★ **1 Dans chacune des listes ci-dessous, souligne le verbe conjugué au subjonctif présent.**

a. je fus – j'étais – je serais – je serai – je sois

b. il ment – il mentait – il mente – il mentira – il mentit

c. ils veuillent – ils voulaient – ils voulurent – ils veulent – ils voudraient

d. nous savions – nous savons – nous sachions – nous saurons – nous sûmes

e. il doive – il doit – il devait – il devrait – il dut

★★ **2 Conjugue au présent du subjonctif les verbes ci-dessous à la personne demandée.**

a. recevoir → que tu ....

b. nager → que nous ....

c. avoir → que vous ....

d. se réveiller → que nous ....

e. prendre → que je ....

★★ **3 Conjugue au passé du subjonctif et à la personne du singulier ou du pluriel correspondante chacun des verbes ci-dessous.**

a. qu'ils aient → ....

b. que nous soyons → ....

c. que vous preniez → ....

d. que tu ailles → ....

e. qu'il coure → ....

★★ **4 Dans le texte ci-dessous, conjugue les verbes à l'infinitif entre parenthèses au subjonctif présent.**

Que Renart (être) .... un être fourbe et rusé, cela n'est un secret pour personne. Tous les autres animaux souhaitent qu'il (payer) .... pour ses ruses et ses crimes. Le loup Ysengrin craint que Renart (poursuivre) .... ses méfaits, car lui-même en a été victime. Qu'il (parvenir) .... à se venger du goupil : cela paraît peu probable, à moins qu'il (avoir) .... soudain la même habileté que lui.

Nombreux sont ceux qui aimeraient que Renart (être) .... enfin mis en échec et (devenir) .... à son tour victime. (Pouvoir) .... ses mauvais tours s'arrêter enfin : voilà ce qu'espère tout le royaume !

★★ **5 Indique si chacun des verbes en gras est : au présent du subjonctif (PS), au passé du subjonctif (PAS) ou au présent de l'indicatif (PI).**

a. « Il faut que tu **te dépêches** (.......) d'aller ranger ta chambre ! » dit sa mère à Maël.

b. Margot s'étonne qu'aucune de ses amies ne l'**ait** encore **appelée** (.......).

c. Que vous **ayez trouvé** (.......) porte close me surprend beaucoup.

d. Leur mère observe avec satisfaction que les enfants **jouent** (.......) calmement et qu'ils **s'entendent** (.......) à merveille.

e. « Qu'ils **sont** (.......) grands à présent ! » constate le grand-père qui aimerait que ses petits-enfants **puissent** (.......) venir le voir plus souvent.

★★ **6 Souligne le verbe au subjonctif et indique si ce mode exprime : un ordre (O), un souhait (S) ou une indignation (I).**

a. Malgré son attitude, qu'il soit sélectionné dans l'équipe ! (....)

b. Je ne veux plus l'entendre, qu'il sorte immédiatement ! (....)

c. Que les vacances arrivent enfin ! (....)

d. Après tous nos conseils, que vous persistiez dans l'erreur ! (....)

Livret des corrigés p. 4

Retenir l'essentiel

PATHELIN – [...] Plus je vous vois, plus je crois voir votre père. Vous vous ressemblez comme deux gouttes d'eau... Quel garçon de valeur ! Ça, c'était un brave homme. Dire qu'il faisait crédit à qui voulait... Il avait pris l'habitude, avec moi, de rire de si bon cœur... Plaise au ciel que les méchantes gens lui ressemblent, on ne **s'empoignerait** pas comme on fait.

■ *La Farce de Maître Pathelin* (scène 2), anonyme, adapté par Françoise Rachmuhl, « Œuvres & thèmes » © Hatier, 2004.

À quel temps et quel mode est conjugué le verbe en gras. Pourquoi ce mode est-il utilisé ?

Le verbe en gras est conjugué au **conditionnel présent**. Ce mode conditionnel exprime une action liée à une condition implicite.

Les formes du conditionnel

● Pour former le **conditionnel présent** d'un verbe, on ajoute au radical du futur simple de l'indicatif les terminaisons de l'imparfait : *-ais*, *-ais*, *-ait*, *-ions*, *-iez*, *-aient*.
je verr-ai → *je verr-ais ; nous fer-ons* → *nous fer-ions.*

● Le **conditionnel passé** se forme avec l'auxiliaire *être* ou *avoir* conjugué au conditionnel simple et le participe passé du verbe conjugué :
*j'**aurais** vu ; nous **serions** partis.*

Le mode de l'hypothèse

● Le mode conditionnel permet d'exprimer l'hypothèse, c'est-à-dire **une action soumise à une condition.** Selon le cas, l'action :
– est possible dans l'avenir (potentiel) : *Si Pathelin cessait enfin ses tromperies, il pourrait essayer de gagner honnêtement sa vie.*
– est non réalisée dans le présent (irréel du présent) : *Si Pathelin avait de l'argent, il obtiendrait plus facilement du tissu.*
– est non réalisée dans le passé (irréel du passé) : *Si Pathelin n'avait pas été aussi fourbe, il aurait pu faire une belle carrière.*

● On emploie également le conditionnel pour exprimer :
– la supposition : *Maître Pathelin serait-il un bon avocat ?*
– l'atténuation : *Guillemette voudrait que son mari Pathelin soit plus honnête.*

FOCUS

Lorsque la condition est exprimée avec une subordonnée introduite par *si*, il ne faut jamais employer le conditionnel (*Si j'aurais voulu, je serais venu* → *Si j'avais voulu, je serais venu*). Pour se souvenir de cette règle, on peut se rappeler que « *le si n'aime pas le ré* ».

Comprendre comment faire

► Pour distinguer les formes homonymes de l'indicatif futur et du conditionnel présent

La 1re personne du futur simple de l'indicatif et celle du conditionnel présent se prononcent de la même manière : *je prendr**ai**, je prendr**ais**.*
Pour éviter la confusion, on peut remplacer cette personne par une autre : par exemple, par la 3e personne du singulier.
*Je prendr**ai** mon train demain à 10 h.* → *Il prendr**a** son train demain à 10 h.* (futur)
*Accepter**ais**-tu de m'aider ?* → *Accepter**iez**-vous de m'aider ?* (conditionnel)
On observe aussi que le futur simple exprime une action, dont on est sûr qu'elle se produira dans l'avenir, tandis que le conditionnel exprime une action incertaine.

S'entraîner

★ **1 Dans chacune des listes ci-dessous, souligne le verbe conjugué au conditionnel présent.**

a. il sera – il était – il serait – il fut – il est

b. tu guérissais – tu guéris – tu guérisses – tu guérirais – tu guériras

c. nous vivons – nous vivions – nous vivrions – nous vivrons – nous vécûmes

d. vous avez – vous auriez – vous aviez – vous aurez – vous eûtes

e. ils croiront – ils croyaient – ils croient – ils crurent – ils croiraient

f. on prenait – on prit – on prendrait – on prendra – on prenne

★★ **2 Conjugue les verbes au conditionnel composé à la personne demandée.**

a. jouer → vous ....

b. dire → tu ....

c. se réveiller → je ....

d. aller → ils ....

e. vouloir → nous ....

f. s'écrier → elles ....

★★ **3 Pour chacune des phrases suivantes, indique quelle est la valeur du conditionnel, s'il exprime le potentiel (P), l'irréel du présent (IPr) ou l'irréel du passé (IPa).**

a. Si le drapier avait été moins naïf, il ne se serait pas laissé abuser par la ruse de Pathelin. (.......)

b. Si son mari devenait plus honnête, Guillemette aurait une vie bien plus heureuse. (.......)

c. Il faudrait punir plus sévèrement les voleurs de son espèce. (.......)

d. Si Pathelin avait eu moins d'audace, il n'aurait jamais osé tendre un tel piège au drapier. (.......)

e. Le drapier ne perdrait pas son temps, s'il comprenait enfin que Pathelin et Guillemette jouent tous deux la comédie. (.......)

f. Si Pathelin était moins sûr de lui, il verrait qu'on peut le tromper à son tour. (.......)

★★ **4 Dans les phrases suivantes, remplace le verbe en gras par la 1re personne du singulier en conservant le même temps.**

a. Elle préfèrerait que son mari gagne plus d'argent.

b. Nous aurons besoin de tissu pour confectionner de nouvelles robes.

c. Tu devrais savoir qu'il n'est pas honnête depuis le temps !

d. Il voudrait que tu arrives à l'heure pour une fois.

e. Ainsi, **vous aurez** plus de temps pour vous préparer.

f. Elles aimeraient toujours avoir raison, mais cette fois-ci, **elles n'auront** pas le dernier mot.

★★ **5 Réécris ce texte en mettant les verbes en gras au conditionnel passé.**

Alors que sa femme et lui **s'étaient disputés** pour du tissu, Pathelin **avait décidé** d'aller en chercher en ville. Guillemette **avait été** très étonnée et elle **s'était demandée** comment il allait s'y prendre car il n'**avait** pas **gagné** d'argent depuis longtemps.
Pathelin **s'était rendu** chez un drapier et il **avait prétendu** bien connaître le père de celui-ci. Il **avait fait** de nombreux éloges à son sujet et **avait réussi** à amadouer Guillaume, le drapier. Celui-ci **avait** donc **accepté** que Pathelin emporte le tissu chez lui et ils **avaient conclu** que Guillaume viendrait ensuite récupérer son argent.
Bien entendu, le drapier trompé n'**avait** jamais **récupéré** son dû... Il **était** pourtant **allé** réclamer son argent en personne chez Pathelin et sa femme mais, naïf, il n'**avait** pas **compris** que le couple **s'était joué** de lui.

Livret des corrigés p. 4

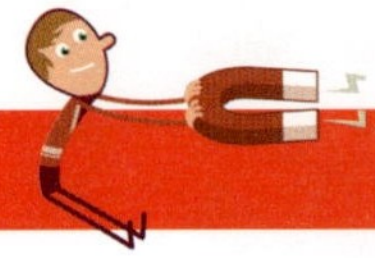

Retenir l'essentiel

« **Cette marque a été faite par une seringue hypodermique** », dit [Armstrong].
Un bourdonnement leur parvint de la fenêtre.
« Regardez… une abeille ! s'écria Vera. Rappelez-vous ce que je vous ai dit ce matin !
– Ce n'est pas une abeille qui l'a piquée ! fit observer Armstrong d'un air sombre. C'était une seringue, tenue par une main humaine.

■ *Dix petits nègres*, Agatha Christie © Éditions du Masque.

Quelle est la voix des verbes mis en gras.

Le premier est à la voix passive, le second à la voix active.

La formation de la voix passive

● Seuls les verbes transitifs directs, c'est-à-dire ceux qui se construisent avec un COD, peuvent être mis à la voix passive. La voix passive d'un verbe se forme avec **l'auxiliaire *être***, qui porte la marque du temps et de la personne, suivi de son **participe passé** : *il **entend*** (voix active, présent) → *il **est** entendu* (voix passive, présent) ; *nous **voyions*** (voix active, imparfait) → *nous **étions** vus* (voix passive, imparfait)

● Le verbe à la voix passive est généralement accompagné d'un **complément d'agent** qui indique qui fait l'action.

La seringue ***était tenue***
sujet — verbe passif
par une main humaine.
complément d'agent

La transformation passive

● Pour transformer une phrase active en phrase passive, il faut faire plusieurs modifications :
– le sujet du verbe actif devient complément d'agent dans la phrase passive ;
– le verbe actif est mis à la voix passive avec l'auxiliaire « ***être*** » ;
– le COD du verbe actif devient sujet du verbe passif.

Une seringue hypodermique ***a fait***
sujet — verbe actif
cette marque.
COD
Cette marque ***a été faite***
sujet — verbe passif
par une seringue hypodermique.
complément d'agent

Comprendre comment faire

▶ Pour reconnaître un complément d'agent

● Le complément d'agent est celui qui accomplit l'action dans la phrase passive. Il est introduit après le verbe par une **préposition** (*par* ou *de*).
Miss Brent a été tuée ***par une seringue hypodermique.***
La vieille femme a été tuée ***d'une piqûre.***

● Il se peut que le complément d'agent ne soit **pas exprimé**, notamment lorsque le sujet de la phrase active est le pronom « on ».
On ne vous a pas prévenus à temps. (phrase active)
→ *Vous n'avez pas été prévenus à temps.* (phrase passive)

● Il ne faut pas confondre le complément d'agent avec un complément circonstanciel introduit notamment par la préposition *par*. Le complément d'agent ne peut être **ni déplacé ni supprimé**, contrairement au CC. Par ailleurs, le complément d'agent indique qui fait l'action dans la phrase passive.
Les invités sont effrayés par les meurtres successifs.
complément d'agent
L'île est approvisionnée par tous les temps.
CC de temps

FOCUS

Le terme « **agent** » vient du verbe latin *agere* qui signifie « faire, agir ». En effet, le complément d'agent désigne celui qui agit, l'auteur de l'action.

S'entraîner

★ **1 Relis chaque verbe à la voix active de la colonne de gauche au verbe passif qui lui correspond dans la colonne de droite.**

je croirai •	• je suis cru
je crois •	• je serais cru
je croirais •	• j'ai été cru
je croyais •	• je serai cru
j'ai cru •	• j'étais cru

★★ **2 Dans chacune des phrases, le sujet mis en gras est-il l'auteur de l'action exprimée par le verbe ? Indique ensuite s'il s'agit d'une phrase active (A) ou passive (P).**

a. **Agatha Christie** a écrit le roman *Dix petits nègres*. (.......)

b. **Les dix invités de l'île** sont tués l'un après l'autre. (.......)

c. **Tous** ont été invités par les mystérieux Mr. et Mrs. O'Nyme. (.......)

d. Heureusement que **personne** ne vous a révélé la fin du roman ! (.......)

e. **Nawel et Evan** n'ont pas été assez attentifs. (.......)

★★ **3 Dans chacune des phrases ci-dessous, indique si le verbe en gras est à la voix active (A) ou passive (P).**

a. Le groupe de randonneurs **a été surpris** par la pluie. (.......)

b. Nous nous **sommes aperçus** qu'ils étaient partis sans nous. (.......)

c. Le sujet **a été interpellé** hier soir par la police. (.......)

d. Perrine **a été ravie** de son cadeau. (.......)

e. Nous nous **étions promenés** par une belle journée ensoleillée. (.......)

f. La nuit **est constellée** d'étoiles. (.......)

★★ **4 Indique si le groupe de mots en gras est un complément d'agent (CA) ou un complément circonstanciel (CC).**

a. Ils sont tous arrivés **par le train** hier soir. (.......)

b. Les meurtres sont annoncés **par une comptine enfantine**. (.......)

c. Les invités avaient tous été accusés **par une voix inquiétante**. (.......)

d. Ce célèbre roman est connu et apprécié **de tous**. (.......)

e. Anxieux, ils observent la mer **du sommet de l'île**. (.......)

★★ **5 Transforme chacune des phrases actives suivantes en phrase passive.**

a. Ce roman à suspense passionne tous les lecteurs.

→ ....

b. Personne n'a encore résolu l'énigme.

→ ....

c. On ignore l'identité du coupable.

→ ....

d. Les invités ont commis des crimes impunis.

→ ....

e. Il a lu tous les romans d'Agatha Christie.

→ ....

★★ **6 Transforme chacune des phrases passives en phrase active.**

a. Elle a été convoquée par le principal.

→ ....

b. Nous n'avons pas été punis.

→ ....

c. Cette carte a été envoyée par nos parents.

→ ....

d. Le coupable a enfin été retrouvé.

→ ....

e. La pièce a été applaudie par toute la salle.

→ ....

Livret des corrigés p. 4

Retenir l'essentiel

Gorgibus. – Très humble serviteur à Monsieur le médecin ! Je vous envoie **quérir** pour voir ma fille qui est malade ; je mets toute mon espérance en vous.
Sganarelle. – Hippocrate dit, et Galien, par vives raisons, persuade qu'une personne ne se porte pas bien quand elle est malade. Vous avez raison de mettre votre espérance en moi ; car je suis le plus grand, le plus habile, le plus **docte** médecin qui soit dans la faculté végétale, sensitive et minérale.

■ *Le Médecin volant* (1647), scène IV, Molière.

Que signifient et d'où viennent les mots en gras ?

Les mots en gras viennent du **latin** : le 1er vient du verbe *quaerere* (chercher à obtenir, demander) et signifie « aller chercher » ; le 2e vient de l'adjectif *doctus* et signifie « savant ».

Les origines latines du français

● La langue française s'est formée progressivement à partir de mots hérités du latin, mais aussi du gaulois et des langues germaniques. Ces apports donnent naissance, au Moyen Âge, à l'ancien français qui évolue, à partir du XVIe siècle, vers le français que nous parlons aujourd'hui.

● Environ 80 % du vocabulaire français provient du latin. Le français est une **langue romane, issue principalement du latin populaire**. Au moment de la conquête romaine, les soldats ont introduit, en Gaule, l'usage du latin à l'oral. Mais les Gaulois, en parlant cette langue, l'ont modifiée et les mots latins ont évolué.

● Au Moyen Âge et à la Renaissance, savants et écrivains ont fait de **nombreux emprunts** au latin et au grec classiques pour enrichir la langue française. Ces mots sont très proches des mots d'origine et ne s'en différencient souvent que par la terminaison : ***voluntas*** → ***volonté***. Cet enrichissement se poursuit encore avec notamment l'utilisation de préfixes ou suffixes gréco-latins.

● Certains mots latins ont donné naissance à deux mots : des doublets.

Origine latine	Origine populaire	Origine savante
navigare *captivum* *hospital*	*nager* *chétif* *hôtel*	*naviguer* *captif* *hôpital*

Les apports des autres langues

● Le français moderne a également emprunté du vocabulaire aux autres langues vivantes :
– de l'arabe : *zéro, chiffre…*
– de l'anglais : *e-mail, match…*
– de l'allemand : *képi, trinquer…*
– de l'espagnol : *sieste, cigare…*
– de l'italien : *pantalon, scénario…*

● Alors que certains mots sont empruntés tels quels, d'autres sont francisés : leur orthographe est modifiée pour leur donner davantage l'apparence d'un mot français. *Cédérom* : de l'anglais « CD-Rom » ; *caméra* : de l'italien « camera », une chambre claire.

FOCUS

Certains mots, lorsqu'ils sont très utilisés, peuvent être **abrégés** : la photo (-graphie), le ciné (-matographe), les math (-ématique-)s, la géo (-graphie), une auto (-mobile)…

Comprendre comment faire

► Pour chercher l'étymologie d'un mot dans le dictionnaire

● Chercher l'étymologie d'un mot, c'est s'informer sur son origine. Pour ce faire, il faut utiliser un dictionnaire suffisamment complet. Ainsi le mot « capitale » provient du nom latin *caput* qui signifie « la tête ». Le mot « enfant » provient de l'adjectif latin *infans* qui signifie « qui ne parle pas ».

S'entraîner

★ **1 Relie chaque mot latin au mot d'origine populaire et au mot d'origine savante qui lui correspondent. Tu obtiendras ainsi une liste de doublets.**

Mots latins	Mots d'origine populaire	Mots d'origine savante
auscultare	neuf	muter
captivum	muer	ausculter
imperator	métier	captif
mutare	écouter	nouveau
cerebrum	empereur	ministère
novus	chétif	cérébral
ministerium	cerveau	impérialisme

★★ **2 Retrouve quels mots français ont été formés à partir de ces termes latins.**

a. libertas : ....

b. cantare : ....

c. fenestra : ....

d. littera : ....

e. fidelitas : ....

f. saltare : ....

g. digitus : ....

★★ **3 Dans chacune des phrases suivantes, souligne les mots qui ont été abrégés et réécris-les en entier.**

a. Mon cousin est passionné de spéléo, mais moi je préfère la photo.

b. Plus tard, je rêve d'avoir une moto, mais pour le moment je circule à vélo.

c. Comme il était en retard pour prendre le bus, Samuel a oublié de mettre un pull.

d. Éteignez cette télé et allons plutôt au ciné !

e. Quand sonne la fin du cours, le prof demande à chaque élève de poser son stylo et de rendre sa copie.

★★ **4 Retrouve le mot français qui provient de chacun des mots grecs ci-dessous.**

a. pater → ....

b. nux → ....

c. lukos → ....

d. theatron → ....

e. skéné → ....

f. muthos → ....

★★★ **5 Complète le tableau ci-dessous afin de retrouver l'étymologie des mots suivants. Aide-toi d'un dictionnaire.**

Mot	Langue d'origine	Radical	Sens du radical
oculiste	*latin*	*oculus*	*œil*
lavabo			
bibliothèque			
spaghetti			
hasard			
pierre			

★★★ **6 De nos jours, de nombreux mots sont empruntés tels quels à l'anglais. Dans chacune des phrases ci-dessous, souligne les mots qui proviennent de l'anglais, puis réécris les phrases en les remplaçant par des mots ou expressions français.**

a. J'adore ce chanteur, je viens d'acheter un best-of de ses chansons.

b. Quelle chance : il va passer le week-end à la mer !

c. Marie-Christine et Laurence ont passé leur après-midi à faire du shopping.

d. Sarah aime beaucoup lire des magazines people.

e. Ils se voient toute la journée et ils passent encore leur soirée à tchater.

Livret des corrigés p. 4

Retenir l'essentiel

MADAME, *fermant le piano et allant au-devant de son amie.* – Chère, très chère peluche ! Depuis combien de trous, depuis combien de galets n'avais-je pas eu le mitron de vous sucrer !
MADAME DE PERLEMINOUZE, *très affectée.* – Hélas ! chère ! j'étais moi-même très, très vitreuse ! Mes trois plus jeunes tourteaux ont eu la citronnade, l'un après l'autre. Pendant tout le début du corsaire, je n'ai fait que **nicher** des moulins, courir chez le ludion ou chez le tabouret, j'ai passé des **puits** à surveiller leur carbure, à leur donner des pinces et des moussons. Bref, je n'ai pas eu une **minette** à moi.

■ *La Comédie du langage*, « Un mot pour un autre », Jean Tardieu © Gallimard, 1978.

D'après le contexte, devine la signification de la phrase soulignée. Par quels mots pourrais-tu remplacer les termes en gras ?

Le personnage évoque ses enfants malades. Les mots en gras ont été mis pour : **moucher** ; **nuits** ; **minute**.

Les mots polysémiques

- La plupart des mots ont plusieurs sens : ils sont polysémiques (du préfixe grec *poly-* signifiant « plusieurs » et du radical *sémie* signifiant « sens »). Par exemple :
Elle a rédigé une longue ***lettre.*** *→ écrit, message.*
Épelle les ***lettres*** *de ton prénom. → caractères, ensemble des consonnes et voyelles.*
Il est susceptible : il prend tout au pied de la ***lettre.*** *→ sens strict d'un mot, d'un texte.*
Elle a choisi de faire des études de ***lettres.*** *→ littérature.*
L'ensemble des différents sens d'un mot correspond à son champ sémantique. On le trouve dans le dictionnaire.

- Certains mots en revanche n'ont qu'un seul sens, par exemple : *un stylo, une étable.*

Sens propre et sens figuré

- Le sens propre d'un mot est son sens premier, généralement concret, qui désigne une réalité. C'est le premier sens que donne le dictionnaire. Par exemple :
un âne : mammifère sauvage ou domestique, à grosse tête et longues oreilles, dont la robe est généralement grise. (sens propre)

- Un mot peut avoir un ou plusieurs sens figurés. Le sens figuré est un sens secondaire, plus imagé, que l'on obtient par comparaison avec le sens propre. Par exemple :
un âne : personne bornée, stupide, incapable de comprendre. (sens figuré)

FOCUS
Certains mots comptent de très nombreux sens et plusieurs pages leur sont consacrées dans le dictionnaire. Ainsi, dans *Le Petit Robert*, le verbe « faire » compte 41 sens différents, le verbe « passer », 39 !

Comprendre comment faire

► Pour repérer et employer des mots de sens générique

- Un mot générique est un terme qui englobe toute une catégorie de personnes, d'animaux ou d'objets. Par exemple, le mot « capitale » est un terme générique qui peut être utilisé pour désigner de nombreuses grandes villes : *Paris, Vienne, Athènes, Bruxelles…*

- Dans un texte, les mots génériques s'emploient notamment pour éviter les répétitions.
Cet été, Isabelle a visité Londres. Elle a adoré cette capitale qu'elle a trouvée moderne, vivante et fascinante.

S'entraîner

★ **1 En t'aidant d'un dictionnaire, indique pour chacun des mots suivants s'il est polysémique ou monosémique (du grec *monos* signifiant « un seul »).**

a. jamais : ....

b. le cœur : ....

c. aigu : ....

d. cher : ....

e. janvier : ....

★★ **2 Indique si le mot en gras est employé au sens propre (SP) ou au sens figuré (SF). Aide-toi d'un dictionnaire au besoin.**

a. Cet excellent basketteur a encore marqué un **panier** (....).

b. Il n'a pas pu finir sa récitation : il a eu un **trou** (....) !

c. Cette robe rose **bonbon** (....) te va à ravir.

d. Cesse de manger des **bonbons** (....), tu auras mal au **cœur** (....) !

e. Merci, mon **trésor** (....), de m'apporter ton **aide** (....) !

★★ **3 Emploie chacun des mots suivants dans deux phrases afin qu'il ait un sens différent dans chacune.**

a. riche. b. cadeau. c. attraper. d. vrai. e. blanc.

★★★ **4 Précise le sens exact des mots ou expressions en gras. Aide-toi d'un dictionnaire au besoin.**

a. En entendant ce bruit assourdissant, elle est restée **pétrifiée**.

b. Impossible de les laisser ensemble : ils **s'entendent comme chien et chat**.

c. Il ne se préoccupe pas des risques éventuels, c'est **un fonceur**.

d. Ce film d'horreur nous a **fait dresser les cheveux sur la tête** !

e. Vos parents semblent très à **cheval sur** la politesse.

★★★ **5 Trouve quel terme générique correspond à chacune des listes suivantes.**

a. lion, chat, panthère, tigre → ....

b. train, avion, vélo, tramway, métro

→ ....

c. adjectif, verbe, adverbe, conjonction de subordination → ....

d. bague, bracelet, pendentif, chaîne, boucles d'oreille → ....

e. mais, ou, et, donc, or, ni, car → ....

★★★ **6 Étudie l'image suivante.**

■ Claude Monet (1840-1926), 1890, *Suzanne lisant et Blanche peignant*, huile sur toile, 1,30 × 0,97 m, Los Angeles, Country Museum of Art.

a. Quelle est la nature de l'image ? Qui en est l'auteur ?

b. Que représente cette image ? Décris précisément ce que font les personnages.

c. Quelles sont les couleurs dominantes ?

d. À quelle saison se déroule la scène représentée ? Quels sont les éléments qui te permettent de répondre ?

e. Décris le cadre de la scène représentée. Les contours sont-ils nets ? Comment définirais-tu la méthode employée par l'artiste pour représenter notamment l'arrière-plan ?

f. En quoi réside l'originalité de la scène représentée ?

Livret des corrigés p. 4

Retenir l'essentiel

En ces raisons, je me suis proposé d'écrire très ponctuellement, au jour le jour, tout ce que je ferais et verrais et qui m'arriverait pendant ce voyage, comme bien on le verra plus avant.
De plus, Seigneurs Princes, tout en écrivant chaque nuit ce qui sera arrivé le jour, et le jour la navigation de la nuit, j'ai le dessein de faire une nouvelle carte **marine** sur laquelle je situerai toute la mer et toutes les terres de la mer Océane, dans leurs propres positions, sous leur vent […].

■ *La Découverte de l'Amérique*, Christophe Colomb

Quel suffixe repères-tu dans les mots soulignés ?

Ponctuellement : adjectif « ponctuel » et suffixe *-ment*;
navigation : verbe « naviguer » et suffixe *-tion*.

Les mots dérivés et mots composés

● Un mot dérivé est créé à partir d'un radical auquel on ajoute un préfixe ou un suffixe.

Préfixe	Radical	Suffixe
Élément placé devant le radical : il ne modifie pas la nature du mot mais son sens.	Élément de base qui exprime le sens principal du mot et ne change pas.	Élément placé derrière le radical qui peut modifier la nature du mot (nom, verbe, adjectif…)
• ***trans****-porter* → *(verbe) porter à travers, sur une distance;* • ***ex****-porter* → *(verbe) porter à l'extérieur.*	*-port-*	• *port-****able*** → (adjectif) *qui se porte facilement.* • *port-****er*** → (verbe) *action de supporter le poids de quelque chose.*

● Un mot composé est formé de plusieurs mots ou radicaux, pouvant être : juxtaposés (*compte rendu, tout à coup…*), accolés (*minijupe, portemanteau…*), reliés par un trait d'union (*bloc-notes, porte-serviette…*) ou une préposition : *fer à repasser, poil à gratter…*
Les mots composés peuvent être : nom (*portefeuille*), adjectif (*rose bonbon*), verbe (*avoir l'air*), adverbe (*à tout jamais*), préposition (*à l'extérieur de*)…

Les préfixes usuels

Préfixe	Sens	Exemple
a-, ac-, ad-, al-, as-, at-	vers	*amerrir, atteindre*
a-, an-	sans, privé de	*apatride, amnésique*
anti-	contre	*antimite, antonyme*
co-, col-, com-	avec	*cohabitation, collocataire*
en-, em-, in, im-, il-	dans	*enterrer, immerger*
il-, im-, in-, ir-	le contraire de	*impossible, irrécupérable*
pré-, pro-	devant	*préposition, protection*

FOCUS
Un mot-valise est un néologisme obtenu par la fusion de deux autres mots existants. Il se distingue du mot composé, car les deux éléments qui le composent ne sont pas immédiatement reconnaissables. En effet, ceux-ci sont comme télescopés et certaines lettres se retrouvent tronquées : *informatique* → *information* + *automatique; courriel* → *courrier* + *électronique.*

Comprendre comment faire

▶ Pour connaître les variations orthographiques de certains préfixes

● L'ajout de certains préfixes entraîne des modifications dans l'orthographe des mots dérivés. Ainsi, quand un préfixe se terminant par une consonne est ajouté à un radical qui commence par une consonne, celle-ci est doublée : *ad-porter* → *apporter; dis-facile* → *difficile; con-rompre* → *corrompre.*

● Pour les mots construits avec les préfixes *in-*, *dés-*, *en-*, *re-*, il faut penser au radical du mot : *inaccessible* → *in-accessible* (avec un seul *n*) ; *inné* → *in-né* (avec deux *n*) ; *déshabiller* → *dés-habiller* (ne pas oublier le *h* du radical)

S'entraîner

★ **1 Dans chacune des listes ci-dessous, souligne le radical commun à l'ensemble des mots qui la composent.**

a. défaire; malfaisant; surfait; parfaire; refait.

b. ordinateur; ordonner; ordonnance; désordre; coordonner.

c. festif; festival; festin; festivité; festoyer.

d. décrire; inscrire; souscrire; récrire; proscrire.

e. terrifier; terroriser; atterré; terrifiant; terrorisme.

f. marin ; maritime ; marécageux ; marée.

★★ **2 Pour chacun des mots suivants, indique s'il s'agit d'un mot dérivé ou d'un mot composé.**

a. nouveau-né → ....

b. boulangerie → ....

c. scandaleux → ....

d. télévision → ....

e. entrecouper → ....

f. sac à main → ....

g. extra-terrestre → ....

★★ **3 Trouve l'adjectif, construit à partir du préfixe signifiant « le contraire de », qui correspond à chacune des définitions suivantes.**

a. Qui ne peut être utilisé → ....

b. Qui ne peut se réconcilier → ....

c. Qui ne peut être réalisé → ....

d. Qui ne peut être vu → ....

e. Qui ne peut être entendu → ....

f. Qui ne peut être battu → ....

g. Qui n'est pas efficace → ....

★★ **4 Complète le texte en utilisant les préfixes et suffixes qui conviennent. Attention aux accords !**

Je trouve les récits des grands voyag...... vraiment passion...... ! Les aventures ...... ordinaires qu'ils ont vécues forcent l'admira...... À l'époque, pour les popula......, ces contrées étaient encore parfait...... ......connues. Christophe Colomb et ses ......pagnons ont permis de ......solider les ......naissances de tous. De nos jours, des ......missions de télévision avec des report...... rendent poss...... la découverte de pays étrang...... depuis son habita.......

★★★ **5 Forme des mots dérivés en ajoutant à chacun des mots ci-dessous le préfixe entre parenthèses. Attention à bien orthographier le mot obtenu.**

a. poser (ad) → ....

b. fusion (dis) → ....

c. lisible (in) → ....

d. faiblir (ad) → ....

e. se forcer (ex) → ....

★★★ **6 Ces dix mots composés se sont tous mélangés : à toi d'en réécrire la liste correcte.**

- machine à sonnette → ....
- coffre-bonheur → ....
- pare-doux → ....
- croque-d'œuvre → ....
- porte à linge → ....
- chaise-brise → ....
- panier à laver → ....
- serpent longue → ....
- aigre-monsieur → ....
- chef-fort → ....

Livret des corrigés p. 5

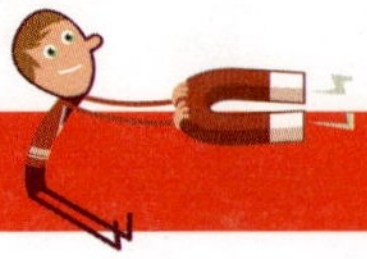

Retenir l'essentiel

SGANARELLE. – Or, ces vapeurs dont je vous parle, venant à passer, du côté gauche où est le foie, au côté droit où est le cœur, il se trouve que le poumon, que nous appelons en **latin** *armyan*, ayant communication avec le cerveau, que nous nommons en **grec** *nasmus*, par le moyen de la veine cave, que nous appelons en hébreu *cubile* […].

■ *Le Médecin malgré lui*, 1666, Molière.

Pourquoi Sganarelle invente-t-il des termes latins et grecs ? Connais-tu des mots français qui viennent de ces deux langues anciennes ?

Sganarelle veut se faire passer pour un savant et invente des mots latins et grecs. De nombreux mots français proviennent de ces deux langues : agenda, biographie…

Les suffixes usuels

Suffixe	Permet de former un…	Exemple
-eur/-euse, -teur/-trice	nom désignant une personne exerçant une certaine activité	*instituteur, danseuse*
-et/-ette, -ot/-otte	adj. à valeur diminutive	*pauvret, vieillotte*
-isme	nom désignant un courant de pensée	*bouddhisme*
-iste	nom de métier	*dentiste*
-ment	adverbe de manière	*rapidement, correctement*
-té, -ité, -eté	nom abstrait	*liberté, simplicité*

Les éléments d'origine grecque ou latine

Radical latin	Sens	Exemple
aqua-, aqu-	eau	*aqueduc, aquarium*
-cide / -fère	qui tue / qui porte	*insecticide, somnifère*
multi- / omni-	nombreux / tout	*multiplier, omnivore*
pueri-	enfant	*puéril, puériculture*
-vore	qui mange	*carnivore, frugivore*
anthropo- / andro-	homme	*anthropologie, androgyne*
auto- / bio-	soi-même / vie	*autobiographie, biographie*
grapho-	écriture	*biographe, graphologue*
hétéro- / homo-	autre / semblable	*hétérogène, homogène*
-logie	étude, science	*psychologie, archéologie*
philo- / -phobe	qui aime / qui déteste	*philosophe, claustrophobe*
poly-	plusieurs	*polythéiste, polychrome*

FOCUS

Le **latin** est une **langue ancienne** qui ne se parle plus désormais couramment. Néanmoins la langue française contient de nombreux termes latins passés tels quels dans le langage courant et que chacun utilise sans même le savoir.
Par exemple : *ex-aequo, et cetera, médias, tibia, ego* et même le signe @ qui vient de la préposition latine « ad ».

Comprendre comment faire

Pour former des noms d'action

● Pour former des noms d'action, on ajoute au radical les suffixes suivants :
-age, -issage ➜ *lavage, brossage, apprentissage*
-erie ➜ *broderie, tricherie, coquetterie*
-tion, -sion, -aison ➜ *comparaison, tentation, appréhension* (ces suffixes servent également à indiquer le résultat d'une action)

● Pour former des noms d'action péjoratifs, on utilise les suffixes suivants :
-ailler ➜ *tirailler, cisailler, criailler* ; *-ouiller* ➜ *barbouiller, gribouiller, trifouiller* ; *-asser* ➜ *bavasser, rêvasser, traînasser*

S'entraîner

★ **1 Indique quel mot français a été formé à partir des mots latins ci-dessous.**

a. frater → ……………………
b. locus → ……………………
c. canis → ……………………
d. vehiculum → ……………………
e. oculus → ……………………
f. domus → ……………………
g. manus → ……………………

★★ **2 Ajoute, à chacun des adjectifs le suffixe *-ment* pour former un adverbe. Attention à l'orthographe de certains.**

a. joli → ……………………
b. vrai → ……………………
c. lent → ……………………
d. difficile → ……………………
e. ancien → ……………………

★★ **3 Souligne le suffixe de chacun des termes ci-dessous et indique s'il désigne : une abstraction, un métier ou une action.**

a. cariste → ……………………
b. volonté → ……………………
c. psychanalyste → ……………………
d. punition → ……………………
e. habileté → ……………………
f. collision → ……………………

★★ **4 Dans les phrases ci-dessous, souligne en bleu les mots qui viennent du latin et en vert les mots qui viennent du grec.**

a. Au cours de l'Histoire, il y a eu de nombreux régicides.

b. Thaïs est claustrophobe : elle ne prend jamais l'ascenseur.

c. Cet auteur vient de publier une autobiographie dans laquelle il explique en quoi consiste sa philosophie de vie.

d. Johann aime la biologie, la géographie, l'archéologie : bref, il a vraiment des goûts très hétéroclites.

e. Depuis qu'il a découvert la mythologie, il est fasciné par les dieux omniscients et polymorphes.

★★ **5 Ajoute, à chacun des verbes suivants, le suffixe *-tion* ou *-sion* pour former un nom d'action. Attention à l'orthographe des mots obtenus. Aide-toi d'un dictionnaire au besoin.**

a. comprendre → ……………………
b. agir → ……………………
c. élire → ……………………
d. progresser → ……………………
e. nager → ……………………
f. multiplier → ……………………

★★ **6 Complète ce tableau en donnant deux mots formés à partir des suffixes donnés, puis en indiquant la nature (adjectif, nom, verbe) de chacun de ces mots.**

Suffixe	Exemples	Nature des mots
-té		
-ir		
-isme		
-age		
-ard		

Livret des corrigés p. 5

Retenir l'essentiel

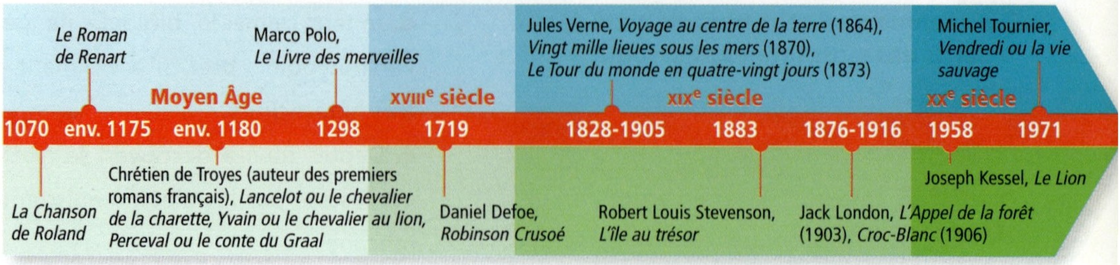

L'épopée

L'épopée est un récit poétique (du grec *epos*, le vers) qui narre des actions extraordinaires et démesurées, accomplies par des héros surhumains. Dans ces récits versifiés, l'histoire se mêle à la légende, le réalisme au merveilleux. Ainsi, dans *L'Iliade*, Homère fait le récit de la guerre de Troie où le héros grec Achille affronte le troyen Hector.

Le roman

Le roman est tout d'abord une langue issue du latin populaire. Par la suite, le roman désigne tout texte écrit dans cette langue. Au XIIe siècle, les premiers romans succèdent aux chansons de geste. S'inspirant des légendes celtiques et irlandaises, ils racontent les aventures de chevaliers. Ces romans, dits courtois, sont écrits en langue romane, en vers octosyllabiques, généralement lus à voix haute par des conteurs. Le sens moderne du mot « roman » n'apparaît qu'au XVIIe siècle : il désigne alors une œuvre de fiction relativement longue.

Le roman d'aventures

- Le roman d'aventures devient un genre à part entière à partir de 1850, avec les œuvres de Stevenson, Jules Verne ou encore Jack London.
- Certaines caractéristiques définissent le genre : un récit centré sur l'action et les péripéties vécues par le héros, un exotisme géographique et historique. Le lecteur va s'identifier au héros confronté souvent à une civilisation différente, à d'autres peuples, et notamment à ceux considérés comme « sauvages ». Le roman d'aventures connaît son apogée entre 1850 et 1950.

FOCUS

Le Tour du monde en quatre-vingt jours, **écrit par Jules Verne en 1872, raconte le voyage autour du monde de Phileas Fogg, un gentleman anglais qui a fait le pari de l'achever en 80 jours seulement. Pour ce récit, Jules Verne s'est notamment inspiré de l'histoire d'un homme d'affaires américain, George Francis Train.**

Comprendre comment faire

Pour connaître les étapes du schéma narratif

- D'un récit à l'autre, on retrouve une construction similaire, appelée le schéma narratif.

Étapes	Description
Situation initiale	Début du récit : description du cadre spatio-temporel et présentation des personnages. La situation du héros est alors stable. (Imparfait)
Élément perturbateur	Événement inattendu qui vient perturber la situation initiale. (Passé simple)
Péripéties	Actions qui s'enchaînent, mettant à l'épreuve le héros, qui apprend et évolue. (Passé simple)
Résolution	Le héros surmonte ses difficultés et achève sa quête. (Passé simple)
Situation finale	Retour à la stabilité : la situation du héros est apaisée. (Imparfait)

S'entraîner

★★ **1 Classe les auteurs suivants dans le tableau ci-dessous en fonction de l'époque à laquelle ils appartiennent. Aide-toi au besoin d'un dictionnaire des noms propres.**

Chrétien de Troyes, Rabelais, Marco Polo, Daniel Defoe, Christophe Colomb, Jules Verne, Jack London.

Moyen Âge	
XVIe siècle	
XVIIe siècle	
XVIIIe siècle	
XIXe siècle	

★★ **2 Retrouve les titres de romans qui ont été mélangés et réécris-les correctement.**

La Chanson des merveilles; Le Chevalier au centre de la Terre; Le Livre au trésor; Croc ou la vie sauvage; L'Île de Roland; Robinson de la charrette; Voyage Blanc; Vendredi Crusoë.

★★ **3 Relie chacun des auteurs au héros qu'il a créé.**

Chrétien de Troyes •	• King
Rabelais •	• Robinson Crusoé
Daniel Defoe •	• Lancelot
Joseph Kessel •	• Phileas Fogg
Jules Verne •	• Yvain
Robert Louis Stevenson •	• Gargantua
	• Jim Hawkins

★★ **4 Indique à quelle étape du schéma narratif correspond chacun des extraits suivants.**

a. « Donc, il y a un an à l'automne dernier, je fus pris tout à coup de malaises bizarres et inexplicables. » (Maupassant, *Le Horla*)

→ ....

b. « Les grâces dites et les époux bénits, Agnès et Guy quittèrent l'abbaye. Depuis la porterie, frère Jérôme les regarda partir en souriant et il pensait que les meurtres qui sont assurément l'œuvre du diable, avaient parfois aussi du bon. » (Jacqueline Mirande, *Double meurtre à l'abbaye* © Castor Poche)

→ ....

c. « Arthur, le noble roi de Bretagne, dont la vie excellente nous enseigne à être preux et courtois, tenait un jour sa cour plénière. C'était à Carduel en Galles, pendant cette fête coûteuse qu'on appelle la Pentecôte. » (Chrétien de Troyes, *Yvain ou le Chevalier au lion*)

→ ....

d. « J'étais, sans le savoir, un enfant heureux, relativement heureux, il est vrai. Mais ce n'était qu'une impression d'ensemble. Car ma vie, même alors, ne manquait pas de petits malheurs auxquels je n'arrivais pas à m'habituer. Il faut remonter à novembre 1944. J'avais treize ans. » (Bruce Lowery, *La Cicatrice*)

→ ....

e. « Le sénéchal revint chez lui où il trouva Lancelot qui était revenu se constituer prisonnier dans son manoir. Il envoya un messager qui refit le chemin inverse pour annoncer à Méléagant le retour de Lancelot. » (Chrétien de Troyes, *Lancelot ou le Chevalier de la charrette*)

→ ....

★★ **5 Rédige la situation initiale et la situation finale d'un récit dont l'élément perturbateur serait le suivant. Chacun de tes deux paragraphes fera environ quatre ou cinq lignes.**

Soudain, les vents se levèrent, rejetant l'embarcation vers le large. L'équipage commença à s'affoler, malgré les conseils du commandant de bord qui tentait de garder son calme et de maîtriser la frayeur de ses hommes face à l'arrivée prochaine de la tempête. Notre jeune héros contemplait les eaux déchaînées et essayait de ne pas se laisser gagner par la panique.

Livret des corrigés p. 5

Retenir l'essentiel

Il avait la bouche petite et de justes proportions, agréable, les lèvres colorées et bien dessinées, les dents petites, serrées et blanches, le menton bien fait, avec une légère fossette, le nez moyennement long, un peu busqué au milieu, les yeux vifs et riants, exprimant la joie, quand il en éprouvait; mais quand il était en colère pour de bon, on eût dit des charbons en feu et on avait l'impression que des pommettes des joues lui jaillissaient des gouttes de sang toutes rouges.

■ *Lancelot*, coll. « Œuvres & thèmes » © Hatier, 2002.

De quel type de texte s'agit-il ? Pourquoi ?

Il s'agit d'un **texte descriptif** : emploi de l'imparfait, nombreux adjectifs qualificatifs, emploi des verbes « être » et « avoir », énumération des parties du visage.

Narration et description

● Le **texte narratif** raconte une histoire : des événements se succèdent dans le temps et sont vécus par des personnages évoluant au long du récit. Ce texte peut avoir pour temps de base le présent de l'indicatif, mais souvent il est au passé simple.

● Le **texte descriptif** représente comme une pause dans la narration : il donne les caractéristiques d'un personnage, d'un lieu ou d'un objet. Il est à l'imparfait dans le récit au passé. La description suit généralement une progression logique : soit de haut en bas (visage, buste, jambes, etc.), ou du plus éloigné au plus proche (effet de zoom), ou encore de la vue d'ensemble au détail (notamment pour un objet). La description peut être statique : (portrait d'un personnage immobile) ou en action, (personnage en train d'agir).

Narration et dialogues

● L'insertion de passages dialogués rend le récit plus vivant et apporte des éléments pour caractériser les personnages.

● Le dialogue se repère facilement par la ponctuation :

– les deux-points (:) introduisent le dialogue après le verbe de parole;

– les guillemets (« ») sont placés au début, devant les paroles du premier interlocuteur, et à la fin, après les paroles du dernier interlocuteur;

– les tirets (–) indiquent chaque changement d'interlocuteur;

– les virgules (,) séparent, à l'intérieur du dialogue, les paroles prononcées des éléments de narration et notamment des verbes de parole.

La reine Guenièvre s'exclama : « Lancelot est le plus courageux des chevaliers ! »
« Quelle vaillance ! », s'écrièrent les spectateurs en voyant les chevaliers s'affronter.

FOCUS

Personnage du cycle des romans de la Table Ronde, **Lancelot** est le héros de *Lancelot ou le Chevalier de la charrette*, écrit au XIIe siècle par Chrétien de Troyes. Il est l'archétype du **chevalier courtois** qui brave tous les dangers et surmonte toutes les épreuves en vue de mériter l'amour de la dame à laquelle il est dévoué.

Comprendre comment faire

► Pour analyser le statut du narrateur

● L'auteur écrit le récit et charge le narrateur de raconter l'histoire. Pour analyser le statut du narrateur, il faut repérer s'il est ou non un personnage de l'histoire :
– si le récit est à la 1re personne, le narrateur est un personnage de l'histoire;
– si le récit est à la 3e personne, le narrateur n'est pas un personnage de l'histoire.

● Parfois le narrateur n'est pas un personnage de l'histoire, mais il peut intervenir dans le récit pour faire des commentaires (à la 1re personne du singulier ou du pluriel) ou s'adresser au lecteur. C'était le cas dans les récits médiévaux racontés à l'origine par des troubadours.

N'oublions *pas de décrire son physique pour ceux qui s'intéressent à la beauté des enfants. Il avait une admirable carnation, ni tout à fait blanche, ni tout à fait brune* [...].

■ *Lancelot*, (texte choisi et présenté par A. Micha), coll. « Œuvres & thèmes » © Hatier, 2002.

S'entraîner

★ **1 Relie les noms de la colonne de gauche aux éléments de description proposés à droite.**

une reine ●	● solide et inquiétant
des champs ●	● vaste et sombre
des enfants ●	● blonds comme les blés
un château ●	● rouge de colère et silencieuse
un homme ●	● laissés à l'abandon

★★ **2 Indique si chacun des extraits du texte *Lancelot* est un passage narratif (N) ou descriptif (D).**

a. « Il fronçait le nez, comme un cheval, dans ses accès de colère, serrait les dents jusqu'à les faire grincer atrocement et il semblait que le souffle qui sortait de sa bouche fût vermeil. »

b. « Mais quand les faibles ne purent plus accepter les vexations des forts, ils établirent pour se protéger des garants et des défenseurs pour s'assurer paix et justice et pour mettre fin aux torts et aux outrages dont ils étaient l'objet. »

c. « Il était d'un sens si lucide et de sentiments si droits qu'il n'accomplissait guère d'actes contraires à une honnête éducation. »

d. « La demoiselle lui donna un précepteur qui lui enseigna la manière de se comporter en homme de noble origine. »

e. « Il chevauchait ainsi autour du lac, sur les bords et sur les hauteurs, sans s'éloigner, jamais seul, mais avec une agréable compagnie de valets, grands et petits, et de gentilshommes. »

★★ **3 Dans chacune des phrases suivantes, rétablis la ponctuation afin de distinguer le dialogue du récit.**

a. Elle expliqua rapidement Vous devez tourner à gauche, puis prendre sur votre droite la petite rue qui monte.

b. Nous préférons aller au cinéma s'écrièrent en chœur les enfants.

c. Ne nagez pas trop loin dit leur mère inquiète je veux vous voir depuis la plage.

d. Si tu veux ajouta sa grand-mère je viendrai te chercher à la sortie du train.

e. Je n'ai jamais lu un livre aussi passionnant ! s'exclama Michèle.

★★ **4 Conjugue au temps qui convient les verbes entre parenthèses. (Attention, le récit est au passé.)**

Un jour, Vincent (venir) frapper à la porte de Youssef. Ils (avoir) en effet l'habitude de jouer au foot ensemble tous les mercredis. Mais ce jour-là, Vincent (trouver) porte close. Inquiet, il (frapper) chez le voisin. Celui-ci (ouvrir) brusquement.
« (Savoir)-vous où (se trouver) Youssef ? Je (frapper) chez lui à l'instant, mais personne n'(répondre), (questionner) Vincent.
– Je (croire) que cela (faire) plusieurs jours qu'il (s'absenter), (bougonner) le voisin.
– Ah bon, (pouvoir)-vous me dire quand est-ce qu'il (revenir) ? (continuer) Vincent avec un grand sourire.
– Certainement pas, je n'(avoir) pas le temps de discuter avec vous ! » (répliquer) le voisin en claquant la porte.
Vincent (rentrer) chez lui et (plaindre) Youssef d'avoir un voisin si peu aimable.

★★ **5 Rédige une description de l'image ci-dessous. Tu commenceras par décrire la vue d'ensemble, puis tu t'intéresseras particulièrement au personnage central de la scène et tu décriras : sa position, ses gestes, ses vêtements, son expression, etc.**

■ *Adoubement de Lancelot*, enluminure extraite de « La Quête du Saint Graal » (XVe siècle), Paris, BNF.

Livret des corrigés p. 5

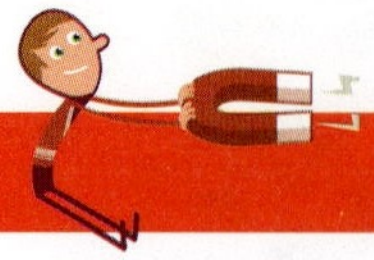

Retenir l'essentiel

En peu de temps je commençai à lui parler et à lui apprendre à me parler. D'abord je lui fis savoir que son nom serait Vendredi, c'était le jour où je lui avais sauvé la vie, et je l'appelai ainsi en mémoire de ce jour. Je lui enseignai également à m'appeler *maître*, à dire *oui* et *non*, et je lui appris ce que ces mots signifiaient. [...] Je demeurai toute la nuit avec lui ; mais dès que le jour parut je lui fis comprendre qu'il fallait me suivre et que je lui donnerais des vêtements ; il parut charmé de cela, car il était absolument nu.

■ *Robinson Crusoé* (1719), Daniel Defoe © Pocket.

De quel type de texte s'agit-il ? À quoi sert principalement ce passage ?

Il s'agit d'un **texte narratif** qui permet de présenter un nouveau personnage : Vendredi, un homme que le héros vient de rencontrer, qu'il a sauvé et dont il va faire son serviteur.

Décrire les circonstances, les personnages

● Un récit débute souvent par la présentation du **cadre spatio-temporel**, c'est-à-dire la description du lieu (espace) et de l'époque (temps) où se déroule l'histoire. Les portraits des personnages sont plus ou moins détaillés, selon leur importance. Par exemple, il est possible de faire un portrait complet du héros : son origine, son physique, son caractère, etc., afin que le lecteur ait l'impression de le connaître.

● Les acteurs peuvent aussi être présentés tout au long de l'histoire : à leur première apparition (comme pour Vendredi que Robinson vient de rencontrer, dans l'extrait ci-dessus), ou lorsqu'ils accomplissent certaines actions caractéristiques. Ainsi, dans un récit de chevalerie, le héros, dont on veut évoquer la vaillance, peut être décrit lors d'un combat.

Faire progresser le récit

● Après la description du cadre et des personnages, il s'agit de faire progresser le récit : ce sont les **péripéties**. Les actions doivent s'enchaîner de manière logique et chronologique. On utilise des indicateurs de temps pour mettre en évidence cette chronologie : adverbes (*hier, plus tard, ensuite...*), GN (*le lendemain, toute la nuit...*), propositions subordonnées circonstancielles (*dès que le jour parut...*).

● Il arrive parfois que la chronologie du récit soit bouleversée, notamment à l'occasion d'un retour en arrière : le récit revient sur un événement du passé, par exemple pour expliquer la personnalité d'un personnage ; ou lors d'une anticipation, qui annonce des événements à venir, par exemple pour créer un effet de suspense.

FOCUS

Héros éponyme du roman de Daniel Defoe publié en 1719, Robinson Crusoé se retrouve seul rescapé d'un naufrage sur une île déserte. Un jour, il rencontre un cannibale, Vendredi, à qui il apprend à lire et qui devient son serviteur et ami. Le récit de *Robinson Crusoé* aurait été inspiré par l'histoire vraie d'un marin écossais, Alexandre Selkirk, qui aurait survécu plus de 4 ans sur une île déserte.

Comprendre comment faire

▶ Pour écrire un récit au passé

● Dans le récit au passé, le temps de référence est le passé simple : il sert à exprimer les actions situées au premier plan qui font avancer le récit. L'imparfait s'emploie pour relater les faits situés à l'arrière-plan, notamment dans les descriptions.
Le plus-que-parfait et le passé antérieur sont utilisés pour formuler une antériorité par rapport à une action exprimée au passé simple ou à l'imparfait.
Le conditionnel évoque une action future dans le passé.

Je lui <u>fis</u> savoir que son nom <u>serait</u> Vendredi, c'<u>était</u> le jour où je lui <u>avais sauvé</u> la vie.
action de 1er plan — action future — imparfait de description — action antérieure

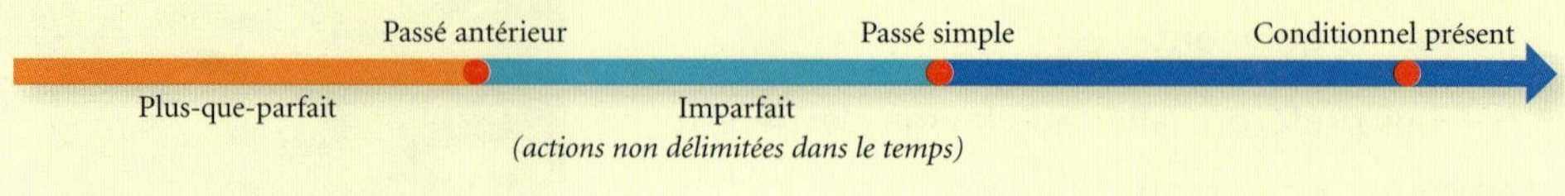

S'entraîner

★ **1 Relie chaque titre de roman au lieu principal dans lequel se déroule l'action.**

Le dernier jour de Pompéi ●	● une île
Le Petit Poucet ●	● une ville romaine
Les Misérables ●	● un train
Robinson Crusoé ●	● la ville de Paris
Le Crime de l'Orient-express ●	● une forêt

★★ **2 Remets dans l'ordre les éléments de cette description.**

a. En effet, elle resplendissait comme un joyau posé sur une couronne.

b. Les vagues venaient s'y fracasser dans un bruit assourdissant et régulier.

c. La vaste demeure imposante surplombait l'île.

d. La demeure, elle, était illuminée de mille feux.

e. Cette île semblait inoccupée.

f. Pourtant l'atmosphère environnante donnait à ce palace un aspect inquiétant.

g. Elle n'était entourée que de rochers quasi impraticables.

★★ **3 Complète chacune des phrases à l'aide des indicateurs de temps proposés.**

puis; à cet instant; pendant un mois; hier; chaque matin; dans trois semaines; la veille; ce jour-là.

a. ...., nous sommes allés à la piscine et ...., nous nous étions promenés en forêt.

b. ...., il sut que tout était fini.

c. ...., je partirai en Inde ....

d. Elle se réveilla .... convaincue qu'un événement majeur allait se produire.

e. ...., il avalait en vitesse son petit déjeuner, ... il courait pour avoir son bus.

★★★ **4 Dans chacune des phrases, remplace les verbes *avoir* et *faire* par des verbes différents et plus précis. Attention, tu devras parfois réécrire les phrases en partie.**

a. Le roi de ce pays **a** une fortune colossale et il **a** aussi un immense château.

b. Cette jeune princesse **a** une beauté radieuse et elle **a** un sourire permanent.

c. Le chevalier **fait** de nombreux exploits et il espère ainsi **faire** plaisir à la dame pour laquelle il **a** beaucoup d'amour.

d. L'ogre **avait** une apparence monstrueuse et il **faisait** peur à tout le monde.

e. Le magicien **faisait** de nombreux tours et il **avait** l'habitude d'épater son public.

★★★ **5 Réécris en remplaçant la 1re personne du singulier par la 3e personne du singulier.**

Mais cette découverte ne me satisfaisait pas : ayant alors plus de courage et conséquemment plus de curiosité, je pris mon Vendredi avec moi, je lui mis une épée à la main, sur le dos l'arc et les flèches dont je le trouvai très adroit à se servir; je lui donnai aussi à porter un fusil pour moi; j'en pris deux moi-même, et nous marchâmes vers le lieu où avaient été les sauvages, car je désirais en avoir de plus amples nouvelles.

■ *Robinson Crusoé* (1719), Daniel Defoe © Pocket.

★★★ **6 Réécris chacune de ces phrases au passé, en employant le passé simple comme temps de référence.**

a. Robinson échoue sur une île déserte alors que son navire a fait naufrage.

b. Il vit seul sur cette île durant de longues années.

c. Il a pris l'habitude de vivre seul, mais un jour il rencontre un sauvage qu'il prénomme Vendredi.

d. Robinson sait aussitôt que Vendredi sera pour lui un fidèle compagnon.

e. Robinson et Vendredi apprennent à se connaître : chacun enseigne à l'autre ce qu'il pratique le mieux.

Livret des corrigés p. 6

Retenir l'essentiel

« Elle n'avait pas le droit de donner Toby ! cria-t-elle enfin entre deux hoquets. C'était le chien de grand-père, de papa, de maman, c'était mon chien à moi, pas le sien !
– Vous n'allez pas vous mettre dans des états pareils pour une bête ! dit Ernestine.
Et, avec un coin de son tablier, elle tenta d'essuyer le visage de l'enfant, mouillé de larmes. Sylvie la repoussa :
– Toby, c'était tout pour moi ! Tout ! Tout ! »

■ *Viou*, Henri Troyat © Flammarion, 1980.

De quel type de texte s'agit-il ? Indique les éléments qui te permettent de répondre.

Il s'agit d'un **dialogue** à l'intérieur d'un récit : les guillemets, les tirets, l'emploi du présent alors que le récit est au passé, l'emploi de la 1re personne.

Le rôle d'un dialogue

● Le dialogue sert à rapporter les paroles directement, telles qu'elles ont été prononcées. Il exprime les sentiments, les idées d'un personnage, mais aussi sa manière d'être à travers sa façon de parler.
Dans l'extrait ci-dessus, le dialogue permet de constater que Sylvie, l'héroïne, est une petite fille sensible, proche des animaux, très attachée à son chien Toby, son fidèle ami. Au contraire, Ernestine ne semble pas considérer cette perte comme un drame, car, pour elle, « ce n'est qu'une bête ».

● Le dialogue permet également de raconter des faits, d'expliquer certains événements. Par exemple, au théâtre, tout passe par le dialogue.

La présentation d'un dialogue

● Le dialogue se caractérise par une ponctuation propre : des guillemets au début et à la fin, puis des tirets à chaque changement d'interlocuteur.
Il progresse essentiellement par une alternance de questions et de réponses entre les interlocuteurs qui réagissent aux propos tenus par les autres. Ainsi, trouve-t-on souvent une ponctuation expressive dans les passages de dialogue : des points d'interrogation (?), d'exclamation (!), de suspension (…).

● Dans un dialogue, le temps de base est le présent, même dans un récit au passé, puisqu'il rapporte les paroles dites au moment où elles ont été prononcées. On y trouve principalement le mode indicatif, mais aussi l'impératif et le subjonctif, notamment pour exprimer l'ordre et la défense.
« Ne te mets pas dans un état pareil ! Tu n'as aucune raison de pleurer », répliqua-t-elle.

Comprendre comment faire

▶ Pour utiliser les verbes introducteurs

● Le dialogue est introduit par un verbe de parole qui fait partie du récit et se met donc au temps de base du récit (présent ou passé simple). Le verbe de parole peut se placer avant les paroles rapportées, suivi d'un deux-points qui précède l'ouverture des guillemets : *Sylvie **s'écria** : « Elle n'avait pas le droit de donner mon chien ! »* ; ou être placé à la fin des paroles rapportées, précédé d'une virgule : *« Elle n'avait pas le droit de donner mon chien », **s'écria** Sylvie.* On peut également placer le verbe de parole entre virgules, au milieu des paroles, il est alors en incise : *« Elle n'avait pas le droit de donner mon chien, **s'écria** Sylvie, je la déteste ! »*.

● Certains verbes de parole permettent de préciser les sentiments, l'intonation des différents interlocuteurs : *crier, hurler, murmurer, gémir, s'esclaffer, bégayer…* D'autres verbes de parole servent à préciser la situation de communication : *répondre, questionner, répliquer, interroger, refuser, demander, supplier…*

FOCUS

Les guillemets se nomment ainsi en raison du nom de leur inventeur : un certain Guillemet, Guimet ou Guillaume, au XVIe siècle. Le premier guillemet («) est appelé « guillemet ouvrant », tandis que le second (») est dit « guillemet fermant ». Ces guillemets sont dits à la française (« … ») et se distinguent des guillemets anglais ("…").

S'entraîner

★ **1 Recopie ce texte en rétablissant le dialogue avec sa ponctuation.**

Si toi tu es triste, lui, il est heureux ! Il ne peut pas être heureux sans moi, bredouilla Sylvie, une bouillie de larmes dans la bouche. Mais si, ma chérie. Après tout, Toby n'est qu'un chien. Ce n'est pas un chien ! glapit Sylvie. C'est mon ami ! Mon meilleur ami ! Il doit pleurer en ce moment ! En ce moment, il mange sa soupe. Ou bien il s'amuse avec ses nouveaux compagnons. Vous croyez ? J'en suis sûre.

■ *Viou*, Henri Troyat © Flammarion, 1980.

★★ **2 Complète chacune des phrases suivantes avec l'un des verbes de parole proposés ci-dessous. Pense à le conjuguer correctement au passé simple.**

ordonner; s'exclamer; supplier; répondre; demander; murmurer; questionner.

a. « N'as-tu pas froid ? », lui .... t-elle inquiète.

b. « Qu'avez-vous à me dire à ce sujet ? .... l'inspecteur. – Je n'ai rien à vous apprendre de plus. », ...-il.

c. Ils .... : « Quelle magnifique toile ! »

d. « Peux-tu me rendre ce service, s'il te plaît ? », ...-t-elle.

e. « Il ne faut surtout pas faire de bruit, pour ne pas les réveiller... », ...-ils.

f. « Asseyez-vous et en silence ! », ...-t-il.

g. « Qu'avez-vous donc fait ? », ...-ils.

★★ **3 Classe ces verbes de parole en fonction de l'intensité du ton qu'ils expriment : de la plus faible à la plus forte. Utilise ensuite trois de ces verbes dans des phrases de ton choix.**

murmurer; répliquer; crier; s'exclamer; susurrer; hurler; souffler; balbutier; s'égosiller

★★ **4 Dans chacune des phrases suivantes, remplace le verbe *dire* par un autre plus précis.**

a. « Tu n'as pas d'ordre à me donner ! », dit-elle.

b. « Tu veux du sucre dans ton café ? », lui dit-il.

c. « Je te promets de ne pas recommencer, mais ne me prive pas de sortie... », dit-il.

d. « Nous en avons assez de toujours faire la même chose... », dirent-ils.

e. « Nous pourrions partir en croisière cet été. », dit-elle.

f. « Non merci. Je n'en veux plus. », dit-il.

★★★ **5 L'auteur Jean Tardieu a écrit un texte intitulé « Finissez vos phrases ! ou Une heureuse rencontre ». Dans cet extrait, amuse-toi à compléter les phrases des interlocuteurs.**

MONSIEUR A, *avec chaleur.* – Oh ! chère amie. Quelle chance de vous... (..............................).

MADAME B, *ravie.* – Très heureuse, moi aussi. Très heureuse de... (..............................). vraiment oui !

MONSIEUR A. – Comment allez-vous depuis que... (..............................) ?

MADAME B, *très naturelle.* – Depuis que? Eh bien ! J'ai continué, vous savez, j'ai continué à... (..............................).

MONSIEUR A. – Comme c'est... ! (..............................). Enfin, oui vraiment, je trouve que c'est... (..............................).

MADAME B, *modeste* – Oh, n'exagérons rien ! C'est seulement, c'est uniquement... (..............................). Je veux dire : ce n'est pas tellement, tellement... (..............................).

MONSIEUR A, *intrigué, mais sceptique.* – Pas tellement, tellement, vous croyez?

■ *La Comédie du langage* © Gallimard, 1978.

Livret des corrigés p. 6

Retenir l'essentiel

Monsieur Jourdain. – Laquais, holà ! mes deux laquais.
PREMIER LAQUAIS. – Que voulez-vous, monsieur ?
MONSIEUR JOURDAIN. – Rien. C'est pour voir si vous m'entendez bien. (*Aux deux maîtres.*) Que dites-vous de mes livrées ?
MAÎTRE À DANSER. – Elles sont magnifiques.
MONSIEUR JOURDAIN. – (*Il entr'ouvre sa robe et fait voir un haut-de-chausses étroit de velours rouge, et une camisole de velours vert, dont il est vêtu.*) Voici encore un petit déshabillé pour faire le matin mes exercices.

■ *Le Bourgeois Gentilhomme* (I, 2), 1670, Molière.

À quel genre cet extrait appartient-il ? Indique les éléments permettant de répondre.

Extrait de **pièce de théâtre** : dialogue, nom des acteurs avant chaque intervention, indications de mise en scène.

Les caractéristiques d'un texte de théâtre

● Le texte théâtral est avant tout écrit pour être joué et regardé. Il se compose de dialogues constitués des répliques que prononcent les différents personnages. Lorsqu'une réplique d'un seul personnage est particulièrement longue, on parle de tirade.

● Les dialogues sont complétés par des indications scéniques appelées « didascalies ». Généralement en italique et entre

parenthèses, elles contiennent toutes les indications de l'auteur sur le décor, le ton, les gestes et les déplacements des personnages. Au metteur en scène et aux comédiens de traduire ensuite ces indications, selon leur propre vision de la pièce.

Les caractéristiques d'une comédie

● Héritière des farces du Moyen Âge et de la *commedia dell'arte*, la comédie est avant tout destinée à faire rire. Les personnages, bourgeois, entrent en conflit du fait, le plus souvent, d'une querelle domestique (amour contrarié, opposition entre mari et femme…), mais le conflit est finalement désamorcé et le dénouement heureux.

● Molière a développé ce genre. Il a enrichi les intrigues empruntées aux farces et créé de vrais personnages. Dotées d'une réelle force comique, ses pièces présentent également une dimension satirique : elles dénoncent les mœurs de son temps, les défauts de ses contemporains.

FOCUS

Les **pièces** sont généralement divisées en **actes**. Cette division tire son origine de l'époque où la scène était éclairée par des **bougies**. La durée d'un acte correspondait à la durée de vie des chandelles : lorsqu'elles étaient consumées, il fallait les remplacer, entre deux actes. Ce détail nous rappelle combien le texte de théâtre est lié à sa future représentation.

Comprendre comment faire

► Pour distinguer les principaux procédés comiques

● Dans une comédie, le recours à différents procédés comiques provoque le rire :
– **comique de mots** : emploi d'insultes, de jeux de mots, d'interjections, mais aussi des malentendus lorsqu'un personnage comprend l'autre de travers ;
– **comique de gestes** : forme héritée de la farce, elle correspond aux coups de bâton, gifles et coups en tous genres ;
– **comique de situation** : placer le personnage dans une situation ridicule ou inattendue, c'est le cas dans les quiproquos (prendre quelqu'un pour un autre), les renversements de situation (« l'arroseur arrosé »), les coups de théâtre…
– **comique de répétition** : répétition d'un même mot, expression ou situation ;
– **comique de caractère** : la façon de se comporter d'un personnage (manies, pitreries…) ou sa façon d'être (naïveté excessive, bêtise…).

S'entraîner

★ **1 Relie chaque terme à sa définition.**

aparté ●	● phrase prononcée par un comédien
monologue ●	● long développement prononcé par un comédien
réplique ●	● réplique très courte
tirade ●	● intervention d'un personnage seul en scène
stichomythie ●	● énoncé que le personnage s'adresse à lui-même sans que les autres personnages n'entendent

★★ **2 Rétablis la ponctuation dans cet extrait de théâtre (points, points d'interrogation et d'exclamation, parenthèses).**

PATHELIN – Alors, j'en ai

GUILLEMETTE – De quoi

PATHELIN – Qu'est devenue votre vieille robe, celle qui était à la mode il y a cent ans

GUILLEMETTE – C'est bien la peine d'en parler Qu'est ce que vous voulez en faire

PATHELIN – Rien Rien du tout Alors, est-ce que j'en ai Je vous l'avais bien dit Il découvre le drap Et ça, est-ce que c'est du drap

GUILLEMETTE – Mon Dieu c'est sûr que vous l'avez eu en trompant un de vos clients

■ *La Farce de Maître Pathelin* (scène 3), anonyme, adapté par Françoise Rachmul, « Œuvres & thèmes » © Hatier, 2004.

★★ **3 Voici une liste d'interjections : remplis le tableau en les classant selon le sentiment qu'exprime chacune d'elles.**

Ah ! Parbleu ! Oh ! Ciel ! Ouf ! Fichtre ! Pouah ! Diantre ! Berk ! Youpi ! Quoi ! Diable ! Waouh ! Hein ! Peste ! Eh ! Beuh !

surprise	
colère	
soulagement	
joie	
dégoût	

★★ **4 Indique quels sont les deux procédés comiques utilisés dans cet extrait. Justifie ta réponse.**

MONSIEUR JOURDAIN. – Monsieur le philosophe !

MAÎTRE DE PHILOSOPHIE. – Infâmes ! coquins ! insolents !

MONSIEUR JOURDAIN. – Monsieur le philosophe !

MAÎTRE D'ARMES. – La peste l'animal !

MONSIEUR JOURDAIN. – Messieurs.

MAÎTRE DE PHILOSOPHIE. – Impudents !

MONSIEUR JOURDAIN. – Monsieur le philosophe !

MAÎTRE À DANSER. – Diantre soit de l'âne bâté !

MONSIEUR JOURDAIN. – Messieurs.

■ *Le Bourgeois Gentilhomme* (I, 2), 1670, Molière.

★★ **5 Retrouve dans la grille ci-dessous treize mots qui appartiennent au lexique théâtral. Une fois que tu auras barré tous les mots, colorie les cases restantes et tu verras apparaître le titre d'une comédie de Molière.**

D	R	A	M	A	T	U	R	G	E
R	I	D	E	A	U	L	E	M	E
E	T	D	I	A	L	O	G	U	E
P	A	E	A	P	A	R	T	E	D
L	L	C	O	S	T	U	M	E	S
I	I	O	E	S	C	E	N	E	J
Q	E	R	C	I	N	A	C	T	E
U	N	M	A	L	G	R	E		U
E	N	L	C	O	M	E	D	I	E
S	E	U	I	T	I	R	A	D	E

Livret des corrigés p. 6

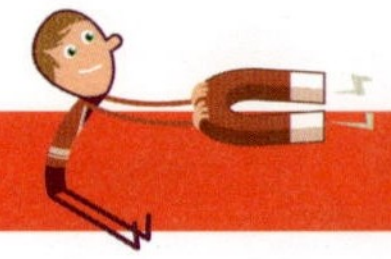

Retenir l'essentiel

Nos chevaux, au soleil, foulaient l'herbe fleurie ;
Et moi, silencieux, courant à ton côté,
Je laissais au hasard flotter la rêverie ;
Mais dans le fond du cœur je me suis répété :
– Oui, la vie est un bien, la joie est une ivresse ;
Il est doux d'en user sans crainte et sans soucis ;
Il est doux de fêter les dieux de la jeunesse.

■ « À Alfred Tattet », in *Poésies nouvelles*, Alfred de Musset.

À quel genre littéraire cet extrait appartient-il ? Indique ce qui te permet de répondre.

Extrait de **poème** : disposition des vers et majuscule au début de chacun d'eux, rimes en fin de vers.

Histoire de la poésie française

● La poésie apparaît en France au XIIe siècle avec les troubadours. Au XVe siècle, Charles d'Orléans crée des poèmes à forme fixe. Le mouvement humaniste survient dans la seconde moitié du siècle. L'un de ses représentants, Clément Marot (1496-1544) introduit la forme du sonnet.

● Au XIXe siècle, apparaît le Romantisme. Ses principaux représentants sont Lamartine (1790-1869), Vigny (1797-1863) et Musset (1810-1857). Son écrivain emblématique reste Victor Hugo (1802-1885), à la fois lyrique dans ses *Contemplations* et épique dans *La Légende des siècles.* Charles Baudelaire (1831-1867) introduit le poème en prose avec ses *Petits poèmes en prose.*

● Au XXe siècle, le mouvement surréaliste survient en pleine période d'après-guerre. Parmi les surréalistes, figurent notamment Eluard (1895-1952), Desnos (1900-1945), Aragon (1897-1982) qui, pendant la 2de Guerre mondiale, tentent de résister à l'occupant allemand grâce à leur plume.

Un usage particulier du langage

● Le terme « poésie » vient du grec *poiein* (« créer, fabriquer »). Le langage n'est plus seulement un instrument de communication, mais une matière artistique que le poète façonne.

	Procédés	Exemples
Le rythme	– la **ponctuation** ; – la **coupe à l'hémistiche** (après le 6e pied) dans l'alexandrin.	*– Oui, la vie est un bien, / la joie est une ivresse.* La césure met le terme « bien » en évidence et crée un balancement régulier.
Le son	– l'**allitération** : répétition de sons vocaliques ; – l'**assonance** : répétition de sons consonnantiques.	*Il est doux d'en user sans crainte et sans soucis.* L' assonance en [s] donne une impression de douceur et de sérénité.

FOCUS

De nos jours, la **poésie** continue à être pratiquée très couramment, comme le montrent notamment les différents blogs de particuliers qui lui sont consacrés. En effet, par sa forme souvent libre et sa puissante créativité, la poésie permet d'exprimer émotions et sentiments, et elle demeure un mode d'expression universelle. Aujourd'hui, la poésie, alliée à la musique, se retrouve dans la pratique du rap et du slam.

Comprendre comment faire

► Pour analyser un poème

● Pour comprendre le sens d'un poème, il convient d'en décrypter les images. En effet, les poètes ont souvent recours à des figures de style pour décrire une réalité différente de celle qui existe ou traduire plus concrètement leurs émotions et sentiments.

– **La comparaison** rapproche deux éléments qui ont des points communs, en utilisant un outil de comparaison (comme, de même que, pareil à, ressembler à…). *Et j'irai loin, bien loin, **comme** un bohémien.* (Rimbaud, « Sensation », *Poésies.*)

– **La métaphore** rapproche deux éléments qui ont des points communs, sans outil de comparaison, ce qui rend l'image plus forte. […] *la lampe de la terre / Qui ne peut s'allumer qu'au ciel* (Victor Hugo, « Luna », *Les Châtiments.*)

– **La personnification** attribue des caractéristiques humaines à des animaux, des êtres inanimés, des notions abstraites. *Les mots ne savent plus où donner de la tête.* (Claude Roy, « Supposons une supposition », *Enfantasques.*)

S'entraîner

★ **1** **Voici le contenu d'une strophe du poème de Victor Hugo « Chanson » (*Les Contemplations*, II, 4). Réécris-la en disposant correctement les six vers. Aide-toi des mots à la rime et de la ponctuation. N'oublie pas de rétablir les majuscules en début de vers.**

Si vous n'avez rien à me dire, pourquoi venir auprès de moi ? Pourquoi me faire ce sourire qui tournerait la tête au roi ? Si vous n'avez rien à me dire, pourquoi venir auprès de moi ?

★ **2** **Replace chaque mot proposé ci-dessous à l'endroit qui convient dans le poème de façon à faire rimer les vers. Attention au sens des mots.**

pieds; femme; l'âme; sentiers; nue; bohémien; menue; rien

Par les soirs bleus d'été, j'irai dans les ....

Picoté par les blés, fouler l'herbe .... :

Rêveur, j'en sentirai la fraîcheur à mes ....

Je laisserai le vent baigner ma tête ....

Je ne parlerai pas, je ne penserai .... :

Mais l'amour infini me montera dans ....

Et j'irai loin, bien loin, comme un ....

Par la Nature, – heureux comme avec une ....

■ « Sensation », *Poésies*, Arthur Rimbaud.

★★ **3** **Lis et réponds aux questions.**

Ayant poussé la porte étroite qui chancelle,
Je me suis promené dans le petit jardin
Qu'éclairait doucement le soleil du matin,
Pailletant chaque fleur d'une humide étincelle.

Rien n'a changé. J'ai tout revu : l'humble
[tonnelle
De vigne folle avec les chaises de rotin...
Le jet d'eau fait toujours son murmure
[argentin
Et le vieux tremble sa plainte sempiternelle.

Les roses comme avant palpitent ; comme
[avant,
Les grands lys orgueilleux se balancent au
[vent.
Chaque alouette qui va et vient m'est connue.

Même si j'ai retrouvé debout la Velléda[1]
Dont le plâtre s'écaille au bout de l'avenue,
– Grêle, parmi l'odeur fade du réséda[2].

■ « Après trois ans », *Poèmes saturniens*, (1866), Paul Verlaine.

1. Velléda : statue d'une prêtresse de Germanie.
2. Réséda : plante.

a. Combien de strophes ce poème contient-il ? Combien de vers chacune des strophes compte-t-elle ? S'agit-il d'un poème à forme fixe ou non ? Si oui, de laquelle ?

b. Combien de pieds chaque vers contient-il ? Comment nomme-t-on ces vers ?

c. Les rimes sont-elles plates (AABB), croisées (ABAB) ou embrassées (ABBA) ?

d. Indique où se trouve un enjambement.

★★ **4** **Quelles sont les figures de style utilisées par le poète dans les extraits ci-dessous (personnification, comparaison) ?**

a. « Je suis comme le roi d'un pays pluvieux, / Riche, mais impuissant, jeune et pourtant très vieux » (« Spleen », in *Les Fleurs du mal*, Baudelaire)

→ ....

b. « Tout à coup l'orage accourt / avec ses grosses bottes mauves / il piétine les bégonias les blés les prés » (*Battre la campagne*, Raymond Queneau.)

→ ....

c. « Sous les ifs noirs qui les abritent, / Les hiboux se tiennent rangés, / Ainsi que des dieux étrangers » (« Les Hiboux », in *Les Fleurs du mal*, Baudelaire)

→ ....

d. « Les pigeons semblent, sur les tuiles, / Des bouquets de fleurs de pommiers. » (*Le Mât de cocagne* (1987, 1993), Maurice Carême © Fondation Maurice Carême.)

→ ....

Livret des corrigés p. 6

Retenir l'essentiel

- **L'addition, la soustraction, la multiplication et la division sont des opérations de base.** On les effectue dans la vie de tous les jours.

- **Exemples**

– Un collège compte 346 filles et 378 garçons. En tout, il compte 346 + 378 élèves.
– Un article coûte 299 €. Il est soldé à 174 €. La réduction est de 299 − 174 euros.
– Claudine a fait le plein avec 28 L de carburant. Le prix d'un litre est de 1,25 €. Elle a payé 28 × 1,25 euros.
– Philippe a coupé un fil métallique de 12,50 m en 4 fils de même longueur. En mètres, la longueur d'un fil est de 12,50 : 4.

- **Vocabulaire**

En mathématiques, on désigne par :
– **somme** le résultat d'une addition,
– **différence** le résultat d'une soustraction,
– **produit** le résultat d'une multiplication,
– **quotient** le résultat d'une division.

Comprendre comment faire

Pour additionner 30 472,67 et 8 598,5

À la main :

$$\begin{array}{r@{,}l} 30472 & 67 \\ +\ 8598 & 5 \\ \hline 39071 & 17 \end{array}$$

Mentalement : ordre de grandeur de chacun des termes et de la somme :
30 000 + 10 000 = 40 000
À la machine : 30 472,67 [+] 8 598,5 = [39071.17]

Pour soustraire 417,04 de 4 085

À la main :

$$\begin{array}{r@{,}l} 4085 & 00 \\ -\ 417 & 04 \\ \hline 3667 & 96 \end{array}$$

Mentalement : ordre de grandeur de chacun des termes et de la différence :
4 000 − 400 = 3 600
À la machine : 4 085 [−] 417.04 = [3 667.96]

Pour multiplier 3,22 par 5,9

À la main :

$$\begin{array}{r} 322 \\ \times\ 59 \\ \hline 2898 \\ 1610 \\ \hline 18998 \end{array}$$

Mentalement : ordre de grandeur de chacun des facteurs et du produit :
3 × 6 = 18
À la machine : 3.22 [×] 5.9 = [18.998]

→ donc 3,22 × 5,9 = 18,998
(en tout 3 chiffres après la virgule)

Pour diviser 780 par 24

À la main :

$$\begin{array}{r|l} 780 & 24 \\ \cline{2-2} 60 & 32,5 \\ 120 & \\ 00 & \end{array}$$

Mentalement : ordre de grandeur du dividende, du diviseur et du quotient :
800 : 25 = (100 : 25) × 8 = 4 × 8 = 32
À la machine : 780 [÷] 24 = [32.5]

MOT CLÉ

Opération : en mathématiques, effectuer une opération revient à appliquer des règles de calcul.

S'entraîner

★ **1 Calcule mentalement.**

a. 512 + 1 037 + 963 + 88 ………………

b. 26 400 − 6 500 ………………

c. 100,25 × 4 ………………

d. 12 016 : 8 ………………

★ **2 Effectue les opérations.**

a.
```
   54,879
+ 649,739
+ 806,465
---------
.........
```

b.
```
  4967218,07
−  370829,125
-------------
.............
```

c.
```
  38764
×    53
-------
.......
.......
-------
.......
```

d.
```
163,5  | 25
       |------
...... | .....
...... |
...... |
```

★ **3 1. Vérifie que 4 783 × 37 = 176 971.**
2. Trouve mentalement :

a. 47 830 × 3 700 ………………

b. 4,783 × 37 ………………

c. 47,83 × 0,37 ………………

d. 176 971 : 4 783 ………………

e. 176 971 : 47,83 ………………

★ **4 Calcule.**

a. 45,82 × 0,01 ………………

b. 0,058 × 10 000 ………………

c. 690,43 : 1 000 ………………

d. 72,403 : 0,01 ………………

e. 0,001 × 0,01 ………………

★ **5 Complète avec l'unité convenable.**

a. 5 094 cm = 5,094 ………

b. 9,456 kg = 94 560 ………

c. 400 775 mL = 400,775 ………

d. 3,5 t = 3 500………

e. 20 820 s = 5……… 47 ………

★★ **6 Écris en euros à l'aide d'une virgule.**

a. 42 € 35 cents ………………

b. 95 cents ………………

En 1998, un euro était estimé à 6,50 F.
Complète les égalités.

c. 56,55 F = ……… € d. 60 cents = ……… F

e. 43, 20 € = ……… F

★★ **7 Complète les égalités.**

a. 3 h 28 min 15 s = ………… s

b. 2 j 4 h 36 min = ………… min

c. 456 min = ………… h ………… min

d. 4 539 s = ……… h ………… min ………… s

e. 4 539 min = ……… j ……… h ……… min

★★★ **8 Observe le tableau puis complète les phrases.**

Camille	départ	arrivée	distance en km
à vélo	8 h 20	9 h 05	12
en voiture	9 h 30	11 h 25	148

a. À vélo, Camille a parcouru ………… km en ………… min, et en voiture ………… km en ………… h ………… min.

b. En tout, elle a parcouru ………… km en ………… h ………… min, ou en ………… min.

c. Sa vitesse moyenne a été de ……… km/h.

★★★ **9 Complète avec le nombre convenable.**

a. 43,98 + ………… = 647,01

b. 542,95 − ………… = 48,45

c. 56 × ………… = 1 120

d. 95 : ………… = 47,5

★★★ **10 Insère deux signes + pour que l'égalité soit vraie.**

a. 4 3 7 8 9 2 0 7 = 1039

b. 2 3 7 4 9 9 1 1 5 = 9401

Livret des corrigés p. 7

Retenir l'essentiel

- **Voici un rectangle de dimensions 15 m et 9 m.**

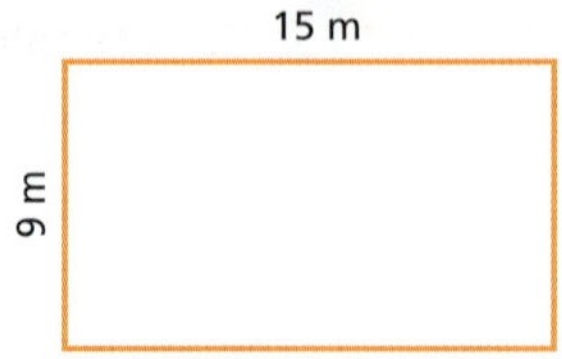

Pour trouver son périmètre en mètres :
– on calcule son demi-périmètre $15 + 9$;
– on multiplie le demi-périmètre 24 par 2.
Ces deux lignes d'opérations peuvent être groupées en une seule. Pour cela, on utilise les parenthèses.
Ainsi, en mètres, $2 \times (15 + 9)$ est le périmètre du rectangle.
Les parenthèses ( ) servent à grouper les opérations.
Pour les supprimer, on remplace leur intérieur par un seul nombre :
$2 \times (15 + 9) = 2 \times 24 = 48$.

- **Vocabulaire**

$15 + 9$ est la somme de 15 et 9.
$2 = (15 + 9)$ est le double de la somme de 5 et 9.

- **Les parenthèses imposent un ordre de calcul.**

Voici deux expressions A et B, écrites avec des nombres et des signes identiques.
Elles ont des valeurs différentes à cause des parenthèses.

$A = 100 - (50 + 18)$
$= 100 - 68$
$= 32$

$B = (100 - 50) + 18$
$= 50 + 18$
$= 68$

- **Le trait de fraction**

Le trait de fraction ——— indique un quotient, mais joue aussi le rôle de parenthèses.

EXEMPLE :

$\frac{7 + 5}{3}$ désigne le nombre $(7 + 5) : 3$ soit $12 : 3 = 4$.

Comprendre comment faire

▶ Pour supprimer des parenthèses

EXEMPLE : $100 - (33{,}8 + 29{,}3 + 17{,}4)$

- **1re étape** : on calcule l'intérieur des parenthèses : $= 100 - 80{,}5$
- **2e étape** : on effectue la soustraction : $= 19{,}5$

▶ Pour grouper à l'aide de parenthèses puis effectuer

EXEMPLE : Marc et Lucie ont gagné 1 505 et 1 546 euros. Ils ont payé un loyer de 1 000 €, des mensualités de 746 € et des frais divers de 919 €. Quel est le montant de leurs économies en euros ?

- **1re étape** : La somme $1505 + 1546$ représente leurs gains à eux deux (en euros).
- **2e étape** : La somme $1000 + 746 + 919$ représente leurs dépenses (en euros).
- **3e étape** : La différence $(1505 + 1546) - (1000 + 746 + 919)$ représente le montant de leurs économies.

Pour le trouver :

- **1re étape** : on effectue les calculs entre parenthèses.
- **2e étape** : on calcule la différence.

$(1505 + 1546) = (1000 + 746 + 919) = 3051 - 2665 = 386$
→ Leurs économies s'élèvent donc à 386 €.

MOT CLÉ
Les parenthèses sont un symbole de groupement.

S'entraîner

★ **1** **Calcule mentalement.**

a. (324 − 25) + (1 078 + 122) ....

b. 5 × (128 : 4) ....

c. 12 × 2 × (73 − 48) ....

d. $\dfrac{50 + 16}{3} \times 101$ ....

★ **2** **Effectue.**

a. (657 + 343) + 587 ....

b. 657 + (343 + 587) ....

c. 657 + 343 + 587 ....

Quelle remarque peux-tu faire ?

★ **3** **Effectue.**

a. (4,5 × 7) × 2 ....

b. 4,5 × (7 × 2) ....

c. 4,5 × 7 × 2 ....

Quelle remarque peux-tu faire ?

★ **4** **Effectue.**

a. (897,4 − 590) − 307,4 ....

b. 897,4 − (590 − 307,4) ....

c. (627 : 3) : 2 ....

d. 627 : (3 : 2) ....

Quelle remarque peux-tu faire?

★★ **5** **Écris l'expression puis calcule-la.**

a. Le double de la différence de 46 et 27.

b. Le produit de la somme de 49 et 11 et de la différence de 72 et 29.

c. Le quotient de la somme de 36,8 et 13,2 et de la différence de 52,25 et 50,65.

★★ **6** **Utilise les parenthèses pour trouver la différence des deux périmètres. (Unité : cm)**

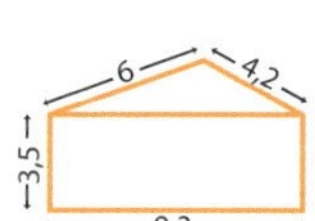

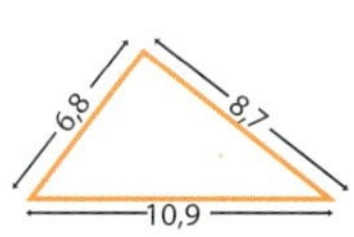

★★ **7** **Calcule l'aire colorée. (Unité : cm)**

a.

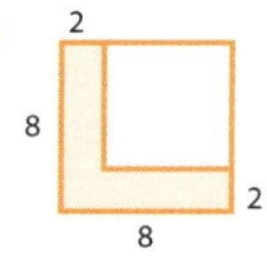

b.

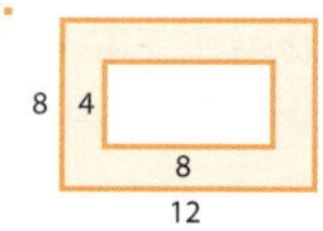

★★ **8** a. **Quelle est l'abscisse de A ? De B ?**

b. **Calcule la somme des produits des abscisses de A et B et des abscisses de C et D.**

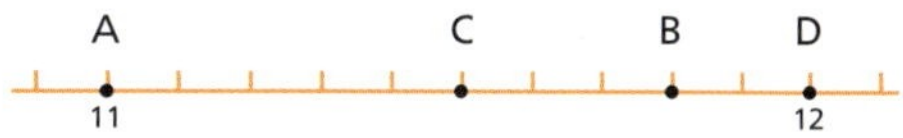

★★ **9** **Les parenthèses ont été effacées. Retrouve-les pour que l'égalité soit vraie.**

a. 309,6 − 237,6 + 52 = 20

b. 45,2 × 12,5 + 7,5 + 96 = 1 000

c. 65 : 130 × 0,5 = 1

d. 45,9 + 3,1 × 6,5 + 3,5 = 490

★★ **10** Le prix d'un téléviseur est de 1 645 €. Un vendeur propose deux formules de paiement :

A. 45 € comptant et 15 mensualités de 110 €.

B. 500 € comptant et 12 mensualités de 98 €.

a. **Quelle économie réalise-t-on en achetant comptant, dans chacun des cas ?**

b. **À crédit, quelle est la formule la plus économique ?**

★★ **11** Paul marche à une vitesse de 4,5 km/h. À vélo, sa vitesse est le triple.
Combien d'heures et de minutes met-il pour parcourir à vélo 31,5 km ?

★★ **12** Je suis un décimal. En m'ajoutant 3,2 et 4,05, puis en multipliant mon tout par 100, on trouve 960. **Je suis :**

☐ 3,25 ☐ 5,75 ☐ 3,5 ☐ 2,35

Livret des corrigés p. 7

Retenir l'essentiel

● Exemple de suite d'opérations

$10 + 4 \times 5$ est une expression sans parenthèses. Elle est la suite de deux opérations : une addition et une multiplication.

● Comment calculer une suite d'opérations ?

La suite d'opérations $10 + 4 \times 5$ pourrait être égale à : $10 + 4 = 14$ et $14 \times 5 = \mathbf{70}$;

ou bien à : $4 \times 5 = 20$ et $10 + 20 = \mathbf{30}$.

Or, les réponses 70 et 30 sont différentes, donc un des deux calculs doit être choisi. Les mathématiciens ont décidé de choisir le second calcul, c'est-à-dire **d'effectuer la multiplication en premier.**

● Qu'en est-il de $37 - 2 \times 5$? De $19{,}4 + 20 : 5$? De $32 : 8 \times 4$?

RÉPONSE : $37 - 2 \times 5$ est la suite d'une soustraction et d'une multiplication.

$19{,}4 + 20 : 5$ est la suite d'une addition et d'une division.

$32 : 8 \times 4$ est la suite d'une division et d'une multiplication.

Le calcul de ces expressions sans parenthèses se fait selon certaines règles.

Dans une suite d'opérations, et en l'absence de parenthèses, **on effectue de gauche à droite, les multiplications et les divisions, puis les additions et les soustractions.**

● Une expression contenant des parenthèses peut-elle être une suite d'opérations ?

RÉPONSE : $5 \times (12 + 6) - 3$ contient des parenthèses et est une suite d'opérations. Pour la calculer, on supprime d'abord les parenthèses en remplaçant leur intérieur par un seul nombre, puis on applique les règles de calcul d'une expression sans parenthèses.

● Qu'en est-il des expressions : $3 + \frac{4}{5}$ et $\frac{19 - 5 \times 2}{4}$?

RÉPONSE : Ces deux expressions sont également des suites d'opérations.

$3 + \frac{4}{5}$ signifie $3 + (4 : 5)$ et $\frac{19 - 5 \times 2}{4}$ signifie $(19 - 5 \times 2) : 4$.

Comprendre comment faire

► Pour calculer les expressions du paragraphe précédent

$$10 + \underbrace{4 \times 5} \\ = 10 + 20 \\ = 30$$

$$37 - \underbrace{2 \times 5} \\ = 37 - 10 \\ = 27$$

$$19{,}4 + \underbrace{20 : 5} \\ = 19{,}4 + 4 \\ = 23{,}4$$

$$\underbrace{32 : 8} \times 4 \\ = 4 \times 4 \\ = 16$$

$$5 \times \underbrace{(12 + 6)} - 3 \\ = \underbrace{5 \times 18} - 3 \\ = 90 - 3 \\ = 87$$

$$3 + \underbrace{\frac{4}{5}} \\ = 3 + (4 : 5) \\ = 3 + 0{,}8 \\ = 3{,}8$$

$$\frac{19 - 5 \times 2}{4} \\ = (19 - \underbrace{5 \times 2}) : 4 \\ = \underbrace{(19 - 10)} : 4 \\ = 9 : 4 \\ = 2{,}25$$

MOT CLÉ

Priorité : la multiplication et la division sont prioritaires par rapport à l'addition et la soustraction.

S'entraîner

★ **1** **Calcule mentalement.**

a. $7 \times 4 + 12$ ....

b. $9{,}2 + 5{,}4 \times 2$ ....

c. $4{,}7 - 0{,}47 \times 10$ ....

d. $45 + 45 \times 2 + 7{,}5 - 2$ ....

e. $500 - 300 : 2$ ....

f. $479 - 99 + 1$ ....

★ **2** **On donne les entiers :**

a. 458 b. 2 306 c. 435 029

1. Écris en lettres chacun de ces entiers.

2. Utilise l'addition et la multiplication pour décomposer ces entiers dans le système décimal.

★ **3** **Vrai ou faux ?**

	V	F
a. $54{,}89 + 0{,}11 \times 100 = 5\,500$	☐	☐
b. $3{,}44 \times 2{,}7 - 0{,}7 = 6{,}88$	☐	☐
c. $7{,}6 + 2{,}4 \times 5 + 89 = 139$	☐	☐
d. $9{,}12 - 0{,}12 : 3 + 4 = 7$	☐	☐
e. $\dfrac{8}{\left(\dfrac{5}{4}\right)} = (8) : (5 : 4)$	☐	☐

★★ **4** **Vrai ou faux ?**

	V	F
a. Le produit de 5 et de la somme de 9 et 12 s'écrit $5 \times (9 + 12)$.	☐	☐
b. La différence de 7 et du produit de 3 et 10 s'écrit $7 - 3 \times 10$.	☐	☐
c. Le produit des sommes de 4 et 9 et de 5 et 12 s'écrit $(4 + 9) \times (5 + 12)$.	☐	☐

★★ **5** **Complète les pointillés avec les signes** $<$ **ou** $>$.

a. $23 \times 14 + 5$ ..... $23 \times (14 + 5)$

b. $23 \times 14 - 5$ ..... $23 \times (14 - 5)$

c. $(28 + 37) \times 29 + 11$ ..... $28 + 37 \times (29 + 11)$

d. $456 + 327 - 89 - 62$ ..... $456 + 327 - (89 - 62)$

e. $455 - 25 : 0{,}1$ ..... $455 : 25 - 0{,}1$

★★ **6** Il s'agit de calculer l'aire du triangle coloré.

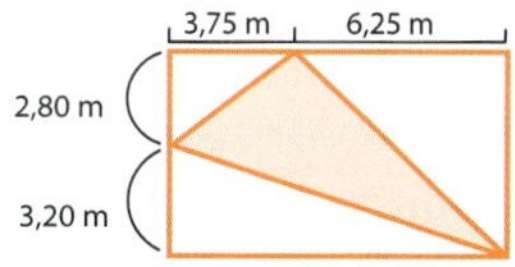

a. Quelle est l'aire du rectangle ?

b. Quelle est la somme des aires des triangles blancs ?

c. Quelle est l'aire du triangle grisé ?

★★ **7** On souhaite carreler une salle rectangulaire avec des carreaux de forme carrée de 30 cm de côté.

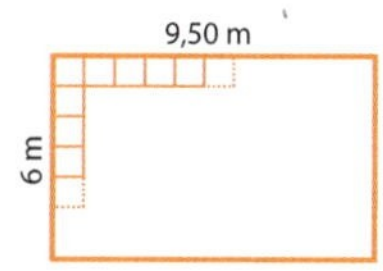

Combien de carreaux doit-on acheter en tout ?

☐ 633 ☐ 634 ☐ 640

★★ **8** a. Je suis un décimal. La somme de mon double et de mon triple est de 750.

Qui suis-je ?

b. Je suis un décimal. La différence de mon triple et de mon double est de 7,5.

Qui suis-je ?

★★ **9** Voici les dimensions en mètres de la chambre de Frédéric : $3{,}25 \times 3{,}60$; hauteur : 2,80 ; fenêtre : $1{,}20 \times 1{,}10$; porte : $0{,}90 \times 2{,}10$.

Réponds en cochant la case convenable.

a. Le périmètre de la chambre est de :

☐ 13,70 m ☐ 12,10 m ☐ 12,80 m

b. L'aire totale des murs est de :

☐ 33,88 m² ☐ 35,84 m² ☐ 38,36 m²

c. L'aire de la fenêtre et de la porte est de :

☐ 0,6 m² ☐ 3,21 m² ☐ 3,50 m²

d. Frédéric voudrait tapisser les murs. L'aire totale à tapisser est de :

☐ 27,76 m² ☐ 35,15 m² ☐ 34,86 m²

Livret des corrigés p. 7

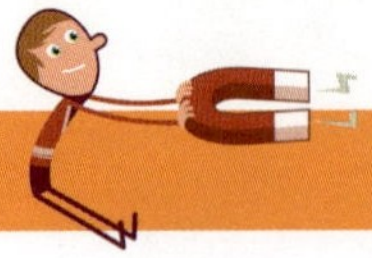

Retenir l'essentiel

● **La distributivité concerne la multiplication, l'addition et la soustraction.**

EXEMPLE : Cyprien a acheté 3 kg de pommes à 2,50 € le kg, et 3 kg de carottes à 1,20 € le kg. En tout, il a payé en euros :

➜ prix de 3 kg de pommes + prix de 3 kg de carottes.

Soit : $3 \times 2{,}50 + 3 \times 1{,}20$.

Ou bien : ➜ prix d'un kg de pommes + prix d'un kg de carottes. Le tout fois 3.

Soit : $(2{,}50 + 1{,}20) \times 3$.

La première expression est sans parenthèses. La seconde est avec parenthèses.

Elles sont toutes les deux égales. On écrit $\mathbf{3 \times (2{,}50 + 1{,}20) = 3 \times 2{,}50 + 3 \times 1{,}20}$ ou $3 \times 2{,}50 + 3 \times 1{,}20 = 3 \times (2{,}50 + 1{,}20)$, et on dit que **la multiplication est distributive par rapport à l'addition.**

● **De même la multiplication est distributive par rapport à la soustraction.**

EXEMPLE : $\mathbf{20 \times (15 - 5) = 20 \times 15 - 20 \times 5}$.

Vérifions : $20 \times (15 - 5) = 20 \times 10 = \mathbf{200}$ et $20 \times 15 - 20 \times 5 = 300 - 100 = \mathbf{200}$

● **Vocabulaire**

– L'expression $3 \times (2{,}50 + 1{,}20)$ comporte des parenthèses. Elle est le produit des deux facteurs 3 et $(2{,}50 + 1{,}20)$.

– L'expression $3 \times 2{,}50 + 3 \times 1{,}20$ ne comporte pas de parenthèses. Elle est la somme de $3 \times 2{,}50$ et $3 \times 1{,}20$. On dit qu'elle est le **développement** de $3 \times (2{,}50 + 1{,}20)$.

Comprendre comment faire

▶ Pour développer

J'applique la **distributivité** pour **supprimer les parenthèses.**

● $5 \times (2{,}3 + a) = 5 \times 2{,}3 + 5 \times a = 11{,}5 + 5a$

● $k \times (a + b) = k \times a + k \times b = ka + kb$

● $k \times (a - b) = k \times a - k \times b = ka - kb$

▶ Pour factoriser

J'applique la **distributivité** pour écrire sous la forme d'un **produit de facteurs.**

● $7 \times 12 + 7 \times a = 7(12 + a)$

● $ka + kb = k(a + b)$

● $ka - kb = k(a - b)$

▶ Pour simplifier (signifie : écrire plus simplement)

● $9a + 4a = (9 + 4)a = 13a$

● $15{,}8a - 4a = (15{,}8 - 4)a = 11{,}8a$

▶ Pour décomposer un nombre en un produit de facteurs

● $35 = 5 \times 7$

● $30 = 2 \times 3 \times 5$

● $78 = 2 \times 3 \times 13$

▶ Pour trouver le plus grand facteur commun à deux nombres

● Il faut d'abord **décomposer** chaque nombre en **produit de facteurs** (voir ci-dessus).

● 5 est le plus grand facteur commun à 35 et 30.
2×3 (ou 6), est celui de 30 et 78.

MOT CLÉ

La **distributivité** explique comment sont reliées les opérations « × » et « + » ou « × » et « – ».

S'entraîner

★ **1 Vrai ou faux ?**

	V	F
a. $7 \times a = 7\,a$	☐	☐
b. $5 \times 7 \times a = 57\,a$	☐	☐
c. $5 \times (4 + 9) = 5\,(4 + 9)$	☐	☐
d. $a \times (3 - b) = a\,(3 - b)$	☐	☐
e. $m \times 6 = 6\,m$	☐	☐
f. $b \times a = a \times b = ab$	☐	☐

★ **2 Développe.**

a. $3{,}2 \times (5 + a)$ ....

b. $100\,(3{,}89 + x)$ ....

c. $5{,}4 \times (6 - t)$ ....

d. $83\,(a - b)$ ....

e. $a\,(12 + c)$ ....

f. $x\,(5 - a)$ ....

★ **3 Décompose en un produit de facteurs.**

a. 25 ....

b. 28 ....

c. 36 ....

d. 60 ....

★★ **4 Vrai ou faux ?**

	V	F
a. $5 + (2 \times 4) = 5 + 2 \times 5 + 4$	☐	☐
b. $7 - (3 \times 2) = 7 \times 3 - 7 \times 2$	☐	☐
c. $7 \times (3 - 2) = 7 \times 3 - 7 \times 2$	☐	☐
d. $a\,(2 + 5) = 7a$	☐	☐
e. $7\,a + 3 = 10\,a$	☐	☐
f. $13\,m - 5 = 8\,m$	☐	☐

★★ **5 Factorise.**

a. $3 \times 5 + 5\,a$ ....

b. $30\,x - 25\,y$ ....

c. $a\,b + a\,c$ ....

d. $9\,a + 9\,b + 9\,c$ ....

e. $18\,a\,b - 9\,c$ ....

f. $36\,a - 36 \times 1$ ....

★★ **6 Calcule mentalement.**

a. $3{,}74 \times 96 + 3{,}74 \times 4$ ....

b. $103 \times 63{,}94 - 3 \times 63{,}94$ ....

c. $593 \times 8 + 593 \times 2$ ....

d. $1\,012 \times 4{,}098 - 12 \times 4{,}098$ ....

e. $4{,}9 \times 27 + 4{,}9 \times 23 + 4{,}9 \times 50$ ....

f. $578{,}34 \times 0{,}68 + 578{,}34 \times 0{,}32$ ....

★★ **7 Utilise la distributivité pour calculer.**

a. 480×101 ....

b. 504×99 ....

c. $74{,}9 \times 11$ ....

★★ **8 Applique la distributivité pour simplifier.**

a. $35x + 4{,}8x$ ....

b. $8a - 3a$ ....

c. $9y - 2y + 4y$ ....

d. $15t + 8t + t$ ....

★★ **9 Complète les pointillés.**

a. $56\,(a + 2 - x) =$ .... + ... − ....

b. $3{,}2$ (....... + ... $+ c) = 3{,}2$ m $+ 6{,}4 +$ ....

c. $t\,(8 -$ .... $+ y) =$ .... $- a\,t +$ ....

d. .... $\times (7 + a - b) = 17{,}5 +$ .... − ....

★★ **10 Factorise.**

a. $36a + 45b + 27$ ....

b. $25 + 50x - 100a$ ....

c. $28ab - 49a + 63ac$ ....

★★ **11** ABCD est un carré de 30 cm de côté.
On augmente le côté AB de 25%.

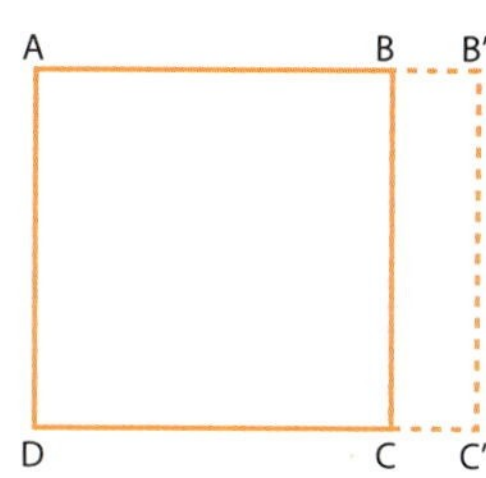

L'aire du rectangle obtenu est de :

☐ 1 650 cm² ☐ 1 406,25 cm² ☐ 1 125 cm²

Livret des corrigés p. 7

Retenir l'essentiel

- **La calculatrice est un outil de calcul rapide et un moyen de vérification.**
Une calculatrice scientifique ou de collège affiche généralement dix chiffres.

- **Une calculatrice de collège applique les règles de calcul et de priorité.**
Elle peut calculer une suite d'opérations avec ou sans parenthèses. Il suffit de « saisir » correctement les données de gauche à droite !

EXEMPLE : [(] 5 [+] 5 [)] [×] 4 = [40] et 5 [+] 5 [×] 4 = [25]

- Un calcul à la machine doit toujours être accompagné d'un calcul mental d'ordre de grandeur.

EXEMPLE : À l'aide d'une calculatrice, Aline a trouvé que 53,8 + 12 est égal à 550. Ce résultat est certainement faux, car un ordre de grandeur de 53, 8 + 12 est 50 + 10 soit 60. Aline avait oublié de taper la touche « virgule » [.] dans 53,8.

- **Les calculatrices ne sont pas toutes identiques. Pour cette raison, il faut toujours lire le mode d'emploi de sa calculatrice.** Le but de cette leçon est d'aider à découvrir sa propre calculatrice et à se familiariser avec elle.

Comprendre comment faire

Pour trouver un ordre de grandeur

Cela revient le plus souvent à effectuer un calcul mental avec des zéros.
EXEMPLE : 43 × 106 a pour ordre de grandeur 40 × 100 = 4 000, ou 43 × 100 = 4 300, ou 45 × 100 = 4 500, ou 50 × 100 = 5 000.
À l'aide d'une calculatrice, 43 × 106 = 4 558 (valeur exacte).

Pour évaluer le résultat « à virgule » affiché par une calculatrice

Cela revient à observer le nombre de chiffres affichés après la virgule, et à utiliser le signe = (égal), ou bien le signe ≈ (à peu près égal).

EXEMPLES :

- 7 [÷] 4 = [1.75], donc 7 : 4 = 1,75 (valeur exacte du quotient).
- 22 [÷] 3 = [7.333333333], donc 22 : 3 ≈ 7,33 (valeur approchée du quotient, par défaut, avec deux chiffres après la virgule, ou au centième près).
22 : 3 ≈ 7,34 (valeur approchée du quotient par excès).

Pour tronquer un résultat

Cela revient à « couper » au rang voulu.

EXEMPLE : 8.23 [×] 35.246 = [290.07458] (valeur exacte du produit).
290 en est une troncature à l'unité et, 290,074 en est une troncature au millième.

Pour arrondir un résultat

Cela revient à examiner le chiffre à droite du rang voulu, et à le comparer à 5.

EXEMPLE : 10 [×] π = [31,41592654] (valeur approchée du produit).

10 [×] π ≈ 31 (valeur arrondie à l'unité près, car le chiffre 4 souligné est inférieur à 5).

10 [×] π ≈ 31,42 (valeur arrondie au centième près, car le chiffre 5 souligné est supérieur ou égal à 5).

MOT CLÉ

Raisonnable : toujours vérifier que le résultat obtenu à l'aide d'une calculatrice est raisonnable.

S'entraîner

★ 1 Quelle touche utilises-tu pour :

a. Afficher la fraction $\frac{3}{10}$?

☐ / ☐ a+b/c ☐ d/c ☐ autre

b. Transformer l'affichage 3/10 en écriture décimale ?

☐ F↔D ☐ F a+b/c ☐ 2nde / ☐ autre

★ 2 Vrai ou faux ?

	V	F
a. La troncature à l'unité du quotient (16 : 23) est 0.	☐	☐
b. L'arrondi à l'unité du quotient $\frac{16}{23}$ est 1.	☐	☐
c. La troncature à 0,1 du quotient $\frac{16}{23}$ est 0,6.	☐	☐
d. L'arrondi à 0,1 du quotient $\frac{16}{23}$ est 0,7.	☐	☐

★★ 3 Effectue la division, puis complète les pointillés avec = ou ≈. Recopie le résultat affiché par ta calculatrice.

a. 8 : 5 ....

b. 8 : 3 ....

c. 57 : 11 ....

Cette calculatrice arrondit-elle les résultats ?

☐ Oui ☐ Non

★★ 4 a. Calcule mentalement $\dfrac{\frac{45}{3}}{\frac{18}{6}}$ = ...

b. Vérifie à l'aide de ta calculatrice.

★★ 5 Imagine que la touche 5 de ta calculatrice est bloquée.
Comment, à l'aide de cette machine, pourrais-tu calculer 15 × (6 589 + 205,5) ?

★★ 6 Encadre par deux entiers consécutifs.

a. .... < 38,93 + 537,8 < ....

b. .... < 8 094,12 − 529,45 < ....

★★ 7 Complète avec < ou >.

a. 567,89 ÷ 32 17

b. 567,89 ÷ 32 18

c. 4 093,65 ÷ 92 44,4

d. 4 093,65 ÷ 92 44,5

★★ 8 Encadre à 0,1 près.

a. .... < 72 ÷ 28 < ....

b. .... < 8,32 ÷ 0,034 < ....

★★★ 9 a. Calcule mentalement à l'aide de la distributivité :

0,0056 × 15 + 0,0056 × 82 + 0,0056 × 3

b. Quelle touche utilises-tu pour mémoriser ou stocker un nombre ?

☐ → ☐ STO→ ☐ M+ ☐ autre

c. Mémorise 0,0056.
As-tu utilisé une lettre A, B, C… pour mémoriser ce nombre ? As-tu validé avec ENTER ou EXE ?

d. Quelle touche utilises-tu pour rappeler le nombre mémorisé ?

e. À l'aide de la touche mémoire, calcule l'expression du a.

★★★ 10 Utilise la touche mémoire pour compléter le tableau. (Unités : cm et cm²)

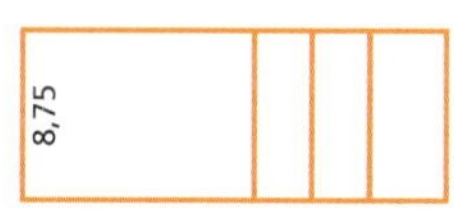

longueur	12	15	....	21,4
aire du rectangle	....	....	157,5	....

★★★ 11 En 2010, une usine a fabriqué 45 632 voitures en janvier, 41 215 en février (29 jours) et 45 649 en mars. **Sachant que la production est continue, combien l'usine a-t-elle produit de voitures en moyenne :**

a. par jour ? ....

b. par minute ? ....

Livret des corrigés p. 7

Retenir l'essentiel

- **Une fraction est un quotient.** Le numérateur et le dénominateur d'une fraction sont des entiers. Par exemple, $\frac{12}{7}$, $\frac{47}{25}$ et $\frac{904}{87}$ sont des fractions.

$\frac{1,2}{7}$, $\frac{47}{2,5}$ et $\frac{9,04}{8,7}$, ne sont pas des fractions, car leurs numérateurs et leurs dénominteurs ne sont pas des entiers. Ce sont des quotients, ou des écritures fractionnaires, qui désignent le résultat d'une division.

- Une fraction permet de comparer le numérateur au dénominateur.

EXEMPLE : $\frac{6}{3} = 2$. On dit que 6 est le double de 3 ou que $6 = 2 \times 3$

- Le quotient 12 : 8 n'est pas une fraction, car il n'est pas écrit avec le trait de fraction —— ou /. Dans 12 : 8, 12 et 8 sont appelés **dividende** et **diviseur.**

- **Une fraction décimale est une fraction dont le dénominateur est 10 ; 100 ; 1000 ; 10 000 ; 100 000 ;...**

EXEMPLE : $\frac{3}{10}$, $\frac{36}{100}$, $\frac{65}{10\,000}$, sont des fractions décimales.

- **Les fractions qui désignent le même nombre sont égales.**

EXEMPLE : $\frac{6}{3} = \frac{18}{9} = \frac{10}{5}$ car elles désignent le même nombre 2.

- **Les fractions désignent des nombres, elles sont donc comparables.**

Comprendre comment faire

▶ Pour écrire sous la forme d'une fraction

(signifie : écrire avec un numérateur et un dénominateur entiers).

EXEMPLES : ● $9 = \frac{9}{1}$ ● $4,8/3,2 = \frac{4,8}{3,2} = \frac{48}{32}$ ● $13/4,25 = \frac{13}{4,25} = \frac{1\,300}{425}$

▶ Pour écrire une fraction sous la forme d'un nombre décimal

(signifie : effectuer la division et donner une réponse décimale, **si cela est possible**).

EXEMPLES : ● $\frac{20}{4} = 5$ ● $\frac{19}{4} = 4,75$ ● $\frac{4}{3}$ réponse décimale impossible

(4 [÷] 3 = [1,333333333] la partie décimale est illimitée).

▶ Pour écrire sous la forme d'une fraction décimale

(signifie: écrire avec un dénominateur égal à 10; 100; 1 000...).

EXEMPLES : ● $\frac{7}{5} = 1,4 = \frac{14}{10}$ ● $6,73 = \frac{673}{100}$ ● $0,4 = \frac{4}{10}$

▶ Pour comparer deux fractions

- $\frac{5}{2} = \frac{10}{4}$, car $\frac{5}{2} = 2,5$ et $\frac{10}{4} = 2,5$
- $\frac{25}{7} > \frac{22}{7}$, car $\frac{25}{7}$ et $\frac{22}{7}$ ont le même dénominateur, 7, et $25 > 22$.
- $\frac{9}{4} < \frac{39}{15}$, car $\frac{9}{4} = 2,25$ et $\frac{39}{15} = 2,6$
- $\frac{8}{3} > \frac{8}{7}$, car $\frac{8}{3}$ et $\frac{8}{7}$ ont le même numérateur, 8, et $3 < 7$.

▶ Pour comparer une fraction à 1

- $\frac{5}{9} < 1$, car le numérateur 5 est inférieur au dénominateur 9.
- $\frac{5}{2} > 1$, car le numérateur 5 est supérieur au dénominateur 2.

MOT CLÉ

Le dénominateur d'une fraction est toujours différent de 0.

S'entraîner

★ **1** **Dans les figures ci-dessous, à l'aide d'une fraction, compare :**

a. Le nombre de carrés au nombre de triangles ....

b. Le nombre de triangles au nombre de carrés ....

c. Le nombre d'étoiles au nombre total de figures ....

★ **2** a. **Quelle fraction de mètre est égale à 25 cm ?** ....

b. **Quelle fraction d'heure est égale à 20 min ?** ....

c. **Quelle fraction de minute est égale à 30 s ?** ....

★ **3** a. **Écris l'abscisse de chacun des points A, B et C.**

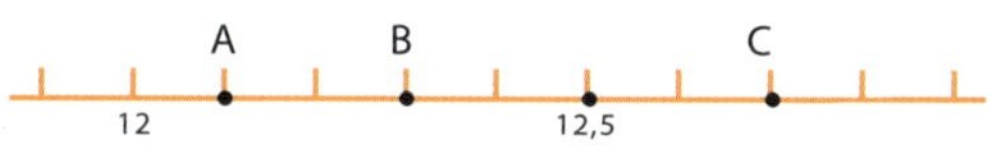

b. **Écris sous forme d'une fraction décimale chacune de ces abscisses.**

....

★★ **4** **Vrai ou faux ?**

	V	F
a. 405 / 270 = 1,5	☐	☐
b. 22 / 7 = 3,14	☐	☐
c. 3,14 < 22 / 7 < 3,15	☐	☐
d. 14 / 8 = 21 / 12	☐	☐
e. 202,8 / 312 = 65 / 100	☐	☐

★★ **5** **Écris sous forme d'un nombre décimal, puis sous forme d'une fraction décimale.**

a. 32,5 / 25 b. 0,918 / 5,4

c. 1 408 / 55 d. 93 / 124

★★ **6** **Complète avec < ou >.**

a. $\frac{18}{93}$ .... 0,194 b. $\frac{32}{9}$ .... $\frac{7}{2}$

c. $\frac{457}{99}$ .... $\frac{459}{99}$ d. $\frac{307}{99}$ .... $\frac{301}{99}$

★★ **7** **Complète les pointillés avec le chiffre convenable.**

a. $\frac{4\ldots}{41} < 1$ b. $\frac{263}{26\ldots} = 1$ c. $\frac{\ldots}{12} = 0$

d. $\frac{78}{7\ldots} < 1$ e. $\frac{519}{5\ldots9} > 1$

★★ **8** La superficie de l'Europe est environ de 10 488 000 km^2. Celle de l'Asie est de 43 757 000 km^2.

a. La superficie de l'Asie est environ 4 fois plus grande que celle de l'Europe.
Vrai ou faux ?

b. **Donne un encadrement au centième près de $\frac{43\,757}{10\,488}$.**

★★ **9** Sur 30 questions posées, Julie a 21 bonnes réponses.

a. **Quelle est sa note sur 30 ?** ....

b. **Quelle est sa note sur 100 ?** ....

★★ **10**

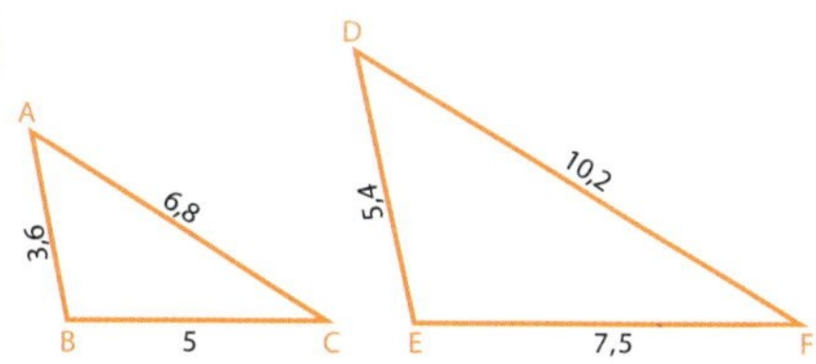

a. Le triangle DEF est une fois et demi plus grand que le triangle ABC.
Vrai ou faux ? V ☐ F ☐

b. **Le rectangle MNPQ est-il un agrandissement du rectangle IJKL ?**

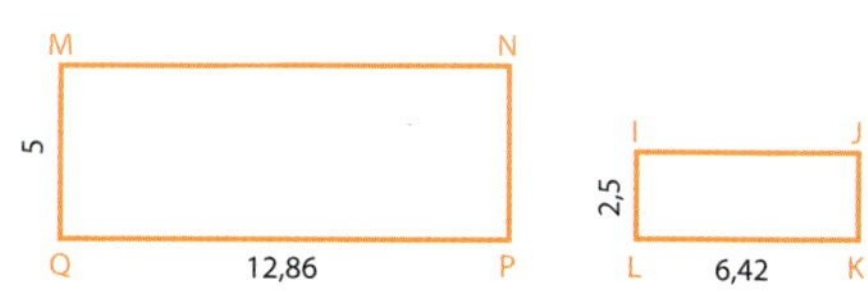

Livret des corrigés p. 8

Retenir l'essentiel

● **Multiplier deux fractions,**

$\frac{7}{4}$ et $\frac{9}{5}$ sont deux fractions. $\frac{7}{4} = 1{,}75$ et $\frac{9}{5} = 1{,}8$.

Donc, multiplier ces deux fractions revient à multiplier 1,75 par 1,8. D'où :

$\frac{7}{4} \times \frac{9}{5} = 1{,}75 \times 1{,}8 = 3{,}15$. Mais $63 : 20 = 3{,}15$ donc $\frac{7}{4} \times \frac{9}{5} = \frac{7 \times 9}{4 \times 5}$.

Pour multiplier deux fractions, on multiplie les numérateurs entre eux et les dénominateurs entre eux.

$\frac{12}{7} \times \frac{4}{5} = \frac{12 \times 4}{7 \times 5} = \frac{48}{35}$.

● **Simplifier une fraction.**

14/8 et 7/4 désignent le même nombre, 1,75, donc 14/8 = 7/4.

$\frac{14}{8}$ s'écrit $\frac{7 \times 2}{4 \times 2}$, donc $\frac{14}{8} = \frac{7 \times 2}{4 \times 2} = \frac{7}{4}$.

Pour simplifier une fraction, on écrit son numérateur et son dénominateur sous la forme d'un produit de facteurs, puis on supprime les facteurs communs.

$\frac{15}{18} = \frac{3 \times 5}{3 \times 6} = \frac{5}{6}$ $\frac{28}{36} = \frac{4 \times 7}{4 \times 9} = \frac{7}{9}$

● Une fraction qu'on ne peut plus simplifier est dite **fraction irréductible.**

$\frac{5}{6}$ est une fraction irréductible.

$\frac{15}{18}$ est une fraction réductible.

Comprendre comment faire

Pour décomposer un nombre en un produit de facteurs

● $15 = 3 \times 5$ ● $12 = 2 \times 6$ ou $12 = 3 \times 4$ ou $12 = 2 \times 2 \times 3$

Pour trouver les diviseurs d'un nombre (je trouve les facteurs de ce nombre)

● $15 = 3 \times 5$, donc **3 et 5 sont des diviseurs de 15.**
On dit également que **15 est divisible par 3 et 5.**
Tous les diviseurs de 15 sont 1, 3, 5 et 15, car : $15 = 1 \times 15$ et $15 = 3 \times 5$.

● Les diviseurs de 12 sont 1 ; 2 ; 3 ; 4 ; 6 et 12, car : $12 = 1 \times 12$, $12 = 2 \times 6$ et $12 = 3 \times 4$.

● **Le nombre 13 a exactement deux diviseurs : l'unité, 1, et lui-même.**
13 s'écrit uniquement 1 × 13.
Il en est de même des nombres 2, 3, 5, 7, 11, 17, 19, 23, 29. Chacun d'eux a exactement deux diviseurs.

Pour simplifier une fraction (signifie : l'écrire sous une forme irréductible)

● $\frac{65}{26} = \frac{5 \times 13}{2 \times 13} = \frac{5}{2}$ ● $\frac{8}{32} = \frac{1 \times 8}{4 \times 8} = \frac{1}{4}$

Pour multiplier des fractions

(je multiplie leurs numérateurs, leurs dénominateurs et je simplifie s'il y a lieu)

● $\frac{5}{8} \times \frac{4}{3} = \frac{5 \times 4}{8 \times 3} = \frac{5 \times 4}{2 \times 4 \times 3} = \frac{5}{6}$

● $6 \times \frac{4}{11} = \frac{6}{1} \times \frac{4}{11} = \frac{24}{11}$

MOT CLÉ

Dans un problème, « **fraction de** » se traduit par une multiplication (voir exercice 7).

S'entraîner

★ 1 Calcule mentalement.

a. $\frac{3}{5} \times \frac{1}{8}$ ....

b. $\frac{5,2}{3} \times \frac{2}{7}$ ....

c. $\frac{3}{1} \times \frac{5}{2}$ ....

d. $3 \times \frac{5}{2}$ ....

e. $\frac{5}{2} \times 3$ ....

f. Les $\frac{5}{2}$ de 3 ....

★ 2 Vrai ou faux ?

	V	F
a. Le produit de deux fractions est une fraction.	☐	☐
b. $\frac{361}{4,5} = \frac{3\,610}{99}$	☐	☐
c. 19 est divisible par 9.	☐	☐
d. $36 = 2 \times 3 \times 3 \times 3$	☐	☐
e. Les diviseurs de 18 sont : 1, 2, 3, 6, 9 et 18.	☐	☐

★ 3 Vrai ou faux ?

	V	F
a. Un nombre est divisible par 2 s'il se termine par 0, 2, 4, 6 ou 8.	☐	☐
b. Un nombre est divisible par 3 si la somme de ses chiffres est divisible par 3.	☐	☐
c. Un nombre est divisible par 9 si la somme de ses chiffres est divisible par 9.	☐	☐
d. Un nombre est divisible par 5 s'il se termine par 0 ou 5.	☐	☐
e. 84 est divisible par 7.	☐	☐
f. 66 est divisible par 4.	☐	☐

★★ 4 Entoure chaque nombre qui a exactement deux diviseurs : 1 et lui-même.

3, 11, 14, 17, 21, 25, 27, 28, 29, 31, 32, 36, 37, 41, 47, 51, 55, 73, 86, 99.

★★ 5 Utilise 2, 3, 11 ou 13 pour décomposer en un produit de facteurs.

a. 88 ....

b. 117 ....

c. 286 ....

d. 429 ....

★★ 6 Simplifie.

a. $\frac{36}{54}$ ....

b. $\frac{5 \times 4 \times 9 \times 6}{10 \times 2 \times 9}$ ....

c. $\frac{81}{729}$ ....

d. $\frac{21 \times 5}{15 \times 35}$ ....

e. $\frac{5 \times 4 \times 0 \times 9}{13 \times 9}$ ....

★★ 7 Complète les pointillés.

a. $\frac{1}{4}$ d'heure = ... minutes

b. $\frac{2}{3}$ d'une minute = ... secondes

c. $\frac{3}{5}$ d'un bassin de 780 L = ... L

d. $\frac{8}{7}$ de 1 400 g = ... g

e. $\frac{7}{8}$ de 15 km = ... m

f. $\frac{5}{100}$ de 12 cm^3 = ... cm^3

★★★ 8 Calcule et simplifie.

a. $\frac{1,2}{18} \times \frac{5}{1,3} \times \frac{39}{25}$ ....

b. $\frac{54}{91} \times \frac{49}{81} \times \frac{121}{22}$ ....

c. Les $\frac{3}{7}$ de $\frac{11}{15}$ de 455 m^2 ....

d. Les $\frac{2}{9}$ de $\frac{72}{50}$ ....

★★★ 9 ABCD est un rectangle. En augmentant la longueur AB de ses trois quarts et en diminuant la largeur AD de son cinquième, on obtient le rectangle EFGH.

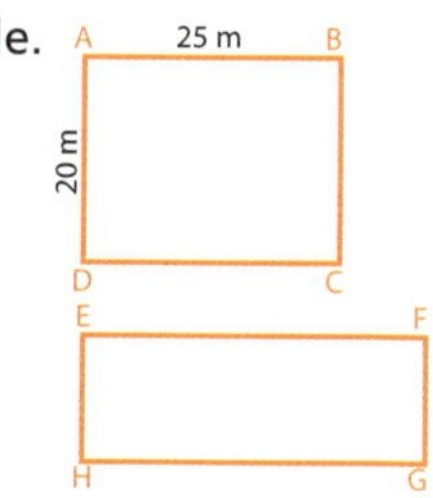

Calcule :

a. Les dimensions de EFGH.

b. Le quotient des aires des deux rectangles EFGH et ABCD.

★★★ 10 Je suis un entier. Le cinquième de mon quart vaut 75. **Qui suis-je ?** ....

Livret des corrigés p. 8

Retenir l'essentiel

● **Additionner ou soustraire deux fractions qui ont le même dénominateur.**

a. $\frac{9}{7} + \frac{4}{7} = \frac{13}{7}$

b. $\frac{9}{7} - \frac{4}{7} = \frac{5}{7}$

Pour additionner ou soustraire deux fractions qui ont le même dénominateur, on additionne ou on soustrait les numérateurs et on garde le même dénominateur.

● **Additionner ou soustraire deux fractions qui n'ont pas le même dénominateur.**

a. $\frac{2}{3} + \frac{1}{9} = \frac{6}{9} + \frac{1}{9} = \frac{7}{9}$

b. $\frac{2}{3} - \frac{1}{9} = \frac{6}{9} - \frac{1}{9} = \frac{5}{9}$

Pour additionner ou soustraire deux fractions qui n'ont pas le même dénominateur, on les met d'abord au même dénominateur, puis on additionne ou on soustrait leurs numérateurs.

Comprendre comment faire

▶ Pour écrire les multiples d'un nombre

EXEMPLE : écrire les multiples de 3.

Les multiples de 3 sont les nombres qui sont dans la table de multiplication de 3.

Les multiples de 3 sont : 3 × 0 ; 3 × 1 ; 3 × 2 ; 3 × 3 ; 3 × 4 ; 3 × 5 ; 3 × 6 ; 3 × 7 ; 3 × 8 ; 3 × 9 ; 3 × 10 ; 3 × 11 ; etc.

Les multiples de 3 sont donc : 0 ; 3 ; 6 ; 9 ; 12 ; 15 ; 18 ; 21 ; 24 ; 27 ; 30 ; 33, etc.

▶ Pour mettre une fraction sous un autre dénominateur

EXEMPLES : mettre au dénominateur 20 chacune des fractions suivantes.

● $\frac{3}{5}$

$= \frac{3}{5} \times 1$

$= \frac{3}{5} \times \frac{4}{4}$

$= \frac{3 \times 4}{5 \times 4}$

$= \frac{12}{20}$

● $\frac{7}{10}$

$= \frac{7}{10} \times 1$

$= \frac{7}{10} \times \frac{2}{2}$

$= \frac{7 \times 2}{10 \times 2}$

$= \frac{14}{20}$

● $\frac{9}{4}$

$= \frac{9}{4} \times 1$

$= \frac{9}{4} \times \frac{5}{5}$

$= \frac{9 \times 5}{4 \times 5}$

$= \frac{45}{20}$

● $\frac{5}{9}$

5/9 ne peut pas être mise sous le dénominateur 20, car 20 n'est pas un multiple de 9.

À RETENIR : **Une fraction ne change pas de valeur lorsqu'on multiplie son numérateur et son dénominateur par le même nombre.**

▶ Pour additionner ou soustraire deux fractions

Je dois **simplifier** s'il y a lieu, mettre au **même dénominateur** et additionner ou soustraire.

● $\frac{7}{6} + \frac{10}{15} = \frac{7}{6} + \frac{2 \times 5}{3 \times 5} = \frac{7}{6} + \frac{2}{3} = \frac{7}{6} + \frac{2 \times 3}{3 \times 2} = \frac{7}{6} + \frac{4}{6} = \frac{11}{6}$

● $6 - \frac{2}{3} = \frac{6}{1} - \frac{2}{3} = \frac{18}{3} - \frac{2}{3} = \frac{16}{3}$

À RETENIR : **Une fraction ne change pas de valeur lorqu'on divise son numérateur et son dénominateur par le même nombre.**

EXEMPLE : $\frac{10}{15} = \frac{2 \times 5}{3 \times 5} = \frac{2}{3}$ ou $\frac{10}{15} = \frac{2 \div 5}{3 \div 5} = \frac{2}{3}$

MOT CLÉ

Multiplier par 1 ne change pas la valeur d'un nombre ou d'une fraction.

S'entraîner

★ **1 Calcule mentalement.**

a. $\frac{5}{12} + \frac{31}{12}$ ..... b. $\frac{39}{29} - \frac{38}{29}$ ..... c. $\frac{17}{4} - \frac{13}{4}$ .....

d. $4 + \frac{3}{5} + \frac{7}{5}$ ..... e. $\frac{9}{8} - \frac{1}{8} - 1$ .....

★ **2 Écris sous la forme d'un décimal.**

a. $87 + \frac{3}{10} + \frac{5}{100} + \frac{1}{1\,000}$

b. $\frac{2}{10} + \frac{4}{1\,000}$

★ **3 Barre ce qui est faux.**

a. $2 + \frac{3}{5} = \frac{2+3}{5}$ b. $2 + \frac{3}{5} = \frac{2+3}{2+5}$

c. $(2 + 3) : 5 = \frac{2+3}{5}$ d. $10 : (2 + 3) = \frac{10}{2+3}$

★★ **4 Effectue : 1. mentalement, 2. à l'aide d'une calculatrice.**

a. $2 + \frac{10}{2} =$ .... b. $\frac{8+10}{2} =$ ....

c. $\frac{8}{10+6} =$ .... d. $\left(\frac{8}{10}\right) \times 2 =$ ....

e. $\frac{8}{(10 \times 2)} =$ .... f. $\frac{8}{10} \times 2 =$ ....

★★ **5 Écris sous forme de fraction, puis calcule chacune des expressions.**

a. Le quotient de 15 et de la somme de 3 et 9.

b. Le quotient de la somme de 15 et 3 et de 9.

c. Le quotient du produit de 15 et 3 et de 9.

d. Le quotient de la différence de 15 et 3 et de 9.

★★ **6 Effectue et simplifie s'il y a lieu.**

a. $\frac{4}{7} + \frac{3}{28} + \frac{9}{28}$ ....

b. $\frac{7}{6} - \frac{7}{30}$ ....

c. $\frac{9}{8} + \frac{5}{8} + \frac{11}{4}$ ....

d. $\frac{5}{51} - \frac{9}{102}$ ....

★★ **7 Complète les pointillés.**

a. $\frac{12}{35} + \frac{....}{35} = \frac{29}{35}$

b. $\frac{45}{7} - \frac{19}{....} = \frac{26}{7}$

c. $\frac{....}{10} - \frac{4}{5} = \frac{11}{10}$

d. $\frac{8}{13} \times \frac{....}{....} = \frac{40}{39}$

e. $\frac{5}{12} \times \frac{24}{....} = 1$

★★ **8 Écris sous forme de fraction l'expression correspondant à chacune des séquences.**

a. 35 [÷] 6 [+] 13 [÷] 6 ....

b. [(] 35 [+] 13 [)] [÷] 6 ....

c. 35 [+] 13 [=] [÷] 6 ....

★★ **9 Observe, calcule si nécessaire ; puis complète avec =, < ou >.**

a. $\frac{5}{12} + \frac{1}{6}$ .... $\frac{1}{12} + \frac{1}{2}$

b. $\frac{3}{4} - \frac{1}{2}$ .... $\frac{1}{5}$

c. $\frac{9}{10} \times \frac{2}{3}$ .... $\frac{2}{3}$

d. $\frac{11}{10} \times \frac{2}{3}$ .... $\frac{2}{3}$

★★ **10 Mets au même dénominateur 48, puis range les fractions dans l'ordre croissant.**

$\frac{5}{6}$ $\frac{7}{48}$ $\frac{5}{12}$ $\frac{9}{24}$ $\frac{10}{32}$ $\frac{1}{8}$ $\frac{3}{2}$ $\frac{9}{27}$ $\frac{11}{16}$ $\frac{7}{3}$

★★ **11** Nicole a dépensé un tiers de son salaire en loyer, un quart en alimentation et un douzième en frais divers.

a. Il lui reste :

☐ $\frac{1}{4}$ ☐ $\frac{1}{3}$ ☐ $\frac{2}{3}$ de son salaire.

b. Sachant qu'il lui reste 513 €, son salaire est de :

☐ 1 026 € ☐ 2 052 € ☐ 1 539 €

Livret des corrigés p. 8

Retenir l'essentiel

● **Vocabulaire**

6,82 est un décimal. 4,0 ou tout simplement 4 est un décimal entier.

$\frac{5}{6}$ est une fraction et 3,7/25 est une écriture fractionnaire.

● **Nouvelles définitions**

$+ 3$ et $- 5$ sont des **entiers relatifs.** $+ 3$ est **positif** et $- 5$ est **négatif.**
$+ 4{,}65$ et $- 9{,}5$ sont des **décimaux relatifs.** $+ 4{,}65$ est **positif** et $- 9{,}5$ est **négatif.**

● **À quoi servent les nombres relatifs ?**

Les nombres relatifs servent à préciser une situation. En voici des exemples :
a. L'ascenseur est au 3e sous-sol. On dit que l'ascenseur est au **− 3.**
b. Le thermomètre indique 6° en-dessous de 0. On dit que la température est de **− 6°.**
c. $x'x$ est une droite graduée d'origine O. $x'x$ est un axe. Le point A est à droite de O et à 5 unités de O. On dit que l'abscisse de A est **+ 5.**
Le point B est à gauche de O et il est à 3 unités de O. On dit que l'abscisse de B est **− 3.**

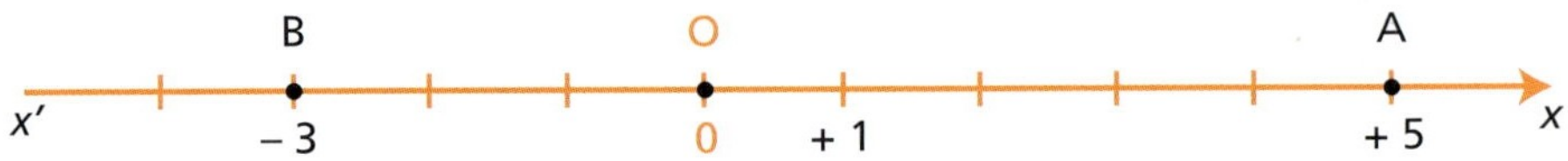

● **Les nombres relatifs sont-ils comparables ?**

Comme tous les autres nombres, les nombres relatifs sont comparables.

● **Les nombres + 3 et − 3 sont-ils égaux ?**

Les nombres $+ 3$ et $- 3$ ne sont pas égaux, car ils ne sont pas identiques.
Sur l'axe $x'x$ d'origine O, ils sont les abscisses des points A et B qui sont à égale distance de O. On dit que **les nombres + 3 et − 3 sont opposés.**

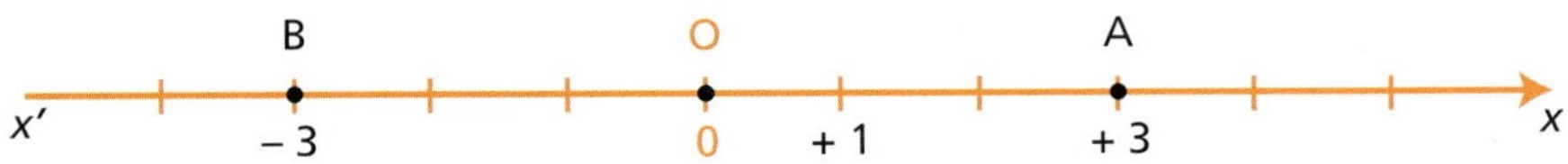

Comprendre comment faire

▶ Pour afficher un nombre relatif sur la calculatrice

Pour afficher le nombre $+ 3$, il suffit d'afficher 3. Par convention, le signe + est sous-entendu. Pour afficher le nombre $- 5$, on tape généralement [(−)] 5.
[(−)] n'est pas une touche d'opération. Pour soustraire, on utilise la touche [−].

▶ Pour comparer des nombres relatifs

Il suffit de représenter les nombres à comparer sur un axe. De gauche à droite, ils sont écrits dans l'ordre croissant.
EXEMPLE : $- 6 < - 2{,}5 < - 1 < 0 < 3 < 5{,}8$ selon leurs représentations ci-dessous.

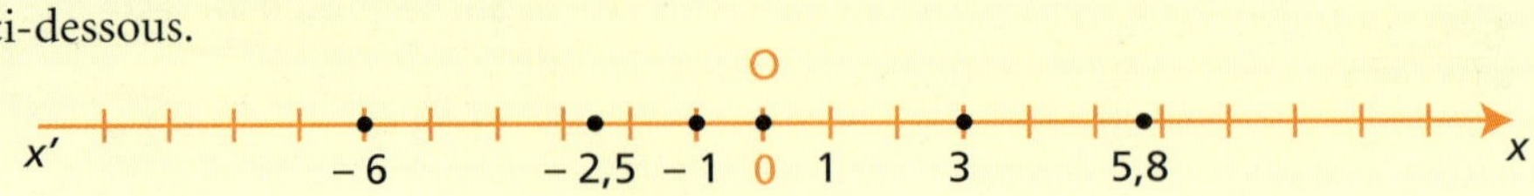

MOT CLÉ

Zéro : les nombre positifs sont plus grands que 0. Les négatifs sont plus petit que 0.

S'entraîner

★ **1 Complète avec + ou –.**

a. Un sous-marin est à – 300 m.

b. L'Everest est le sommet le plus élevé de la Terre. Il culmine à + 8848 m.

c. Il gèle. Il fait – 8°.

★ **2 Complète avec les entiers relatifs consécutifs de – 12 à + 5.**

– 12, – 11, -10 -9 -8 -7 -6 -5 -4 -3 -2 -1 0 +1 +2 +3 +4 .... + 5.

★ **3 Complète les pointillés de chacune des suites avec les nombres relatifs qui manquent.**

a. + 7, + 10, + 13, +16, +19, +22, +25, + 28.

b. – 4, – 6, – 8, -10, -12, -14, -16, – 18.

c. + 9, + 6, + 3, 0, -3, -6, -9, – 12.

d. + 8, + 5, + 2, -1, -4, -7, -10, – 13.

e. – 52, – 42, – 32, -22, -12, -2, +8 + 18.

★ **4 Compare les nombres positifs suivants.**

a. 4,23 ..... $\frac{17}{4}$

b. $\frac{27}{6}$ 4,5

c. $\frac{12}{9}$ 1,34

d. $\frac{8}{9}$ ..... $\frac{2}{3}$

★★ **5 Compare les nombres négatifs suivants.**

a. – 4,23 ..... – (17/4)

b. – (27/6) ..... – 4,5

c. – (12/9) ..... – 1,34

d. – (8/9) ..... – (2/3)

★★ **6 Compare les nombres relatifs suivants.**

a. + 2 ..... – 4

b. – 6,5 ..... + 1

c. + 0,04 0

d. 0 ..... – 35

e. + 0,5 ..... – 0,6

f. – 14,7 ..... – 15

★★ **7 Range dans l'ordre croissant les nombres relatifs suivants.**

– 97,5 ; 196 / 2,01 ; + 97,5 ; –(196/2,01)

....

★★ **8 Range dans l'ordre décroissant les nombres relatifs suivants.**

– 1 598 ; + 2 ; 0 ; – (11/5,49) ; 110/54,9 ; 1 560 ; – (3/2) ; – 2 ; – 1,9 ; 0,001.

★★ **9 a. Représente sur *x'x*, les points A, B, C, D et E d'abscisses respectives + 7, – 5, + 4, – 4 et – 6.**

b. Les points C et D sont-ils à égale distance de l'origine O ? **Que peux-tu dire de leurs abscisses ?**

★★ **10 Complète les pointillés avec un décimal relatif convenable.**

– 6,248 < .... < – 6,24 < .... < – 6,1

★★ **11 Vrai ou faux ?**

	V	F
a. 30 est un entier positif.	☐	☐
b. – 12,4 est l'opposé de 12,4.	☐	☐
c. – 7 et + 6 sont opposés.	☐	☐
d. – 3,15 et – 6,8 sont de même signe.	☐	☐
e. – 6,5 ; – 6 et 1 sont dans un ordre décroissant.	☐	☐
f. – 6,5 ; – 6 et 1 sont dans un ordre croissant.	☐	☐
g. – 5 est compris entre 2 et 10.	☐	☐

★★ **12 a. Marque sur l'axe *x'x* deux points A et B dont la distance à O est 4,5.**

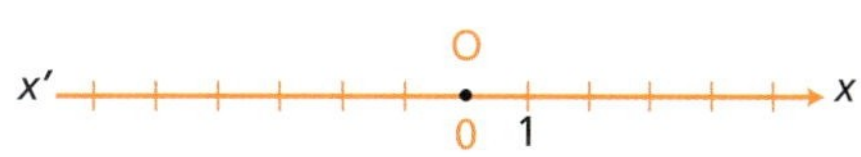

b. Marque sur x'x un point C dont la distance à O est 6. Combien de solutions y a-t-il ?

c. Trace tous les points de l'axe x'x dont la distance à O est inférieure à 6.

Livret des corrigés p. 8

Retenir l'essentiel

● **Reconnaître les signes des nombres à additionner**
+ 4 et + 5,9 sont deux nombres positifs. Ils sont de même signe.
− 3,7 et − 8 sont deux nombres négatifs. Ils sont de même signe.
− 5 et + 4,1 sont deux nombres de signes contraires.

● **Additionner deux nombres positifs**
À un jeu, j'ai gagné 7 points puis 3 points signifie que j'ai gagné en tout 10 points.

On écrit : + 7 + + 3 = 10

Signe d'opération (le + du milieu)

Pour distinguer le signe d'opération + des signes + des nombres relatifs, on utilise les parenthèses et on écrit : (+ 7) + (+ 3) = + 10

● **Additionner deux nombres négatifs**
Dan a perdu 4 points puis 5 points signifie que Dan a perdu en tout 9 points.

On écrit : (− 4) + (− 5) = − 9

● **Additionner deux nombres de signes contraires**
a. Léa a gagné 6 points puis en a perdu 8 signifie que Léa a perdu en tout 2 points.
On écrit : (+ 6) + (− 8) = − 2
b. Line a perdu 1 point puis en a gagné 5 signifie que Line a gagné en tout 4 points.
On écrit : (− 1) + (+ 5) = + 4

● **RÈGLE À RETENIR :** additionner deux nombres de même signe revient à additionner. Additionner deux nombres de signes contraires revient à soustraire.

● **Cas de deux nombres opposés**
Michel a gagné 5 points puis a perdu 5 points signifie qu'il est à 0 point.
On écrit : (+ 5) + (− 5) = 0

Comprendre comment faire

▶ Pour additionner des nombres de même signe

Revient à additionner :

● des nombres de signe +
(+ 12,3) + (+ 7,2) = + 19,5 (+ est le signe commun)

● des nombres de signe −
(− 12,3) + (− 7,2) = − 19,5 (− est le signe commun)

▶ Pour additionner des nombres de signes contraires

Revient à soustraire :
des nombres de signes + et −

● (+ 45) + (− 30) = + 15 (+ 15, car 45 > 30)

● (+ 20) + (− 27) = − 7 (− 7, car 27 > 20)

▶ Pour simplifier l'écriture d'une addition

Revient à **supprimer des signes** + et des **parenthèses** que l'on sous-entend.

● (+ 5) + (+ 3)
= 5 + 3
= 8

● (− 2) + (− 8)
= − 2 − 8
= − 10

● (+ 15) + (− 20)
= 15 − 20
= − 5

MOT CLÉ
Additionner des nombres relatifs revient à additionner ou à soustraire.

S'entraîner

★ **1 Calcule mentalement.**

a. + 85 + (+ 15)
b. − 85 + (− 15)
c. (− 78) + (− 122)
d. − 23 + (+ 40)
e. 1 992 + (− 2 000)
f. (− 76,3) + (+ 76,3)

★★ **2 Vrai ou faux ?** V F

a. La somme de − 3 et + 5 est égale à + 8. ☐ ☐
b. La somme de 17 et − 18 est égale à − 30. ☐ ☐
c. La somme de − 24 et − 6 est égale à − 30. ☐ ☐
d. La somme de deux nombres opposés est égale à 0. ☐ ☐
e. L'opposé de + 4,3 est − 4,3. ☐ ☐
f. L'opposé de l'opposé de 4,3 est − 4,3. ☐ ☐

★★ **3 Complète les pointillés avec baissé (↘) ou augmenté (↗).**

a. La température a baissé de 7°, puis elle a ..... de 4°. En tout, elle a ..... de 11°.
b. La température a ..... de 11°, puis elle a ...... de 7°. En tout, elle a augmenté de 4°.
c. La température a ...... de 9°, puis a .... de 3°. En tout, elle a baissé de 6°.
d. La température a ...... de 8°, puis a ...... de 5°. En tout, elle a augmenté de 13°.

★★ **4 Additionne les nombres positifs.**

a. (+ 6,7) + (+ 2,78) + (5,22)
b. + 5,89 + 12,11 + (+ 45,82) + 0,18
c. + 98,34 + 0,54 + 67,1 + 126,8

★★ **5 Additionne les nombres négatifs.**

a. (− 8,35) + (− 11,65) + (− 5)
b. (− 981) + (− 1019) + (− 4598) + (− 402)
c. − 63,2 + (− 54,92) + (− 43,703)

★★ **6 Vrai ou faux ?** V F

a. (+ 76) + (+ 14) = 76 + 14 ☐ ☐
b. (− 76) + (− 14) = −76 −14 ☐ ☐
c. (+ 32) + (− 12) = 32 − 12 ☐ ☐
d. (− 5) + (− 4) = 5 + 4 ☐ ☐
e. −2 + 5 = (− 2) + (− 5) ☐ ☐

★★ **7 a. Place sur l'axe *x'x*, les points A et B d'abscisses − 3 et + 5.**

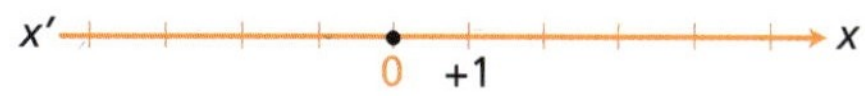

b. Calcule la somme (− 3) + (+ 5).
Cette somme est-elle égale à la distance des deux points A et B ?
c. Quelle est la mesure de AB ?

★★ **8** Sur l'axe *x'x*, la longueur du segment [AB] est de 5 unités. L'abscisse du point A est + 1.

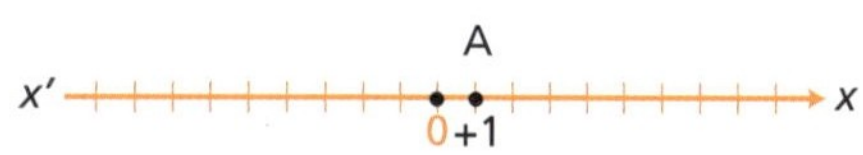

a. Place le point B. Combien de solutions y a-t-il ? ....

b. Quelle est l'abscisse de B ? ....

★★ **9 1. Effectue ces additions à la main.**
2. Simplifie l'écriture des additions, puis effectue à l'aide d'une calculatrice.

a. (+ 53,25) + (+ 7,89) + (+ 15) + (4,38)
b. (− 65,8) + (− 42,9) + (− 95,34)
c. (− 457,3) + (399,4)

★★ **10 Selon cet extrait, le solde du compte est-il créditeur ou débiteur ? De combien ?**

Date	Débit	Crédit
21/01/2010	740,85	1 290,00
22/01/2010	355,05	
25/01/2010	759,90	548,55
31/01/2010	2 379,00	2 450,30

Livret des corrigés p. 9

Retenir l'essentiel

• Reconnaître l'opération à effectuer

+ 7 et + 13 sont deux nombres relatifs.
Les **additionner** s'écrit (+ 7) + (+ 13).
Les **soustraire** s'écrit (+ 7) – (+ 13).
Lorsqu'on écrit (– 12) + (+ 5) l'opération à effectuer est une addition.
Lorsqu'on écrit (– 12) – (+ 5) l'opération à effectuer est une soustraction.

• Soustraire un nombre c'est ajouter son opposé

EXEMPLE : Soustraire – 3 de + 7 s'écrit (+ 7) – (– 3).
Ajouter l'opposé de – 3 à + 7 s'écrit (+ 7) + (+ 3).
Donc (+ 7) – (–3) = (+ 7) + (+ 3) = + 10.

• Suite d'additions et de soustractions

L'expression (– 4) + (– 7) – (– 3) est la suite de deux opérations : une addition et une soustraction. Voici un calcul de l'expression : (– 4) + (– 7) – (– 3)

1. Transformer la soustraction en addition = (– 4) + (– 7) + (+ 3)
2. Additionner les nombres négatifs = (– 11) + (+ 3)
3. Additionner – 11 et + 3 = – 8

Voici un autre calcul de l'expression : (– 4) + (– 7) – (– 3)

1. Supprimer les parenthèses en remplaçant deux signes consécutifs semblables par + et deux signes consécutifs différents par – = – 4 – 7 + 3
2. Additionner – 4 et – 7 = – 11 + 3
3. Additionner – 11 et + 3 = – 8

Comprendre comment faire

▶ Pour supprimer les parenthèses

Revient à **remplacer** – (– …) **et** + (+ …) **par** +
et – (+ …) **et** + (– …) **par** –

– 12 – (– 8)	– 5 + (+ 7)	+ 7 – (+ 9)	+ 6 + (– 5)
= – 12 + 8	= – 5 + 7	= + 7 – 9	= + 6 – 5

▶ Pour calculer une expression sans parenthèses

Revient à **effectuer une suite d'additions,** le signe + et les parenthèses ( ) étant sous-entendus.

– 12 + 8	– 5 + 7	+ 7 – 9	+ 6 – 5
= – 4	= + 2	= – 2	= + 1

▶ Pour calculer à l'aide d'une machine

Revient à **rentrer l'expression de gauche à droite** et à taper [=] (ou [EXE] ou [ENTER]).
EXEMPLE : pour calculer – 12 + 8, on tape : [(–)] 12 [+] 8 et on lit [– 4].
Remarque : Certaines machines calculent correctement en tapant [–] 12 [+] 8 [=].

▶ Pour calculer une suite d'additions et de soustractions

Revient à **supprimer les parenthèses,** puis à **effectuer.**

(– 5) – (+ 3) + (– 9) – (– 10)
= – 5 – 3 – 9 + 10
= – 17 + 10 = – 7

– 6 + (+ 8) + (– 5) – (– 4) – 2
= – 6 + 8 – 5 + 4 – 2
= – 6 – 5 – 2 + 8 + 4 = – 13 + 12 = – 1

MOT CLÉ

Soustraire un nombre relatif revient à ajouter son opposé.

S'entraîner

★ **1 Effectue les soustractions.**

a. (+37,8) − (−50) = ...

b. (−467) − (+33) = ...

c. (+185) − (+715) = ...

d. (−93,8) − (−109,2) = ...

★★ **2 Complète avec + ou −.**

a. + 67 □ 12 = + 79

b. □ 35 □ 15 = + 50

c. □ 63 □ 45 = − 108

d. □ 184 □ 85 = + 99

e. □ 59,4 □ 46,7 = − 12,7

★★ **3 Complète les pointillés avec le nombre convenable.**

a. + 43,9 + ... = + 52

b. + 59,24 − .... = 29

c. − 0,75 − .... = − 1,25

d. − 7 − .... + 15 = + 1

e. + ... − 29 − 4 = 0

★★ **4 Calcule les expressions.**

a. 62 − (− 8) + (+ 5) + (− 9)

b. − 23 + (45) + (− 23) − (+ 45)

c. (− 9,4) − (− 10,6) + (5,4) + 0,6

d. (2 − 3) + (− 7) + (6) − (+ 9) + 7

★★ **5 Calcule les expressions.**

a. (7 + 5) − (4 − 9)

b. + 1 000 − (563 + 422 + 267)

c. − 14 + (27 + 6)

d. + 538 − (− 438 + 52 + 48)

e. − (23 + 45 − 68) + (23 − 24)

★★ **6** En Alaska, la température moyenne annuelle est de − 19,1°. À Athènes, elle est de + 17°.
Calcule l'écart entre les deux moyennes de température.

★★ **7** La lumière traverse l'air à une vitesse de 300 000 km/s. Elle perd 75 000 km/s de sa vitesse en traversant l'eau.
À quelle vitesse la lumière traverse-telle l'eau ?

★★ **8** La plus basse température enregistrée sur Terre est de − 89°. La plus haute est de 58°.
Quel est l'écart entre les deux températures ?

★★ **9** a. **Place sur l'axe $x'x$ les points A et B d'abscisses − 5 et + 3,5.**

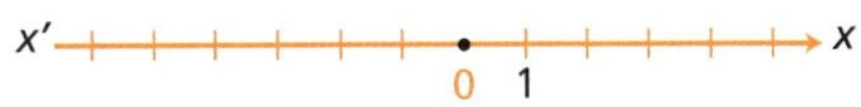

b. **Calcule la différence des abscisses de A et B.**

c. **Calcule la différence des abscisses de B et A.**

d. **Donne la distance des points A et B.**

★★ **10** La distance des points A et B est de 6. L'abscisse de B est − 4.

L'abscisse de A est :

□ − 10 □ − 2 □ + 2

★★ **11** Je suis un entier relatif. En m'ajoutant − 8 et + 15, puis en me retranchant + 13, + 7 et − 28, on trouve 0. **Qui suis-je ?**

★★ **12** a. **Quel était l'âge de Jules César (− 101 ; − 44) à la naissance d'Auguste (− 63 ; 14) ?**

b. **Quel était l'âge d'Auguste à la mort de Jules César ?**

c. **Lequel a vécu le plus longtemps ? De combien ?**

Livret des corrigés p. 9

Retenir l'essentiel

• Quand utiliser des lettres ?

• L'égalité $2 + 3 = 5$ est vraie.
L'égalité $3 + 5 = 20$ n'est pas vraie.

• Pour quelle valeur de « ? », l'égalité $5 + ? = 9$ est-elle vraie ? Ou, pour quelle valeur de x, l'égalité $5 + x = 9$ est-elle vraie ?
RÉPONSE : l'égalité est vraie pour $x = 4$, car $5 + 4 = 9$.

• Vérifier une égalité

• L'égalité $x - 5 = 12$ est-elle vraie pour $x = 6$?
RÉPONSE : non, car en remplaçant x par 6 dans $x - 5$, on obtient $6 - 5 = 1$ et non 12.

• Est-elle vraie pour $x = 17$?
RÉPONSE : oui, car en remplaçant x par 17 dans $x - 5$, on obtient $17 - 5 = 12$.

• Définir une équation

$2 + 3 = 5$ est une égalité vraie.
$x + 4 = 7$ est une égalité qui n'est vraie que si $x = 3$.
On dit que $x + 4 = 7$ est une **équation**, que x est son **inconnue** et que 3 est sa **solution.**

• Résoudre une équation

Résoudre une équation c'est **trouver sa solution** (ou ses solutions).
La solution de l'équation $x + 4 = 7$ est 3, car $3 + 4 = 7$.

Comprendre comment faire

► Pour vérifier qu'une valeur est solution d'une équation

Revient à remplacer l'inconnue par cette valeur et à vérifier l'égalité.
EXEMPLE : $x = 3$ est-elle solution de l'équation $x + 7 = 2x + 4$?
Réponse : pour $x = 3$, on peut écrire :

$\underbrace{x + 7 = 3 + 7 = 10}_{1^{er}\text{ membre}}$ et $\underbrace{2x + 4 = 2 \times 3 + 4 = 6 + 4 = 10}_{2^{e}\text{ membre}}$.

Pour $x = 3$, les deux membres de l'égalité sont égaux à 10, donc $x = 3$ est solution de l'équation donnée.

► Pour résoudre une équation (signifie trouver les solutions d'une équation)

Voici comment trouver la valeur de l'inconnue dans chacun des cas suivants.

$x + 5 = 9 + 12$
$x + 5 = 21$
$x = 21 - 5$
$x = 16$

Vérifier que 16 est solution de l'équation donnée.
Pour $x = 16$, $x + 5 = 16 + 5 = 21$ et $9 + 12 = 21$, donc 16 est bien solution de l'équation.

$3x = 28,5$
$x = 28,5/3$
$x = 9,5$

Vérifier que 9,5 est solution de l'équation.
Pour $x = 9,5$, $3x = 3 \times 9,5 = 28,5$ donc 9,5 est bien une solution.

$25/x = 4$
$x = 25/4$
$x = 6,25$

Vérifier que 6,25 est solution de l'équation.
Pour $x = 6,25$, $25/x = 25/6,25 = 4$, donc 6,25 est bien une solution.

MOT CLÉ
L'équation est une égalité sous conditions.

S'entraîner

★ **1 Résous mentalement.**

a. $3 + 6 = x$ ……………………

b. $z = 9 - 14$ ……………………

c. $4 + y = 0$ ……………………

d. $x + 19 = 23$ ……………………

e. $x + 19 = 15$ ……………………

★ **2 Réponds par oui ou non à la question : le nombre 4 est-il solution de l'équation ?**

a. $9 - x = 5$ ………

b. $5x = 24$ ………

c. $7 + x = 15 - x$ ………

d. $\frac{x}{8} = 0,5$ ………

e. $\frac{18}{x} = 4,2$ ………

f. $x - 3 < 0$ ………

★★ **3 Résous mentalement.**

a. $46 - x = 0$ ……………………

b. $\frac{x}{6} = 42$ ……………………

c. $x + \frac{6}{3} = 0$ ……………………

d. $\frac{42}{x} = 7$ ……………………

e. $-87,4 + 63,4 = x$ ……………………

★★ **4 Le nombre 2,5 est-il solution des équations suivantes ? Justifie ta réponse.**

a. $5x + 7,5 = 20$

b. $3 + x = -x + 7,5$

c. $13 - x = 5x - 2$

d. $y - 20 = 2y + (-22,5)$

e. $45 + 2t = 38 + 17 - 5$

★★ **5 Calcule la valeur de l'expression $3x + y$ dans les cas suivants :**

a. $x = 3$ et $y = 7$ ……………………

b. $x = 1$ et $y = -2$ ……………………

c. $x = 4$ et $y = -12$ ……………………

d. $x = 0,7$ et $y = -2,7$ ……………………

e. $x = 2/5$ et $y = 4/5$ ……………………

f. $x = 1/3$ et $y = -1$ ……………………

★★ **6** a. **Les valeurs $x = 3$ et $y = 1$ sont-elles solutions de l'équation $3x + 2y = 11$?**

b. **Les valeurs $x = -15$ et $y = 4$ sont-elles solutions de l'équation $x - y = -20$?**

c. **Les valeurs $x = 2$ et $y = 5$ sont-elles solutions de l'équation $6x + 1 = 2y + 3$?**

d. **Les valeurs $a = -1$ et $b = -2$ sont-elles solutions de l'équation $a - (-2) = 3 + b$?**

★★ **7** Je suis un nombre relatif x. En m'ajoutant 13, (– 4) et (– 8), on trouve – 49. **Qui suis-je ?**

……………………………………………

★★ **8** Je suis un nombre relatif x. En me retranchant 5,2 et (– 12,5) et aussi (– 6), on trouve – 10. **Qui suis-je ?**

……………………………………………

★★ **9** Je suis une fraction. En m'ajoutant $\frac{4}{7}$ puis 9, on trouve $\frac{68}{7}$. **Qui suis-je ?**

……………………………………………

★★ **10** Nous sommes deux entiers consécutifs. Notre somme est 213. **Qui sommes-nous ?**

……………………………………………

★★ **11** Nous sommes deux entiers pairs consécutifs. Notre somme est 194. **Qui sommes-nous ?**

……………………………………………

★★ **12** a. **On considère l'équation $5x = 2x$. Entoure dans la liste sa (ou ses) solution(s).**

0 ; 1 ; 2 ; 3 ; 4 ; 5.

b. **Entoure dans la liste la (ou les) solution(s) de l'équation $3x = 2x + x$.**

0 ; 1 ; 2 ; 3 ; 4 ; 5.

Livret des corrigés p. 9

Retenir l'essentiel

● Comprendre l'énoncé

– Pour résoudre un problème, il faut d'abord **comprendre son énoncé.**

– Voici un petit problème à résoudre et un exemple des questions que l'on peut se poser pour comprendre les données ainsi que la question posée. Un ascenseur est à un étage. Il monte de trois étages, il se trouve alors au douzième. À quel étage se trouvait l'ascenseur ?

QUESTION : De quoi s'agit-il ?

RÉPONSE : Il s'agit d'un ascenseur.

QUESTION : L'ascenseur était-il au 3e étage ?

RÉPONSE : Non. On ne sait pas à quel étage se trouvait l'ascenseur. C'est justement la question posée.

QUESTION : À quoi correspond le nombre 12 ?

RÉPONSE : 12 est l'étage auquel se trouve à présent l'ascenseur.

● Mathématiser le problème

Mathématiser un problème consiste à traduire son énoncé à l'aide de nombres, de signes, de parenthèses et à désigner l'inconnue par une lettre. En général, on désigne l'inconnue par la lettre x. On cherche alors à **mettre le problème en équation.**

● Mettre en équation le problème

Cela consiste à mettre son énoncé sous la forme d'une égalité.

Reprenons l'exemple de l'ascenseur.

Choix de l'inconnue : soit x l'étage auquel se trouvait l'ascenseur.

Mise en équation :

l'ascenseur est à l'étage (x), il monte (+) de 3 étages, il est alors (=) à l'étage 12.

Ce que l'on écrit : $x + 3 = 12$

● Résoudre l'équation

$x + 3 = 12$
$x = 12 - 3$
$x = 9$

Vérifier que 9 est la solution de l'équation.
Pour cela, remplacer x par 9 dans $x + 3$.
On obtient : $x + 3 = 9 + 3 = 12$. $12 = 12$, donc 9 est bien la solution de l'équation.

● Répondre à la question posée

$x = 9$, donc l'ascenseur était au 9e étage.

Comprendre comment faire

► Pour mettre en équation

Revient à **écrire le problème sous la forme d'une égalité.**

EXEMPLES :

● La différence entre un nombre x et 8,92 est 5,4.
Mise en équation : $x - 8{,}92 = 5{,}4$

● Le produit d'un nombre x et de la somme de 4 et 9 est 130.
Mise en équation : $x \times (4 + 9) = 130$

► Pour résoudre l'équation

Revient à trouver **la valeur de l'inconnue.**

EXEMPLES :

● $x - 8{,}92 = 5{,}4$
$x = 5{,}4 + 8{,}92$
$x = 14{,}32$

● $x \times (4 + 9) = 130$
$x \times 13 = 130$
$x = 130 : 13$
$x = 10$

NOTION CLÉ

Résoudre un problème revient le plus souvent à le traduire en équation.

S'entraîner

★ **1** **Écris sous la forme d'une expression mathématique.**

a. Joëlle pense à un nombre x. Elle le multiplie par 5, puis ajoute (− 3) au produit.

b. Fabien pense à un nombre x. Il lui retranche 7 et divise la différence par 8.

c. Le quotient de 46 et x.

d. Le quotient de x et 46.

e. La différence de x et 13.

f. La différence de 13 et x.

★ **2** a. **Exprime l'aire de ce rectangle à l'aide de x. (Unité : cm)**

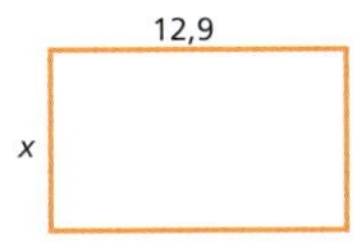

b. **Calcule x dans le cas où la mesure de son aire est 105,78 cm^2.**

★ **3** a. **Utilise x pour écrire le périmètre de ce triangle.**

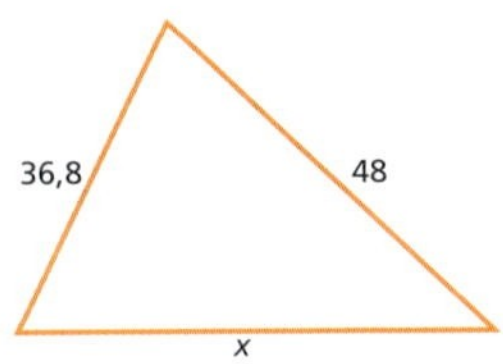

b. **Quelle est la longueur de son troisième côté dans le cas où son périmètre est 125 cm ?**

★ **4** Clarice a x ans. Sa maman a le triple de son âge. **Écris la somme de leurs âges.**

....

....

★★ **5** a. **Utilise x et y pour écrire le périmètre de ce quadrilatère. (Unité : cm)**

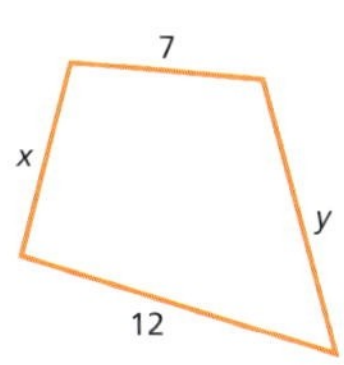

b. **Calcule ce périmètre dans le cas où $x = 8{,}5$ et $y = 15$.**

c. **Calcule y dans le cas où $x = 10$ et le périmètre est 45 cm.**

★★ **6** L'âge de Murielle est le triple de celui de Dora. La somme de leurs âges est 60 ans.

a. **Désigne par x ans l'âge de Dora, puis calcule x.**

b. **Quel est l'âge de Murielle ?**

★★ **7**

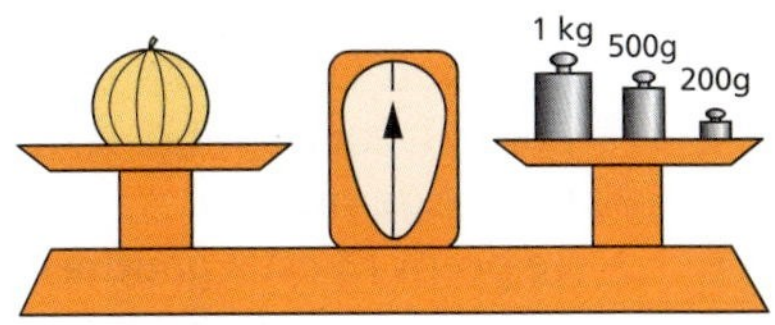

a. La balance est en équilibre.
Combien le melon pèse-t-il en kilogrammes ?

b. On ajoute sur le plateau un deuxième melon. Il pèse x grammes.
Calcule x sachant que les deux melons pèsent ensemble 2,65 kg.

★★ **8** Nicole pense à un nombre. Elle lui retranche 4,5. Elle ajoute 12 à la différence. Elle trouve 25.
À quel nombre Nicole a-t-elle pensé ?

★★★ **9** Arnaud pense à un nombre décimal. Il ajoute 53 au double de son nombre. Il trouve 614.
À quel nombre Arnaud a-t-il pensé ?

★★★ **10** Philippe a acheté 3 croissants et 2 pains au chocolat. Il a payé en tout 6,25 €.

a. **Le prix d'un croissant est :**

☐ 1,15 € ☐ 1,20 €

et celui d'un pain au chocolat est :

☐ 1,35 € ☐ 1,40 €

b. Aline a acheté dans la même boulangerie 3 pains au chocolat, 2 croissants et une baguette. Elle a payé en tout 7,60 €.

Le prix d'une baguette est :

☐ 0,90 € ☐ 1 € ☐ 1,10 €

Livret des corrigés p. 9-10

Retenir l'essentiel

● **Repérer un point sur une droite graduée**

Voici une droite graduée $x'x$.

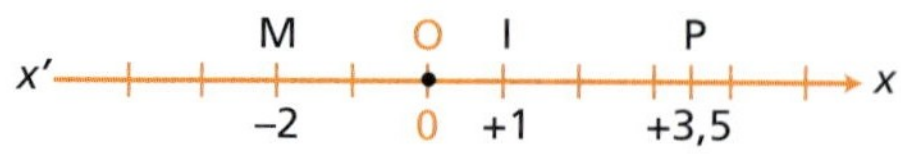

Elle est munie d'une origine O.

Au point O, correspond le nombre 0 et au point I correspond le nombre 1 : OI est l'unité de mesure.

Le point M est à **gauche de O** et tel que OM = 2 : M a pour **abscisse – 2.**

Le point P est à **droite de O** et tel que OP = 3,5 : P a pour **abscisse + 3,5.**

Un point quelconque de la droite graduée $x'x$ est repéré par un nombre appelé abscisse de ce point.

● **Distance de deux points**

La distance de deux points, A et B, est un **nombre positif**. C'est la mesure de la longueur du segment [AB].

Ci-dessous, A et B sont deux points de la droite graduée $x'x$.

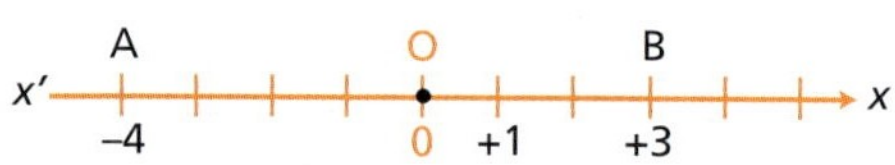

Pour trouver leur distance :

1. On calcule la différence de leurs abscisses : $(-4) - (+3) = -4 - 3 = -7$
2. La distance des points A et B est le nombre positif 7.

● **Repérer un point dans un plan**

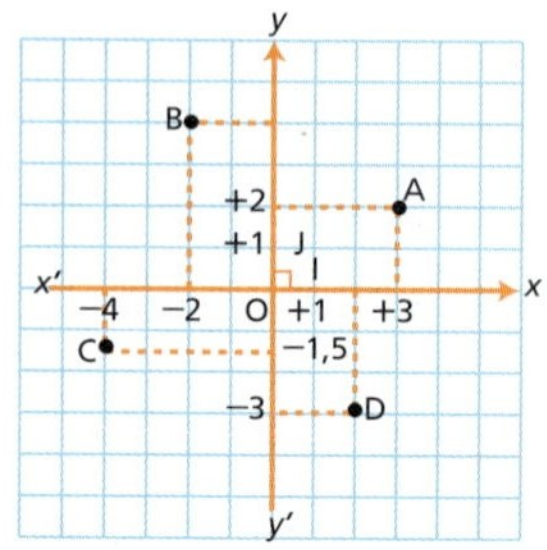

Un repère orthogonal d'origine O est constitué de deux axes perpendiculaires. Sur l'axe des **abscisses** $x'x$, OI = 1 et sur l'axe des ordonnées y'y, OJ = 1.

Le point A est repéré par son abscisse + 3 et son ordonnée + 2. On écrit A(+ 3; + 2) et on dit que + 3 et + 2 sont les **coordonnées du point A.**

Les coordonnées des points B, C et D sont :

	abscisse	ordonnée	coordonnées
point B	– 2	+ 4	(– 2; + 4)
point C	– 4	– 1,5	(– 4; – 1,5)
point D	+ 2	– 3	(+ 2; – 3)

Comprendre comment faire

▶ Pour lire les coordonnées d'un point

Revient à lire l'**abscisse** sur l'**axe horizontal** et l'**ordonnée** sur l'**axe vertical** selon les perpendiculaires aux axes passant par le point.

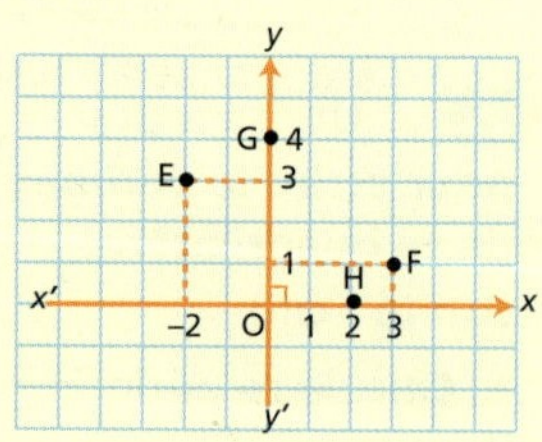

a. E(– 2 ; 3) et F(3; 1)

b. G (0; 4), car G est un point de l'axe vertical.

c. H (2; 0), car H est un point de l'axe horizontal.

d. O (0; 0), car O est l'origine des deux axes.

▶ Pour placer un point de coordonnées données

Revient à tracer des **perpendiculaires** et à prendre leur **intersection.**

Pour placer le point A (– 3; 2), **je trace les perpendiculaires** en T et S à $x'x$ et $y'y$. Leur **intersection** est le point A.

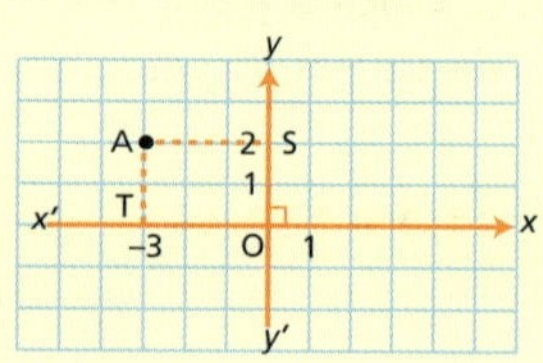

MOT CLÉ

Un repère fixé à l'avance permet de définir la position d'un point.

S'entraîner

★ **1** **Complète le tableau avec les coordonnées des points.**

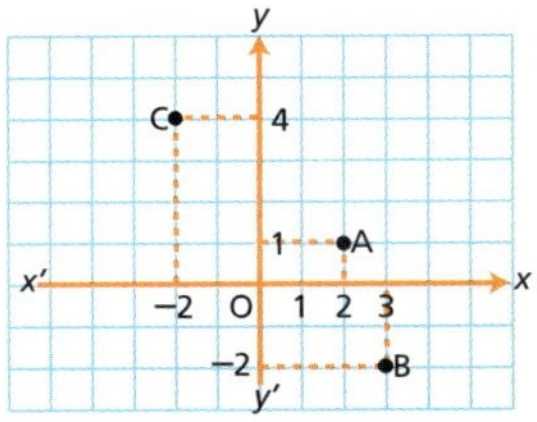

point	abscisse	ordonnée
point A		
point B		
point C		
point O		

★ **2** **Place les points dans le repère ci-dessous.**
D (− 1; 2),
E (3; 0),
F (2; 4),
G (0; 1,5)
et H (− 2; − 2).

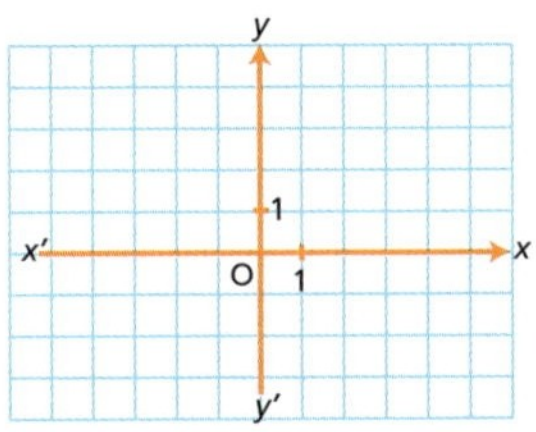

★ **3** A et B sont deux points de l'axe *x'x*. Ils ont pour abscisses −5 et −1.

a. **Place les points A et B sur *x'x*.**

b. **Calcule la distance des points A et B.**

★★ **4** C est un point de la droite graduée *x'x* d'abscisse − 2. D est un point de cette droite dont la distance à C est de − 4.

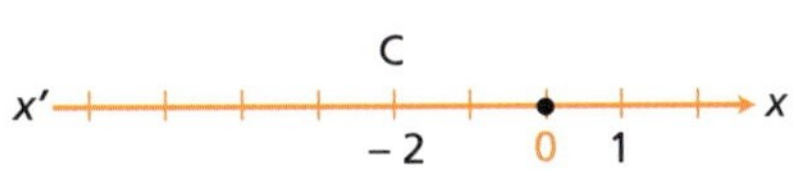

a. **Une erreur de signe s'est glissée dans l'énoncé de l'exercice. Corrige-la en justifiant ta réponse.**

b. **Place le point D et lis son abscisse. Combien de solutions y-a-t-il ?**

★★ **5** Les abscisses des points U et V sur une droite graduée sont 12,7 et −34.
Calcule la distance des points U et V.

....

★★★ **6** **Complète le tableau et les représentations des points.**

	A	B	C	D	O
abscisse	4	− 2			
ordonnée	− 4				
coordonnées		(− 2; 5)	(3;−4)		

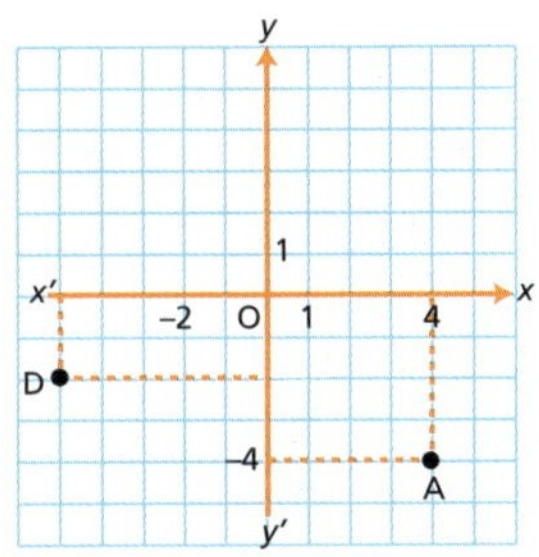

★★★ **7** On donne A (− 2,5; + 3), B (0; 3), C (3; 1) et D (− 2,5; − 2).

a. **Place les points A, B, C et D dans le repère ci-dessous de l'exercice 8.**

b. **Pourquoi les points A et D sont-ils sur une même perpendiculaire à *x'x* ? En est-il de même des points A et B ?**

c. **M est un point de l'axe *x'x*. Son abscisse est celle du point C. Précise les coordonnées de M et place-le dans le repère.**

★★★ **8**

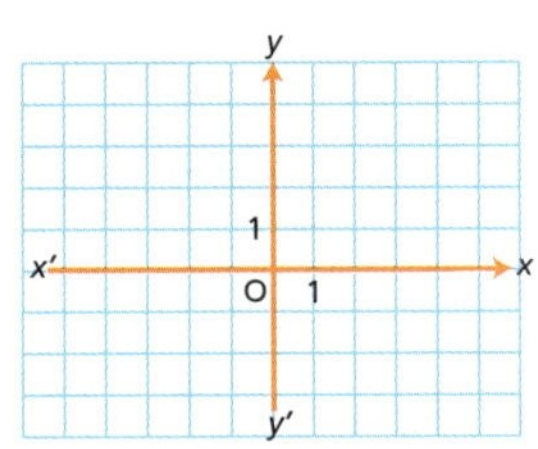

a. **Place le point S (4; − 2) et son symétrique T par rapport à *y'y* dans le repère ci-dessus.**

b. **Quelles sont les coordonnées de T ?**

....

Livret des corrigés p. 10

Retenir l'essentiel

• Des situations de proportionnalité

a. Christian parcourt 80 km en 50 min. Combien de kilomètres parcourt-il en 100 min à la même vitesse ?

b. Danièle achète 2 kg de raisin à 4,50 €. Combien paierait-elle 3 kg ?

c. Comment trouver les nouvelles dimensions d'un dessin agrandi ou réduit ?

Pour répondre à ces questions, on effectue un calcul de proportionnalité.

• Tableau de proportionnalité

Un tableau de proportionnalité est formé de deux lignes et de deux ou plusieurs colonnes. Les nombres de la 2e ligne dépendent de la 1re.

1	3	3,5	5	×2
2	6	7	10	

Voici un exemple de tableau de proportionnalité où on passe de la 1re ligne à la 2e en multipliant par 2.

2 est le coefficient de proportionnalité.

• Représentation graphique

Ci-contre, une droite qui passe par l'origine O du repère.

A, B, C et D sont 4 points de la droite.

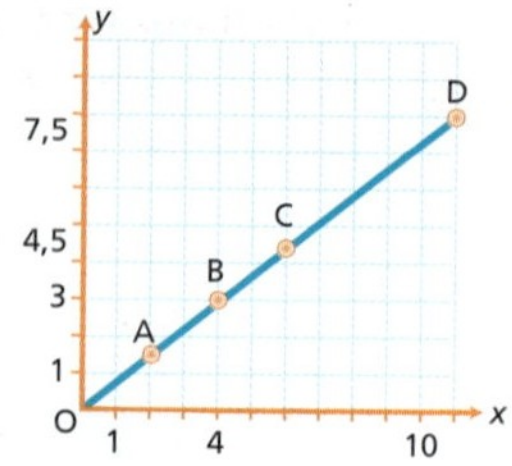

Leurs coordonnées sont données dans le tableau :

abscisse	2	4	6	10
ordonnée	1,5	3	4,5	7,5

Le tableau est-il un tableau de proportionnalité ?

RÉPONSE : oui, car on passe de l'abscisse d'un point à son ordonnée en multipliant à chaque fois par le même nombre : 0,75. ($2 \times 0,75 = 1,5$; $4 \times 0,75 = 3$; $6 \times 0,75 = 4,5$ et $10 \times 0,75 = 7,5$).

Comprendre comment faire

▶ Pour trouver le coefficient de proportionnalité

Revient à **effectuer une division.** Le coefficient de proportionnalité est le quotient d'un nombre de la 2e ligne et de son homologue dans la 1re ligne.

EXEMPLE : Le coefficient 0,75 du tableau précédent n'est autre que 1,5 : 2 ou 3 : 4 ou 4,5 : 6 ou 7,5 : 10.

▶ Pour calculer une quatrième proportionnelle

Revient à **rentrer les données dans un tableau,** à considérer un carré de 2 lignes et de 2 colonnes et à calculer le 4e nombre qui manque.

EXEMPLE :

masse du raisin en kg	2	3
prix en euros	4,50	?

a. **On calcule le coefficient** : 4,50 : 2 = 2,25.

b. **On multiplie** : $3 \times 2,25$. La 4e proportionnelle est donc 6,75.

▶ Pour vérifier s'il y a proportionnalité (Ci-dessous un exemple de non-proportionnalité)

a. **À l'aide d'un tableau**

5	10	12
4	8	9

4 : 5 = 0,8 ; 8 : 10 = 0,8

9 : 12 = 0,75. On a :

$(4 : 5) = (8 : 10) \neq (9 : 12)$.

Donc le tableau n'est pas un tableau de proportionnalité.

b. **Graphiquement**

Les points A (5 ; 4), B (10 ; 8) et C (12 ; 9) ne sont pas alignés avec l'origine.

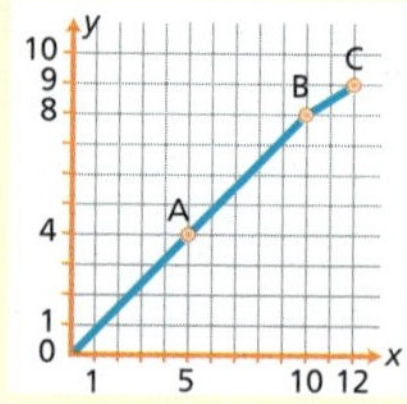

NOTION CLÉ

Le tableau de proportionnalité est une technique qui permet de trouver une quantité inconnue.

S'entraîner

★ **1 Pourquoi le tableau suivant n'est-il pas un tableau de proportionnalité ?**

2	8	60	100
3	12	90	140

★ **2 Pourquoi les coordonnées de A, B et C ne sont-elles pas en situation de proportionnalité ?**

abscisse	5	8	20
ordonnée	2,5	4	12

★ **3 Pourquoi les coordonnées de M, N et P ne sont-elles pas en situation de proportionnalité ?**

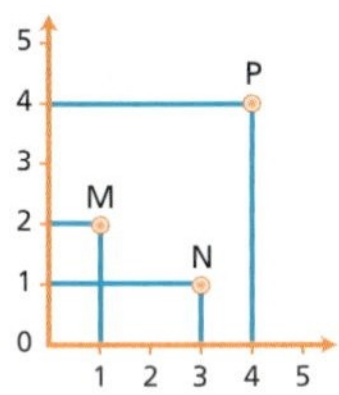

★ **4 Pourquoi les coordonnées de I, J, K et L ne sont-elles pas en situation de proportionnalité ?**

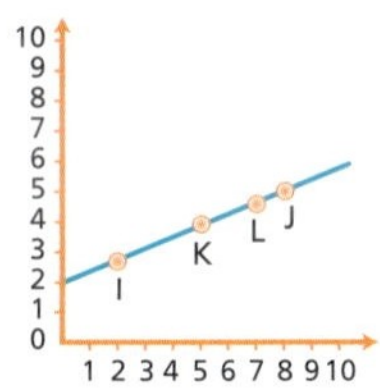

★★ **5** a. **Complète le tableau avec les coordonnées de l'origine O d'un repère, et de E (5 ; 3), F (2 ; 1,2), et G (8 ; 4,8).**

abscisse	......	......	......	......
ordonnée	......	......	......	......

b. **Pourquoi les coordonnées de ces points sont-elles en situation de proportionnalité ?**

c. **Trace un repère et place les points E, F et G dans ce repère.**

d. **Les points E, F et G sont-ils alignés ? Alignés avec l'origine ? Pourquoi ?**

★★ **6** a. **Complète le tableau donnant la distance parcourue par un automobiliste qui roule à une vitesse constante.**

durée en heures	1,5	2	......	5
distance en km	120	......	320	......

b. **Quelle est la vitesse de l'automobiliste ?**

c. **Pourquoi son mouvement est-il dit uniforme ?**

★★ **7** a. On sait que 1 h = 60 min et que 1,5 h = 1,5 × 60 min = 90 min.

Complète le tableau de conversion.

durée en heures	1,2	......	2,5	3,4	......
durée en minutes	......	132	......	......	420

b. **Que représente le nombre 60 pour le tableau ?** ....

★★ **8** a. 8 ananas coûtent 18 €.

Quel est le prix en euros de 6 ananas ?

☐ $\frac{8}{18} \times 6$ ☐ $\frac{18}{8} \times 6$ ☐ 13,50

b. Dans une classe de 5ᵉ, la porportion des filles est de 4/5.

S'il y a 12 filles, combien de garçons y a-t-il ?

☐ 9 ☐ 12 ☐ 15

c. Pour parcourir 240 km, une voiture consomme 30 L d'essence.

Combien de litres lui faudrait-il pour parcourir 500 km ?

☐ $\frac{30}{240} \times 500$ ☐ 62,5 ☐ 60

★★ **9** a. **Écris sous la forme d'un décimal la fraction $\frac{3}{8}$.**

b. **Complète le tableau donnant la masse des trois huitièmes d'un gâteau en fonction de sa masse totale.**

masse totale (en g)	......	800	1 100	......	......
masse des $\frac{3}{8}$ (en g)	150	......	......	450	900

Livret des corrigés p. 10

Retenir l'essentiel

- **Définir un pourcentage**

Un pourcentage est une écriture fractionnaire dont le dénominateur est 100.

EXEMPLE : $\frac{25}{100}$ est un pourcentage qu'on écrit 25 %.

25 % se lit et signifie : « 25 pour cent ».

- **Appliquer un pourcentage**

• Appliquer 25 % à 64 revient à calculer $\frac{25}{100} \times 64$.

• − 25 % sur le prix affiché signifie que la remise est de 25 % sur le prix initial.

- **Définir une échelle**

Une échelle est un nombre. Ce nombre est le quotient de deux distances exprimées dans la même unité : une sur le plan et une réelle.

Soit : échelle $= \dfrac{\text{distance sur le plan}}{\text{distance réelle}}$

Ci-dessous le plan d'un jardin carré à l'échelle 1/200.

1/200 signifie : à 1 cm sur le plan correspond 200 cm en réalité.

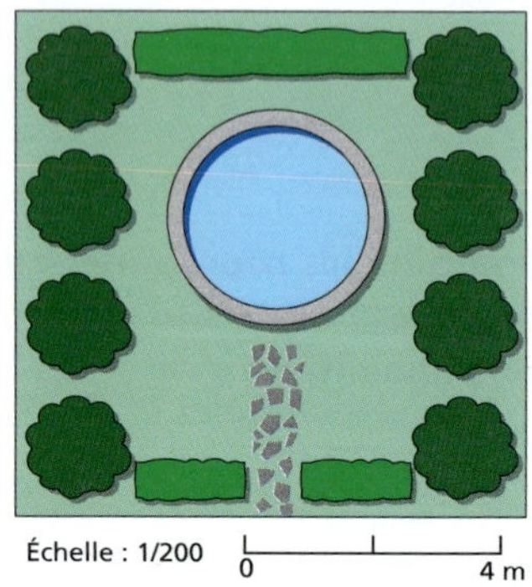

Comprendre comment faire

▶ Pour appliquer un pourcentage

Revient à **multiplier un nombre par une fraction de dénominateur 100.**

Calculer les 25 % de 64.

- Soit je calcule $64 \times \frac{25}{100} = \frac{64 \times 25}{4 \times 25} = \frac{64}{4} = 16$, donc 25 % de 64 = 16.
- Soit j'utilise un tableau de proportionnalité : le coefficient de proportionnalité est 25/100 = 0,25 ; 64 × 0,25 = 16.

100	64	× 0,25
25	?	

▶ Pour calculer un pourcentage

Revient à **compléter un tableau de proportionnalité.**

Un collège comptait 625 élèves. Cette année, le nombre d'élèves a augmenté de 85. Quelle est le pourcentage d'augmentation de ses élèves ?

Je calcule le coefficient de proportionnalité $\frac{85}{625} = 0{,}136$. Je complète le tableau :

nombre total	625	100	× 0,136
augmentation	85	?	

100 × 0,136 = 13,6. Cela signifie que pour 100 élèves il y a eu une augmentation de 13,6 élèves. En pourcentage, l'augmentation est de 13,6 %.

▶ Pour calculer des distances sur un plan

$\frac{1}{200}$ est l'échelle du dessin

Revient à **compléter un tableau de proportionnalité.**

Distance réelle (en cm)	200	....	$\times \frac{1}{200}$
Distance sur le plan (en cm)	1	4	

- Quelle est la mesure réelle du côté du jardin tracé ci-dessus à l'échelle 1/200 ?

4 × 200 = 800, donc 800 cm ou 8 m est le côté réel du jardin.

MOT CLÉ

L'échelle est un coefficient qui affecte uniquement les longueurs.

S'entraîner

★ **1 Vrai ou faux ?** V F

a. AB représente les 25 % de AC. ☐ ☐

b. EF représente les 30 % de MN. ☐ ☐

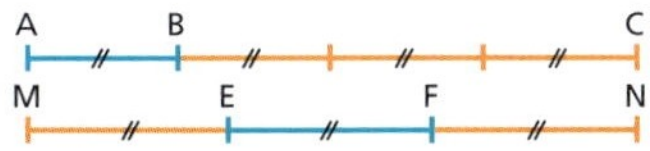

★ **2 Écris sous la forme d'un pourcentage.**

a. $\frac{32}{100}$ ....   b. $\frac{7}{50}$ ....

c. $\frac{6}{25}$ ....   d. 0,05 ....

e. 0,3 ....   f. 2,5 ....

★ **3 Écris sous la forme d'un décimal.**

a. $\frac{7}{4}$ ....   b. $\frac{45}{100}$ ....

c. 2 % ....   d. 92% ....

e. $\frac{9}{20}$ ....   f. 0,3 % ....

★★ **4 Relie entre elles les écritures désignant un même nombre.**

a. $\frac{5}{4}$ b. 0,25   c. 40 %

d. 25 %   e. 0,4   f. $\frac{15}{12}$

g. 125 %   h. 2/5   i. $\frac{1}{4}$

★★ **5** Les anciens et les nouveaux prix sont exprimés dans la même unité. La réduction est de 30 %.

Complète le tableau des prix.

ancien prix	100	150	....	....	....
nouveau prix	....	....	175	350	420

★★ **6 1. Quelle est la remise effectuée dans chacun des cas ? (unité : euro)**

a. ~~55 €~~ 44 €   b. ~~279 €~~ 237,15 €   c. ~~2 320 €~~ 2 204 €

2. Exprime en pourcentage chacune de ces remises.

★★ **7 a. Complète le tableau des dimensions de l'équerre.**

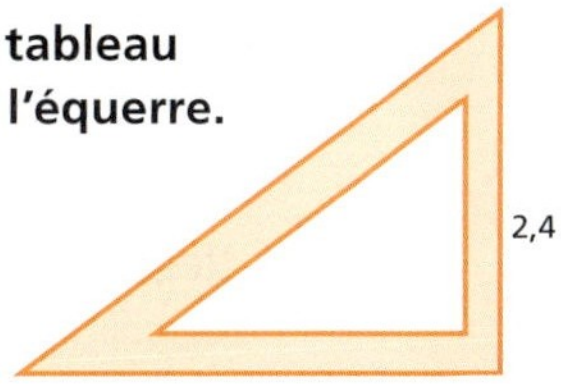

dimensions réelles (cm)	12	16	20
dimensions du dessin (cm)	2,4	....	....

b. Le tableau est-il un tableau de proportionnalité ? Si oui, quelle est l'échelle du dessin de l'équerre ?

★★ **8** Un grain de pollen mesure 0,05 mm. Sur un dessin, il mesure 2 mm.

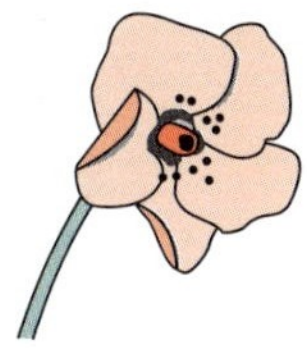

a. Quelle est l'échelle du dessin ?

b. Le plus petit grain de pollen mesure 0,02 mm. **En appliquant le même agrandissement, quelle serait sa dimension sur le dessin ?**

★★ **9** À une vitesse de 5 km/h, Maxime met 18 minutes pour aller à son collège.

a. À quelle distance habite-t-il de son collège ? ....

b. Sur un plan, ce trajet est de 2,5 cm. Le plan est à l'échelle de :

☐ 50 000   ☐ 1/50 000   ☐ 1/60 000

★★ **10** Sur une carte de France, 10 km sont représentés par 2 mm.

a. Quelle est l'échelle de cette carte ?

b. La distance Strasbourg-Orléans est de 515 km. **Par combien cette distance est-elle représentée sur la carte ?**

★★ **11 Détermine l'échelle utilisée pour dessiner le téléviseur.**

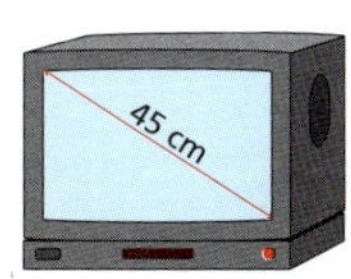

Livret des corrigés p. 11

Mathématiques

Retenir l'essentiel

- Pour établir des statisiques, il faut d'abord **regrouper les données**, puis les **interpréter** et les **représenter graphiquement**.

- **Regrouper les données**

Pour cela, on les organise en les représentant dans un tableau.

EXEMPLE : Dans un collège, 160 élèves étudient une seule langue étrangère. 108 apprennent l'anglais, 24 l'espagnol, 18 l'allemand et 10 l'italien.

Langues	anglais	espagnol	allemand	italien
Effectifs	108	24	18	10

On vérifie ensuite que 108 + 24 + 18 + 10 correspond bien à l'effectif total de 160.

- **Représentation graphique**

Ci-contre deux diagrammes circulaire et à barres. Ils représentent les effectifs des élèves apprenant chacune des langues.

Les angles des secteurs circulaires et les hauteurs des barres sont **proportionnels aux effectifs des élèves.**

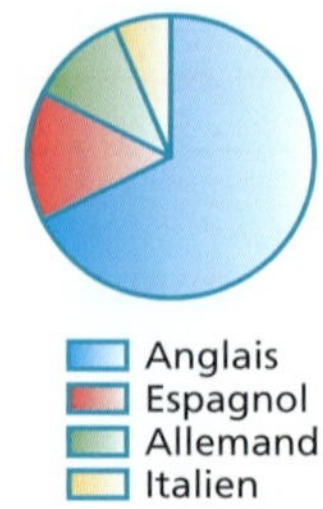

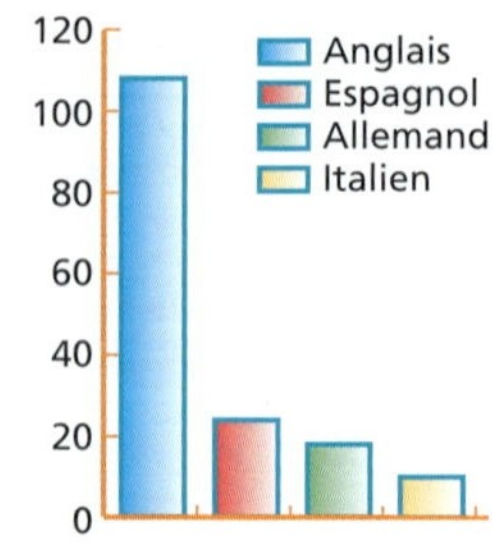

- **Calculer une fréquence**

Ceci permet de comparer un effectif partiel à l'effectif total. **La fréquence** est un **nombre compris entre 0 et 1**, obtenu en divisant un effectif par l'effectif total.

EXEMPLE : la fréquence des élèves apprenant l'anglais est de 108/160 = 0,675. Exprimée en pourcentage, la fréquence est de 0,675 × 100 = 67,5, soit 67,5 %.

Comprendre comment faire

Pour regrouper des données statistiques en classes

En 2009, au millier le plus proche, la France comptait 63 578 000 habitants.
De 0 à 19 ans : 15 902 000 habitants
De 20 à 59 ans : 34 165 000 habitants
De 60 ans et plus : 13 511 000 habitants

Dans un tableau :

âges	0 à 19 ans	20 à 59 ans	60 ans et plus
effectifs	15 902 000	34 165 000	13 511 000

Source : INSEE

Pour interpréter le tableau

- **Calculer des effectifs cumulés :** c'est regrouper plusieurs données.

a. 15 902 000 + 34 165 000 est le nombre d'habitants de 0 à 59 ans (ou < 60 ans).
b. 34 165 000 + 13 511 000 est le nombre d'habitants de 20 ans et plus.

- **Calculer des fréquences en pourcentage :**

a. 15 902 000 : 63 578 000 × 100 ≈ 25,011.
Arrondi au centième, 25,01 % est le pourcentage d'habitants de 0 à 19 ans.
b. 34 165 000 : 63 578 000 × 100 ≈ 53,737.
Arrondi au centième, 53,74 % est le pourcentage d'habitants de 20 à 59 ans.
c. 13 511 000 : 63 578 000 × 100 ≈ 21,25.
Arrondi au centième, 21,25 % est le pourcentage d'habitants de 59 ans et plus.

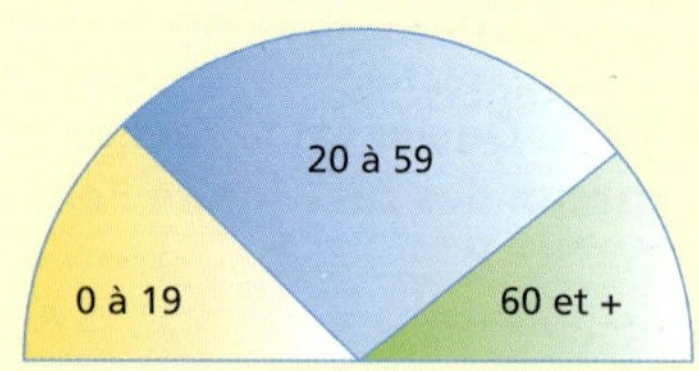

Diagramme semi-circulaire

MOT CLÉ

Pour faire une étude **statistique**, on choisit au hasard un échantillon de la population (voir exercice 6)

S'entraîner

★ **1** Quarante voitures de couleurs différentes stationnent dans un parking.

a. Complète le tableau.

voitures	blanches	bleues	rouges
effectifs	....	....	....

b. Vrai ou faux V F

1. 30 % des voitures sont blanches. ☐ ☐
2. 62,5 % des voitures sont bleues. ☐ ☐
3. 7,5 % des voitures sont rouges. ☐ ☐
4. 30 % + 62,5 % + 7,5 % = 100 %. ☐ ☐

★ **2** **Pourquoi le diagramme à barres, représentant la répartition des voitures de l'exercice précédent, est-il faux ?**

★ **3** **Pourquoi le diagramme circulaire, représentant la répartition des voitures de l'exercice n°1, est-il faux ?**

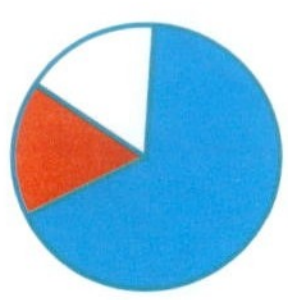

★★ **4** **a. Complète les pointillés avec une fraction convenable.**

Secteur bleu : ....

Secteur jaune : ....

Secteur vert : ....

b. Complète les pointillés avec un pourcentage convenable.

Secteur bleu : ....

Secteur jaune : ....

Secteur vert : ....

★★ **5** **a. Complète convenablement les pointillés.**

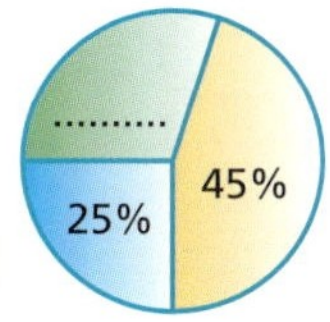

b. Vrai ou faux ? V F

45 % de 360° font 162°. ☐ ☐

c. Calcule chacun des angles du secteur circulaire.

★★ **6** Le diagramme semi-circulaire ci-dessous représente la répartition de 920 réponses à la question : « Préférez-vous passer vos vacances d'été à la mer, à la montagne ou à la campagne ? »

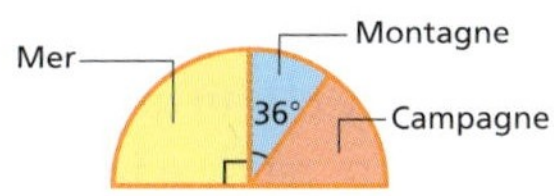

V F

a. 50% des personnes interrogées préfèrent la mer. ☐ ☐

b. 20% des personnes interrogées préfèrent la montagne. ☐ ☐

c. Complète le tableau des effectifs.

vacances	mer	campagne	montagne
effectifs	....	....	....

★★ **7** Voici un tableau donnant les tailles des élèves d'une classe de 5e.

tailles (en cm)	140 à 149	150 à 159	160 à 170
effectifs	8	11	6

a. Quel est le nombre d'élèves de cette classe ?

b. Quel est le nombre d'élèves de taille inférieure à 160 cm ?

c. Quel est le pourcentage d'élèves qui ont une taille supérieure à 159 cm ?

d. Complète le tableau et les diagrammes.

tailles (en cm)	140 à 149	150 à 159	160 à 170
fréquence (en%)	....	....	....

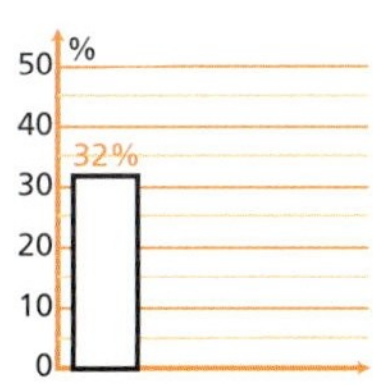

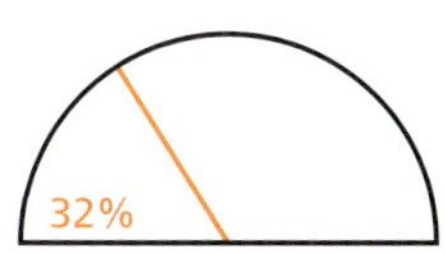

Mathématiques

Livret des corrigés p. 11

Retenir l'essentiel

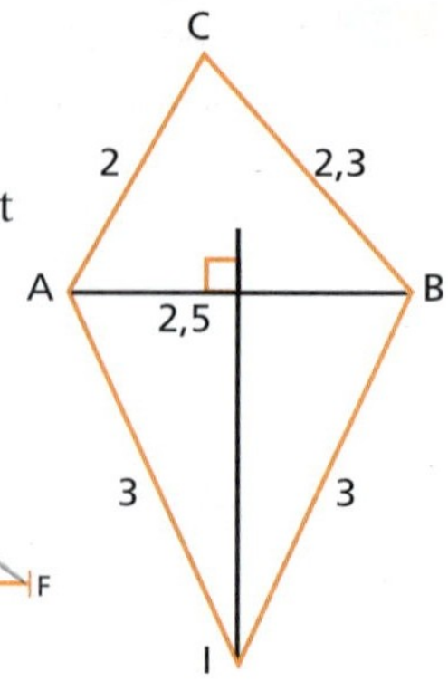

- **Mesurer à l'aide d'une règle**

➜ En centimètres, la distance des deux points A et B est de 2,5. La longueur du segment [AB] est AB = 2,5 cm.
➜ Le point C n'est pas à égale distance de A et B, car AC = 2 cm et BC = 2,3 cm. C est plus proche de A que de B.
➜ Le point I est à égale distance de A et B, car IA = IB = 3 cm. Le point I est **équidistant de A et B.** Il est sur **la médiatrice de [AB].**

- **Tracer à l'aide d'un compas**

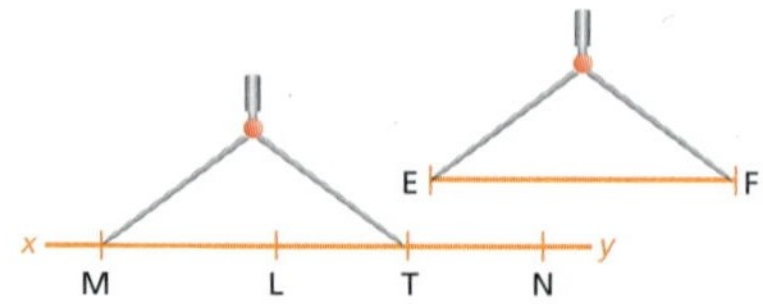

[EF] est un segment donné. L'ouverture du compas est égale à EF.
M, L, T et N sont des points de la droite xy tels que MT = EF, ML < EF et MN > EF.

- **Mesurer à l'aide d'un rapporteur**

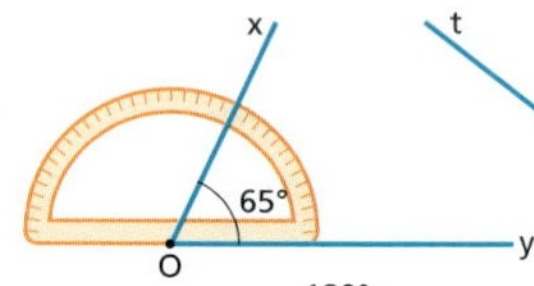

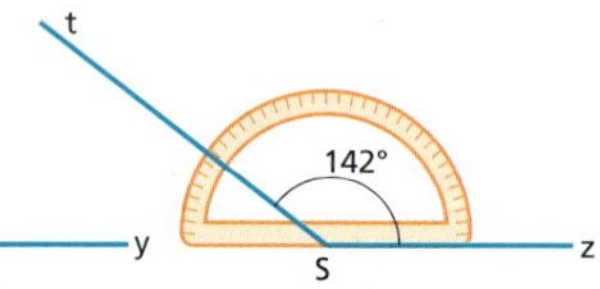

➜ $\widehat{xOy}$ est un angle aigu. En degrés, sa mesure est de 65.
➜ $\widehat{tSz}$ est un angle obtus, $\widehat{tSz} = 142°$.

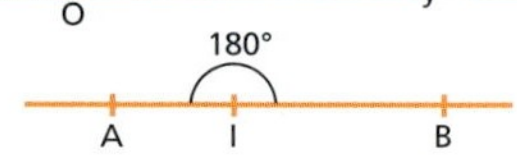

➜ Les points A, I et B sont alignés. L'angle $\widehat{AIB}$ est plat. $\widehat{AIB} = 180°$

- **Utiliser une équerre**

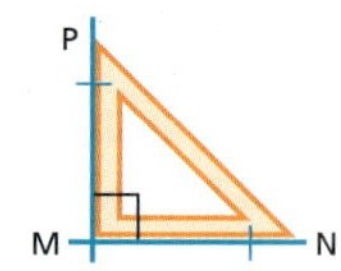

➜ Les droites (MN) et (MP) sont perpendiculaires en M. $\widehat{PMN} = 90°$.

Comprendre comment faire

Pour construire :

a. la médiatrice d'un segment

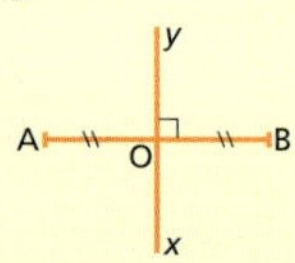

O est le milieu de [AB] et *xy* est perpendiculaire en O à (AB) : *xy* est la médiatrice de [AB].

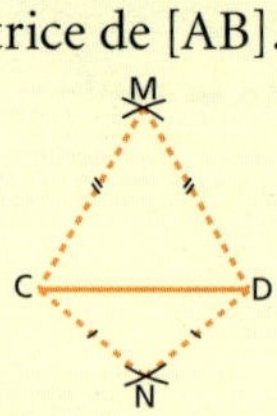

M est à égale distance de C et D. N est à égale distance de C et D. En joignant M et N, on obtient la médiatrice de [CD].

b. la bissectrice d'un angle

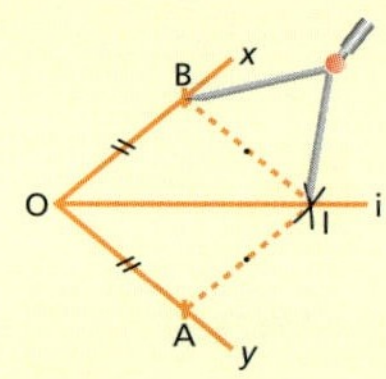

OA = OB
AI = BI
La demi-droite [O*i*) est la bissectrice de l'angle $\widehat{xOy}$.

c. un angle égal à un autre

SA = SB = LC
CD = AB.
En joignant L et D, on obtient $\widehat{CLD} = \widehat{ASB}$.

d. des points

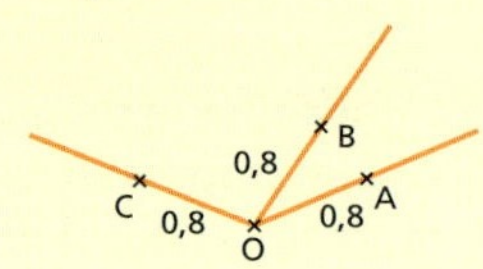

OA = OB = OC
A, B et C sont 3 points situés à 0,8 cm du point O.

e. un cercle

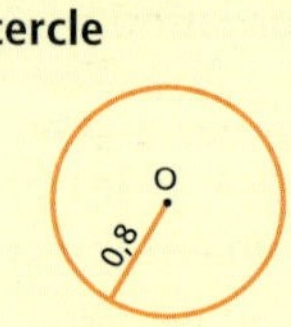

Tous les points à 0,8 cm de O sont sur le cercle de centre O et de rayon 0,8 cm.

MOT CLÉ

Le point n'a pas de dimensions. Afin de le rendre visible, on le trace « • » ou « × ».

S'entraîner

★ **1 Vrai ou faux ?** V F

a. O est le milieu de [AB]. ☐ ☐

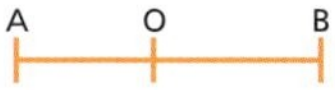

b. I est le milieu de [CD]. ☐ ☐

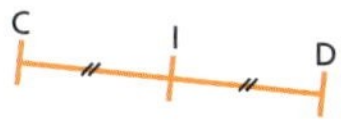

c. [Tz) est la bissectrice de $\widehat{xTy}$. ☐ ☐

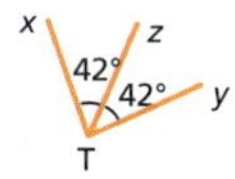

d. [Su) est la bissectrice de $\widehat{vSw}$. ☐ ☐

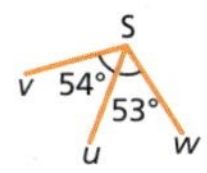

e. Les droites d et d' sont perpendiculaires. ☐ ☐

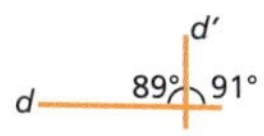

f. $\widehat{ABC} = 58°$. ☐ ☐

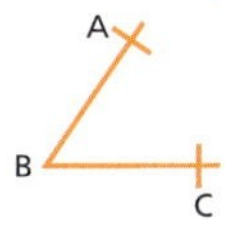

★ **2 [AB] est un segment de longueur 4 cm. *d* est une droite quelconque. Trace un point C de *d* situé à 3 cm de B.**

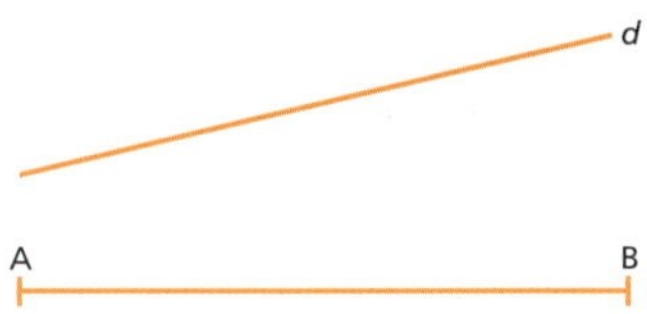

★ **3** La médiatrice du segment [MN] coupe la droite d en L.

a. **Construis le point L.**

b. **Pourquoi a-t-on LM = LN ?**

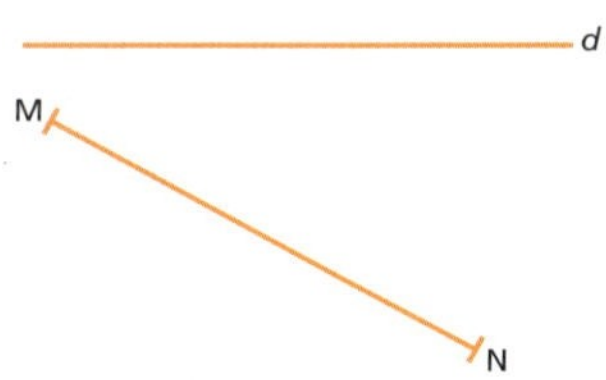

★ **4 Construis à l'aide d'un compas le milieu I du segment [AB].**

★★ **5** C est un cercle de centre O et de rayon 2 cm. A et B sont deux points du cercle C.

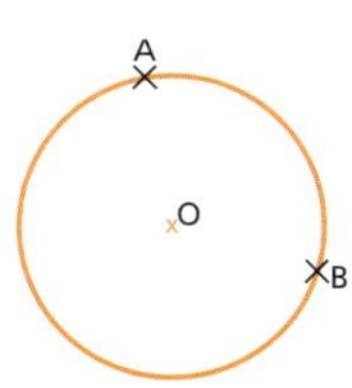

a. **Pourquoi a-t-on OA = OB ?**

b. **Pourquoi la médiatrice du segment [AB] passe-t-elle par O ?**

★★ **6 a.** **Pourquoi les points A, B et C sont-ils équidistants de O ?**

b. **Pourquoi le cercle de centre O et de rayon OA passe-t-il par B et C ?**

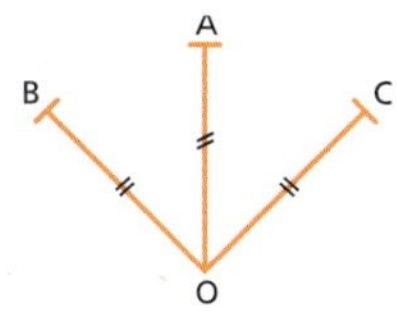

★★ **7 a.** **Trace la bissectrice [Oz) de l'angle $\widehat{xOy}$.**

b. **Quelle est la mesure de $\widehat{xOz}$ et de $\widehat{yOz}$ dans le cas où $\widehat{xOy} = 78°$?**

c. **Quelle est la mesure de $\widehat{xOy}$ dans le cas où $\widehat{xOz} = 35°$?**

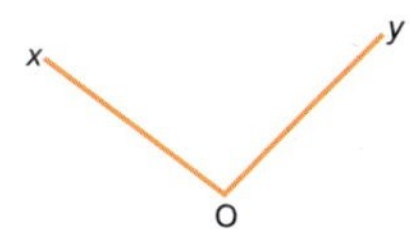

★★ **8 Complète la construction de l'angle $\widehat{EDF}$ sachant que $\widehat{BAC} + \widehat{EDF} = 90°$.**

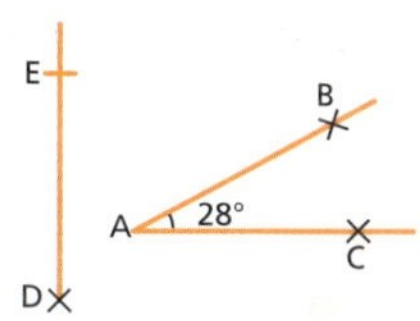

★★★ **9 a.** **Trouve à l'aide d'un rapporteur la mesure de l'angle $\widehat{xOy}$.**

b. **Complète la construction de l'angle $\widehat{tIz}$ sachant que $\widehat{xOy} + \widehat{tIz} = 180°$.**

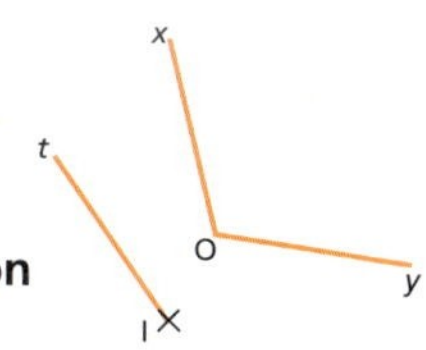

★★★ **10 a.** **Trace la perpendiculaire *d* en A à la droite (AB).**

b. **La médiatrice de [AC] coupe la droite *d* en E et la droite (AB) en F. Y a-t-il sur la figure des segments de même longueur ? Pourquoi ?**

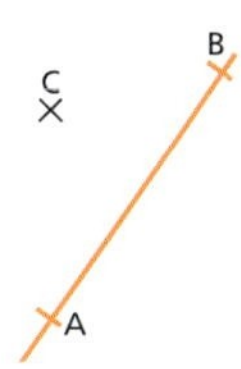

Livret des corrigés p. 11

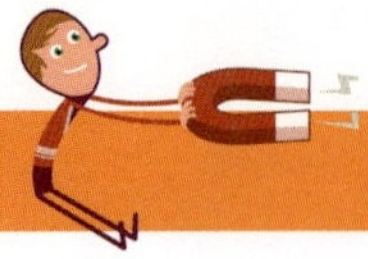

Retenir l'essentiel

- **Vocabulaire**

→ $\widehat{AOB}$ et $\widehat{AOC}$ sont deux **angles adjacents** :
a. ils ont un **sommet commun**, O ;
b. ils sont de **part et d'autre d'un côté commun**, [OA).

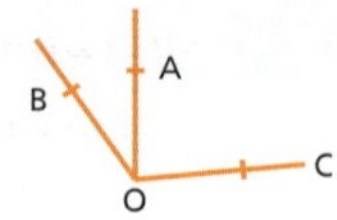

→ Les angles de sommets I et J sont **complémentaires**, car leur **somme est 90°** ; en effet, 40 + 50 = 90.

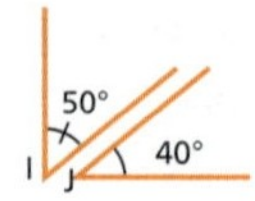

→ Les angles de sommets T et S sont **supplémentaires**, car leur **somme est 180°** ; en effet 110 + 70 = 180.

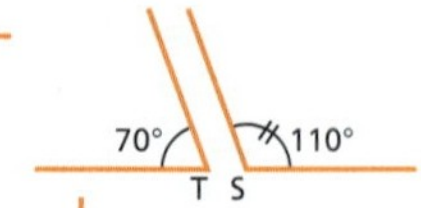

→ Les angles de sommets E et F sont **quelconques**, car leur somme est 105°, différente de 90° ou de 180°.

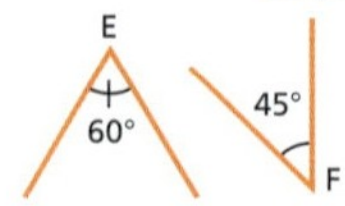

→ Les droites d et d' sont sécantes.
Les angles 1 et 2 sont adjacents, et les angles 1 et 4 sont adjacents. Les angles non-adjacents 1 et 3 sont dits **opposés par le sommet.** Les angles 2 et 4 sont également opposés par le sommet.

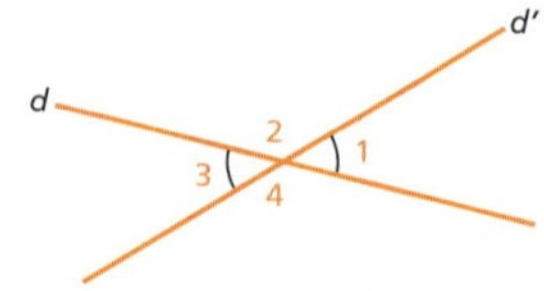

→ Les droites *d* et *d'* sont parallèles. Elles sont coupées par la sécante *s*. Les angles 1 et 2 sont **alternes-internes**, 1 et 3 sont **correspondants.**

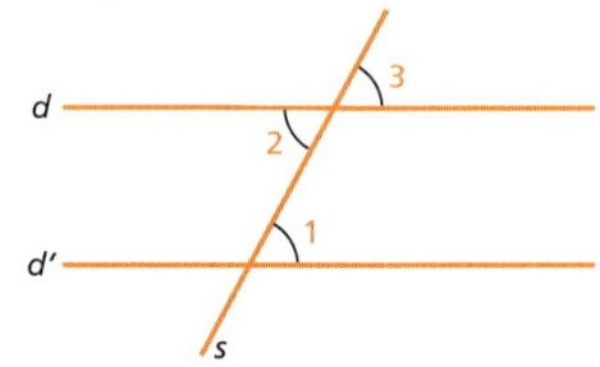

Comprendre comment faire

Pour reconnaître des angles égaux

Deux angles sont égaux quand :

a. ils ont le même complémentaire

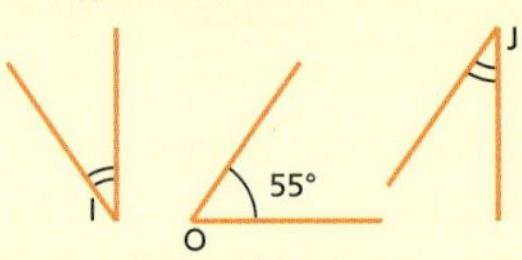

Je sais que $\widehat{O}$ = 55°, $\widehat{O}$ et $\widehat{I}$ sont complémentaires et $\widehat{O}$ et $\widehat{J}$ sont complémentaires.
J'en déduis que $\widehat{I}$ et $\widehat{J}$ mesurent en degrés 90 – 55 = 35, donc que les angles $\widehat{I}$ et $\widehat{J}$ sont égaux.

b. ils ont le même supplémentaire

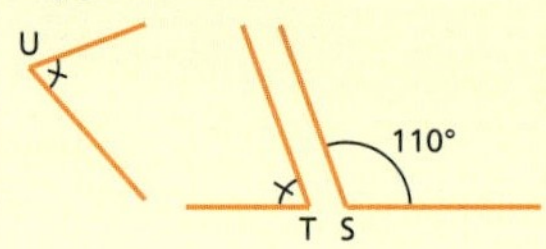

Je sais que $\widehat{S}$ = 110°, $\widehat{S}$ et $\widehat{T}$ sont supplémentaires et $\widehat{S}$ et $\widehat{U}$ sont supplémentaires.
J'en déduis que $\widehat{T}$ et $\widehat{U}$ mesurent en degrés 180 – 110 = 70, donc que les angles $\widehat{U}$ et $\widehat{T}$ sont égaux.

c. ils sont opposés par le sommet

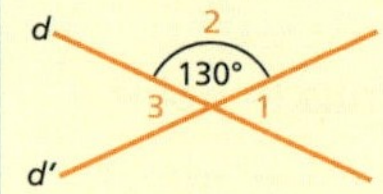

On sait que d et d' sont deux droites sécantes et que l'angle 2 est de 130°.
J'en déduis que les angles 1 et 3 sont égaux à 50°, car ils ont l'angle 2 pour supplémentaire.

d. ils sont alternes-internes et *d* // *d'*

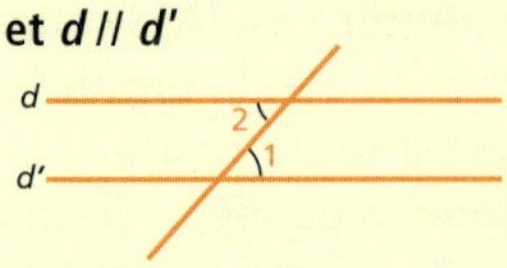

Je sais que *d* // *d'* ; alors les angles alternes-internes 1 et 2 ont même mesure.

e. ils sont correspondants et *d* // *d'*

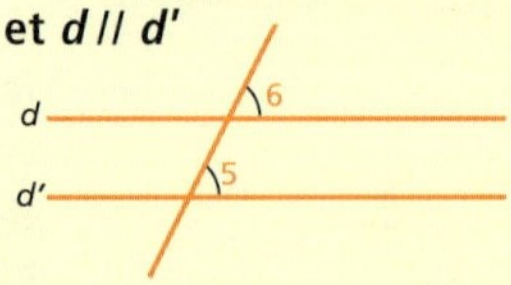

Je sais que *d* // *d'* ; alors les angles correspondants 5 et 6 ont même mesure.

f. ils sont droits et *d* // *d'*

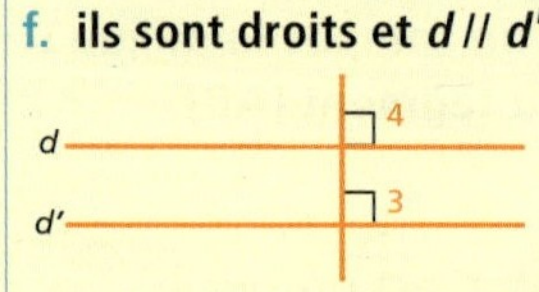

Je sais que *d* // *d'* ; alors les angles 3 et 4 sont égaux comme correspondants. L'angle 3 est droit, **donc l'angle 4 est droit.**

MOT CLÉ
Le degré est la 360e partie d'un angle plein autour d'un point.

S'entraîner

★ **1 Vrai ou faux ?** V F

a. La somme de deux angles complémentaires est un angle droit. ☒ ☐

b. Le complémentaire d'un angle de 48° est un angle de 52°. ☐ ☒

c. La somme de deux angles supplémentaires est un angle plat. ☒ ☐

d. Le supplémentaire d'un angle de 50° est un angle de 150°. ☐ ☒

e. Si deux droites sont parallèles alors toute perpendiculaire à l'une est perpendiculaire à l'autre. ☒ ☐

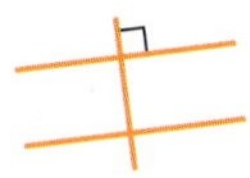

★ **2 Vrai ou faux ?** V F

a. *d* et *d'* sont parallèles. ☐ ☒

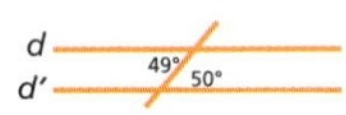

b. D et D' sont parallèles. ☒ ☐

c. d_1 et d_2 sont parallèles. ☐ ☒

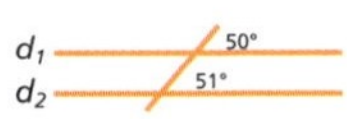

d. D_1 et D_2 sont parallèles. ☒ ☐

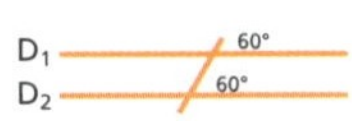

★ **3 Vrai ou faux ?** V F

a. Les points A, O et B sont alignés. ☒ ☐

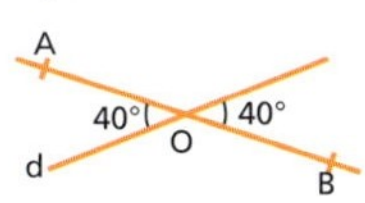

b. Les points C, I et D sont alignés. ☐ ☒

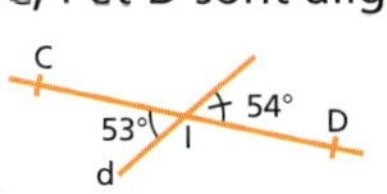

c. Les angles 1 et 2 de sommet S sont opposés par le sommet. ☒ ☐

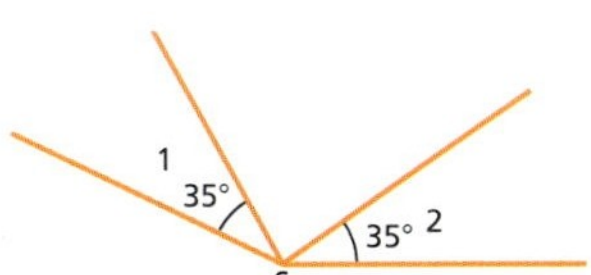

★ **4 Vrai ou faux ?**

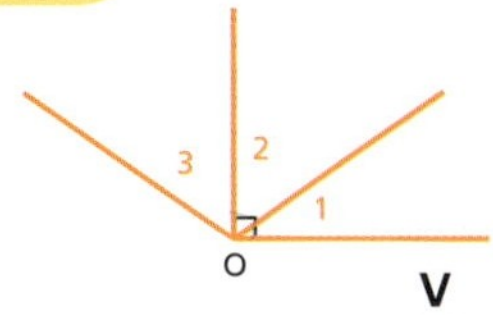

V F

a. Les angles 1 et 2 de sommet O sont adjacents complémentaires. ☒ ☐

b. Les angles 1 et 3 sont adjacents. ☐ ☒

c. Les angles 2 et 3 sont adjacents. ☒ ☐

★ **5 Trace deux angles adjacents supplémentaires de sommet O.**

× O

★★ **6** Les droites *d* et *d'* sont parallèles.
Complète les « ? » avec les mesures convenables en justifiant tes réponses.

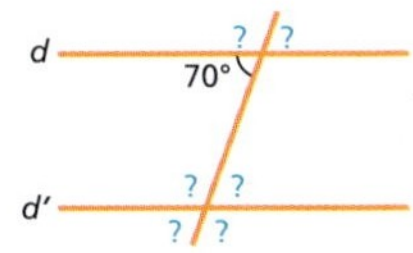

★★ **7** **a. Les angles $\widehat{AOB}$ et $\widehat{AOC}$ sont-ils adjacents ? Pourquoi ?**

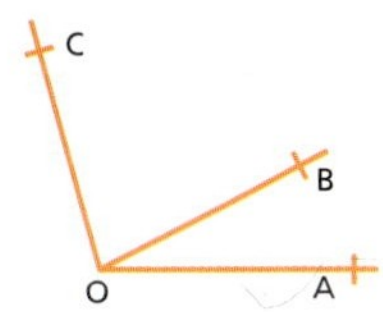

b. Trace les bissectrices [O*x*) et [O*y*) des angles $\widehat{AOB}$ et $\widehat{BOC}$.

c. Quelle est la mesure de l'angle $\widehat{xOy}$ dans le cas où $\widehat{AOC} = 112°$?

★★ **8** On sait que *d* // *d'* et (AB) ⊥ *d*.
Complète les « ? » avec les mesures convenables en justifiant tes réponses.

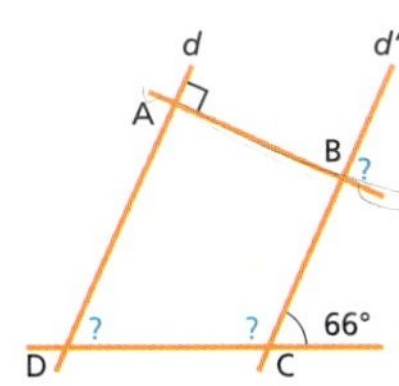

★★ **9** **a. Trace deux angles adjacents $\widehat{AOB}$ et $\widehat{BOC}$ tels que $\widehat{AOB} = 55°$ et $\widehat{BOC} = 125°$.**

b. Pourquoi les points A, O et C sont-ils alignés ?

c. Trace la bissectrice [O*x*) de l'angle $\widehat{AOB}$. Quelle est la mesure de l'angle $\widehat{BOx}$?

d. Trace la bissectrice [O*y*) de $\widehat{BOy}$.

e. Pourquoi les bissectrices des angles $\widehat{AOB}$ et $\widehat{BOC}$ sont-elles perpendiculaires ?

Livret des corrigés p. 12

Retenir l'essentiel

Nature d'un triangle

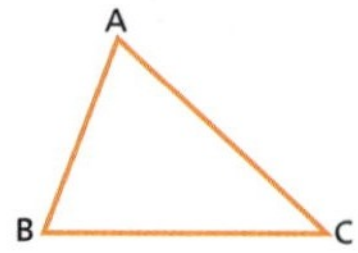

Un triangle a trois sommets, trois côtés et trois angles. ABC est un triangle **quelconque.**

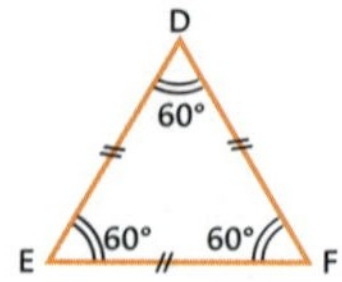

Le triangle DEF a trois côtés de même longueur et trois angles de même mesure. Il est **équilatéral.**

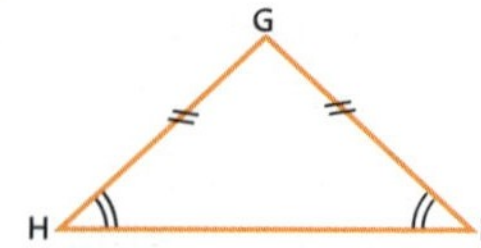

Le triangle GHI a deux côtés de même longueur et deux angles de même mesure. Il est **isocèle** en G.

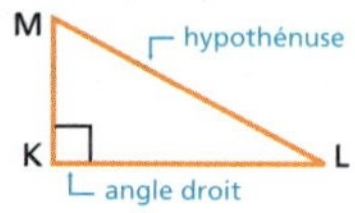

Le triangle KLM a un angle droit en K. Il est **rectangle en K.** [LM] est son **hypoténuse.**

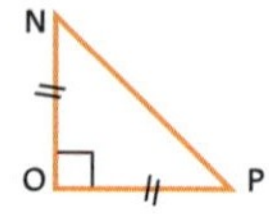

Le triangle NOP est **rectangle isocèle** en O.

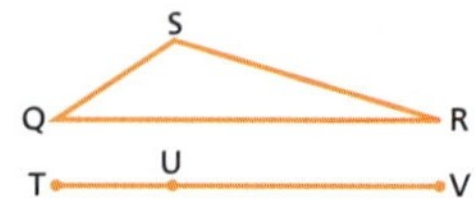

Le triangle QRS a un angle obtus en S.
TUV est un triangle **aplati.** Ses trois sommets sont alignés. Son angle $\widehat{U}$ est plat.

Droites d'un triangle

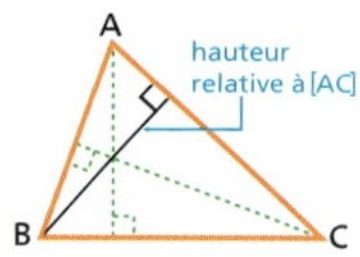

Les trois **hauteurs** d'un triangle se rencontrent en un même point.

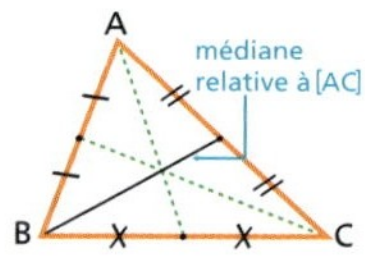

Les trois **médianes** d'un triangle se rencontrent en un même point.

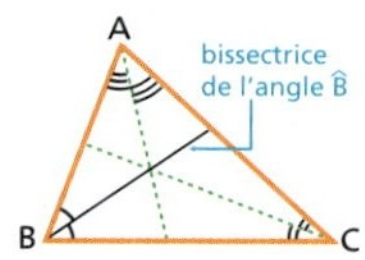

Les trois **bissectrices** d'un triangle se rencontrent en un même point.

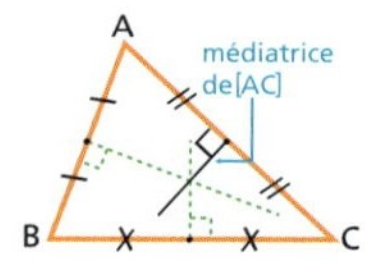

Les trois **médiatrices** d'un triangle se rencontrent en un même point.

Propriétés d'un triangle

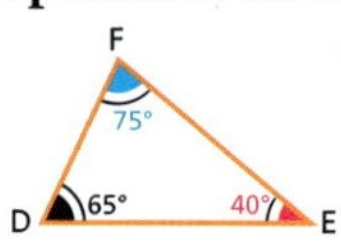

La **somme des trois angles** d'un triangle est toujours égale à **180°**.
Si $\widehat{D} = 65°$ et $\widehat{E} = 40°$,
alors $\widehat{F} = 180° - (\widehat{D} + \widehat{E})$
$= 180° - 105° = 75°$.

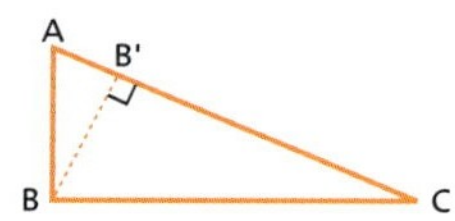

- Le **périmètre** $\mathscr{P}$ est égal à la somme des trois côtés.
$\mathscr{P} = AB + BC + CA$
- **L'aire** $\mathscr{A}$ est égale au demi-produit d'un côté et de la hauteur associée à ce côté.
$\mathscr{A} = 1/2 \times AC \times BB'$

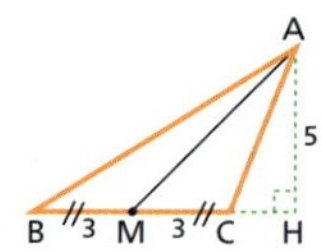

Une **médiane** partage un triangle en deux triangles de **même aire.**
- $\mathscr{A}_{ABC} = 1/2 \times 6 \times 5 = 15$
- $\mathscr{A}_{ABM} = 1/2 \times 3 \times 5 = \frac{15}{2}$
- $\mathscr{A}_{ACM} = 1/2 \times 3 \times 5 = \frac{15}{2}$

Comprendre comment faire

Pour tracer la hauteur d'un triangle

ABC est un triangle quelconque.
La perpendiculaire à la droite (BC) passant par A coupe (BC) en H.
[AH] est la hauteur associée au côté [BC].

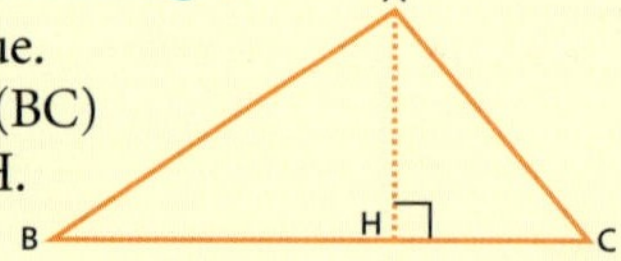

Cas où $\widehat{B}$ est aigu

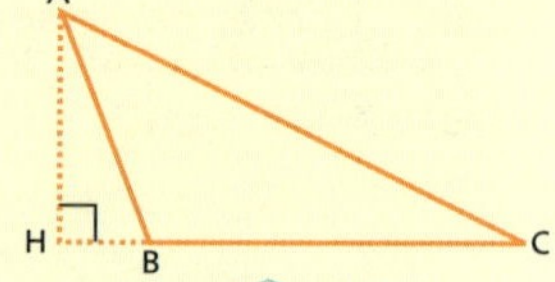

Cas où $\widehat{B}$ est obtus

MOT CLÉ

Le **triangle** est un polygone à trois côtés. La somme de ses angles est de 180°.

S'entraîner

★ **1** **a. Quelles droites d'un triangle passent toujours par un sommet ?**

☐ hauteur ☐ médiane ☐ médiatrice

b. Quelles droites d'un triangle passent par un sommet et le milieu du côté opposé ?

☐ hauteur ☐ médiane ☐ médiatrice

★★ **2** ABC est un triangle isocèle en A.

Complète convenablement.

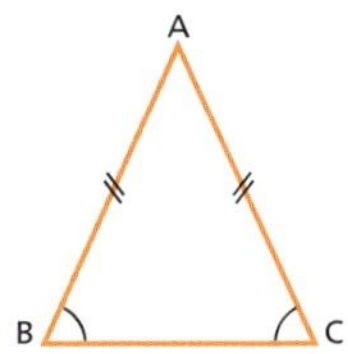

a. Si AB = 3 cm et BC = 2 cm, alors AC = ... cm

b. Si $\widehat{A} = 42°$ alors $\widehat{B}$ = ... et $\widehat{C}$ = ...

c. Si $\widehat{B} = 63°$ alors $\widehat{C}$ = ... et $\widehat{A}$ = ...

d. Si $\widehat{C} = 60°$ alors $\widehat{B}$ = ... et $\widehat{A}$ = ...

Dans ce cas, le triangle ABC est ....

★★ **3** **a. Combien de triangles cette figure compte-t- elle ?**

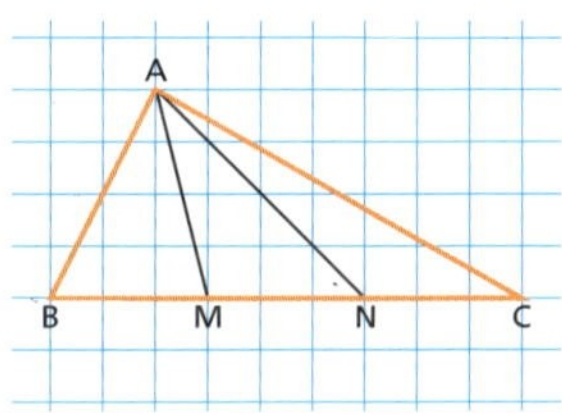

☐ 3 ☐ 4

☐ 5 ☐ 6

b. Quelle est l'aire de chacun de ces triangles ? (unité d'aire : carreau)

c. Compare à l'aide d'une fraction l'aire du triangle ABN à celle du triangle ABC.

★★ **4** ABC est un triangle isocèle en C.

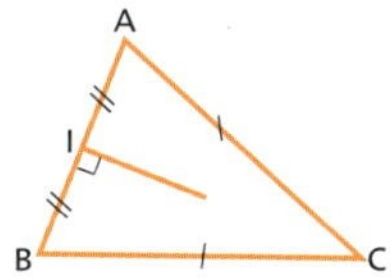

a. Pourquoi la médiatrice de [AB] doit-elle passer par le sommet C ?

b. I est le milieu de [AB]. Quel est le périmètre du triangle ABC sachant que IB = 3 cm et BC = 7,8 cm ?

c. Quelle est l'aire du triangle ABC sachant que CI = 7,2 cm ?

★★ **5** **[A*x*) est-elle la bissectrice de l'angle $\widehat{BAC}$?** ....

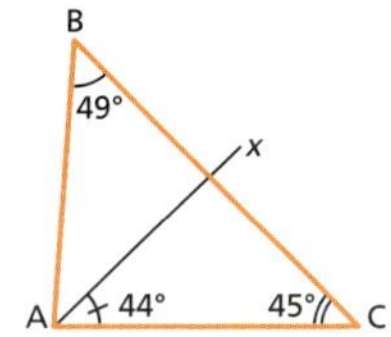

★★ **6** ABC est un triangle équilatéral. M est le milieu du côté [AB].

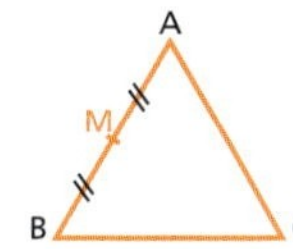

a. Quel est le périmètre du triangle ABC sachant que AM = 3,6 cm ?

b. Pourquoi la médiatrice de [AB] passe-t-elle par les points M et C ?

c. Pourquoi a-t-on $\widehat{BCM} = 30°$?

d. Pourquoi la demi-droite [CM) est-elle la bissectrice de l'angle $\widehat{ACB}$?

★★★ **7** **Quelles sont les mesures des angles $\widehat{A}$ et $\widehat{C}$ du quadrilatère ABCD ?**

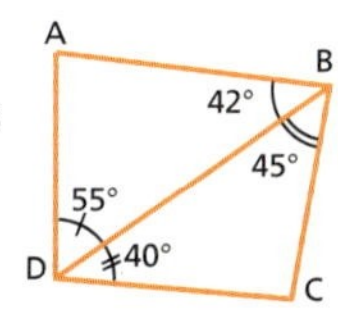

★★★ **8** Les droites (AD) et (BC) sont parallèles.

$\widehat{ACB} = 38°$, $\widehat{ADC} = 84°$ et $\widehat{BAC} = 25°$.

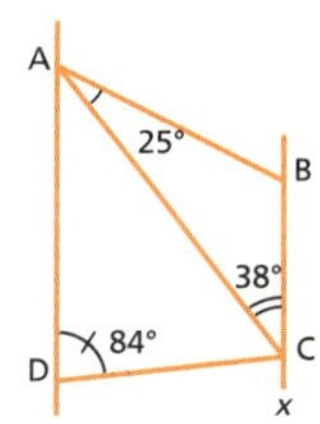

a. L'angle $\widehat{CAD}$ est égal à :

☐ 25° ☐ 38° ☐ 84° ☐ 58°

b. L'angle $\widehat{ABC}$ est égal à :

☐ 117° ☐ 84° ☐ 96° ☐ 122°

c. L'angle $\widehat{DCx}$ est égal à :

☐ 38° ☐ 84° ☐ 58° ☐ 96°

★★★ **9** ABC est un triangle rectangle en A tel que $\widehat{ACB} = 30°$. ACD est équilatéral et E est l'intersection des droites (BC) et (AD).

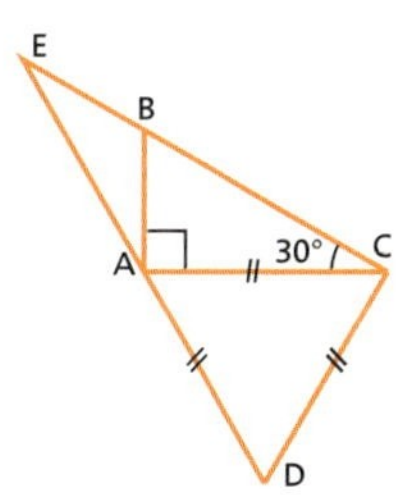

a. Pourquoi le triangle CED est-il rectangle en C ?

b. Pourquoi l'angle $\widehat{CED}$ est-il égal à 30° ?

c. Pourquoi les triangles ABE et ACE sont-ils isocèles ?

Livret des corrigés p. 12

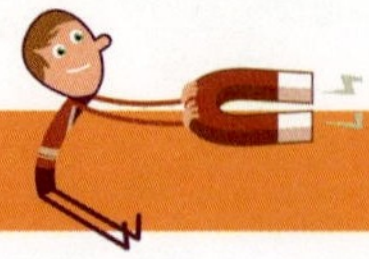

Retenir l'essentiel

Un triangle a trois côtés et trois angles. Pour construire un triangle, il suffit de connaître **trois de ces éléments.**

- **On connaît un côté et deux angles.**

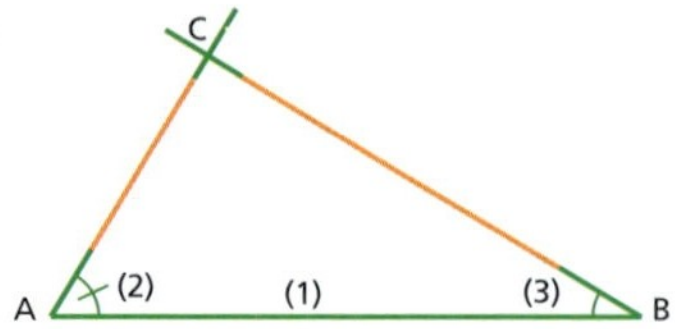

On connaît AB, $\widehat{A}$ et $\widehat{B}$.

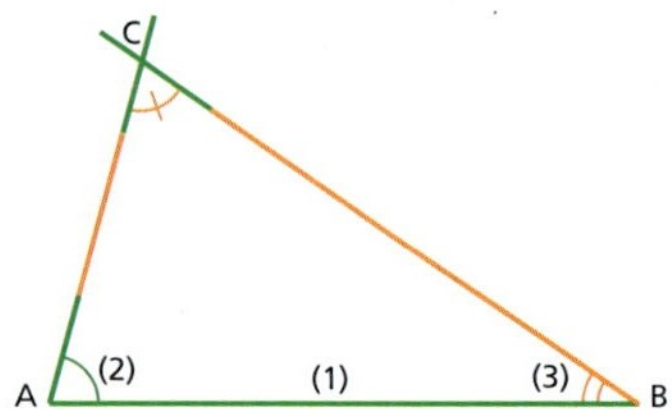

On connaît AB, $\widehat{A}$ et $\widehat{C}$.
On en déduit $\widehat{B} = 180° - (\widehat{A} + \widehat{C})$.

- **On connaît deux côtés et un angle.**

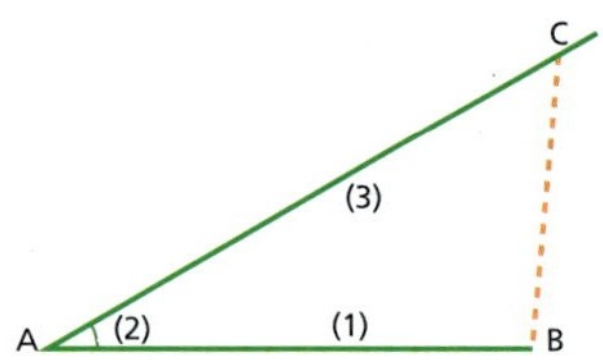

On connaît AB, AC et $\widehat{A}$.

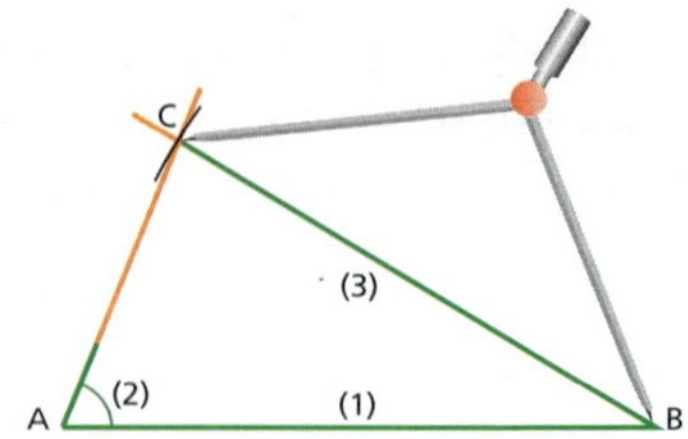

On connaît AB, BC et $\widehat{A}$.

- **On connaît trois côtés.**

On connaît AB, BC et AC.
Chaque côté est inférieur à la somme des deux autres.
AB < BC + AC
BC < AB + AC
AC < AB + BC

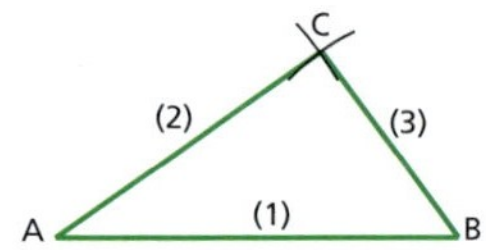

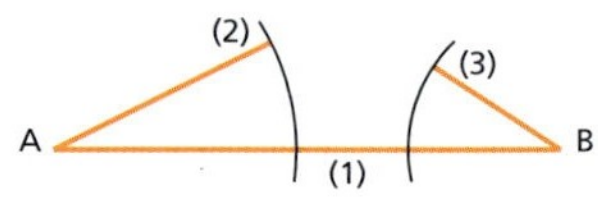

On connaît AB, BC et AC.
La construction du triangle ABC est impossible, car le côté AB n'est pas inférieur à la somme BC + AC des deux autres côtés.

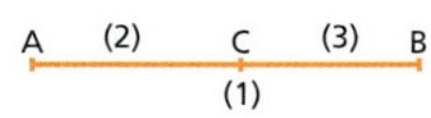

On connaît AB, BC et AC.
Le triangle ABC est aplati car AB = BC + AC.

Comprendre comment faire

▶ Pour construire le troisième sommet d'un triangle et trouver toutes les solutions en fonction de ce que je connais

JE CONNAIS :

- le côté [AB].
- les longueurs 2 cm et 5 cm des deux autres côtés.

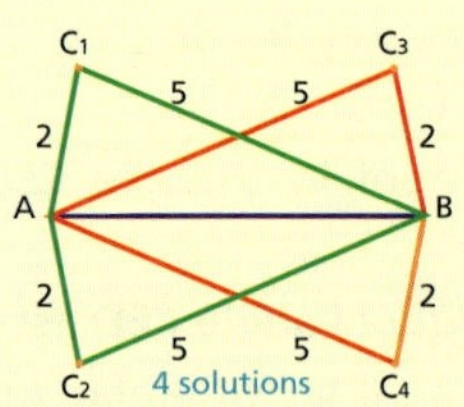

JE CONNAIS :

- le côté [AB].
- les angles adjacents à [AB] de 42° et 55°.

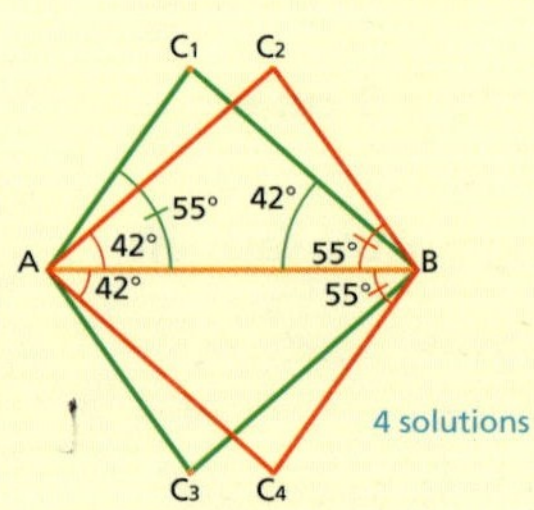

JE CONNAIS :

- le côté [AB].
- la longueur AC de 3 cm et l'angle $\widehat{A}$ de 65°.

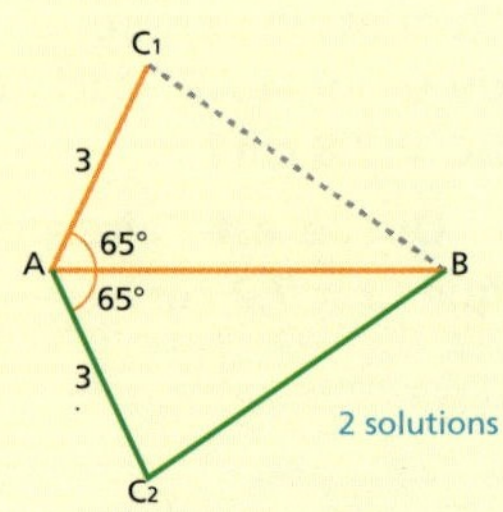

MOT CLÉ

Le **sommet** d'un triangle est le point de rencontre de deux de ses côtés.

S'entraîner

★ **1** **Utilise règle, compas et rapporteur pour reproduire les triangles ci-dessous où les mesures connues ont été indiquées.**

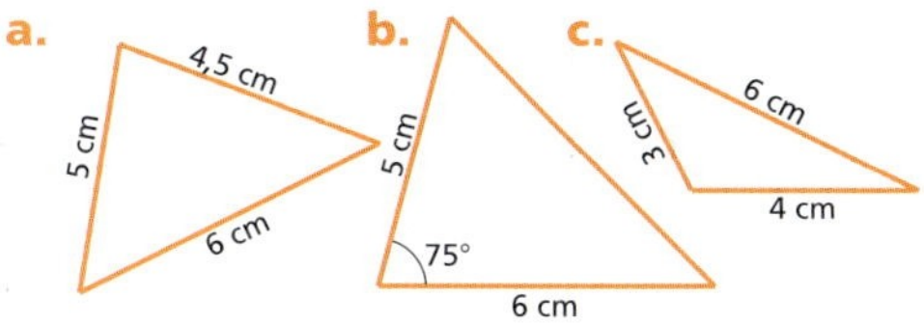

★★ **2** **Pourquoi chacun des triangles ABC est-il impossible à construire ?**

a. AB = 5 cm, AC = 4 cm et BC = 10 cm

b. AB = 5 cm, $\widehat{A}$ = 82° et $\widehat{B}$ = 99°

c. AB = 7 cm, AC = 3,5 cm et BC = 3 cm

★★ **3** Dans le triangle MNP, $\widehat{M}$ = 63° et $\widehat{P} = 2\widehat{N}$.

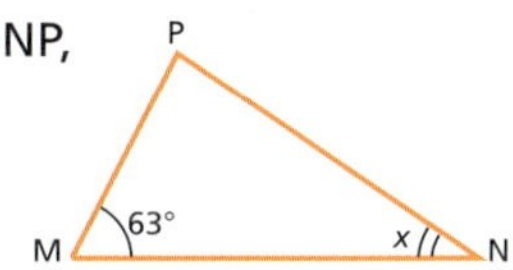

a. On désigne par x la mesure en degrés de l'angle $\widehat{N}$.
Exprime en fonction de x la mesure de l'angle $\widehat{P}$.

b. $\widehat{N}$ = 39°. **Vrai ou faux ? Pourquoi ?**

c. **Construis le triangle MNP dans le cas où MN = 6 cm.**

★★ **4** ABC est un triangle isocèle en A. $\widehat{A}$ = 54° et BC = 4 cm.

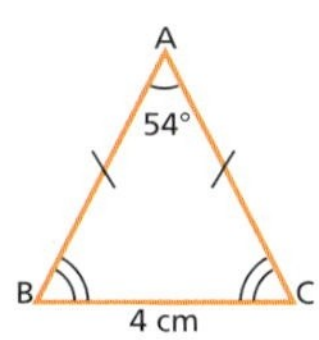

a. **Quelle est la mesure de chacun des angles $\widehat{B}$ et $\widehat{C}$?**

b. **Construis en grandeur réelle le triangle ABC.**

★★ **5** REC est un triangle rectangle en E. CR = 5 cm et $\widehat{C}$ = 51°.

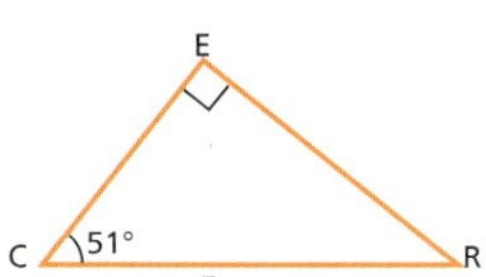

a. **Pourquoi les droites (CE) et (RE) sont-elles perpendiculaires ?**

b. **Construis en grandeur réelle le triangle REC.**

★★ **6** **a.** **Complète la construction du triangle ABC sachant que la hauteur [AH] a pour mesure 2,3 cm.**

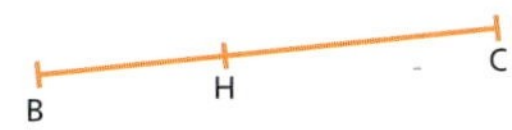

b. **Combien de solutions y a-t-il en tout ?**

★★ **7** Les mesures des côtés d'un triangle sont $2x$, $3x$ et $4x$. Son périmètre est de 22,5 cm.
Construis un tel triangle.

★★★ **8** Les angles d'un triangle ABC ont pour mesures $4x$, $5x$ et $6x$.

a. **Quelle est la mesure de chacun des angles du triangle ABC ?**

b. Au côté [AB] est opposé le plus petit des angles. **Quelle est la mesure de chacun des angles adjacents à [AB] ?**

c. **Construis un tel triangle dans le cas où AB = 6 cm.**

★★★ **9** **a.** Ci-contre ABC est un triangle équilatéral de côté 3 cm.
Construis les triangles équilatéraux ABD et ACE.

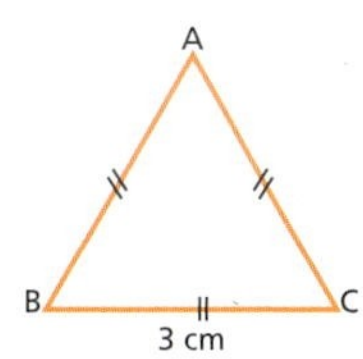

b. **Quel est le périmètre de la figure obtenue ?**

c. **Pourquoi les points D, A et E sont-ils alignés ?**

★★★ **10** **a.** **Reproduis en grandeur réelle la figure ci-dessous.**

b. **Pourquoi les points D, A et E sont-ils alignés ?**

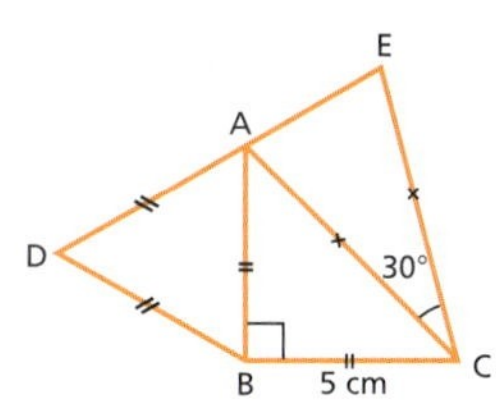

Livret des corrigés p. 12-13

Retenir l'essentiel

Définir un cercle circonscrit à un triangle

Ci-dessous, les sommets du triangle ABC sont sur le cercle.

Le cercle est circonscrit au triangle ABC.

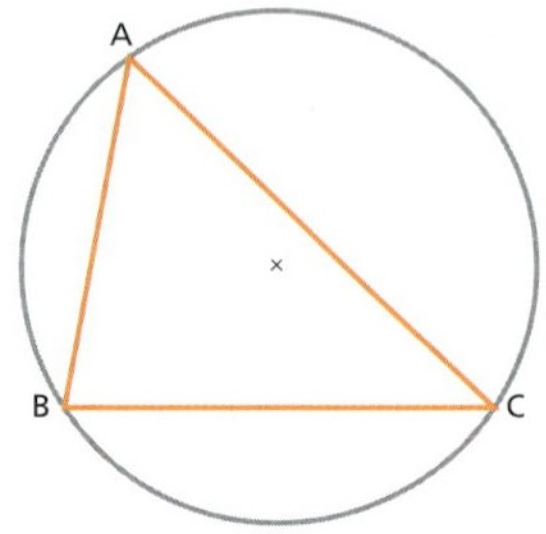

Ci-dessous, les trois sommets du triangle DEF ne sont pas sur le cercle.

Le cercle n'est pas circonscrit au triangle DEF.

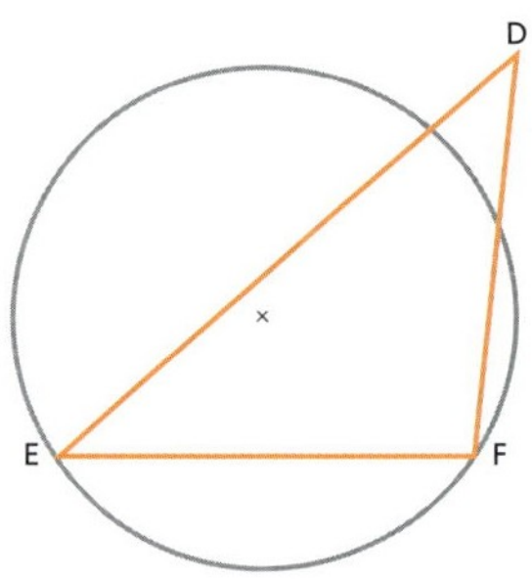

Propriété du cercle circonscrit à un triangle

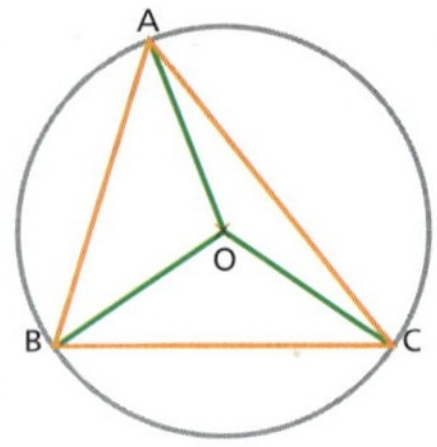

Ci-contre, le cercle de centre O est circonscrit au triangle ABC. OA, OB et OC sont des rayons, donc OA = OB = OC.

Par conséquent : **le centre O du cercle circonscrit au triangle ABC est équidistant des sommets A, B et C du triangle ABC.**

Centre du cercle circonscrit à un triangle

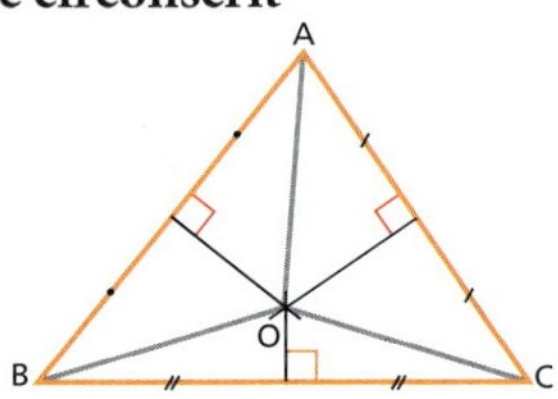

Le centre O du cercle circonscrit au triangle ABC est tel que :

OA = OB, donc O est un point de la médiatrice de [AB] ;

OB = OC, donc O est un point de la médiatrice de [BC] ;

OA = OC, donc O est un point de la médiatrice de [AC].

Par conséquent, **le centre O du cercle circonscrit au triangle ABC est le point de rencontre des médiatrices des côtés du triangle ABC.**

Comprendre comment faire

Pour construire le cercle circonscrit à un triangle

Je dois trouver son centre et son rayon.

Son centre est **l'intersection des médiatrices** de deux côtés.

Son rayon est **la distance du centre à un des sommets.**

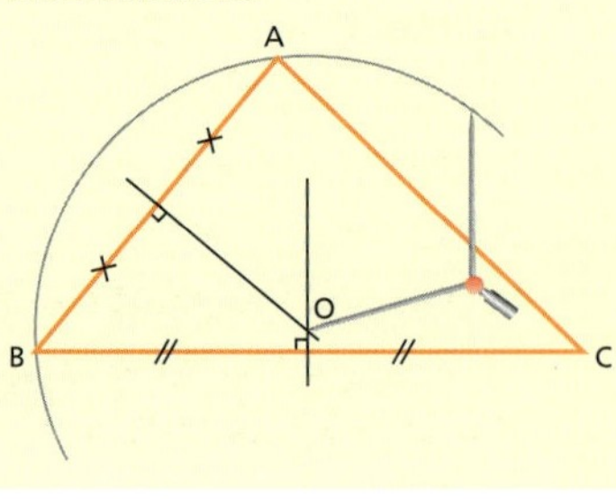

Pour retrouver le centre d'un cercle

Cela revient à trouver le **point de rencontre des médiatrices** de deux segments ayant leurs extrémités sur le cercle.

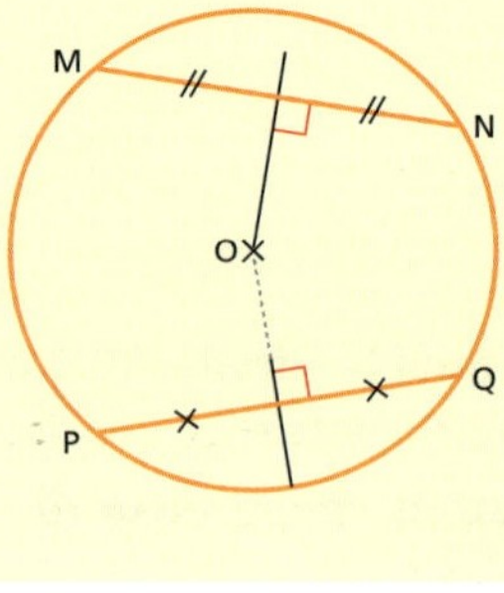

MOT CLÉ

Un cercle circonscrit au triangle signifie que le cercle rencontre le triangle en ses trois sommets.

S'entraîner

★ **1** **Vrai ou faux ?**

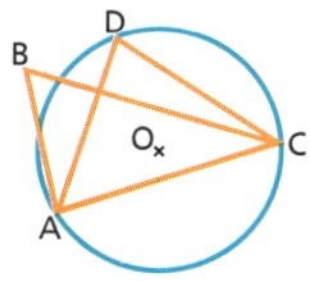

	V	F
a. Le cercle de centre O est circonscrit au triangle ABC.	☐	☐
b. Le cercle est circonscrit au triangle ACD.	☐	☐
c. Le rayon du cercle est égal à OA.	☐	☐
d. OB est un rayon du cercle.	☐	☐

★★ **2**

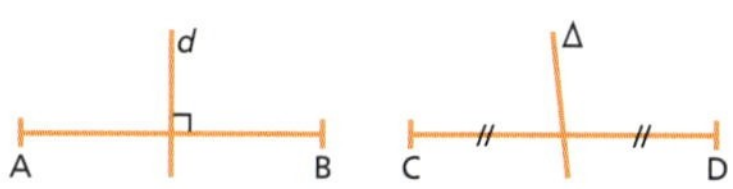

a. Pourquoi la droite *d* n'est-elle pas la médiatrice du segment [AB] ?

b. Pourquoi la droite Δ (lire delta) n'est-elle pas la médiatrice du segment [CD] ?

★★ **3**

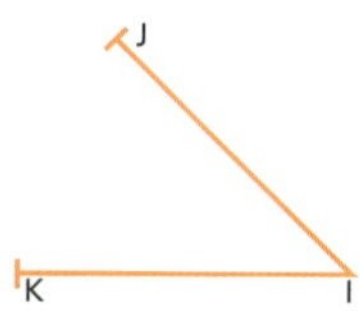

a. Trace la médiatrice de [IJ].

b. Trace la médiatrice de [IK].

c. Soit O le point d'intersection des deux médiatrices. **Pourquoi la médiatrice de [JK] passe-t-elle par O ?**

★★ **4** Les points A, B et C sont alignés.

a. Trace la médiatrice *d* du segment [AB].

b. Trace la médiatrice Δ du segment [BC].

c. Pourquoi les droites *d* et Δ sont-elles parallèles ?

★★ **5** **a. Trace les médiatrices *d* et Δ de [AB] et [CD].**

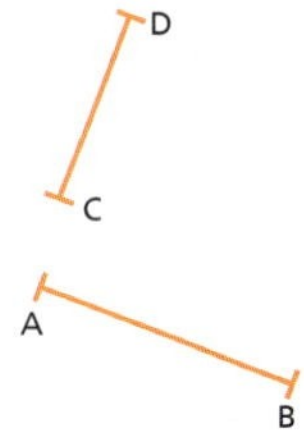

b. *d* et Δ se coupent en I. **Pourquoi le point I est-il équidistant de A et B ?**

c. Pourquoi le point I est-il équidistant de C et D ?

d. Pourquoi le point I n'est-il pas équidistant de A et C ?

★★ **6** **a. Construis un triangle ABC tel que : AB = 7 cm, $\widehat{A}$ = 45° et $\widehat{B}$ = 80°.**

b. Construis le cercle circonscrit au triangle ABC.

★★ **7** **a. Construis un triangle RST tel que : RS = 4 cm, ST = 6 cm et $\widehat{S}$ = 108°.**

b. Construis le cercle circonscrit au triangle RST.

★★ **8** A, B et C sont trois points du cercle ci-dessous.

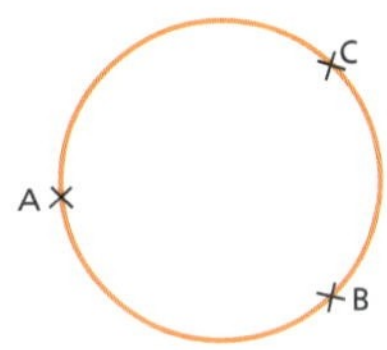

a. Pourquoi le centre du cercle est-il sur la médiatrice de [AB] ?

b. Construis le centre effacé de ce cercle.

★★ **9** ABC est un triangle équilatéral.

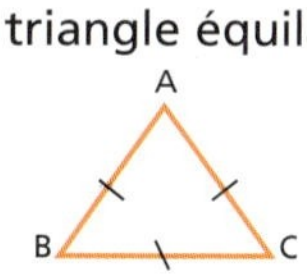

a. Sur la perpendiculaire en A à (AB), place le point D tel que ACD soit un triangle isocèle en C.

b. Pourquoi les points B, C et D sont-ils alignés ?

c. Pourquoi le point C est-il le milieu de [BD] ?

d. Pourquoi le cercle de centre C et de rayon CA est-il circonscrit au triangle ABD ?

Livret des corrigés p. 13

Retenir l'essentiel

● Symétrique d'un point

Le symétrique du point A par rapport à la droite *d* est le point A', car *d* est la médiatrice du segment [AA'].

Par pliage le long de la droite *d*, les points A et A' sont confondus.

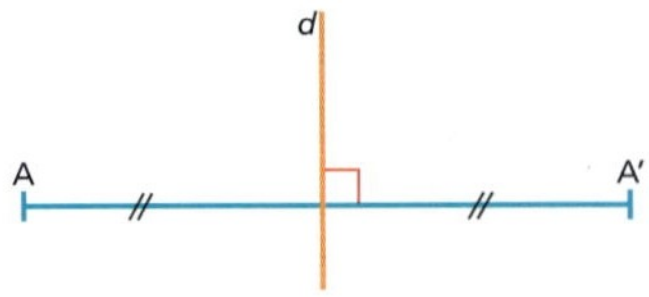

C et D ne sont pas symétriques par rapport à Δ, car Δ n'est pas la médiatrice du segment [CD].

Par pliage le long de la droite Δ, le point C ne coïncide pas avec le point D.

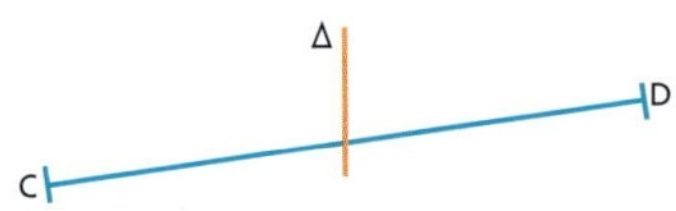

● Symétrique d'un segment

Le symétrique du segment [AB] par rapport à la droite *d* est le segment [A'B'] : [AB] et [A'B'] ont même longueur, et la droite *d* est la médiatrice de [AA'] et [BB'].

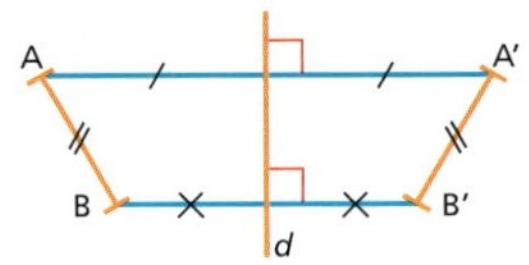

● Symétrique d'une droite

La symétrique de la droite (AB) est la droite (A'B'), A' étant le symétrique de A par rapport à *d* et B' étant le symétrique de B par rapport à *d*.

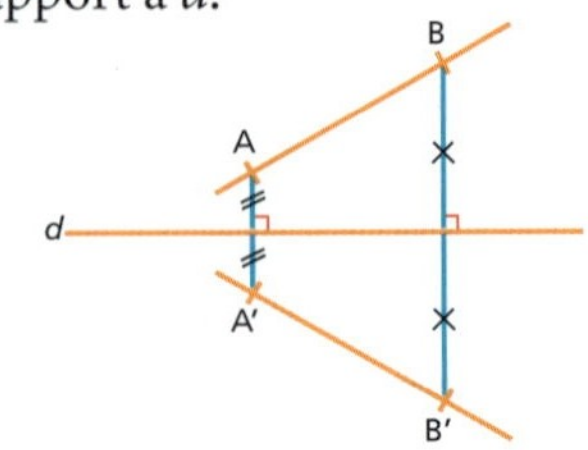

● Axe de symétrie

– *d* est la médiatrice du segment [AB].

– *d* est un axe de symétrie du segment [AB].

Par pliage le long de la droite *d*, les deux parties [IA] et [IB] du segment [AB] se confondent.

– *d* n'est pas médiatrice du segment [CD].

– *d* n'est pas axe de symétrie de [CD].

La bissectrice (O*z*) est un axe de symétrie de l'angle $\widehat{xOy}$.

Par pliage le long de la droite (O*z*), [O*y*) se confond avec [O*x*).

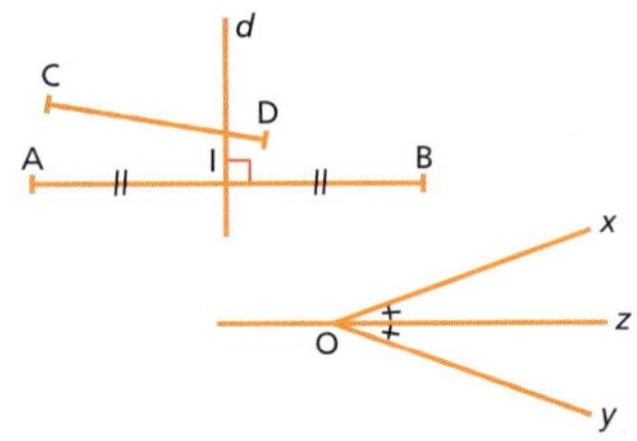

Comprendre comment faire

▶ Pour construire le symétrique d'un point

Cela revient à tracer une **perpendiculaire** et à reporter une **longueur** :

a. à l'aide d'une équerre et d'un compas

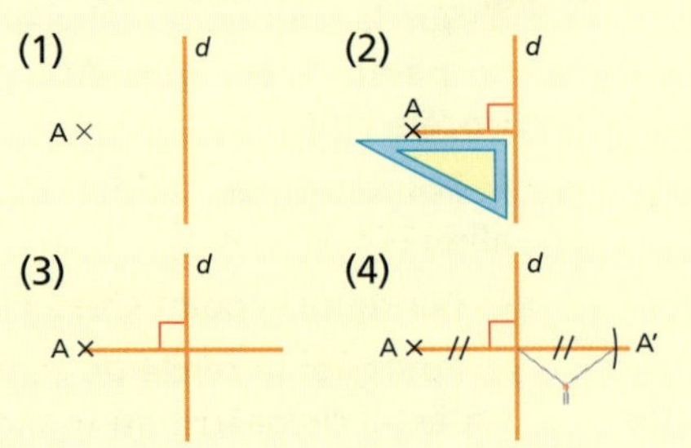

b. à l'aide d'une règle et d'un compas

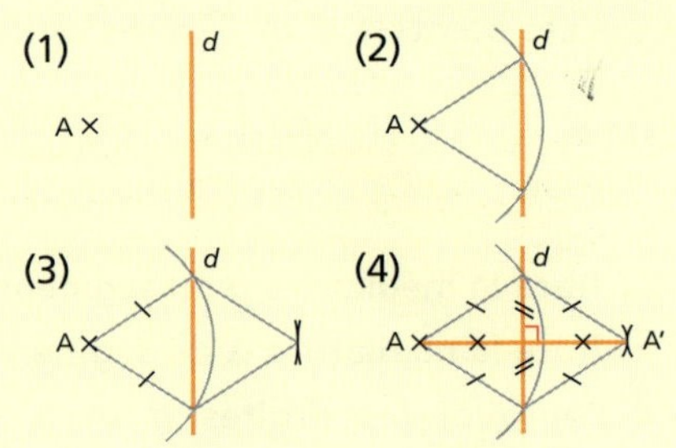

MOT CLÉ

Par pliage, l'axe de symétrie d'une figure partage celle-ci en deux parties superposables.

S'entraîner

★ **1** **a. Pourquoi la droite *d* n'est-elle pas un axe de symétrie du cercle de centre O ?**

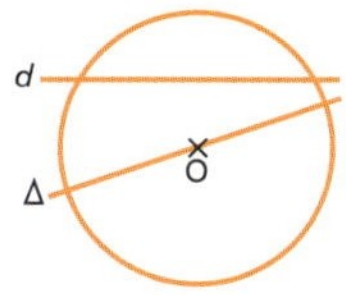

b. Pourquoi la droite Δ est-elle un axe de symétrie du cercle ?

★ **2** ABCD est un carré de 5 cm de côté. **Trace ses quatre axes de symétrie.**

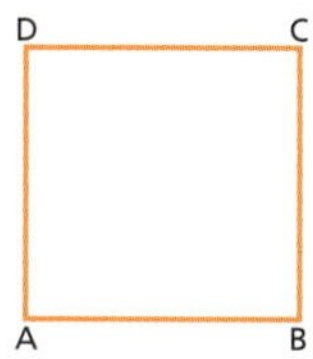

★ **3** ABCD est un rectangle. **Trace ses deux axes de symétrie.**

★ **4** ABC est un triangle équilatéral. **Trace ses trois axes de symétrie.**

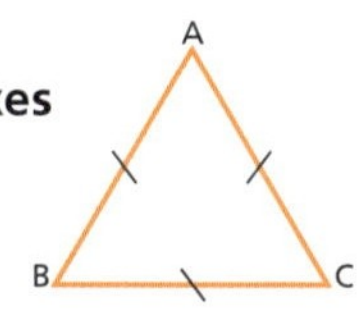

★ **5** ABC est un triangle isocèle en B. **Trace son axe de symétrie.**

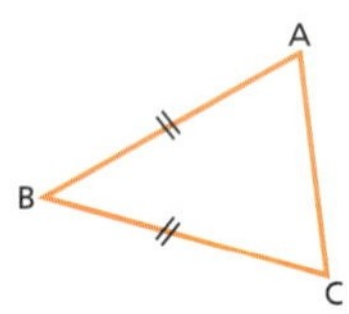

★ **6** **Trace le ou les axe(s) de symétrie, s'il y a lieu, de chacune des lettres suivantes.**

E A X O Y J

★★ **7** Les triangles ABC et DEF sont symétriques par rapport à une droite *d*.

a. Trace la droite *d* sachant que le sommet D est le symétrique du sommet A.

b. Complète les « ? » avec les mesures convenables.

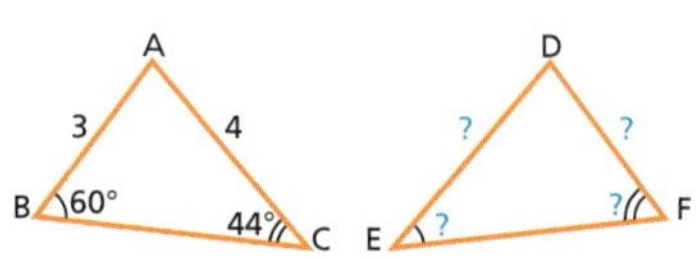

★★ **8** **a. Utilise une règle et un compas pour construire le symétrique B de A par rapport à la droite *d*.**

b. S est un point de la droite *d*. **Quel est le symétrique de [AS] par rapport à *d* ?**

c. Pourquoi *d* est-elle la bissectrice de $\widehat{ASB}$?

★★ **9** AOB est un triangle isocèle en O. [OH] est une hauteur du triangle.

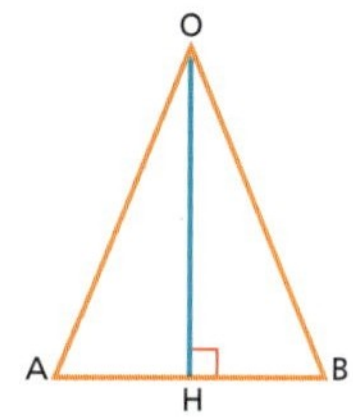

a. Pourquoi la droite (OH) est-elle la médiatrice du segment [AB] ?

b. Pourquoi (OH) est-elle axe de symétrie de la figure ?

c. Quelle est la nature du triangle AOB dans le cas où $\widehat{AOH} = 30°$?

★★ **10** Les triangles AOB et COD sont isocèles en O. A est un point de [OC] et B est un point de [OD]. $\widehat{O} = 40°$.

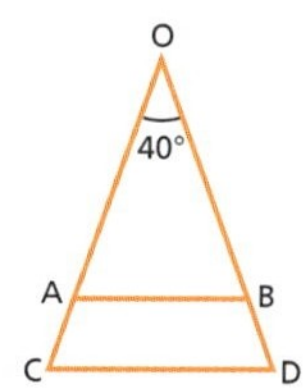

a. Pourquoi les angles $\widehat{OAB}$ et $\widehat{OCD}$ sont-ils égaux à 70° ?

b. Pourquoi les droites (AB) et (CD) sont-elles parallèles ?

c. Pourquoi les médiatrices de [AB] et [CD] passent-elles par O ?

d. Pourquoi les médiatrices de [AB] et [CD] sont-elles confondues ?

e. Que représente cette médiatrice pour la figure ? Pour les angles $\widehat{AOB}$ et $\widehat{COD}$?

Livret des corrigés p. 13-14

Retenir l'essentiel

- **Symétrique d'un point**

A' est le symétrique de A par rapport à O, car O est le milieu de [AA'].
C n'est pas le symétrique de B par rapport à I, car I n'est pas le milieu de [BC].

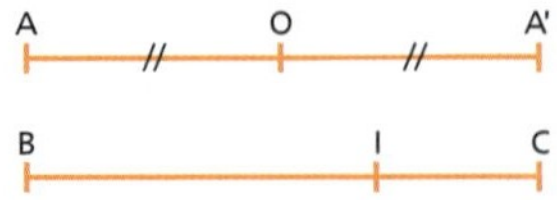

- **Symétrique d'un segment**

Le symétrique du segment [AM] est le segment [BN], car B est le symétrique de A par rapport à O, et N est le symétrique de M par rapport à O. Les segments [AM] et [BN] ont la même longueur.

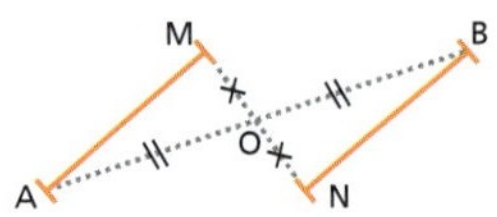

- **Symétrique d'une droite**

La symétrique de la droite (AM) est la droite (BN), car B est le symétrique de A par rapport à O, et N est le symétrique de M par rapport à O. Les droites (AM) et (BN) sont parallèles.

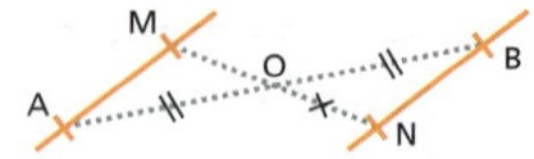

- **Symétrique d'une demi-droite**

[Ax) est une demi-droite. B est un point de cette demi-droite. O n'est pas un point de [Ax). La symétrique de [Ax) par rapport à O est-elle la demi-droite [Ty) ?
Réponse : oui, car T est le symétrique de A par rapport à O, et S est le symétrique de B par rapport à O.

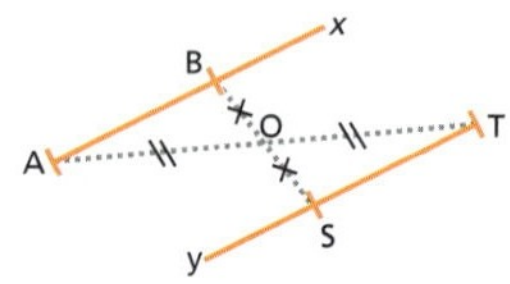

- **Symétrique d'un cercle**

Le cercle 𝒞' est-il le symétrique du cercle 𝒞 par rapport à I ?
Réponse : oui, car :
– les centres O et O' sont symétriques par rapport à I ;
– les cercles 𝒞 et 𝒞' ont même rayon.

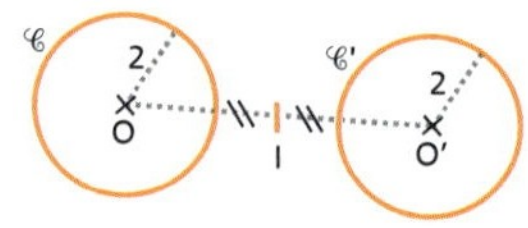

Comprendre comment faire

▶ Pour construire le symétrique d'un point

Cela revient à tracer une **demi-droite** et à reporter une **longueur.**
O est un centre de symétrie. A est un point quelconque.

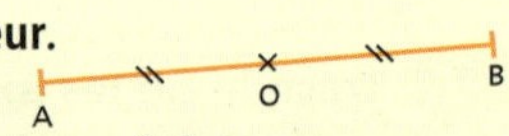

B est le symétrique de A par rapport à O : le point B est obtenu en joignant A et O et en prolongeant le segment [AO] du côté de O, d'une longueur égale à AO.

▶ Pour retrouver un centre de symétrie effacé

Cela revient à trouver le **milieu d'un segment.**

a. Cas de deux points
T et S sont symétriques par rapport à O, donc O est le milieu de [TS].

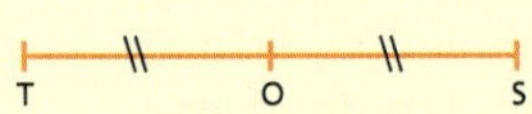

b. Cas de deux demi-droites
[Ax) et [By) sont symétriques par rapport à I, donc I est le milieu de [AB].

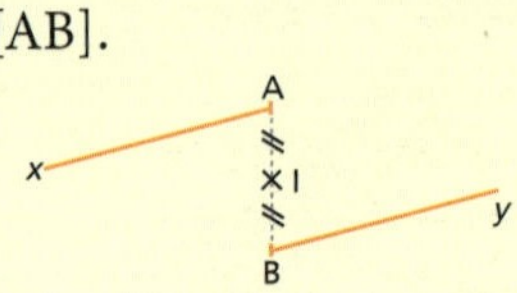

c. Cas de deux cercles
Les cercles 𝒞 et 𝒞' sont symétriques par rapport à M, donc M est le milieu de [OO'].

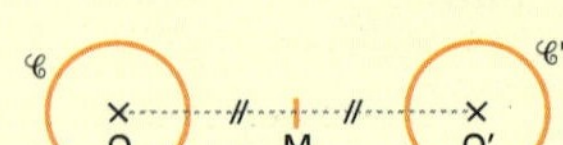

MOT CLÉ
Dans une symétrie centrale, le **symétrique** d'un point est obtenu par un demi-tour de 180°.

S'entraîner

★ **1** A et O sont deux points différents.

a. Trace le point B tel que $\widehat{AOB}$ = 180° et AO = OB.

b. Pourquoi le point B est-il le symétrique du point A par rapport à O ?
On dit parfois que : B est « l'image » de A dans la symétrie de centre O.

★ **2** I est l'intersection du segment [LM] et de sa médiatrice, la droite *d*.

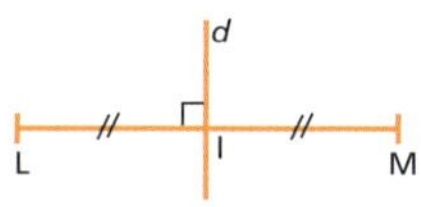

Dans chacun des cas suivants, pourquoi le point M est-il le symétrique du point L :

a. Dans la symétrie par rapport à la droite *d* ?

b. Dans la symétrie par rapport au point I ?

★★ **3** A, B et C sont trois points alignés. M, N et P sont leurs symétriques dans la symétrie de centre O.

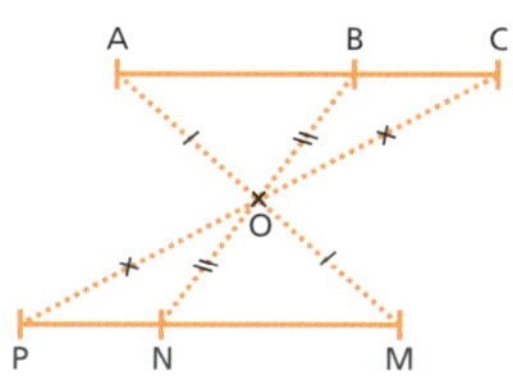

Corrige, s'il y a lieu, chacune des propositions suivantes.
Dans la symétrie de centre O :

a. Le symétrique du segment [AB] est la droite (MN).

b. La symétrique de la demi-droite [AB) est la demi-droite [NM).

c. La symétrique de (AB) est (MN), donc (AB) et (MN) ont même longueur.

d. A, B et C sont alignés, donc leurs symétriques M, N et P sont alignés.

e. Si AC = 4 cm alors MN = 4 cm.

★★ **4** **a. Trace une droite *d* et place un point O sur cette droite.**

b. Place deux points A et B sur *d* distincts de O et construis leurs symétriques C et D par rapport à O.

c. Par la symétrie de centre O, quels sont les symétriques de :
1. [AB] 2. (AB) 3. [AB)

d. Vrai ou faux ?

	V	F
La symétrique d'une droite qui passe par le centre de symétrie est la droite elle-même.	☐	☐

★★ **5** $\mathscr{C}$ et $\mathscr{C}'$ sont deux cercles de centres O et O' symétriques par rapport à I. A est un point de $\mathscr{C}$.

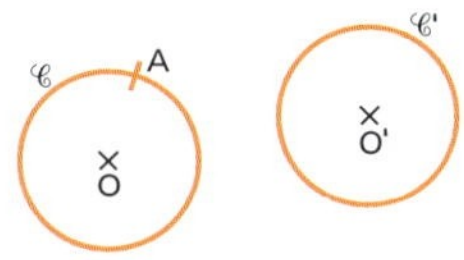

a. Place I, puis le symétrique B de A dans cette symétrie.

b. Pourquoi le point B appartient-il au cercle $\mathscr{C}'$?

c. Pourquoi les droites (OA) et (O'B) sont-elles parallèles ?

★★ **6** $\widehat{xOy}$ est un angle de 50°. A et B sont deux points des côtés [Ox) et [Oy) de $\widehat{xOy}$.

a. Construis les symétriques C et D des points A et B par rapport à O.

b. Pourquoi les angles $\widehat{AOB}$ et $\widehat{COD}$ sont-ils opposés par le sommet ? Pourquoi $\widehat{COD}$ = 50° ?

★★ **7** **Deux des quatre figures d'angles présentent une symétrie centrale. Lesquelles ? Justifie ta réponse et construis leurs centres de symétrie.**

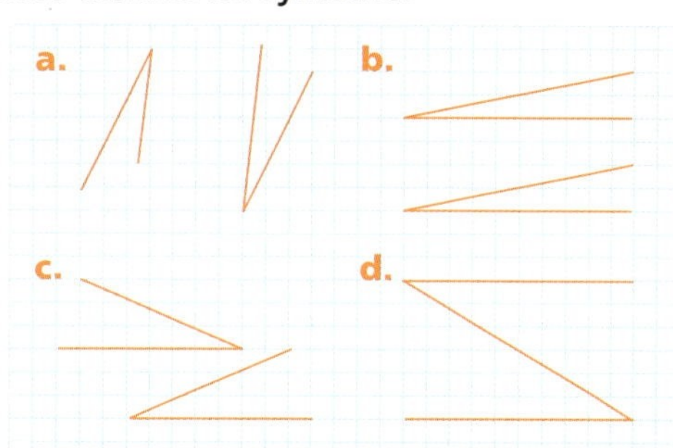

Livret des corrigés p. 14

Retenir l'essentiel

• Définition

→ **ABCD est un parallélogramme** signifie :

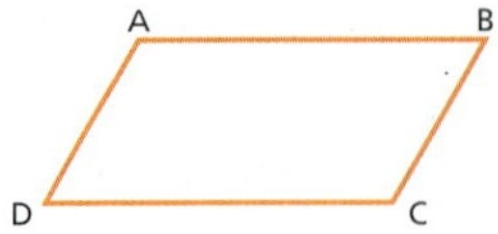

(AB) // (CD) et (AD) // (BC)

→ **MNPQ n'est pas un parallélogramme,** car

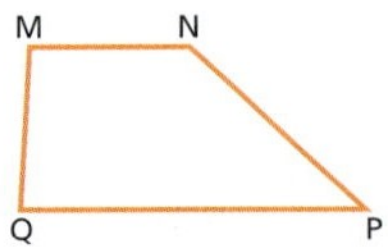

(MN) // (PQ) mais (MQ) n'est pas parallèle à (NP). MNPQ est un trapèze.

→ **IJKL n'est pas un parallélogramme,** car ses

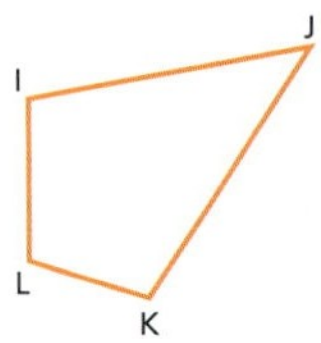

côtés opposés (IJ) et (KL), (IL) et (JK) ne sont pas parallèles. IJKL est un quadrilatère quelconque.

• Propriétés

→ **ABCD est un parallélogramme** signifie :

1. les diagonales [AC] et [BD] se coupent en leur milieu ;
2. les côtés opposés ont même longueur : AB = CD et AD = BC ;
3. les angles opposés ont même mesure : $\widehat{A} = \widehat{C}$ et $\widehat{B} = \widehat{D}$;
4. le point de rencontre des diagonales est un centre de symétrie du parallélogramme.

→ Chacun des quadrilatères suivants n'est pas un parallélogramme, car :

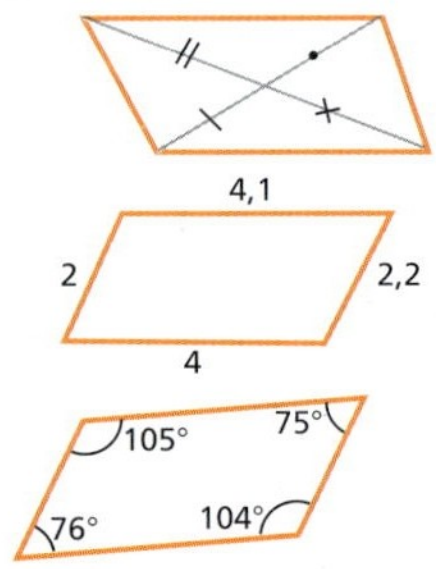

- les diagonales ne se coupent pas en leur milieu ;
- les côtés opposés n'ont pas même longueur ;
- les angles opposés n'ont pas même mesure.

Comprendre comment faire

▶ Pour démontrer qu'un quadrilatère est un parallélogramme

Revient à démontrer la définition ou à démontrer l'une des quatre propriétés ci-dessus. Chacun des quadrilatères ci-dessous est un parallélogramme, car :

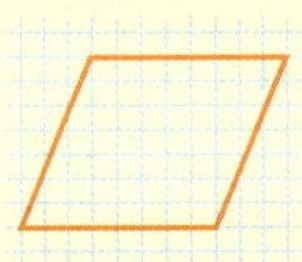

Les côtés opposés sont parallèles.

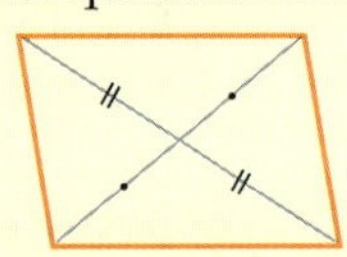

Les diagonales se coupent en leur milieu.

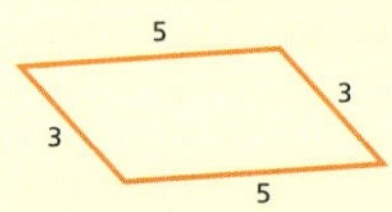

Les côtés opposés ont la même longueur.

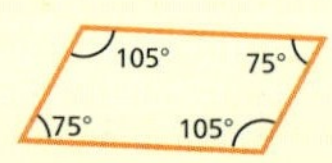

Les angles opposés ont même mesure.

▶ Pour reconnaître une symétrie centrale et en dégager les propriétés

Symétrie centrale signifie : 1. les diagonales ont même milieu. 2. un côté et son symétrique sont parallèles et ont même longueur. 3. un angle et son symétrique ont même mesure.

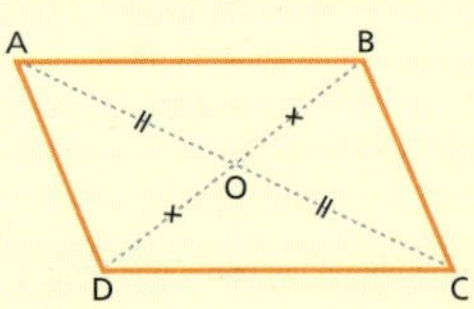

ABCD est un parallélogramme de centre O. O est le milieu de [AC], donc le symétrique du sommet A est le sommet C. O est le milieu de [BD], donc le symétrique de B est D. Par conséquent, le symétrique de [AB] est [CD], d'où : (AB) // (CD) et AB = CD.

De même : le symétrique de A est C, et le symétrique de D est B, donc le symétrique de [AD] est [CB], d'où (AD) // (CB) et AD = CB.

Le symétrique de $\widehat{BAD}$ est $\widehat{DCB}$, donc $\widehat{BAD} = \widehat{DCB}$.

Le symétrique de $\widehat{ABC}$ est $\widehat{CDA}$, donc $\widehat{ABC} = \widehat{CDA}$.

MOT CLÉ

Étudier un parallélogramme revient à étudier ses angles, ses côtés et ses diagonales.

S'entraîner

★ **1** **a. Quelle est la somme des angles du triangle ABD, du triangle BCD ?**
b. Pourquoi la somme des angles du quadrilatère ABCD est-elle de 360° ?

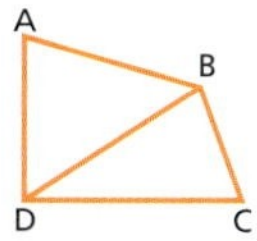

★ **2** ABCD est un parallélogramme.

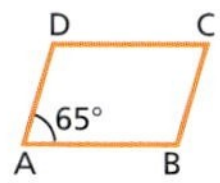

a. Pourquoi la somme des angles de ABCD est-elle de 360° ?

b. Quelle est la mesure de chacun des angles $\widehat{B}$, $\widehat{C}$ et $\widehat{D}$ sachant que $\widehat{A} = 65°$?

★ **3** MNPQ est un parallélogramme. **Complète chacun des « ? » avec la mesure convenable.**

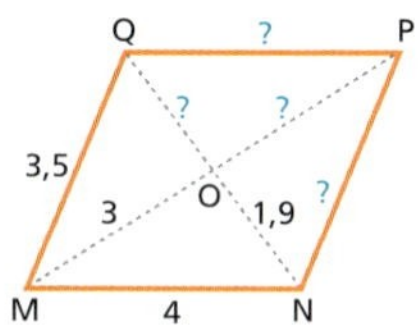

★★ **4** IJL est un triangle tel que IJ = 3,5 cm, JL = 5 cm et IL = 4,2 cm.

a. Construis le triangle IJL et place le milieu O de [JL].

b. Soit K le symétrique de I par rapport à O. Pourquoi le quadrilatère IJKL est-il un parallélogramme ?

c. Quelles sont les mesures de JK et KL ?

★★ **5** **a. Construis un triangle ABC tel que : $\widehat{A} = 64°$, AB = 6 cm et AC = 4 cm.**

b. Soit I le milieu de [AC] et D le symétrique de B par rapport à I.
Quelle est la nature du quadrilatère ABCD ?

c. Pourquoi les droites (AB) et (CD) sont-elles parallèles ?

d. Quelle est la mesure de $\widehat{ACD}$?

e. Quelle est la mesure de [CD] ?

★★★ **6** **a. Construis un triangle ABC tel que : $\widehat{B} = 48°$, AB = 5 cm et BC = 4 cm.**

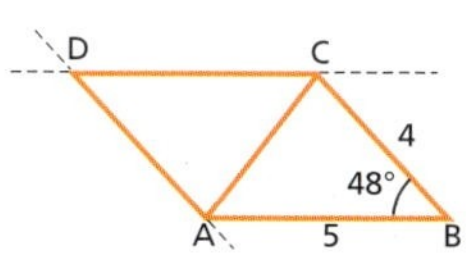

b. La parallèle à (BC) passant par A coupe la parallèle à (AB) passant par C en D.
Pourquoi le quadrilatère ABCD est-il un parallélogramme ?

c. Calcule le périmètre de ABCD.

d. Quelle est la mesure de chacun des angles $\widehat{A}$, $\widehat{B}$, $\widehat{C}$ et $\widehat{D}$ du parallélogramme ABCD ?

★★★ **7** **a. Construis un parallélogramme ABCD de centre O, tel que : AC = 6 cm, BD = 8 cm et $\widehat{AOD} = 75°$.**

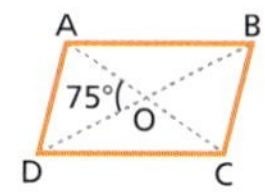

b. Quelle est la mesure de chacun des angles $\widehat{AOB}$, $\widehat{BOC}$ et $\widehat{COD}$?

★★★ **8** I est le milieu de [MN]. A et M sont deux points de *d*.

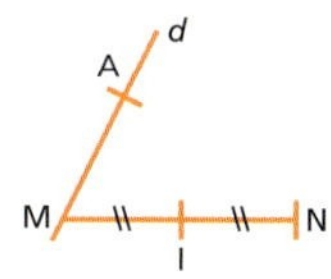

a. Construis le symétrique B de A par rapport à I.

b. Pourquoi les droites (AN) et (BM) sont-elles parallèles ?

★★★ **9** $\widehat{xOy}$ et $\widehat{yOz}$ sont deux angles adjacents tels que $\widehat{xOy} = 112°$ et $\widehat{yOz} = 68°$.

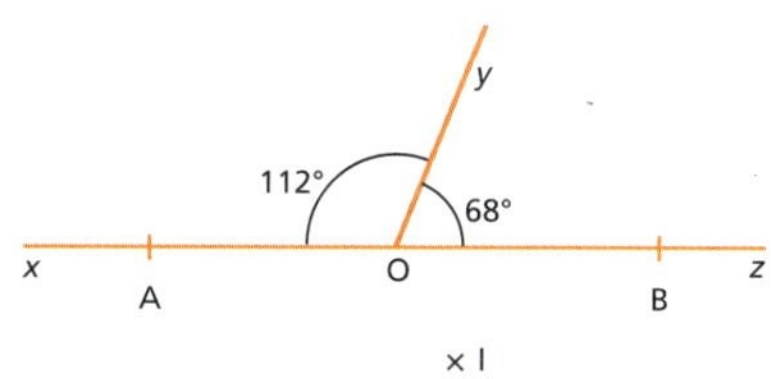

I est un point quelconque, A est un point de [O*x*) et B est un point de [O*z*).

a. Pourquoi les points A, O et B sont-ils alignés ?

b. Construis les symétriques A′, O′ et B′ de A, O et B par rapport à I. Pourquoi les points A′, O′ et B′ sont-ils alignés ?

c. Pourquoi ABA′B′ est-il un parallélogramme ? En est-il de même pour AOA′O′ et OBO′B′ ?

Livret des corrigés p. 14

Retenir l'essentiel

Définitions

→ Un rectangle est un quadrilatère qui a **quatre angles droits.**

→ Un losange est un quadrilatère qui a **quatre côtés de même longueur.**

→ Un carré est un quadrilatère qui a **quatre angles droits et quatre côtés de même longueur.**

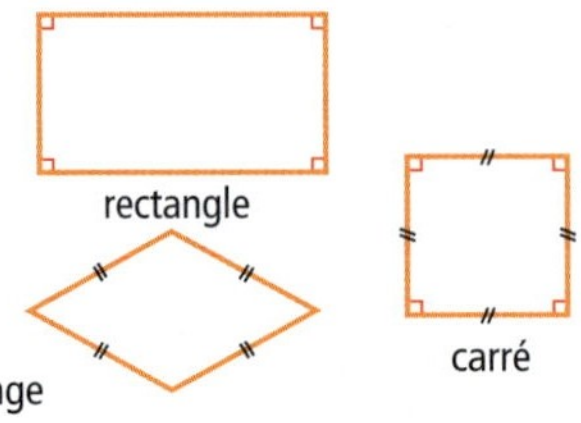

Propriétés

Le rectangle, le losange et le carré sont des parallélogrammes particuliers.

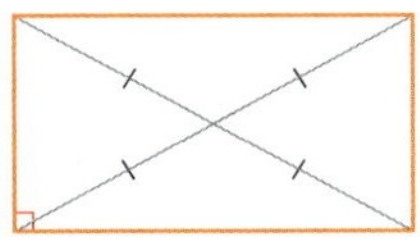

→ Un rectangle est un **parallélogramme** qui a un **angle droit.**

→ Un rectangle est un **parallélogramme** dont **les diagonales sont de même longueur.**

→ Un losange est un **parallélogramme** dont **deux côtés consécutifs sont de même longueur.**

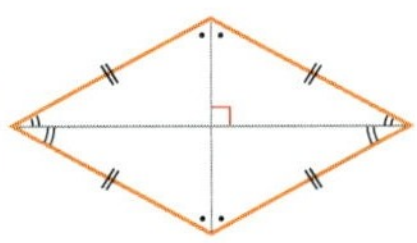

→ Un losange est un **parallélogramme** dont **les diagonales sont perpendiculaires.**

→ Un losange est un **parallélogramme** dont **les diagonales sont bissectrices des angles.**

→ Un carré est un **parallélogramme** qui est **rectangle et losange à la fois.**

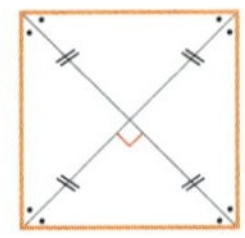

Les diagonales d'un carré se coupent en leur milieu (parallélogramme), ont même longueur (rectangle), sont perpendiculaires (losange) et sont bissectrices des angles (losange).

Centre et axes de symétrie

Le rectangle, le losange et le carré sont des parallélogrammes, donc le point de rencontre des diagonales est un centre de symétrie.

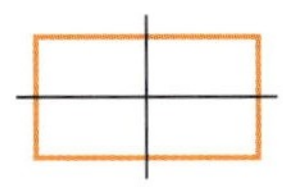

Dans un rectangle, les médiatrices des côtés sont axes de symétrie.

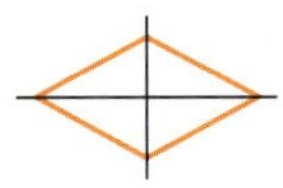

Dans un losange, les diagonales sont axes de symétrie.

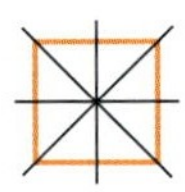

Dans un carré, les médiatrices des côtés et les diagonales sont axes de symétrie.

Comprendre comment faire

Pour trouver la nature d'un quadrilatère

Je dois examiner les données, analyser les propriétés du quadrilatère et en déduire s'il est quelconque, parallélogramme, rectangle, losange ou carré.

EXEMPLES :

ABCD est un **rectangle,** car ses diagonales se coupent en leur milieu et ont même longueur.

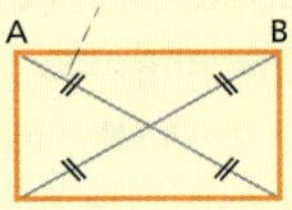

EFGH est un **losange,** car ses diagonales se coupent en leur milieu et sont perpendiculaires.

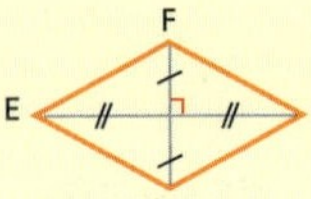

IJKL est un **carré,** car ses diagonales se coupent en leur milieu, sont perpendiculaires et ont même longueur.

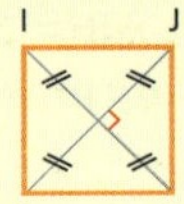

MOT CLÉ

Comme pour les triangles, certains parallélogrammes sont **particuliers.**

S'entraîner

★ **1** ABCD est un quadrilatère dont les angles $\widehat{A}$, $\widehat{B}$ et $\widehat{C}$ sont droits.

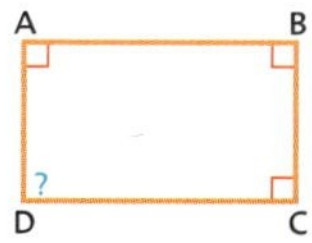

Pourquoi ABCD est-il un rectangle ?

★ **2** LIRE est un losange.
Complète les « ? » avec les mesures convenables.

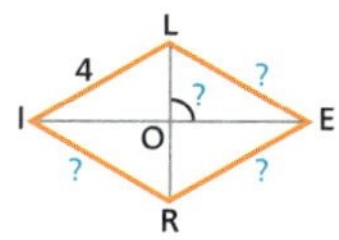

★ **3** ABCD est un rectangle de centre O.
OD = 2,7 cm.

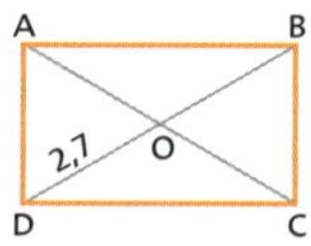

a. Quelle est la longueur de chacune des diagonales [AC] et [BD] ?

b. Pourquoi les triangles OAB, OBC, OCD et ODA sont-ils isocèles en O ?

c. Pourquoi le cercle de centre O et de rayon OA passe-t-il par B, C et D ?

★★ **4** **Construis un rectangle ABCD de centre O tel que CD = 4 cm et OC = 3 cm.**

★★ **5** **Construis un losange MNPQ dont les diagonales mesurent 4 et 7 cm.**

★★ **6** IJKL est un carré de centre O.

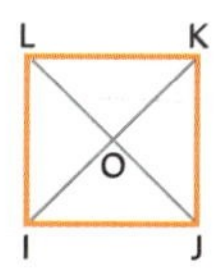

a. Pourquoi les diagonales sont-elles bissectrices des angles du carré ?

b. Pourquoi chacun des triangles OIJ, OJK, OKL et OLI est-il rectangle isocèle ?

c. Pourquoi le cercle de centre O et de rayon OI passe-t-il par J, K et L ?

★★ **7** **a. Construis un carré ABCD dont les diagonales sont de 5 cm.**

b. Construis le cercle qui passe par les quatre sommets de ABCD.

★★ **8** **a. Pourquoi les extrémités A, B, C et D des diamètres [AB] et [CD] sont-ils les sommets d'un rectangle ?**

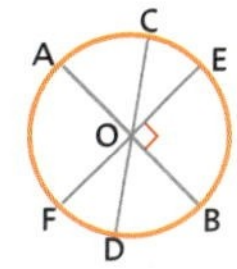

b. Pourquoi A, B, E et F sont-ils les sommets d'un carré ?

★★ **9** **Complète les trois propriétés d'un carré qui ne sont pas des propriétés de tout losange.**

a. Les diagonales d'un carré ....

b. Les angles d'un carré ....

c. Les médiatrices des côtés ....

★★ **10** **Complète les quatre propriétés d'un carré qui ne sont pas des propriétés de tout rectangle.**

a. Les côtés d'un carré ....

b. Les diagonales d'un carré ....

c. Les diagonales d'un carré ....

d. Les diagonales d'un carré ....

★★ **11** **a. Quelle est la nature de chacun des quadrilatères ci-dessous ? Justifie ta réponse.**

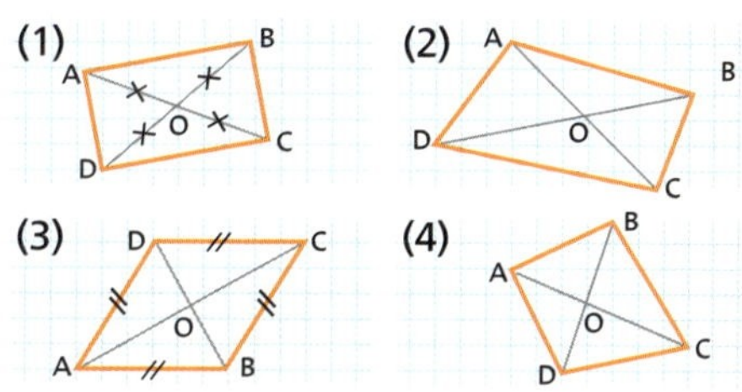

b. Vérifie dans chacun des cas si le cercle de centre O et de rayon OA passe par B, C et D.

★★ **12** **a. Place dans un repère d'axes perpendiculaires, les points A (2 ; 6) et B (2 ; 1).**

b. Quelles sont les coordonnées de C et D sachant que ADCB est un carré ?

Livret des corrigés p. 15

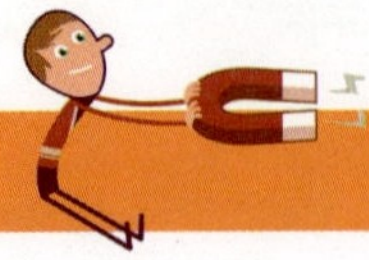

Retenir l'essentiel

● Unités de mesure

Le mètre (m) est l'unité de mesure de longueur. Le décamètre (dam), l'hectomètre (hm) et le kilomètre (km) sont des multiples du mètre. Le décimètre (dm), le centimètre (cm) et le millimètre (mm) sont des sous-multiples du mètre.

Le mètre carré (m^2) est l'unité de mesure d'aire. Le décamètre carré (dam^2), l'hectomètre carré (hm^2) et le kilomètre carré (km^2) sont des multiples du mètre carré. Le décimètre carré (dm^2), le centimètre carré (cm^2) et le millimètre carré (mm^2) sont des sous-multiples du mètre carré.

● Formules et exemples de calcul

Ci-dessous, la lettre $\mathcal{P}$ désigne un périmètre et la lettre $\mathcal{A}$ désigne une aire.
Les mesures d'une même figure sont exprimées dans la même unité.

Rectangle

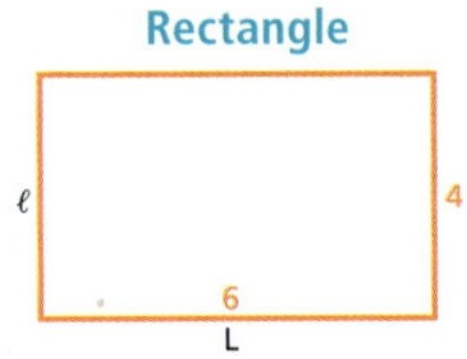

$\mathcal{P} = 2\,(L \times \ell)$ et $\mathcal{A} = L \times \ell$
Si L = 6 cm et ℓ = 4 cm, alors $\mathcal{P} = 2\,(6 + 4)$ cm = 20 cm et $\mathcal{A} = 6 \times 4\ cm^2 = 24\ cm^2$

Carré

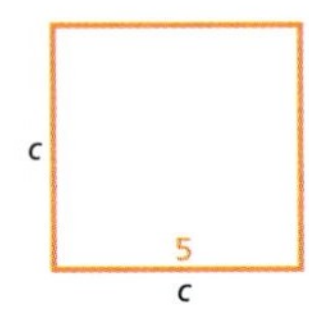

$\mathcal{P} = 4\,c$ et $\mathcal{A} = c \times c$
Si c = 5 dm, alors $\mathcal{P} = 4 \times 5$ dm = 20 dm et $\mathcal{A} = 5 \times 5\ dm^2 = 25\ dm^2$

Losange

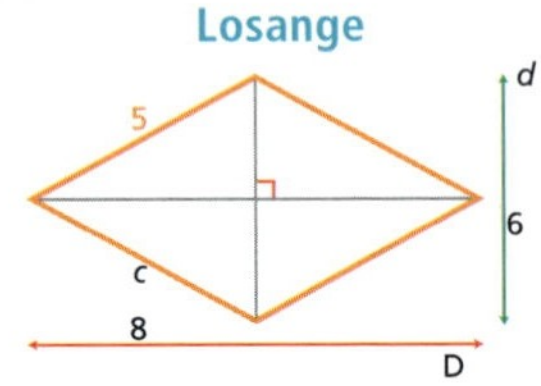

$\mathcal{P} = 4\,c$ et $\mathcal{A} = \dfrac{D \times d}{2}$
Si c = 5 m, D = 8 m et d = 6 m, alors $\mathcal{P} = 4 \times 5$ m = 20 m et $\mathcal{A} = \dfrac{8 \times 6}{2}\ m^2 = 24\ m^2$

Parallélogramme

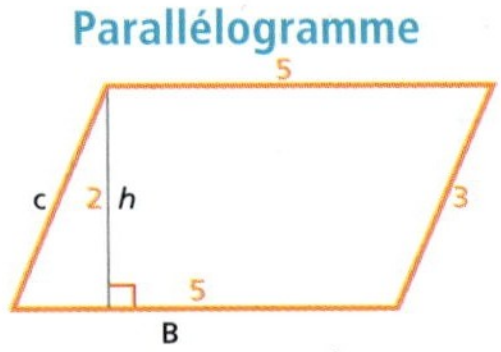

$\mathcal{P} = 2\,(B + c)$ et $\mathcal{A} = B \times h$
Si B = 5 cm, c = 3 cm et h = 2 cm, alors $\mathcal{P} = 2\,(5 + 3)$ cm = 16 cm et $\mathcal{A} = 5 \times 2\ cm^2 = 10\ cm^2$

Triangle

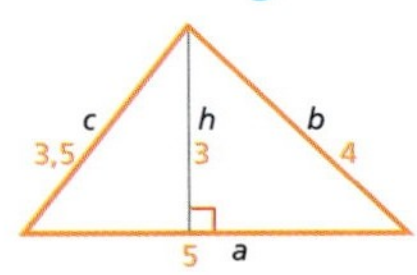

$\mathcal{P} = a + b + c$
et $\mathcal{A} = \dfrac{a \times h}{2}$
Si a = 5 cm, b = 4 cm, c = 3,5 cm et h = 3 cm, alors $\mathcal{P}$ = 12,5 cm et $\mathcal{A} = 7{,}5\ cm^2$

Cercle

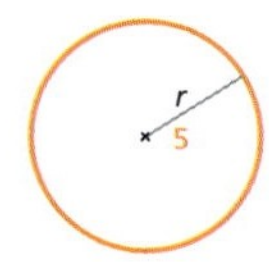

$\mathcal{P} = 2 \times r \times \pi$ et
$\mathcal{A} = \pi \times r \times r$
Si r = 5 cm et π = 3,14, alors $\mathcal{P} = 2 \times 5 \times 3{,}14$ cm = 31,4 cm et
$\mathcal{A} = 3{,}14 \times 5 \times 5 = 3{,}14 \times 25 = 78{,}5\ cm^2$

Comprendre comment faire

► Pour trouver une longueur connaissant le périmètre ou l'aire

Revient à résoudre une équation.

Parallélogramme

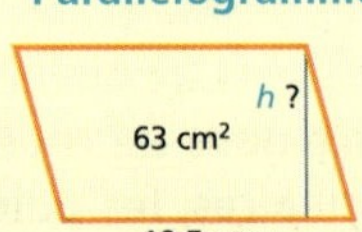

$B \times h = \mathcal{A}$, donc $10{,}5 \times h = 63$
En cm, $h = \dfrac{63}{10{,}5} = 6$

Cercle

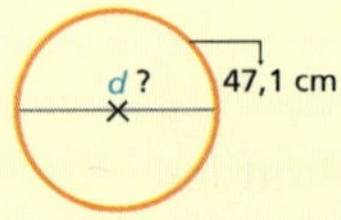

$d \times \pi = \mathcal{P}$, donc $d \times 3{,}14 = 47{,}1$
En cm, $d = 47{,}1 : 3{,}14 = 15$

Losange

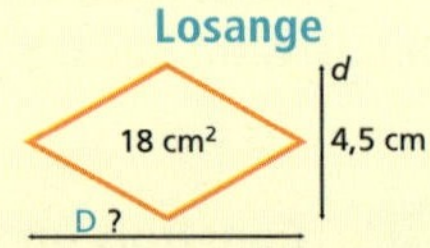

$\dfrac{D \times d}{2} = \mathcal{A}$, ou $D \times d = 2 \times \mathcal{A}$
$D \times 4{,}5 = 2 \times 18$ ou $D \times 4{,}5 = 36$
En cm, $D = 36 : 4{,}5 = 8$

MOT CLÉ

Tout côté d'un triangle (ou parallélogramme) peut être une **base**. À chaque base correspond une hauteur.

S'entraîner

★ **1 Complète avec l'unité convenable.**

a. 32 cm = 0,32 …

b. 453 dm = 4,53 …

c. 34 km = 340 000 …

d. 32 cm^2 = 0,32 ….

e. 453 dm^2 = 4,53 …

f. 34 km^2 = 340 000 …

★ **2 Complète avec l'aire des parallélogrammes.** (Unité : cm)

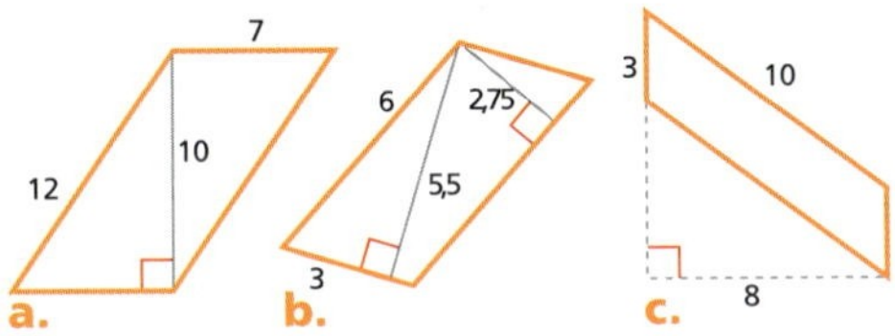

$\mathcal{A}$ = …….. $\mathcal{A}$ = …….. $\mathcal{A}$ = ……..

★★ **3** ABC est un triangle rectangle en A.
D et E sont les symétriques de B et C par rapport à A.

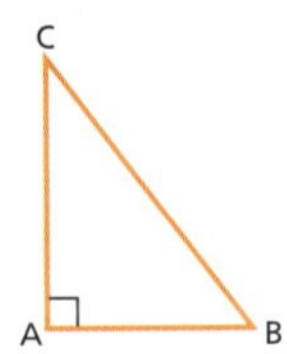

a. Pourquoi BCDE est-il un losange ?

b. Calcule son périmètre $\mathcal{P}$ et son aire $\mathcal{A}$ sachant que AB = 3 cm, AC = 0,4 dm et BC = 0,05 m.

★★ **4 a. Calcule l'aire $\mathcal{A}$ d'un carré dont le périmètre est de 56,4 m.**

b. Calcule la hauteur *h* d'un parallélogramme dont la base est de 7 cm et dont l'aire est de 3 780 mm^2.

★★ **5** Les diagonales du quadrilatère ABCD sont perpendiculaires et se coupent en O.

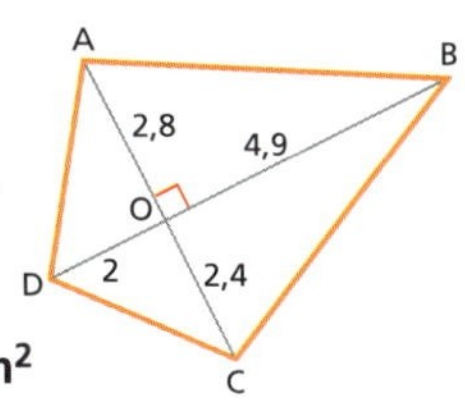

1. Que représente en cm^2 l'expression :

a. $\frac{1}{2} \times 2{,}8 \times (2 + 4{,}9)$?

b. $\frac{1}{2} \times 2{,}4 \times (2 + 4{,}9)$?

2. Calcule l'aire du quadrilatère ABCD.

★★ **6 Calcule l'aire d'un cercle dont le périmètre est 157 m.** (π = 3,14)

★★ **7 Calcule MN sachant que le triangle IJK et le rectangle MNPQ ont la même aire.** (Unité : cm)

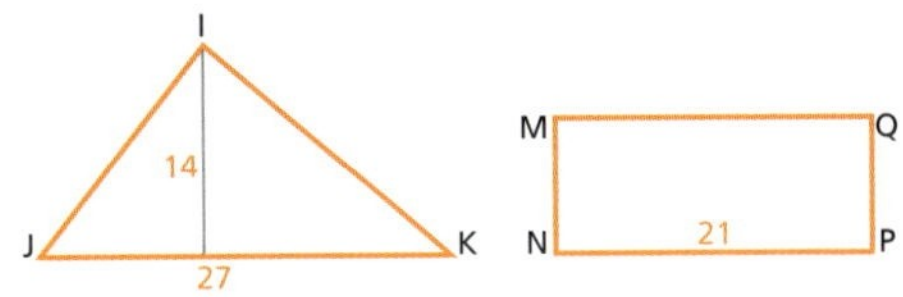

★★★ **8 a. Vrai ou faux ?** V F
En cm, le périmètre des deux premières pièces est (2,6 + 2,3) π. ☐ ☐

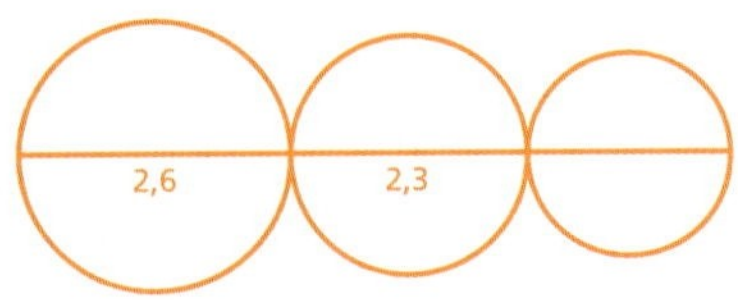

b. Calcule le diamètre de la 3e pièce sachant que le périmètre des trois pièces est 6,6 π cm.

c. Vrai ou faux ? V F
En cm^2, l'aire des trois pièces est de $(1{,}3 \times 1{,}3 + 1{,}15 \times 1{,}15 + 0{,}85 \times 0{,}85)\pi$. ☐ ☐

d. Trouve une valeur arrondie à l'unité de l'aire des trois pièces (π = 3,14).

★★★ **9 Calcule l'aire de la figure en cm^2 sachant que le côté d'un carré du quadrillage est de 0,4 cm.**

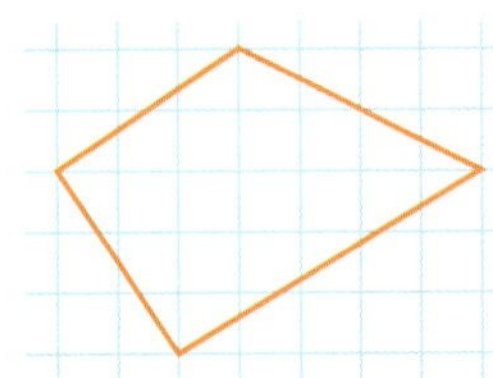

★★★ **10** ABC est un triangle isocèle en A. D est un point de [BC]. (DE) // (AC) et (DF) // (AB).

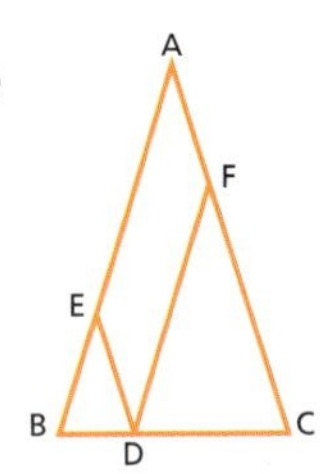

a. Pourquoi AEDF est-il un parallélogramme ?

b. Pourquoi le périmètre de AEDF est-il égal à AB + AC ? et à 2AB ?

Livret des corrigés p. 15

Retenir l'essentiel

Du plan à l'espace

Voici une **figure plane.** Elle est formée de six carrés. Tous les points de la figure sont **dans le plan de la feuille.**
Si AB = 2 cm, alors son aire totale est de 24 cm^2, car $(2 \times 2) \times 6 = 24$.

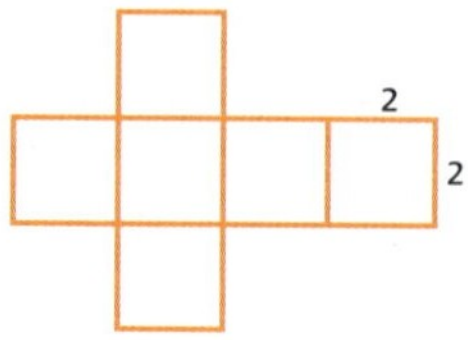

Par pliage de la figure ci-dessus, on obtient **un cube.** Tous les points du cube ne sont pas dans le même plan. **Le cube est un solide** qui occupe de **l'espace.** Cet espace est défini par le volume du cube. Ici, en cm^3, il est de $2 \times 2 \times 2 = 8$.

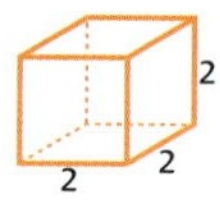

Intersection de deux plans

Ci-dessous, **deux plans** P_1 et P_2. Ils se coupent selon la droite *d*. On dit qu'ils sont **sécants.** Les plans Q_1 et Q_2 sont perpendiculaires.

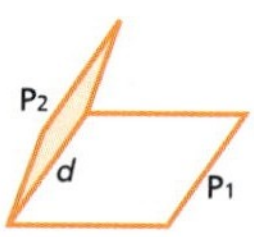

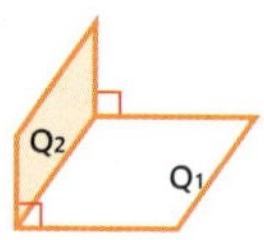

Ci-dessous, **les plans** P et P' **ne se rencontrent pas.** On dit qu'ils sont **parallèles.**

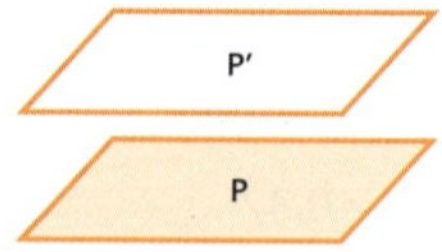

Vocabulaire

Ci-dessous, les points **A, B et C appartiennent au même plan.** On dit qu'ils sont **coplanaires.** Les points A, B, C et H n'appartiennent pas au même plan : ils ne sont pas coplanaires.

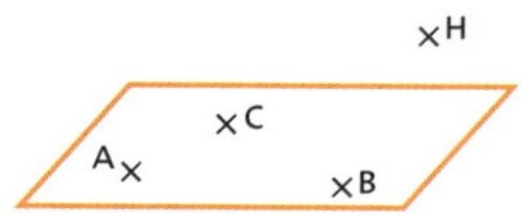

Ci-dessous, les droites d_1 **et** d_2 **sont contenues dans un même plan.** On dit qu'elles sont **coplanaires.** d_1 et d_3 ne sont pas dans le même plan : elles ne sont pas coplanaires.

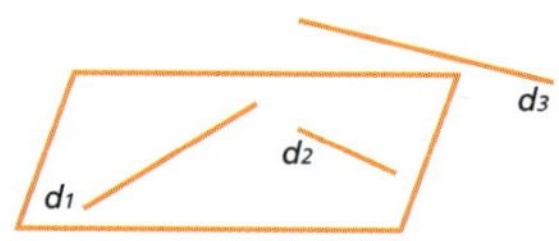

Comprendre comment faire

Pour tracer en perspective cavalière

Il faut tracer une figure **en respectant le parallélisme.** Ci-contre le patron d'un parallélépipède rectangle et sa représentation en perspective cavalière.

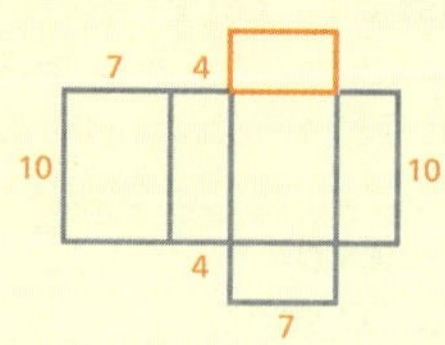

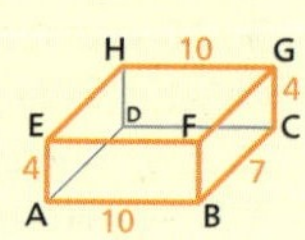

Pour calculer l'aire totale et le volume d'un parallélépipède

EXEMPLE :
Le parallélépipède rectangle a 6 faces rectangulaires, 8 sommets et 12 arêtes.
Si, en cm, AB = 10, BC = 7 et AE = 4, alors :

- en cm^2, son aire totale est $\mathcal{A} = 2\,(10 \times 7) + 2\,(7 \times 4) + 2\,(4 \times 10) = 276$;
- en cm^3, son volume est $V = 10 \times 7 \times 4 = 280$.

(V est le produit des trois dimensions)

MOT CLÉ

L'espace est l'ensemble de tous les points. Les points coplanaires sont dans un même plan.

S'entraîner

★ **1** **Complète avec le nombre convenable.**

a. 1 dm^3 = ... L b. 1 m^3 = ... dm^3

c. 1 L = ... mL d. 1 hL = ... L

e. 1 000 mL = ... cL f. 1 m^3 = ... L

g. 1 cm^3 = ... mm^3 h. 1 000 mL = ... dm^3

★ **2** **Complète le tracé en perspective cavalière des parallélépipèdes rectangles suivants.**

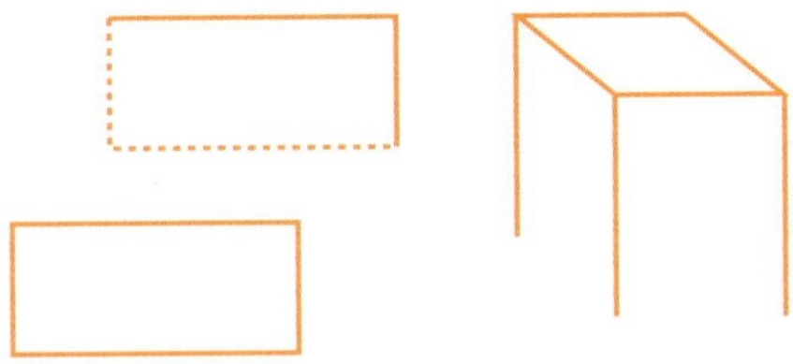

★★ **3** a. **Pour quelle raison la brique peut-elle contenir un litre de jus ?**

b. **Quelle est alors la hauteur *h* d'un litre de jus dans la brique ?**

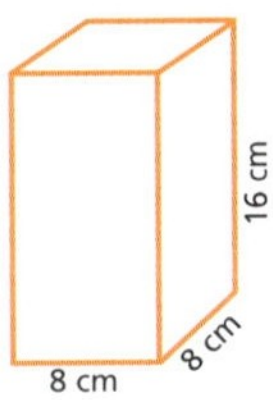

★★ **4** Maxime joue avec des cubes d'arête 5 cm.

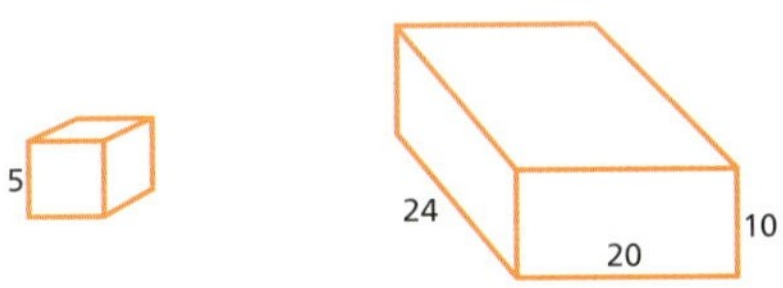

Dans une boîte en forme de parallélépipède rectangle et de dimensions 24 cm, 20 cm et 10 cm, combien de cubes peut-il ranger au maximum ?

☐ 39 ☐ 38 ☐ 32

★★ **5** Un robinet débite 1m^3 d'eau en 24 min.

a. **Combien de litres débite-t-il en 1 h ?**

b. **Combien lui faudra-t-il de temps pour remplir un réservoir en forme de parallélépipède rectangle de dimensions 25 dm, 12,5 dm et 5 dm ?**

★★ **6** Voici quatre cubes d'arête 6 cm chacun.

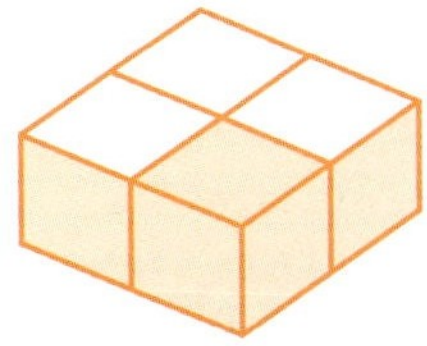

a. **Ajoute trois cubes au 2e niveau sur les faces blanches et un cube au 3e niveau.**

b. **Quel est le volume du solide obtenu ?**

★★ **7** Les dimensions de la boîte sont 40 cm, 25 cm et 18 cm. Le nœud utilise 1 m de ruban. **Quelle est la longueur totale du ruban ?**

★★★ **8** Voici un parallélépipède rectangle tracé en perspective cavalière.

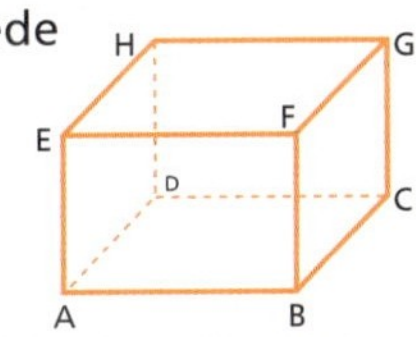

a. **Les points A, B et C sont-ils coplanaires ? En est-il de même des points A, B, C et H ?**

b. **Nomme trois couples de droites parallèles.**

c. **Nomme trois couples de plans parallèles.**

d. **Nomme trois couples de plans perpendiculaires.**

e. **Nomme trois couples de droites perpendiculaires.**

★★★ **9** A, B et C sont trois points communs aux plans P et Q. **Pourquoi les points A, B et C sont-ils alignés ?**

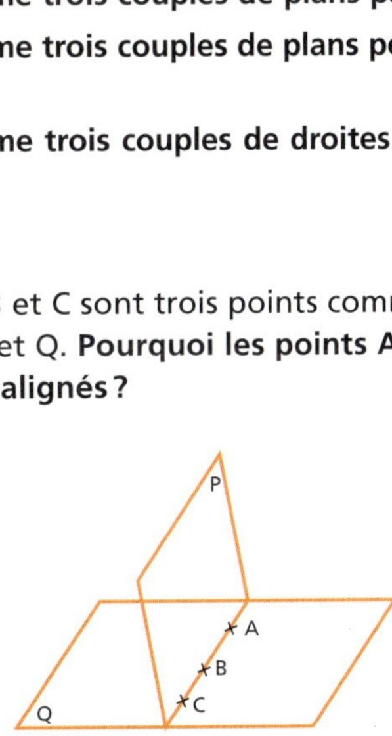

Livret des corrigés p. 15-16

Retenir l'essentiel

● **Définir un prisme droit**

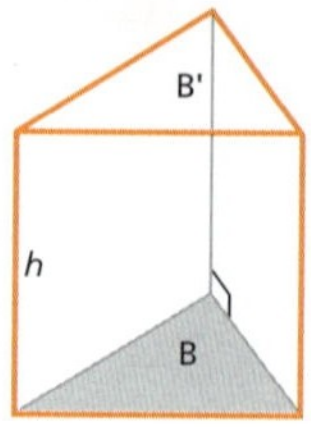

Le solide ci-contre est un **prisme droit** à **base triangulaire.**

Il a cinq faces :

– les faces opposées et parallèles, B et B', sont les bases du prisme.

– les trois autres faces sont ses faces latérales.

Chaque face latérale est un rectangle.

Il a neuf arêtes. **Une arête est l'intersection de deux faces.**

Il a six sommets. **Un sommet est l'intersection de trois arêtes.**

La hauteur *h* du prisme est égale à la **longueur d'une arête latérale.**

Le volume V du prisme est égal au **produit de l'aire B d'une base et de la hauteur *h*. Soit V = B*h*.**

EXEMPLES DE PRISMES

Le **parallélépipède rectangle** est un prisme droit **dont la base est un rectangle.**

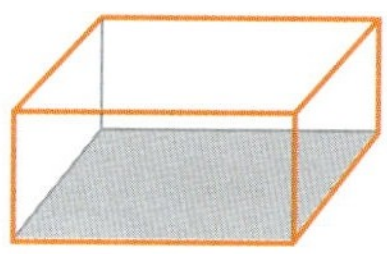

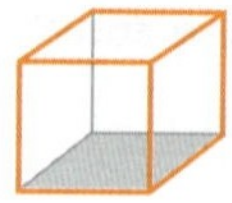

Le **cube** est un prisme droit dont la **base est un carré.**

Attention : le prisme ci-contre est **oblique à base triangulaire. Il n'est pas droit** : chaque face est un parallélogramme.

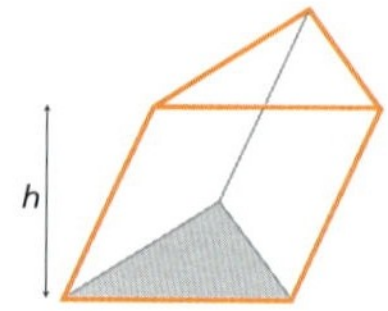

La hauteur *h* n'est pas égale à une arête latérale.

● **Patron d'un prisme droit et aire latérale**

Ci-dessous, le patron d'un prisme droit à base triangulaire.

Son aire latérale *d* est égale à l'aire d'un rectangle de dimensions *p* et *h*, où *p* est le périmètre de la base et où *h* est la hauteur du prisme.

Soit $d = ph$.

L'aire latérale *d* de ce prisme, en cm^2, est de $d = ph = (4 + 7 + 5) \times 10 = 160$.

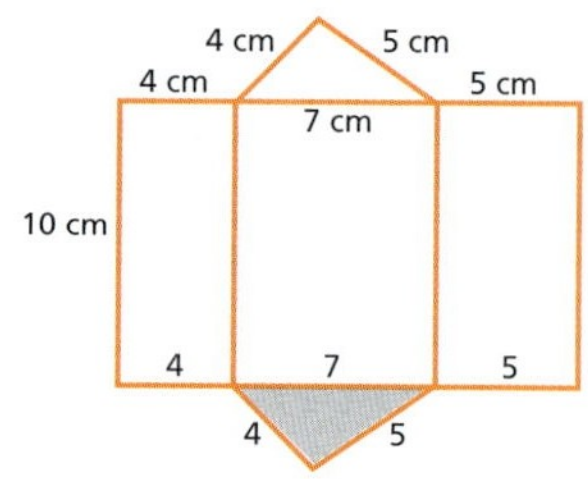

Comprendre comment faire

▶ Pour dessiner le patron d'un prisme droit dont la base est un parallélogramme

Voici le développement d'un prisme droit dont la base est un parallélogramme.

● En cm, **le périmètre *p* de la base** est $2 \times (22 + 8) = 60$.

● En cm^2, **l'aire latérale *d*** est $60 \times 20 = 1\,200$.

● En cm^2, **l'aire B d'une base** est $22 \times 6{,}5 = 143$.

● En cm^2, **l'aire totale** est $1\,200 + (2 \times 143) = 1\,486$.

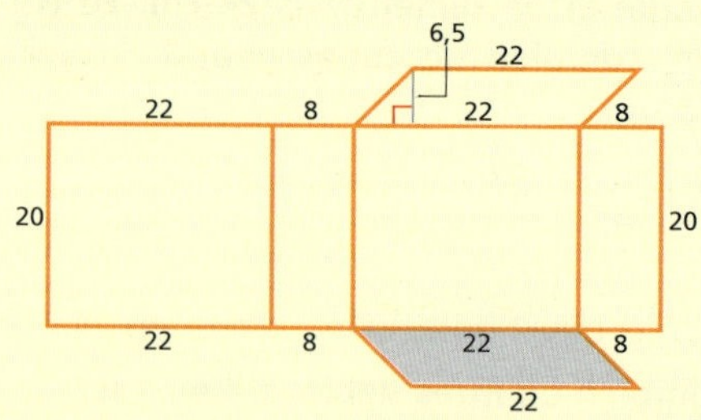

● La hauteur *h* du prisme est 20 cm, l'aire B de la base est 143 cm^2, donc **le volume V** du prisme est $V = Bh = 143 \times 20 = 2860$ cm^3.

NOTION CLÉ

Un prisme est droit si les arêtes latérales sont perpendiculaires aux côtés des bases.

S'entraîner

★ **1** **a. Pourquoi le quadrilatère ABCD est-il un rectangle ?**

b. Quelle est son aire dans le cas où ses dimensions sont de 9 cm et 42 mm ?

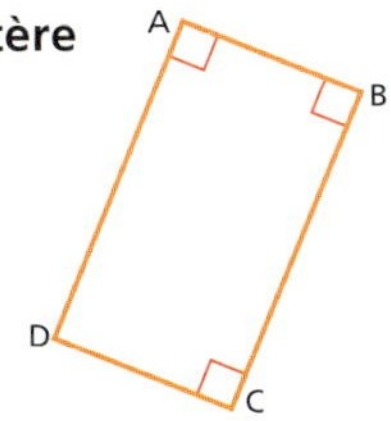

★ **2** **Quelle est la hauteur d'un parallélogramme dont la base mesure 35 m et dont l'aire est 6,65 a ?**
(Rappel : 1 are = 100 m^2)

★★ **3** **a. Construis un parallélogramme ABCD tel que AB = 8 cm, AD = 5 cm et DH = 4 cm.**

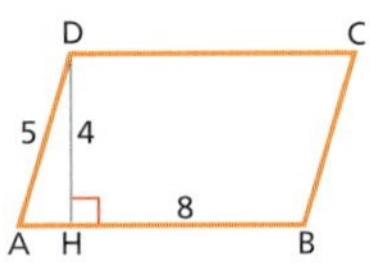

b. Fabrique le patron d'une boîte sans couvercle en forme de prisme droit ayant ABCD pour base et ayant 6 cm pour hauteur.

★★ **4** Les données sont celles de l'exercice précédent.

a. L'aire de la base de la boîte est :

☐ 32 cm^2 ☐ 32 cm ☐ 26 cm^2

b. Le volume de la boîte est :

☐ 192 cm^2 ☐ 192 cm^3 ☐ 156 cm^3

c. L'aire du patron de la boîte est :

☐ 188 cm^2 ☐ 188 cm^3 ☐ 156 cm^2

★★ **5** **a. Pourquoi chacun des quadrilatères AEHD, EFGH et FBCG est-il un rectangle ?**

b. Pourquoi le quadrilatère ABCD est-il un rectangle ?

c. Calcule le périmètre de la figure.
(Unité : cm)

d. Calcule l'aire de ABCD.

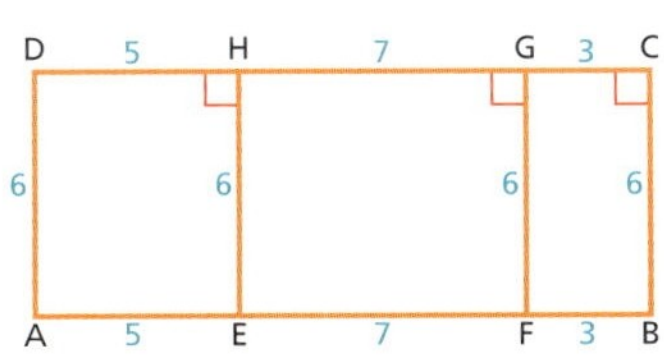

★★ **6** Les données sont celles de l'exercice précédent.

a. Construis en grandeur réelle la figure.

b. Fabrique un prisme droit ayant AEHD, EFGH et FBCG pour faces latérales.

c. Quelle est l'aire latérale de ce prisme ?

d. Pourquoi ne peut-on pas calculer le volume de ce prisme ?

★★ **7** ABCD est un losange de 5 cm de côté.
Les diagonales mesurent 8 cm et 6 cm.

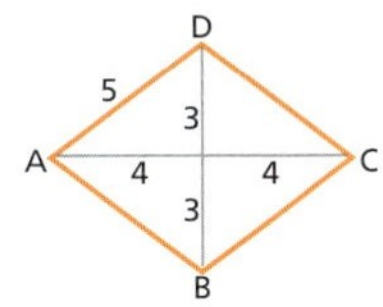

a. Construis en grandeur réelle le losange ABCD.

b. Fabrique le patron d'un prisme droit ayant ABCD pour base et dont la hauteur mesure 7 cm.

c. L'aire latérale du prisme est :

☐ 48 cm^2 ☐ 168 cm^2 ☐ 140 cm^2

d. Le volume du prisme est :

☐ 140 cm^3 ☐ 168 cm^3 ☐ 240 cm^3

★★ **8** L, ℓ et h sont les trois dimensions d'un prisme droit à base rectangulaire. **Complète le tableau en faisant attention aux unités.**
(Rappel : $p = 2 \times (L + \ell)$, $B = L\ell$, $\mathscr{A} = ph$, $V = Bh$)

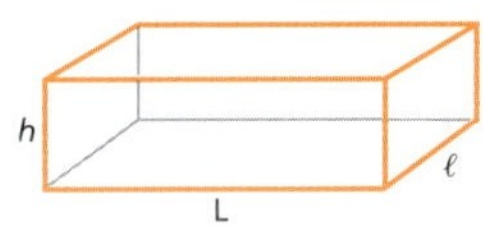

L	ℓ	h	$\mathscr{A}$ (aire latérale)	V (volume)
15 cm	0,26 m	...... cm	.... dm^2	8 190 cm^3
...... cm	0,8 dm	15 cm	840 cm^2	.... dm^3
4,5 m	...... cm	3,20 m	4 064 dm^2	.... m^3

★★ **9** L'unité étant le mètre :

a. Calcule l'aire de la toiture.

b. Calcule le volume du hangar.

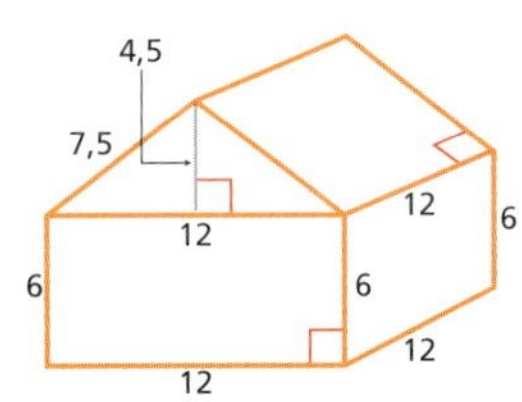

Livret des corrigés p. 16

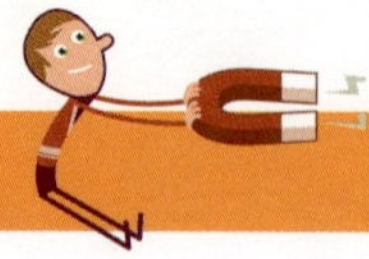

Retenir l'essentiel

- **Définir un cylindre de révolution**

Ci-dessous est dessiné un cylindre de révolution.

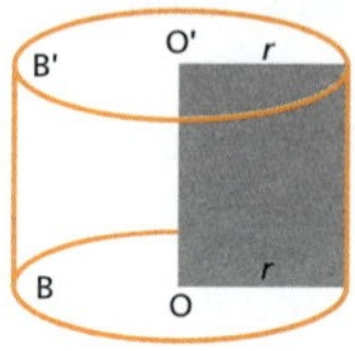

Ses deux bases B et B' sont des **cercles de centre O et O'** et de rayon *r*.
B et B' sont opposées et se trouvent dans deux plans parallèles.
OO' est la hauteur du cylindre.

- **Exemples de cylindres**

ABCD est un rectangle.

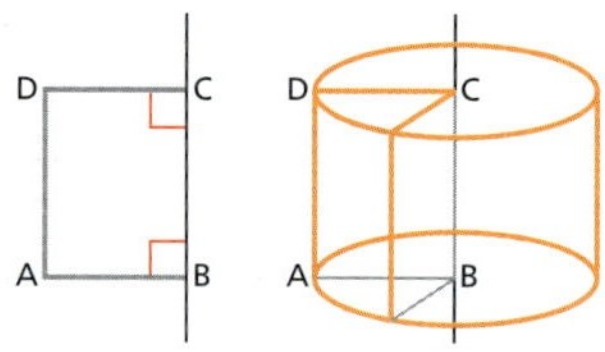

La rotation du rectangle autour de la droite (BC) engendre un cylindre de hauteur BC (ou AD). Ses bases sont les cercles de centres B et C, et de rayon BA (ou CD).

Voici un **cylindre oblique.**

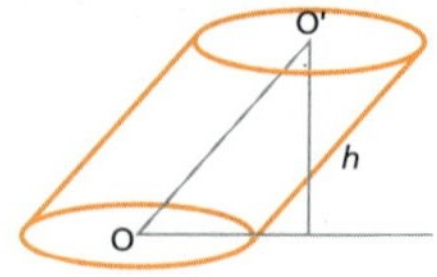

Les bases sont des cercles de même rayon et de centre O et O'. Il n'est pas un cylindre de révolution, car **sa hauteur *h* n'est pas égale à OO'.**

- **Patron d'un cylindre et aire latérale**

Ci-dessous est dessiné le patron d'un cylindre de révolution.

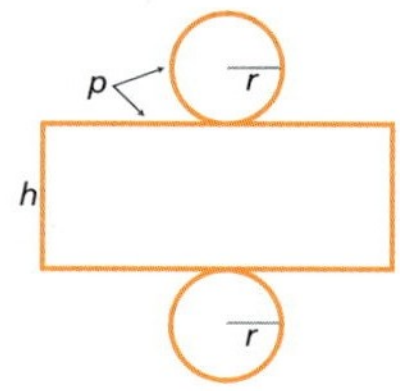

Son aire latérale $\mathcal{A}$ est l'aire d'un rectangle de dimensions *p* et *h*, *p* étant le périmètre du cercle et *h* étant la hauteur du cylindre.
Pour $r = 5$ cm, $h = 7$ cm et $p = 3{,}14$; en cm, le périmètre de la base est $p = 2\pi r = 2 \times 3{,}14 \times 5 = 31{,}4$; et, en cm², l'aire latérale est $\mathcal{A} = p \times h = 31{,}4 \times 7 = 219{,}8$.

Comprendre comment faire

Pour calculer le volume d'un cylindre

Le volume d'un cylindre est donné par la formule **V = B *h***, où **B est l'aire de la base et *h* est la hauteur du cylindre.**
Pour $r = 5$ cm, $h = 7$ cm et $\pi = 3{,}14$ en cm², $\mathbf{B} = \pi \times r \times r = 3{,}14 \times 5 \times 5 = 78{,}5$; et, en cm³, $\mathbf{V} = \mathbf{B}\,h = 78{,}5 \times 7 = 549{,}5$.

Pour calculer les volumes de cylindres de même base

Ci-contre trois cylindres de révolution. Ils ont la même aire de base.
En cm², et en prenant $\pi = 3{,}14$, cette aire est de $\pi \times 5 \times 5 = 78{,}5$.
Leurs volumes sont donnés dans le tableau ci-dessous. Ils sont proportionnels aux hauteurs des cylindres. Le coefficient de proportionnalité est la mesure de l'aire de la base.

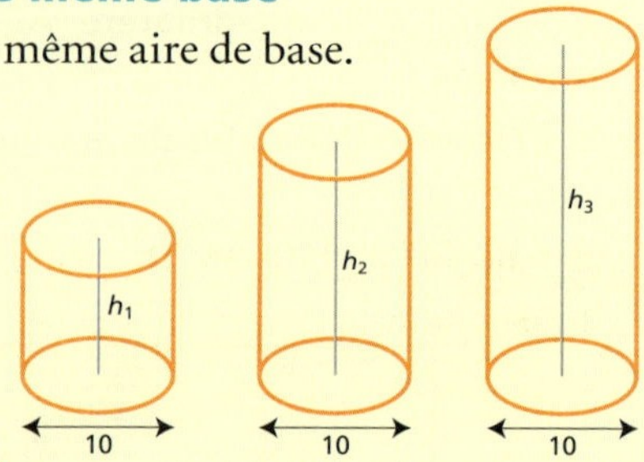

$h_1 = 4$ cm
$h_2 = 8$ cm
$h_3 = 10$ cm

Hauteur (en cm)	4	8	10
Volume (en cm³)	314	628	785

x 78,5

MOT CLÉ

Dans un cylindre comme dans un prisme, les **bases** sont toujours dans des plans parallèles.

S'entraîner

★ **1** Un cylindre de révolution a pour rayon de base r et pour hauteur h.

Réponds par vrai ou faux ? V F

a. $2\ \pi\ r\ h$ est le volume du cylindre. ☐ ☐

b. $2 \times \pi \times r \times r$ est l'aire des deux bases. ☐ ☐

c. $2\ \pi\ r\ h$ est son aire latérale. ☐ ☐

d. $2\ \pi \times r \times r + 2\ \pi\ r\ h$ est son aire totale. ☐ ☐

e. $2\ \pi\ r\ (r + h)$ est son aire totale. ☐ ☐

★ **2** Une boîte de fromage cylindrique a pour diamètre 12 cm et pour hauteur 3 cm.

a. L'aire latérale de la boîte est :

☐ $36\ \pi$ cm ☐ $36\ \pi$ cm^2 ☐ 111,4 cm^2

b. Le volume de la boîte arrondi à l'unité est :

☐ 339 cm^3 ☐ 340 cm^3 ☐ 108 cm^3

★★ **3** Le volume d'un tuyau cylindrique est de 1,5 m^3. Sa hauteur est de 3 m.

a. Son aire de base est :

☐ 0,5 m ☐ 50 cm^2 ☐ 5 000 cm^2

b. Une valeur approchée de son rayon est :

☐ 4 cm ☐ 40 cm ☐ 16 cm

★★ **4** Un rouleau à peinture est long de 20 cm. En faisant un tour complet du rouleau, on peint 10 dm^2.

a. Le périmètre de la base du rouleau est :

☐ 50 dm ☐ 0,5 dm ☐ 50 cm

b. Le rayon du rouleau arrondi à l'unité est :

☐ 7 cm ☐ 8 cm ☐ 16 dm

★★ **5** Voici un patron incomplet d'un cylindre de révolution.

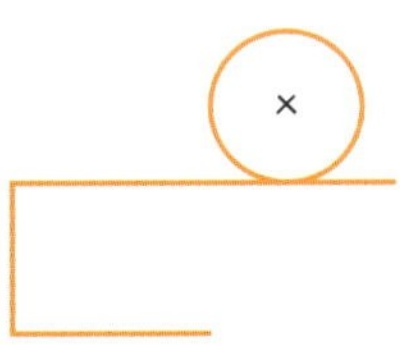

a. Mesure à l'aide d'une règle graduée son rayon de base et sa hauteur.

b. Trace le patron de ce cylindre à l'échelle 4.

★★ **6** ABCD est un rectangle de dimensions 4 cm et 7 cm. On fait tourner le rectangle autour du segment [AB].

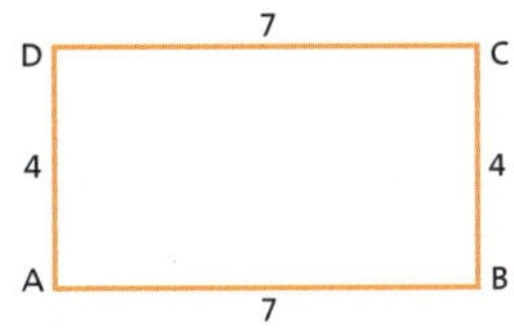

a. Calcule l'aire latérale du cylindre engendré.

b. Trace un patron de ce cylindre à l'échelle 1/2.

★★ **7** Une étiquette rectangulaire de dimensions 26 cm et 12 cm recouvre une boîte de conserve cylindrique.

a. Calcule le diamètre de la boîte arrondi à l'unité.

b. Calcule le volume de la boîte arrondi à la centaine la plus proche.

★★ **8** La boîte représentée ci-dessous a la forme d'un parallélépipède rectangle. Son couvercle a la forme d'un demi-cylindre.

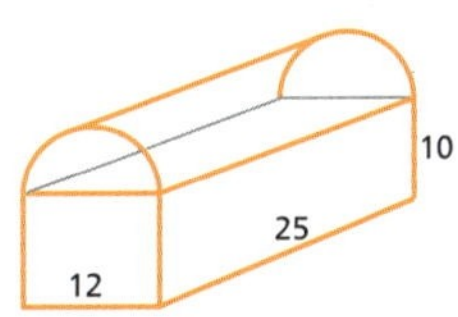

Calcule son volume V et son aire totale $\mathscr{A}$.

★★ **9** C_1 et C_2 sont deux boîtes cylindriques de même base, de hauteurs h_1 et h_2 et de volumes V_1 et V_2.

On sait que :

$h_1 + h_2 = 23$ cm

et $V_1 + V_2 = 7\,222$ cm^3.

Quelle est le diamètre d de ces boîtes ? ($\pi = 3{,}14$)

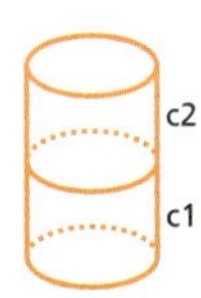

Livret des corrigés p. 16

Mathématiques

Retenir l'essentiel

Une nouvelle religion

- **L'islam** apparaît au VIIe siècle dans la péninsule arabique. À partir de 610, **Mahomet**, né à La Mecque vers 570, aurait reçu le message de Dieu à transmettre aux Hommes. Il commence alors à prêcher l'islam mais est rejeté par les Mecquois. Il s'enfuit à Yathrib (Médine) en 622 : c'est l'hégire, point de départ du calendrier musulman. Mahomet reconquiert La Mecque et meurt en 632.
- Le **Coran** est le livre sacré des musulmans qui contient la parole de Dieu. Il donne au croyant les règles à respecter : croire en un seul Dieu et en Mahomet son prophète, prier cinq fois par jour, effectuer une fois dans sa vie le pèlerinage à La Mecque, jeûner la journée durant le mois du Ramadan et faire l'aumône aux pauvres.

Les Omeyyades et les Abbassides

- Les successeurs de Mahomet, les **califes**, entreprennent des guerres et parviennent à conquérir de nombreux territoires. À partir de 661, les califes appartiennent à la famille des **Omeyyades**. Cette dynastie installe sa capitale à **Damas** en Syrie et développe l'administration pour gérer son empire.
- En 750, une révolte chasse les Omeyyades du pouvoir et les **Abbassides** s'installent à la tête de l'empire musulman jusqu'en 1 258. Ils transfèrent leur capitale à **Bagdad** en Irak.
- Les califes agrandissent les **villes** et en construisent des nouvelles. Ces villes abritent la résidence du calife, les mosquées, le souk (marché), les hammams (bains publics) et les relais pour les marchands (funduqs).

Une civilisation brillante

- Les califes encouragent le **développement des arts et des sciences** en créant des écoles et des bibliothèques. **Bagdad** devient ainsi la **capitale scientifique du monde**.
- À partir du savoir des Grecs anciens, des Indiens et des Chinois, les Arabes élaborent leur propre **science**. Ils inventent, par exemple, **l'algèbre** avec les chiffres arabes qui facilitent les opérations de calcul.

POINT ACTU

Chaque année, des centaines de milliers de musulmans vont en pélerinage à La Mecque (Arabie Saoudite), 2 mois après le ramadan.

DÉFINITION

Coran : livre sacré des musulmans qui contient les paroles de Dieu (**Allah**) transmises à Mahomet. Il comprend 114 chapitres appelés sourates, divisés en versets.

Comprendre comment faire

▶ Pour lire une carte en histoire

1. Je regarde le titre. Il me renseigne sur le thème et sur la période. Puis, j'étudie la légende qui explique comment les événements sont représentés.

Les conquêtes arabes aux VIIe et VIIIe siècles.

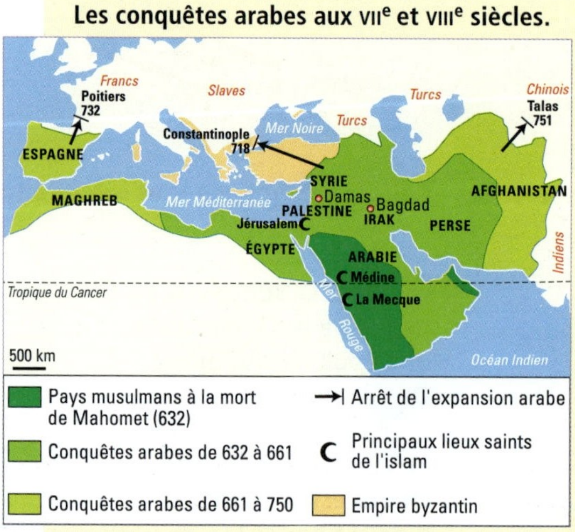

2. J'explique. À la mort de Mahomet (632), l'islam domine une grande partie de la péninsule arabique. Une série de conquêtes étend le monde musulman vers l'Est et vers l'Ouest. Des villes sont créées pour mieux contrôler les nouveaux territoires. Au VIIIe siècle, **deux défaites (Constantinople, Poitiers)** mettent fin à l'expansion du monde musulman.

3. Je conclus. Par ses conquêtes, le monde musulman s'est agrandi très rapidement. En un siècle, il s'étend de l'océan Atlantique aux limites de l'Inde.

S'entraîner

★ 1 Examine un traité scientifique.

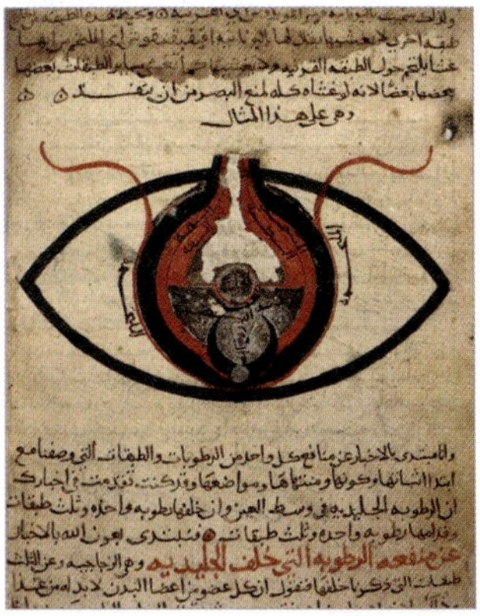

■ « Anatomie de l'œil », planche extraite du *Livre sur les Dix questions de l'œil* par Hunayn Ibn Ishâq (IXe siècle), copie du XIIIe siècle. Le Caire, Bibliothèque nationale.

a. À quel siècle ce livre a-t-il été publié ?

b. En quelle langue a-t-il été écrit ?

c. Que représente le dessin ?

★★ 2 Lis le texte attentivement.

La fondation de Bagdad en 762

« Al-Mansur en fit une ville ronde, la seule ville ronde connue dans le monde entier. La ville fut pourvue de quatre portes [...]. Chacune des portes de la ville était munie d'une porte de fer à deux battants, [...]. Le mur d'enceinte était entouré d'un avant-mur, protégé à l'extérieur par une digue, qui faisait tout le tour, et qui était bordée par un fossé, dans lequel l'eau était amenée par un canal.

Au centre de la grande place s'élevait le palais, à côté duquel se trouvait la grande mosquée. Le palais n'était entouré d'aucune construction, [...]. Tout autour de la grande place, se trouvaient les demeures des jeunes enfants d'Al-Mansur, des esclaves noirs attachés à son service particulier, le trésor, l'arsenal, le ministère des correspondances. D'un passage voûté à l'autre, il y avait des ruelles et des rues, en deçà du mur d'enceinte. Dans chacune de ces rues, habitaient les officiers supérieurs, ceux qui inspiraient assez de confiance pour être logés à proximité du calife. [...] D'autre part, aucune voie ne rejoignait le mur qui entoure la grande place, [...]; en effet, toutes les rues et le mur de la place étaient concentriques. »

■ Yakubi, *Les Pays*, traduction de Gaston Wiet, Le Caire, 1937.

a. Quel calife a décidé de construire Bagdad ? À quelle dynastie appartient-il ? Dans quel pays se trouve aujourd'hui Bagdad ?

b. Quelle forme particulière présente cette ville ? Comment est-elle protégée ?

c. Souligne en rouge les deux bâtiments au centre de la ville. À quoi servent-ils ?

★★★ 3 Révise le cours et étudie les documents.

Les musulmans se rassemblent le vendredi pour prier dans la mosquée. La mosquée sert aussi d'école, de tribunal, de lieu de divertissement. À l'intérieur de la salle de prière, on trouve le mihrab (niche creusée dans le mur qui indique la direction de La Mecque) et le minbar (estrade où l'imam fait son prêche).

■ « Le sermon dans la mosquée », enluminure des Maqâmât par Al-Harîrî (1237). Paris, Bibliothèque nationale.

■ Vue aérienne : la mosquée des Omeyyades à Damas.

a. Où se trouve Damas ? Quelle dynastie a fait construire la première mosquée à Damas ?

b. Quelles sont les activités pratiquées dans une mosquée ?

c. Indique le numéro de la photo sur l'élément correspondant.

- ◯ Minaret (tour de laquelle le muezzin appelle à la prière).
- ◯ Mur de la Qiblâ (indique la direction de La Mecque).
- ◯ Cour à portiques.
- ◯ Salle de prière.

Livret des corrigés p. 17

Retenir l'essentiel

Comment vivent les paysans et les seigneurs ? Quels liens entretiennent-ils ?

La seigneurie

- La seigneurie est composée de deux parties : la **réserve** (terres du seigneur exploitées par les paysans) et les **tenures** (terres concédées aux paysans libres en échange d'une taxe annuelle fixe (le cens) et de corvées (travail obligatoire sur la réserve).

- Dans la seigneurie, le seigneur possède le **droit de ban**, c'est-à-dire qu'il impose ses décisions, rend la justice et perçoit des redevances : la taille, les banalités (pour l'utilisation du four, du moulin ou du pressoir), les péages (droits de passage des marchandises par la seigneurie).

La vie des paysans

- 90 % de la population est constituée de paysans qui se regroupent, à partir des Xe-XIe siècles, autour de l'église, dans **un village**, avec les artisans comme le meunier ou le forgeron. Les maisons ne comportent qu'une pièce et sont construites avec des matériaux simples (chaume, torchis). L'alimentation est peu variée : bouillies ou galettes de céréales et très peu de viande.

- On distingue deux types de paysans : les **vilains** (ou hommes libres) et les **serfs** qui ont moins de droits que les autres. Le serf doit demander l'autorisation du seigneur et payer une taxe pour se marier hors de la seigneurie (le formariage). La vie des paysans est rythmée par les **travaux agricoles** : en mars les semailles, en été la moisson, en septembre les vendanges…

La vie des seigneurs

Les seigneurs forment la **noblesse**. Ils vivent dans le donjon, tour au centre du château fort, entourés de leur famille, de leurs serviteurs, de leurs soldats… Ils ne travaillent pas. Ce sont avant tout des **chevaliers** dont le rôle principal est de combattre, d'assurer l'ordre et de protéger les habitants de la seigneurie. Ils partagent des valeurs comme le courage, la courtoisie à l'égard des femmes ou la loyauté qui sont décrites dans les romans de chevalerie (comme ceux de Chrétien de Troyes) ou dans les chansons de geste qui racontent les exploits des chevaliers.

Comprendre comment faire

Pour décrire une enluminure

1. Je lis la légende. Une enluminure est une décoration peinte à la main sur un manuscrit. Celle-ci est extraite d'un livre d'heures (livre des prières pour chaque heure et chaque jour) et représente le mois de juillet. Ce livre d'heures a été réalisé au début du XVe siècle par trois frères (Paul, Jean et Hernan Limbourg) pour un puissant seigneur, le duc de Berry.

2. Je détermine des plans. Au 1er plan, un homme et une femme tondent les moutons. Au 2e plan, deux paysans moissonnent les blés avec une faucille. À l'arrière-plan, un château fort est protégé par ses murailles, ses tours et son pont-levis.

3. Je conclus. Cette enluminure, réalisée pour un seigneur, donne une image positive du paysan qui se livre aux travaux agricoles, dans une nature ordonnée et protégée par la puissance du seigneur.

■ « Le mois de juillet : scène de moissons et de tonte des moutons », enluminure des *Très riches heures du duc de Berry* par les Frères Limbourg (XVe siècle). Chantilly, musée Condé.

POINT ACTU

Les ruines, plus ou moins conservées des châteaux médiévaux, témoignent du pouvoir du seigneur. Le château fort a trois fonctions principales : résidentielle, défensive et symbolique.

DÉFINITIONS

- **La seigneurie** : territoire sous l'autorité du seigneur.
- **Le droit de ban** : le droit de commander et de punir.

S'entraîner

★ **1 Que représente ce document ?**

Entoure le château du seigneur en rouge et les deux églises en vert.

■ Le plan de la seigneurie de Wismes (XVe siècle). Collection privée.

★★ **2 Trouve les mots correspondant à chaque définition.**

1. Payées pour utiliser le four du seigneur.
2. Le contraire du serf.
3. Dû au seigneur pour le transport de marchandises.
4. Le seigneur l'exige parce qu'il a le droit de ban.
5. Uniquement pour le serf.
6. En échange d'un cens et de corvées.
7. Céréales cultivées par les paysans.

★★ **3 Lis attentivement le texte et réponds aux questions.**

Au XIIe siècle, un seigneur du Nord de la France, Arnauld d'Ardres, fait bâtir une tour dans son château.

« Il divisa cette maison en trois plans […].

Le premier plan, au rez-de-chaussée, contenait les celliers et les greniers, ainsi que les coffres, les tonneaux et les jarres, et tous autres récipients domestiques.

Le second niveau était destiné à l'habitat, et à la vie commune des habitants ; à ce niveau se trouvaient les chambres, ici celles des panetiers, ailleurs celles des bouteillers, ailleurs encore les grandes chambres du seigneur et de son épouse dans lesquelles ils se reposaient. On y trouvait aussi la chambre d'apparat […], ainsi que la chambre ou le dortoir des filles et des enfants. […]

La cuisine était contigüe à cet étage ; on y trouvait deux niveaux. Au niveau inférieur, l'on engraissait les porcs, on nourrissait les oies, les chapons et autres volatiles étaient préparés pour être tués et mangés. Au niveau supérieur de la cuisine se trouvaient les cuisiniers et les préparateurs de cuisine, c'est ici qu'étaient préparés les plats les plus raffinés destinés au seigneur […] [et] les repas quotidiens, reconnaissance du travail des familiers et des domestiques.

À l'étage supérieur de la maison se trouvaient des logis dans lesquels les fils du seigneur, voire les filles, si l'occasion se présentait, logeaient. À cet étage aussi, les gardes et les sergents employés à garder la maison, les gardiens d'astreinte prenaient leur sommeil. »

■ Chronique de Lambert d'Ardres, publié dans V. Mortet, P. Deschamps, *Recueil de textes*, Paris, 1911.

a. De quel seigneur est-il question ? Où et quand a-t-il vécu ?

b. Combien d'étages compte la tour ? Comment appelle-t-on cette tour ?

c. Souligne dans le texte toutes les personnes qui vivent avec le seigneur dans son château.

d. Compare les repas des paysans avec ceux du seigneur et de sa famille.

Livret des corrigés p. 17

Retenir l'essentiel

Après les invasions et le partage de l'empire carolingien, l'autorité des rois est faible et ne s'exerce que sur le **domaine royal**. Comment les rois renforcent-ils leur pouvoir ?

La féodalité

● Au XIe siècle, les seigneurs détiennent l'autorité. Lors de la **cérémonie de l'hommage**, les seigneurs recrutent des vassaux et leur donnent une terre appelée fief (d'où vient le mot « féodal »). Le seigneur et son vassal ont des obligations réciproques. Progressivement, tous les seigneurs se lient entre eux et se crée une **pyramide vassalique** (voir exercice 1). C'est ce système qu'on appelle la féodalité.

Le roi suzerain, le roi souverain

● **Le roi** s'impose d'abord comme **suzerain**, seigneur de tous les vassaux. Il se hisse au sommet de la pyramide vassalique en obligeant les grands seigneurs à lui prêter hommage. Il utilise le système féodal pour renforcer son pouvoir. Par exemple, **Philippe II** (dit Philippe Auguste 1180-1223), confisque les fiefs français du roi anglais Jean sans Terre qui refuse d'accomplir ses obligations de vassal. **Louis IX** (dit Saint Louis, 1226-1270) obtient l'hommage du roi d'Angleterre pour ses possessions en France.

● Pour accroître leur pouvoir, les rois de France se font **sacrer** à Reims ; ils agrandissent le domaine royal par achat, confiscation, mariage ou héritage ; ils mettent en place une **administration compétente** de plus en plus nombreuse pour les aider à gérer un royaume de plus en plus grand (voir exercice 2).

● Pendant la guerre de Cent Ans (1337-1453), **Charles VII** (1422-1461) crée une armée de métier totalement dévouée et des impôts permanents comme la taille royale (impôt direct), la gabelle (taxe sur le sel) ou les aides (taxes sur le commerce) pour payer cette armée et renflouer les caisses du royaume.

● **Le roi** devient **souverain**, ses décisions s'imposent à tout le royaume et il n'y a pas d'autorité supérieure.

Comprendre comment faire

► Pour étudier un sceau

1. Je lis la légende. Il s'agit d'un moulage du sceau de Philippe IV le Bel (1285-1314). Le sceau est la signature du roi qui authentifie un document juridique qu'il a rédigé.

2. J'observe le document. Il représente le roi assis sur son trône décoré de lions. Le roi porte la couronne, le manteau royal et tient un sceptre surmonté d'une fleur de lys (emblème des Capétiens, dynastie régnante depuis 987). Sur le tour, l'inscription en latin (*Philippus Dei Gracia Francorum Rex*) précise « Philippe, par la grâce de Dieu, roi de France », ce qui rappelle l'onction du sacre. Le roi a les pieds posés sur un tabouret, pour symboliser qu'il est un intermédiaire entre le Ciel (Dieu) et la Terre (les Hommes).

■ Moulage du premier sceau de Philippe IV le Bel (1286) Paris, Archives nationales.

3. Je conclus. Le sceau montre le renforcement du pouvoir royal car il est la manifestation de la volonté royale et représente l'image d'un souverain choisi par Dieu.

POINT ACTU

Les trois fleurs de lys, symboles de la monarchie française pendant plus de mille ans, se voient encore sur de nombreux bâtiments.

DÉFINITIONS

▸ **Domaine royal :** terres personnelles du roi qui lui procurent des revenus.

▸ **Féodalité :** encadrement politique des seigneurs sur leurs vassaux.

S'entraîner

★ 1 Étudie ce schéma et réponds aux questions.

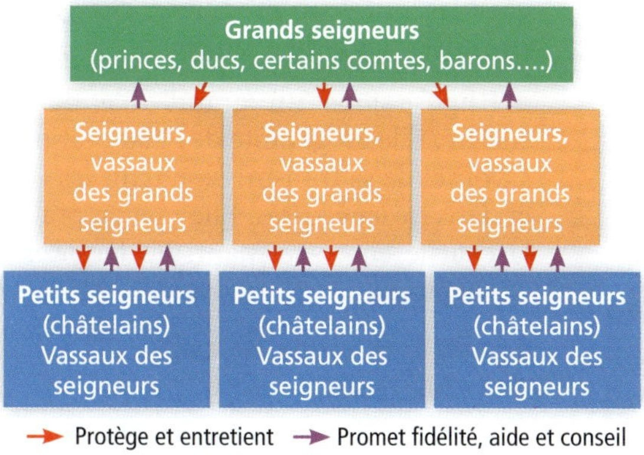

a. Quels devoirs ont les vassaux envers les seigneurs ?

b. Quels devoirs ont les seigneurs envers les vassaux ?

c. Pourquoi ce schéma a-t-il une forme de pyramide ?

d. Qui se place progressivement au sommet de la pyramide ? Quel titre porte-t-il ?

★★ 2 Observe l'organigramme et réponds aux questions.

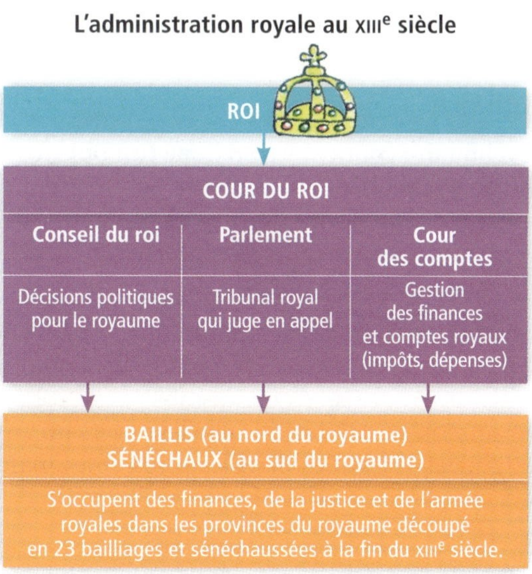

a. Qui se trouve au sommet de l'organigramme ? Qu'est-ce que cela signifie ?

b. Qui aide le roi à gouverner le royaume dans la capitale ?

c. Qui le roi nomme-t-il dans les provinces pour le représenter ?

★★ 3 Lis le texte et observe la miniature pour répondre aux questions.

Le sacre du roi a lieu dans la cathédrale de Reims en souvenir du baptême de Clovis. Cette cérémonie se décompose en deux parties : l'onction (le roi est marqué d'une huile sainte pour montrer qu'il est choisi par Dieu) et la remise des *Regalia* (objets de la royauté) comme la couronne, le sceptre… Grâce à l'onction, le roi devient un personnage à part entre Dieu et les Hommes, qui peut même guérir certains malades.

■ Couronnement de Philippe II Auguste dans la cathédrale de Reims en 1179, enluminure de Jean Fouquet (XVe siècle) extraite des *Grandes chroniques des rois de France*. Paris, Bibliothèque nationale.

a. Quel personnage se trouve au centre de l'image ? À quelle époque a-t-il régné ?

b. Complète la légende avec les mots :
fleur de lys – couronne – sceptre – main de justice – épée

Légende	3.
1.	4.
2.	5.

c. Parmi ces éléments, trouve lequel symbolise que le roi :
- détient le pouvoir de justice sur tout le royaume ;
- possède la puissance militaire ;
- appartient à la famille des Capétiens.

d. Grâce à l'onction, quelle place particulière occupe le roi ?

Histoire

Livret des corrigés p. 17

Retenir l'essentiel

L'Église est l'institution chrétienne qui rassemble les clercs (les gens d'Église) sous l'autorité du pape. Quelle place occupe-t-elle au Moyen Âge ?

L'encadrement des laïcs

- L'Église administre les **sept sacrements** qui ponctuent la vie des fidèles (baptême, mariage, extrême onction, etc.) et l'église au centre du village rythme les journées en sonnant les heures des prières (l'angélus).

- L'Église fixe les règles à respecter pour **faire son Salut** (sauver son âme pour aller au Paradis) : prier Dieu, aller à la messe, se confesser au moins une fois par an… Les dons, les pèlerinages, le culte des reliques permettent d'obtenir le pardon des fautes. Contre les **hérétiques**, l'Église désigne des enquêteurs et des tribunaux (**l'Inquisition**) et décide des expéditions militaires.

Une institution puissante

- L'Église est très riche car elle perçoit la **dîme** (un dixième des revenus payé par le fidèle) ; elle reçoit aussi des dons et possède de nombreuses terres. En effet, beaucoup d'évêques ou d'abbés sont **à la tête de seigneuries** qui leur procurent des revenus considérables (voir chapitre 2).

- L'Église joue un grand rôle dans la société. Elle est garante de l'élaboration du savoir et de sa transmission dans les **écoles** et dans les **universités**. Elle met en pratique la charité en entretenant des **hospices** ou des **hôpitaux**.

Les églises, lieux de culte des chrétiens

- À partir du Xe siècle, de plus en plus d'églises en pierre se construisent dans un style simple appelé **roman**. Puis, au XIIe siècle, apparaît, dans le nord de la France, le style « **gothique** » pour construire d'immenses cathédrales (église de l'évêque) au cœur des villes. Ces bâtiments impressionnants témoignent de la foi des hommes et montrent la puissance de l'Église. Ils ont un plan en forme de croix latine et leurs décors (sculptures, fresques, vitraux) rappellent aux **chrétiens** les croyances fondamentales et les principaux épisodes de la Bible.

POINT ACTU

Le calendrier actuel reste marqué par l'héritage chrétien. Son point de départ est la naissance du Christ et de nombreux jours fériés sont associés à des fêtes religieuses (Noël, Pâques, Pentecôte…).

DÉFINITIONS

- **Laïcs** : personnes qui ne font pas partie de l'Église.
- **Hérétiques** : personnes qui remettent en cause les croyances de l'Église.

Comprendre comment faire

Pour étudier un reliquaire

Reliquaire de saint François d'Assise, réalisé à Limoges (vers 1230). Paris, musée du Louvre.

1. **Je lis la légende.** Un reliquaire contient une relique (un objet ou un ossement d'un saint). François d'Assise décide de vivre dans la pauvreté comme le Christ et fonde l'ordre des moines franciscains, qui doivent vivre de la mendicité et prêcher. Il meurt en 1226 et devient saint en 1228.

2. **J'observe le document.** C'est un reliquaire quadrilobé (avec quatre lobes) en bois, recouvert de cuivre. Une scène de miracle est représentée avec saint François, reconnaissable à sa robe de moine, sa tonsure et son auréole de sainteté. La tête levée vers un ange, il vient de recevoir les stigmates (blessures dans les pieds et les mains) comme Jésus sur la croix.

3. **Je conclus.** Au Moyen Âge, les reliquaires témoignent d'un culte des saints et de leurs reliques. Le fidèle pense qu'en vénérant les restes d'un saint, celui-ci peut intervenir pour lui auprès de Dieu, faire des miracles (guérison) ou le protéger.

S'entraîner

★ 1 Observe ce tableau et lis le texte.

■ *Le Jugement dernier* (1303-1305) par Giotto (1267-1337), fresque de la chapelle des Scrovegni, Padoue (Italie).

Pour assurer son Salut, Enrico Scrovegni, riche marchand de Padoue, fait édifier une chapelle et confie la décoration intérieure à Giotto. D'après la Bible, le Jugement dernier doit intervenir à la fin des temps : le Christ réapparaîtra pour juger tous les hommes en fonction de leurs actes durant leur vie terrestre. Dans la partie supérieure de la fresque, le Christ est entouré des douze apôtres et des anges.

a. Que signifie « faire son Salut » pour un chrétien ?

b. À quel siècle et par quel peintre fut réalisée cette fresque ? Par qui a-t-elle été commandée et pour quelle raison ?

c. Quelle place occupe le Christ sur le tableau ? Pourquoi, à ton avis ?

★★ 2 Lis le texte et réponds aux questions.

L'abbaye créée en 1148 abrite des moines de l'ordre de Cîteaux, fondé par Robert de Molesmes à la fin du XIe siècle. Les moines prient Dieu pour racheter les péchés des hommes. Les moines cisterciens vivent en autarcie et partagent leurs temps entre la prière et le travail intellectuel (comme la copie de manuscrit) ou physique (comme l'agriculture).

a. À quelle catégorie de clercs appartiennent les moines ? Qui les dirige ?

b. Où prient les moines ? Quel est leur travail intellectuel ?

c. Cite un autre ordre de moines et le nom de son fondateur.

★★ 3 Compare les deux styles architecturaux de ces monuments.

■ Tours et portail ouest de l'église abbatiale Sainte Foy de Conques, XIIe siècle.

1. ....
2. ....
3. ....
4. ....

■ Façade occidentale de la cathédrale Notre-Dame de Paris, XII-XIIIe siècle.

a. À quoi sert une église ? Qu'est-ce qu'une cathédrale ?

b. Quelle est la forme des arcs dans l'église romane ? dans l'église gothique ?

c. À partir de quel siècle les églises romanes sont-elles construites ? Et les gothiques ?

d. Complète la légende avec les mots : *portail – tympan – rosace – galerie des rois.*

e. Comment les façades sont-elles décorées ?

Histoire

Livret des corrigés p. 17

Retenir l'essentiel

Dans quels domaines et de quelles manières l'Occident chrétien (l'Europe de l'Ouest) cherche-t-il à s'étendre à partir du XIe siècle ?

Une expansion militaire encouragée par l'Église

● Au XIe siècle, les rois chrétiens espagnols entreprennent la ***Reconquista*** (reconquête) sur les royaumes musulmans installés dans la péninsule. Cette reconquête militaire s'achève en 1492 avec la prise de Grenade.

● En 1095, le pape lance la première **croisade** pour lutter contre les musulmans et délivrer Jérusalem qui abrite le tombeau du Christ. En 1099, les chevaliers chrétiens prennent la ville puis conquièrent les territoires appelés États latins d'Orient. Malgré sept autres croisades, les chrétiens sont repoussés par les musulmans et abandonnent en 1291 le dernier État latin d'Orient.

Expansion commerciale et essor des villes

● À partir du XIe siècle, le **commerce** se développe fortement. Les deux grands pôles sont la **Méditerranée**, dominée par les marchands italiens, et les **mers nordiques** avec les marchands allemands. Les principales marchandises sont les matières premières (laine, bois, métaux courants) et les denrées alimentaires (blé, sel), mais les plus rentables sont les produits de luxe (soies, épices) importés d'Orient. Le **transport fluvial et maritime** domine tandis que le transport terrestre, coûteux et peu commode, est moins utilisé.

● Avec l'extension du commerce et la croissance démographique, les villes **grossissent et se multiplient.** Les seigneurs leur octroient des chartes de franchise qui leur assurent une **autonomie.** Les villes sont protégées par des **murailles** et édifient des bâtiments particuliers (cathédrale, hôpital, hôtel de ville…). Elles abritent aussi les **foires** comme celles de Champagne. Les marchands se fixent en ville et se regroupent en corporations (guildes ou hanses) qui les défendent et organisent le commerce.

● L'essor des échanges entraîne une augmentation de la frappe de **monnaie d'or** (ducat vénitien) et l'apparition de nouvelles techniques commerciales (lettres de change, comptabilité), de **banquiers** et de grandes compagnies commerciales.

POINT ACTU

Au Moyen Âge, le bourgeois habite la ville (le bourg) et paie un impôt. La banlieue est le territoire sur lequel la ville étend son droit de ban.

DÉFINITIONS

- **Croisade :** expédition militaire autorisée par le pape contre les ennemis des chrétiens.
- **Banquier :** à l'origine, il pratique le change et, ensuite, il accepte des dépôts d'argent et prête de l'argent.

Comprendre comment faire

Pour étudier une monnaie

1. Je lis la légende. Le ducat est une pièce en or faite à Venise en 1400. Il pèse environ 3,5 grammes composés d'or fin (24 carats).

2. J'observe le document. À gauche saint Marc, protecteur de Venise dont l'emblème est le lion, est reconnaissable à son auréole. Il tend la bannière de Venise au personnage agenouillé, le doge, dirigeant élu de Venise (République indépendante au Moyen Âge). Autour de la pièce, l'inscription mentionne « S. M. VENET. » (Saint Marc de Venise en latin et en abrégé) et « G. DANDOLO » (Giovanni Dandolo, doge de 1280 à 1289).

■ Ducat en or de la République de Venise : Saint Marc remettant la bannière au doge Giovanni Dandolo (XIIIe siècle). Paris, Bibliothèque nationale.

3. Je conclus. Le fait que Venise puisse frapper une monnaie d'or montre sa richesse provenant du commerce maritime. Le ducat sert aux marchands de monnaie d'échange internationale.

S'entraîner

★ **1 Observe attentivement cette carte et réponds aux questions.**

Le commerce au XIIIe siècle

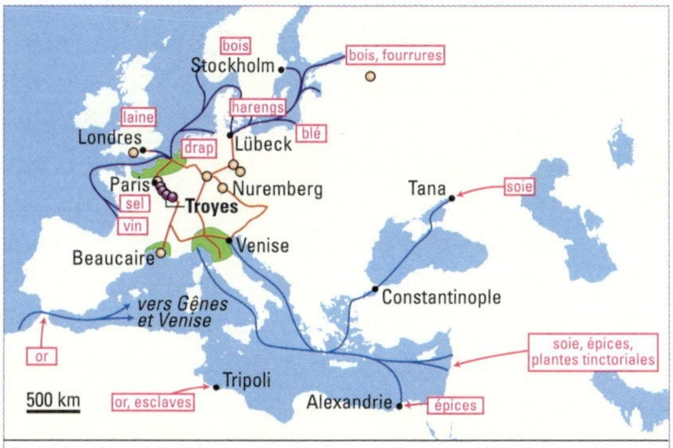

Routes commerciales maritimes :
- de Flandre et de la mer Baltique
- des marchands italiens

Routes commerciales terrestres

Foires de Champagne

Autres villes de foire

Régions de production textile

blé Principaux produits échangés

a. Cite deux villes commerçantes du pôle méditerranéen et deux villes du pôle des mers nordiques.

b. Cite deux denrées alimentaires et deux matières premières échangées dans le nord de l'Europe.

c. Cite deux produits de luxe importés d'Orient par les Européens.

★★ **2 Réponds aux questions après avoir étudié la carte des croisades.**

Les croisades du XIe au XIIIe siècle

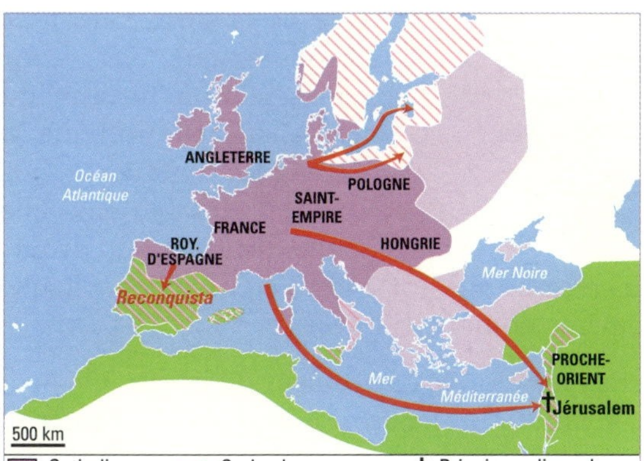

Catholiques

Orthodoxes

Musulmans

Croisades

Expansion catholique (XIe et XIIe s.)

† Principaux lieux de pèlerinage catholique

a. Dans quelles régions européennes l'Église chrétienne s'étend-elle ?

b. Quelle religion est présente au Proche-Orient avant les croisades ?

c. Quelle est la ville importante pour les chrétiens au Proche-Orient ?

★★ **3 À l'aide d'un dictionnaire et du chapitre 7, retrouve les nouvelles techniques de navigation pour commercer plus facilement à partir du XIe siècle.**

Collier d'épaule – gouvernail d'étambot – boussole – moulin à eau – technique de la jachère – astrolabe – portulan.

★★ **4 Teste tes connaissances.**

a. La *Reconquista* c'est la reconquête :
- de l'Espagne par les musulmans ☐
- de l'Espagne par les chrétiens ☐
- de Jérusalem par les musulmans ☐
- de Jérusalem par les chrétiens ☐

b. La première croisade :
- débute en 1099 ☐
- est lancée par le pape ☐
- a pour but de délivrer Jérusalem ☐
- est suivie de sept autres croisades ☐

c. Quelles marchandises ne font pas l'objet d'un commerce en Occident au Moyen Âge ?

le sel ☐ le tabac ☐ la soie ☐
la laine ☐ le pétrole ☐ le nylon ☐

d. Grâce aux chartes de franchise :

le seigneur dirige la ville ☐
le banquier paie son client ☐
le marchand achète un produit ☐
la ville se gère elle-même ☐

e. Parmi ces personnages, lesquels ne sont ni clercs, ni nobles ?

le pape ☐ le seigneur ☐ le marchand ☐
le banquier ☐ l'évêque ☐ les croisés ☐

Histoire

Livret des corrigés p. 17-18

Retenir l'essentiel

Du VIIIe au XVIe siècle, de grands empires urbanisés se forment dans l'Afrique subsaharienne.

Quatre empires

- Dans l'empire du **Ghana**, l'empereur fonde son pouvoir sur le culte d'un Dieu serpent et commande une armée puissante et organisée. Au XIIe siècle, l'empire, affaibli par les attaques musulmanes, disparaît.
- L'empire du **Mali** se forme grâce à l'empereur Soundiata Keïta (1230-1255). Il connaît son apogée sous Mansa Moussa (1312-1337). Les querelles de succession affaiblissent l'empire attaqué par ses voisins comme les Songhaïs.
- L'empire du **Songhaï** est un État musulman qui s'étend grâce à des conquêtes. À son apogée sous Sonni Ali (1464-1492), il est détruit par les Marocains à la fin du XVIe siècle.
- Le **Monomotapa** rayonne à l'est de l'Afrique mais des conflits de succession font éclater cet empire, à la mort de Matopé, vers 1480.

Les échanges commerciaux

- La richesse de ces empires repose sur le contrôle des routes commerciales. Un **commerce caravanier transsaharien** entre le nord de l'Afrique (conquis par les musulmans) et le Sahel s'organise avec les marchands arabes qui vendent des produits artisanaux (bijoux, armes, tissus) ou agricoles (blé, dattes) et les empires qui vendent de l'or de leurs mines, du sel (pour conserver les aliments), des peaux de léopard… À l'est, le Monomotapa exploite aussi des mines d'or qu'il vend aux marchands d'Arabie.
- Les empires pratiquent la **traite des esclaves** (prisonniers de guerre, condamnés) avec les Arabes, selon deux axes majeurs : par caravanes, à travers le Sahara (pour le Ghana, le Mali vers l'Afrique du Nord) et par bateaux, dans l'océan Indien (pour le Monomotapa vers l'Arabie). À partir du XVIe siècle, les Européens viennent aussi acheter des esclaves dans l'ouest de l'Afrique pour les « exporter » vers l'Amérique (voir chapitre 7).

POINT ACTU

L'actuel Ghana dans le golfe de Guinée ne faisait pas partie de l'empire du Ghana mais ce pays, colonisé et appelé *Gold Coast* par les Anglais, a choisi ce nom lors de son indépendance en hommage à l'histoire de l'Afrique.

Comprendre comment faire

▶ Pour étudier une frise chronologique

Les quatre empires subsahariens

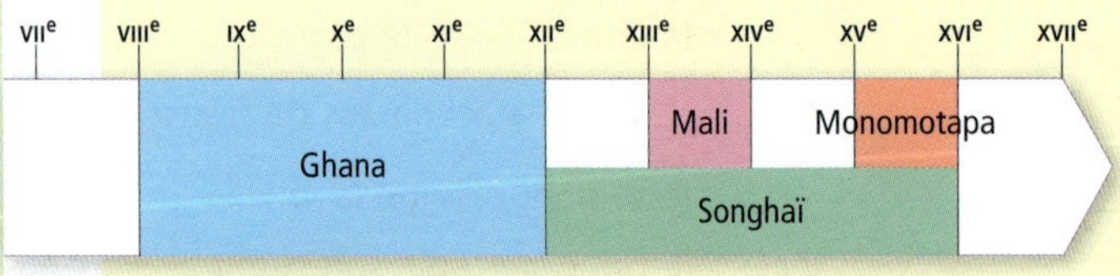

1. Je lis le titre. Une frise chronologique est une représentation linéaire du temps. Ici, elle indique la durée des quatre grands empires subsahariens. Elle se lit de gauche à droite, de l'époque la plus ancienne à la plus récente. Elle est divisée en périodes : chaque intervalle sur la frise correspond au même nombre d'années.

2. J'étudie la frise. Chaque empire est représenté avec une couleur différente. On peut lire le siècle où l'empire est apparu, celui durant lequel il a disparu et calculer sa durée.

3. Je conclus. L'empire du Ghana est le plus ancien. Il débute au VIIIe siècle. C'est aussi celui qui a duré le plus longtemps (près de quatre siècles). Les trois empires sahéliens (Ghana, Mali, Songhaï) se sont succédé. Les empires du Songhaï et du Monomotapa sont contemporains (ont existé à la même époque).

DÉFINITIONS

- **Subsaharien** : sud du Sahara.
- **Transsaharien** : à travers le Sahara.
- **Sahélien** : du Sahel, bordure sud du Sahara.

S'entraîner

★★ 1 Relis le cours et observe la carte et sa légende pour répondre aux questions.

L'Afrique du VIIe au XVIe siècle

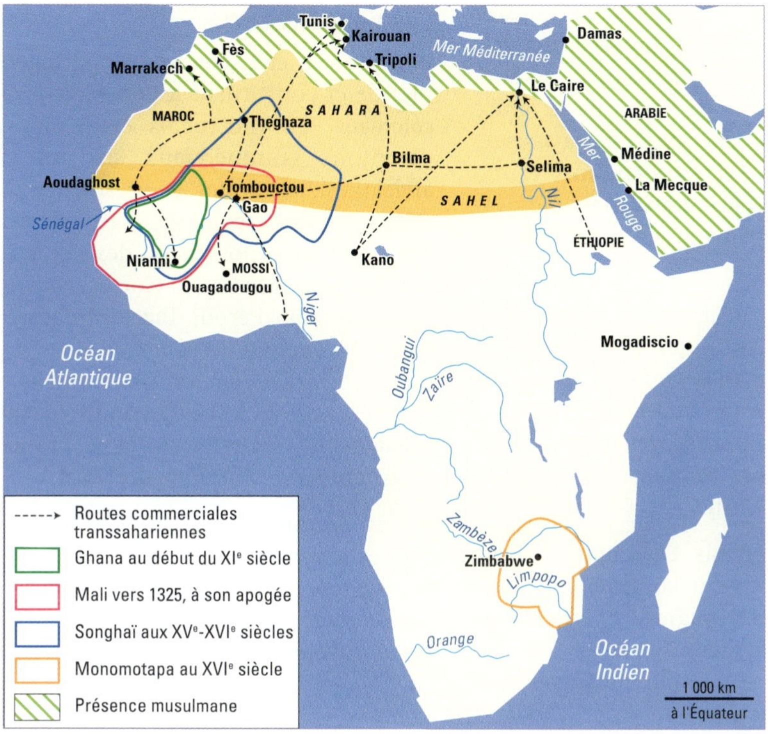

a. Dans quelle région d'Afrique se situent les empires du Ghana, du Mali et du Songhaï ?

b. Dans quelle partie de l'Afrique se situe le Monomotapa ?

c. Cite une ville importante de l'empire du Songhaï et une ville importante de l'empire du Monomotapa.

d. Comment sont transportées les marchandises à travers le Sahara ?

e. Qu'achètent les marchands arabes dans les empires sahéliens ?

★★ 2 Observe le document et sa légende puis, à l'aide du cours, réponds aux questions.

a. Quel roi est représenté ? Sur quel empire a-t-il régné ? À quel siècle ?

b. Que tient-il dans la main ?

c. Sur quel document est-il représenté ? De quelle manière ?

■ Mansa Moussa, le roi du Mali assis sur un trône, enluminure d'Abraham Cresques extraite de *L'Atlas catalan*, réalisé pour Charles V (vers 1375). Paris, Bibliothèque nationale.

Histoire

Livret des corrigés p. 18

Retenir l'essentiel

Les expéditions maritimes

● Les Européens recherchent des **métaux précieux** et veulent développer le **commerce** avec l'Asie, limité par la présence musulmane. L'Église souhaite **convertir** au-delà de l'Europe. Beaucoup de navigateurs sont animés d'un esprit de curiosité et grâce au perfectionnement des connaissances (rotondité de la Terre, portulans) et des **techniques** (**caravelle**, gouvernail d'étambot, boussole) peuvent entreprendre de grands voyages.

● Les Portugais découvrent progressivement les côtes atlantiques de l'Afrique. En 1488, **Bartolomeo Dias** franchit le cap de Bonne Espérance (au sud de l'Afrique) et les expéditions se poursuivent dans l'océan Indien, avec **Vasco de Gama**, vers l'Inde, l'Indonésie et la Chine.

● En 1492, le génois **Christophe Colomb** découvre un nouveau continent pour le compte des rois espagnols : l'**Amérique**, du nom du navigateur florentin **Amerigo Vespucci** qui s'y est rendu plusieurs fois. Le Portugais **Magellan** entreprend pour l'Espagne, en 1519, un tour du monde et prouve ainsi que la Terre est ronde.

Les conséquences

● Portugais et Espagnols se partagent le monde et constituent les **premiers empires coloniaux**. Les Portugais établissent des comptoirs commerciaux sur les côtes africaines, asiatiques et brésiliennes. Les **conquistadores** espagnols, grâce aux armes à feu, prennent possession des terres américaines : au Mexique, Cortez contre les Aztèques ; au Pérou, Pizzaro contre les Incas. Ils exploitent les terres et les mines en faisant travailler les Amérindiens puis font venir des esclaves d'Afrique (**commerce triangulaire**). L'Angleterre et la France se reportent sur l'Amérique du Nord.

● Ces découvertes permettent d'améliorer les connaissances géographiques du monde (évolution des cartes) et d'accroître les échanges commerciaux qui enrichissent l'Europe.

Comprendre comment faire

▶ Pour étudier une gravure

■ « Christophe Colomb accueilli par les Indiens à son arrivée à Hispaniola », gravure de Théodore de Bry (XVIe siècle). Collection privée.

1. Je lis la légende. La gravure représente l'arrivée de Christophe Colomb à Haïti dans les Antilles. Elle a été réalisée au XVIe siècle par Théodore de Bry.

2. Je décris la gravure. Au 1er plan, Christophe Colomb est entouré de deux soldats et les Amérindiens lui offrent des cadeaux. Au 2e plan, une croix est dressée et au dernier plan figurent les trois navires de Colomb dont descendent des soldats, qui effraient des Indiens.

3. Je conclus. Cette gravure montre la rencontre de deux mondes : les Européens armés, veulent christianiser les Amérindiens à demi-nus et accueillants et s'installer sur l'île pour fonder une colonie.

POINT ACTU

1492, date de la découverte de l'Amérique et de la fin de la *Reconquista* est l'année qui marque la fin du Moyen Âge.

DÉFINITION

▸ **Caravelle :** petit navire maniable et rapide.

S'entraîner

★ **1 Relie chaque navigateur au pays qui l'a envoyé et au but du voyage.**

Pays	Navigateur	But du voyage
France	Magellan	Amérique du Nord (Canada)
Espagne	Vasco de Gama	Cap de Bonne Espérance
Espagne	Cartier	Tour du monde
Portugal	Dias	Amérique (Antilles)
Portugal	Colomb	Inde

a. Classe les voyages du tableau ci-dessus dans l'ordre chronologique.

b. Où se situe le cap de Bonne Espérance ?

c. Quelle hypothèse scientifique le tour du monde permet-il de confirmer ?

★★ **2 Étudie attentivement le schéma pour répondre aux questions.**

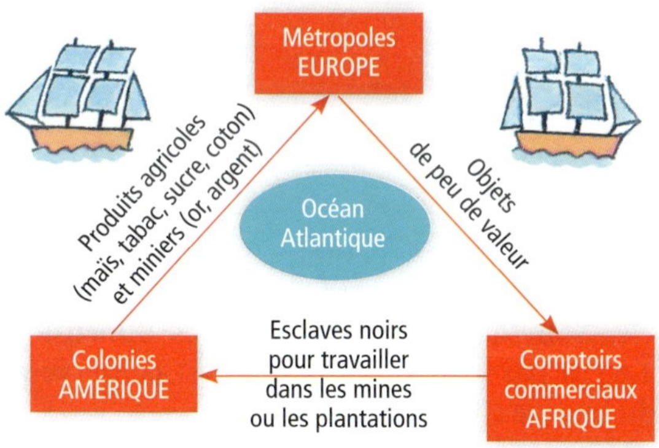

Légende

→ : Commerce triangulaire

.... : pays qui possède des colonies.

.... : territoire conquis, dominé politiquement et exploité économiquement par un pays étranger éloigné.

a. Avec quoi les marchands européens achètent-ils des esclaves en Afrique ?

b. Que transportent les navires d'Amérique vers l'Europe ?

c. Pourquoi parle-t-on de « commerce triangulaire » ?

d. Complète la légende du schéma avec les deux mots suivants : *colonie* et *métropole*.

★★ **3 Complète le texte sur Christophe Colomb avec les mots suivants :**

Hispaniola – Lisbonne – Andalousie – Italie du Nord – l'Atlantique – IIe siècle – nouveau monde – trois – Marco Polo – 1492.

• Christophe Colomb est né vers 1450-1451 à Gênes, port d'................................

• En 1477, il s'installe à ...., capitale du Portugal. Il lit beaucoup, notamment le livre de Ptolémée (géographe grec du .... qui pense que la Terre se divise en .... continents, Europe, Afrique, Asie, et que l'Atlantique est une petite mer entre l'Europe et l'Asie) et celui de ...., voyageur vénitien du XIIIe siècle, qui raconte son voyage en Chine dans son *Livre des merveilles du monde*. En 1484, Colomb soumet son projet d'aller en Inde en traversant .... au roi Jean II du Portugal qui le refuse.

• Colomb s'installe ensuite en ...., dans le sud de l'Espagne et propose à Isabelle de Castille et Ferdinand d'Aragon son expédition. En ...., avec la fin de la *Reconquista*, les rois espagnols autorisent le voyage et des commanditaires privés le financent.

• Colomb quitte l'Andalousie le 3 août 1492 et touche la première île des Bahamas le 12 octobre 1492. Il est persuadé d'avoir abordé le Japon et cherche les richesses décrites par Marco Polo. Puis, il découvre Cuba et .... (Haïti) où il fonde une colonie. Il rentre en Espagne puis entreprend trois autres expéditions vers ce qu'il croit toujours être l'Asie. Jusqu'à sa mort en 1506, Colomb nie avoir découvert un ....

Livret des corrigés p. 18

Retenir l'essentiel

Les débuts de la Renaissance

- La **Renaissance** est caractérisée par un **bouleversement dans la façon de créer,** dans tous les domaines artistiques (architecture, sculpture, peinture). Elle prend naissance dans les **villes italiennes** comme Florence. Des artistes s'appuient sur de nouvelles techniques, s'inspirent de **l'Antiquité** et utilisent la **régularité** et la **symétrie** avec le souci de représenter la **réalité**. Ainsi, peintres et sculpteurs étudient les proportions des corps et insistent sur l'expression des sentiments des personnages. Dans les tableaux, la **perspective** et les jeux de lumière donnent l'illusion de profondeur.

- Au Moyen Âge, c'est surtout l'Église qui finance des œuvres d'art. À la Renaissance, les princes, les seigneurs, les marchands et les bourgeois passent aussi commande aux artistes, entraînant une **diversification des thèmes artistiques** avec une multiplication de portraits (*La Joconde* de Vinci), de scènes mythologiques (*La naissance de Vénus* de Botticelli) et de paysages en plus des sujets religieux (*La Genèse* de la chapelle Sixtine par Michel-Ange). Les rois, les grands seigneurs, les familles très fortunées jouent souvent le rôle de **mécènes** (les Médicis à Florence, les papes à Rome, François Ier en France).

La diffusion de la Renaissance

- Progressivement, les techniques apparues en Italie **se propagent dans le reste de l'Europe** grâce à la circulation des livres imprimés, aux séjours des artistes à l'étranger (avec le mécénat) et aux voyages diplomatiques et militaires.

- De 1494 à 1516, **les rois de France combattent en Italie** d'où ils rapportent des statues et des tableaux. François Ier invite Léonard de Vinci en France. Les châteaux de cette époque (Chambord ou Fontainebleau) témoignent de l'influence italienne. Aux **Pays-Bas** (Van Eyck, Brueghel) ou en **Allemagne** (Holbein), les peintres s'inspirent aussi du style italien et l'adaptent.

Comprendre comment faire

Pour étudier un tableau de la Renaissance

■ *La Vierge, l'Enfant Jésus et Sainte Anne* (XVe siècle) par Léonard de Vinci (1452-1519), huile sur bois, 1,68 × 1,30 m. Paris, Musée du Louvre.

1. Je lis la légende. Cette peinture à l'huile a été réalisée sur du bois par Léonard de Vinci au début du XVIe siècle. Son thème est religieux. Ses dimensions sont d'1,68 m par 1,30 m. Le tableau est conservé au musée du Louvre à Paris.

2. J'observe. Trois personnages apparaissent selon une structure pyramidale : Sainte Anne, sur ses genoux sa fille, la Vierge Marie, et son petit-fils Jésus qui joue avec un agneau. Ils sont dans un paysage bordé par des montagnes.
Vinci a composé une scène ordonnée. Il utilise la perspective et les jeux de lumière. Les personnages expriment des sentiments et, comme le décor, sont représentés avec beaucoup détails et de façon réaliste.

4. Je conclus. C'est une œuvre de la Renaissance d'après la date de réalisation et les techniques utilisées. Léonard de Vinci a peint un thème religieux tout en représentant une scène familiale marquée par la tendresse.

POINT ACTU

Léonard de Vinci symbolise la Renaissance. Il inspire encore beaucoup d'auteurs (*Da Vinci Code*) et *La Joconde*, conservé au Louvre, attire chaque année des millions de personnes.

DÉFINITION

Mécène : personne riche qui consacre sa fortune à promouvoir les arts et à protéger les artistes.

S'entraîner

★ 1 Étudie la carte et sa légende et réponds aux questions.

Les foyers de la Renaissance

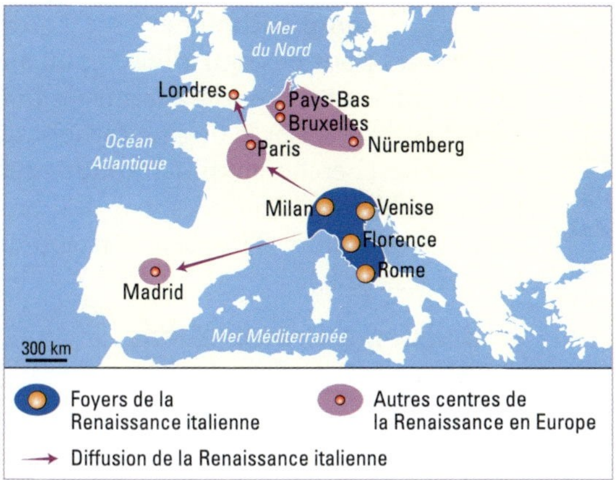

a. Dans quelle région se situe le berceau de la Renaissance ?

b. Cite au moins deux villes qui font partie de cette région.

c. Dans quelles régions se diffuse la Renaissance ?

d. Pour chaque région, cite un artiste qui y a travaillé.

★★ 2 Regarde la photographie et relis le cours pour répondre aux questions.

■ Vue extérieure du château de Chambord, construit à partir de 1523 pour François 1er.

a. Où a été construit ce château ? Sous le règne de quel roi ?

b. À quel domaine artistique correspond la construction de ce château ?

c. Souligne, dans la liste suivante, les adjectifs qui correspondent le mieux à ce château :

gothique – symétrique – vaste – très protégé.

★★ 3 À l'aide du cours, entoure en rouge, dans les expressions ci-dessous, les techniques utilisées à la Renaissance.

(Les autres expressions correspondent aux techniques utilisées au Moyen Âge).

a. représentation réaliste / représentation symbolique

b. pas de perspective / perspective

c. expression des sentiments / peu d'expression des sentiments

d. peu d'importance aux détails / beaucoup de détails

★★ 4 Complète cette grille de mots croisés sur des personnages et des lieux de la Renaissance.

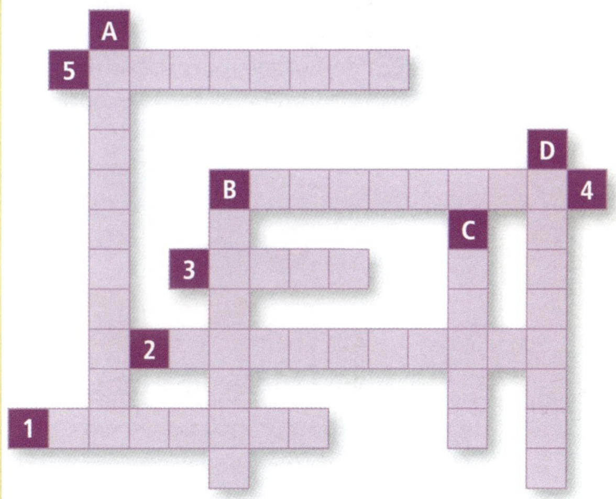

HORIZONTALEMENT :

1. Chapelle dont le plafond illustre un épisode de la Bible.
2. Peintre qui a travaillé à Rome.
3. Peintre des Pays-Bas.
4. Prénom de roi (à l'envers).
5. Peintre des Pays-Bas.

VERTICALEMENT :

A. Peintre qui a représenté la déesse romaine de l'amour et de la beauté.
B. Grande famille de mécènes florentins.
C. Peintre d'origine italienne qui a travaillé en France.
D. Ville italienne où s'est développée la Renaissance.

Livret des corrigés p. 18

Retenir l'essentiel

Comment se manifeste la crise religieuse au XVIe siècle ? Quel courant chrétien apparaît ? Avec quelles conséquences ?

Les débuts du protestantisme

- Au début du XVIe siècle, un moine allemand, **Martin Luther**, veut réformer l'Église catholique. Il dénonce la vente des **indulgences** (le pardon des pêchés par l'Église) car pour lui, seule la foi peut assurer le Salut. Il remet en cause l'autorité du pape (celle de la Bible est supérieure). Les thèses de Luther se diffusent rapidement grâce à l'imprimerie.
- En 1534, en Angleterre, le roi **Henri VIII se proclame chef de l'Église anglicane** quand le pape lui refuse l'annulation de son divorce. Cette Église mêle des éléments du catholicisme et du protestantisme.
- Le Français **Jean Calvin**, né à Noyon en 1509 et mort à Genève en 1564, reprend les idées de Luther mais il doit fuir à Genève en 1541 où il organise sa propre Église qui se répand en France au XVIe siècle.

La réaction de l'Église catholique

- Le protestantisme se propage dans plusieurs régions (voir carte p. 137). En réaction, l'Église catholique crée l'ordre des **Jésuites** pour enseigner la religion aux fidèles et réunit un **concile à Trente** de 1545 à 1563 pour préciser le dogme catholique. Le concile cherche aussi à résoudre certains problèmes dénoncés par les protestants (création d'un séminaire pour former les curés).

La division entre chrétiens

- L'Europe occidentale est désormais divisée entre chrétiens catholiques et protestants, entraînant des **persécutions** (contre les catholiques en Angleterre, contre les protestants en France) et des **conflits.**
- En 1618, débute dans le Saint-Empire (Allemagne actuelle) la **guerre de Trente ans** entre les princes catholiques et protestants. Elle s'étend ensuite à presque toute l'Europe. En 1648, les traités de Westphalie mettent fin à cette guerre, reconnaissent le protestantisme et confirment en Allemagne que **les sujets d'un prince doivent avoir la même religion que lui.**

Comprendre comment faire

Pour étudier une œuvre de propagande

■ *La Balance :* caricature calviniste, gravure hollandaise de Van Der Hoye en 1591.

1. Je lis la légende. C'est une gravure hollandaise du XVIe siècle qui représente les catholiques face aux protestants. Elle a été réalisée en 1591.

2. J'étudie l'image. Elle est divisée en deux parties : à gauche les catholiques (on reconnaît le pape, des cardinaux, des évêques, des moines) et à droite les protestants (avec Jean Calvin) vêtus de noir. Au centre, se trouve une balance qui penche du côté des protestants grâce à un livre.

3. Je conclus. Le livre représente la Bible, seule autorité reconnue chez les protestants. La balance penche de leur côté, ce qui signifie qu'ils ont raison. Réalisée par un protestant, cette gravure est une œuvre de propagande car elle cherche à convaincre que seules les idées des protestants assurent le Salut.

POINT ACTU

Martin Luther King est un pasteur protestant qui a défendu le droit des minorités noires aux États-Unis, notamment dans son fameux discours « I have a dream » en 1963. Ses deux prénoms (Martin Luther) témoignent de la foi de son père qui était aussi pasteur.

S'entraîner

★ **1 Observe la carte pour répondre aux questions.**

Les religions en Europe au XVIIe siècle

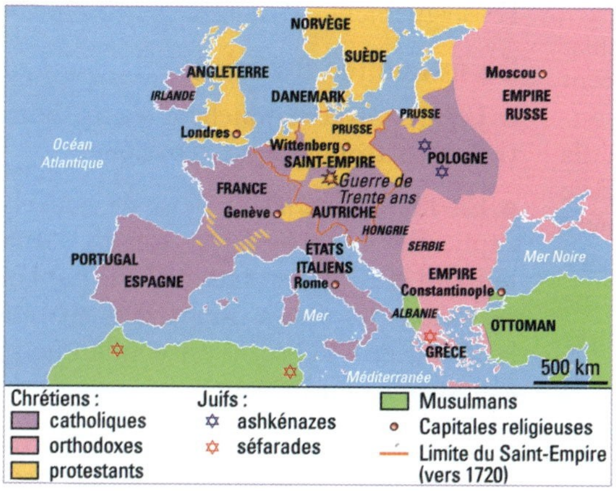

a. Où ont vécu Luther et Calvin ?

b. Cite quatre régions ou pays dans lesquels s'est diffusé le calvinisme.

c. Cite deux pays dans lesquels il y a à la fois des catholiques et des protestants.

★★ **2 Après avoir relu le chapitre 4, réponds aux questions et complète le tableau.**

a. Que signifie « faire son Salut » ?

b. À l'aide du reliquaire (p. 126), rappelle ce qu'est le « culte des saints ».

c. Quel est le point commun de tous les chrétiens ?

d. Complète le tableau ci-dessous sur les différences entre catholiques et protestants.

e. Montre que l'anglicanisme est à mi-chemin entre le catholicisme et le protestantisme.

★★ **3 Complète par Vrai (V) ou Faux (F).**

a. Les protestants ne sont pas chrétiens. ☐

b. La guerre de Trente ans a des causes religieuses. ☐

c. L'Église catholique a réagi face au développement du protestantisme. ☐

d. Le séminaire créé par les catholiques au XVIe siècle sert à juger les protestants. ☐

e. Le protestantisme apparaît à la fin du XVe siècle. ☐

f. Le protestantisme se divise en quatre courants. ☐

Les chrétiens au XVIe siècle dans l'Europe occidentale

	Catholiques	Luthériens	Calvinistes	Anglicans
Dieu	Croient en un seul Dieu et à son fils Jésus-Christ qui s'est fait homme et est mort pour sauver les hommes.			
Le Salut	S'obtient par la foi et par	S'obtient par	S'obtient par la foi avec la prédestination.	S'obtient par la foi.
La Vierge et les saints	Culte de la Vierge et des saints qui sont des intercesseurs.	Pas de culte de la Vierge et des saints qui ne sont pas des intercesseurs.		
Sacrements	.... sacrements (exemples : ....).	Deux sacrements : baptême et communion.		
Chef de l'Église	....	Refus de l'autorité du pape.		....
Organisation de l'Église	Clergé formé de prêtres (pape, évêques et curés) qui ont un caractère sacré et restent	Pas de clergé. Il y a des pasteurs ou ministres du culte qui ont le droit de se marier.		Formée de prêtres (évêques et curés) qui ont un caractère sacré mais peuvent se marier.
Cérémonie	Messe en latin.	Simple lecture de la Bible dans la langue du pays.		Messe en anglais.

Histoire

Livret des corrigés p. 18-19

Retenir l'essentiel

Quels sont les progrès scientifiques réalisés aux XVIe et XVIIe siècles ?

Une nouvelle façon de penser

- Dès la fin du Moyen Âge, des savants, appelés **humanistes** parce qu'ils placent l'Homme au centre de l'univers, redécouvrent les grands textes de l'Antiquité. Ils remettent en cause l'emprise de l'Église sur le savoir et abordent les connaissances avec un **esprit critique**, fondée sur **l'expérimentation et l'observation** : on formule une hypothèse que l'on cherche à démontrer par des expériences pour établir des **lois universelles.**

De nouveaux moyens

- Ces savants bénéficient de **l'imprimerie** (mise au point vers 1450 par Gutenberg) qui permet de diffuser largement les nouvelles connaissances et créent de **nouveaux instruments** de mesure (thermomètre) et d'observation (lunette astronomique).
- À partir de 1650, les rois fondent **des sociétés savantes**, comme la *Royal society* créée par Charles II à Londres ou l'Académie royale des sciences par Louis XIV à Paris pour favoriser la recherche et l'enseignement.

De nouvelles théories

- Les découvertes touchent les mathématiques, l'astronomie et la physique.
- En 1543, **Copernic** propose de nouvelles explications du système solaire. **Galilée** reprend et complète cette théorie par l'observation des astres. Remettant en cause la vision de l'Église, il est condamné par l'Inquisition en 1633.
- En 1636, **Descartes** établit une nouvelle manière de réfléchir, fondée sur le raisonnement et le doute critique.
- **Pascal**, vers 1650, met au point le calcul des probabilités et affine les travaux sur la pression atmosphérique et le vide.
- En 1687, **Newton** énonce la loi de gravitation universelle et explique ainsi le mouvement elliptique des planètes et le phénomène des marées.

Comprendre comment faire

Pour étudier une carte du ciel

1. Je lis la légende. Cette carte est réalisée au XVIIe siècle, d'après les découvertes du polonais Nicolas Copernic dans la première moitié du XVIe siècle.

2. J'observe. Le Soleil est au centre de l'Univers (héliocentrisme). Les planètes tournent autour du Soleil en décrivant un cercle. Des satellites tournent autour des planètes (la Lune pour la Terre, quatre satellites pour Jupiter).

3. Je conclus. Copernic remet en cause le géocentrisme (la Terre au centre de l'univers), défendu par l'Église.

■ « Carte de l'univers : système du monde selon Nicolas Copernic », gravure extraite de *Harmonia Macrocosmica*, par Andréas Cellarius, édition de 1661. Collection privée.

POINT ACTU

De 1996 à 2003, la sonde Galileo, lancée par la NASA, envoie plus de 14 000 images de Jupiter et de ses satellites.

DÉFINITION

- **Loi universelle :** phénomène valable partout et tout le temps, les mêmes causes entraînant les mêmes effets.

S'entraîner

★ **1 Observe cette peinture.**

■ Colbert présente à Louis XIV les membres de l'Académie royale des Sciences créée en 1666, Henri Testelin (1616-1695), huile sur toile. Châteaux de Versailles et de Trianon.

a. Quel roi est représenté sur le document ? Comment le reconnaît-on ?

b. Quand ce document a-t-il été réalisé ? Pourquoi cette date est-elle importante ?

c. Quels indices montrent que le lieu visité est bien l'Académie des Sciences ?

d. À quoi sert l'Académie des Sciences ?

★★ **2 Galilée condamné par l'Inquisition.**

« Il est paru à Florence un livre intitulé *Dialogue des deux systèmes du monde de Ptolémée et de Copernic* dans lequel tu défends l'opinion de Copernic. Par sentence, nous déclarons que toi, Galilée, t'es rendu fort suspect d'hérésie, pour avoir tenu cette fausse doctrine du mouvement de la Terre et du repos du Soleil. Conséquemment, avec un cœur sincère, il faut que tu abjures et maudisses devant nous ces erreurs et ces hérésies contraires à l'Église. Et afin que ta grande faute ne demeure impunie, nous ordonnons que ce dialogue soit interdit par édit public et que tu sois emprisonné dans les prisons du Saint-Office. »

■ D'après la Gazette de Renaudot, XVIIe siècle.

a. À l'aide du chapitre 4, rappelle ce que sont un hérétique et l'Inquisition.

b. Quand Galilée est-il condamné par l'Inquisition ? Pour quelle raison ?

c. À quoi est-il condamné ?

d. Cite une découverte de Galilée.

★★ **3 Complète par Vrai (V) ou Faux (F).**

a. Copernic démontre que :

- La Terre est immobile. ☐
- La Terre est au centre de l'univers. ☐
- La Terre tourne autour du Soleil. ☐
- La Terre tourne sur elle-même. ☐

b. L'imprimerie est mise au point vers 1450 par :

Newton ☐ Gutenberg ☐
Copernic ☐ Pascal ☐

c. Une loi scientifique, c'est :

- Une cause produit un effet. ☐
- Un effet produit une cause. ☐
- Une même cause produit toujours un même effet. ☐
- Un même effet produit toujours une même cause. ☐

d. Parmi ces instruments, lequel est mis au point au XVIIe siècle ?

La lunette astronomique ☐ La boussole ☐
L'astrolabe ☐ Le stéthoscope ☐

e. Parmi ces savants, le(s)quel(s) n'a (n'ont) pas vécu au XVIe ou au XVIIe siècle ?

Ptolémée ☐ Galilée ☐ Descartes ☐
Newton ☐ Pasteur ☐ Einstein ☐

f. Parmi les affirmations suivantes, lesquelles sont justes ?

- Descartes travaille sur la botanique. ☐
- Newton écrit un livre de médecine. ☐
- Pascal s'intéresse à la pression atmosphérique. ☐
- Galilée reprend les thèses de Copernic en chimie. ☐
- Copernic défend l'héliocentrisme. ☐

Histoire

Livret des corrigés p. 19

Retenir l'essentiel

Quels obstacles rencontre le pouvoir royal quand il se renforce en France au XVIe siècle ?

Plus de territoires et d'autorité

- Les rois poursuivent l'extension du domaine royal (voir chapitre 3). Ils agrandissent le royaume en récupérant quelques territoires aux frontières. Les guerres provoquent une augmentation des impôts.

- Le roi prend les décisions, perfectionne **l'administration** et crée de plus en plus de lois. François Ier (1515-1547) signe l'ordonnance de Villers-Cotterêts qui impose le français à la place du latin comme langue de l'administration et oblige les curés à enregistrer les naissances et les décès.

- Dans la 1re moitié du XVIe siècle, pour renforcer son pouvoir, le roi cherche à diminuer celui de ses « concurrents ». Il ne réunit pas les **États généraux** et réprime les révoltes de la noblesse. François Ier obtient du pape de nommer les évêques et les abbés (concordat de Bologne en 1516).

Les guerres de religion

- À partir de 1562, catholiques et protestants s'opposent violemment. L'épisode du **massacre de la Saint-Barthélemy** en 1572 est dramatique : Charles IX (1560-1574) autorise l'exécution de protestants à Paris.

- Durant cette guerre civile, **le pouvoir du roi est remis en cause.** Les seigneurs catholiques le jugent incapable de défendre leur foi et veulent retrouver leurs anciens pouvoirs. Ils souhaitent comme les protestants une monarchie limitée. Les guerres de religion se terminent avec **Henri IV** et **l'édit de Nantes** en 1598. Le pouvoir royal se hisse au rang d'arbitre et retrouve sa force.

Comprendre comment faire

Pour étudier un texte historique

« Henry, par la grâce de Dieu roi de France et de Navarre, [...]. Nous avons jugé nécessaire de donner à tous nos sujets une loi générale, [...], qui règle tous les différends qui sont survenus, afin qu'il se puisse désormais établir entre eux une bonne et durable paix.
1. Que la mémoire de toutes choses passées [...] demeure éteinte et assoupie, [...].
2. Défendons à tous nos sujets de s'attaquer, s'injurier ou provoquer l'un l'autre sur ce qui s'est passé [...]
3. Ordonnons que la religion catholique soit rétablie en tous lieux [...].
6. Avons permis et permettons à ceux de la religion prétendue réformée [le protestantisme] de vivre en tous lieux de notre royaume [...].
9. Nous permettons à ceux de la religion prétendue réformée de continuer l'exercice de leur religion dans toutes les villes et lieux où ils la pratiquaient en 1597.
16. Nous permettons à ceux de ladite religion de pouvoir bâtir des lieux pour l'exercer [...]
22. Ordonnons qu'il ne sera fait aucune différence ou distinction entre les religions pour être admis dans les universités, collèges et écoles, ni dans les hôpitaux. »

■ Première page de l'édit de Nantes (1598), Archives nationales, Paris.

1. Je lis la légende et j'identifie le type de texte. Il s'agit ici d'une loi (édit) signée par le roi Henri IV (jaune) à Nantes en 1598, après trente-six ans d'affrontements entre catholiques et protestants en France.

2. Je lis le texte. Je surligne de différentes couleurs, les thèmes communs pour comprendre le découpage du texte. Comme c'est une loi, elle est divisée en articles.

3. Je conclus. Par cet édit, Henri IV met fin aux guerres de religion (rouge), tolère le protestantisme à côté du catholicisme (vert) et accorde une égalité quelle que soit la religion (bleu).

POINT ACTU

Aujourd'hui, les mairies gèrent l'état civil (naissances, décès).

DÉFINITIONS

- **Les États généraux :** assemblée représentant les trois ordres (clergé, noblesse, tiers état), réunie par le roi pour discuter de questions importantes.
- **Un édit ou une ordonnance :** lois signées par le roi, l'édit sur un sujet particulier et l'ordonnance sur plusieurs domaines.

S'entraîner

★ **1 Regarde la peinture et lis le petit texte pour répondre aux questions.**

■ *Henri IV s'appuyant sur la religion pour donner la paix à la France* (XVIe siècle), École française, huile sur bois. Pau, musée national du château de Pau.

En pleine guerre de religion, Henri III est assassiné en 1589 par un moine catholique. Henri de Navarre lui succède sous le nom d'Henri IV. Protestant, il doit faire la guerre aux princes catholiques pour régner. Il se convertit finalement au catholicisme en 1593 et se fait sacrer à Chartres l'année suivante.

a. Identifie les trois personnages principaux sur le tableau.

b. À partir de quand Henri IV règne-t-il ?

c. Sur quelle religion Henri IV s'appuie-t-il ?

d. Comment a-t-il donné la paix à la France ?

★★ **2 Fais des recherches sur le massacre de la Saint-Barthélemy et rédige un petit paragraphe en reprenant les réponses aux questions suivantes.**

a. Quand se déroule cet événement ? Sous le règne de quel roi ?

b. Où et par qui a été commis le massacre ?

c. Qui sont les victimes ? Quel est le bilan du massacre ?

★★ **3 Complète par Vrai (V) ou Faux (F).**

a. Parmi ces rois, lesquels n'ont pas régné au XVIe siècle ?
- François Ier ☐
- Philippe II ☐
- Henri IV ☐
- Charles IX ☐
- Louis IX ☐

b. Par quels moyens les rois renforcent-ils leur pouvoir ?
- Ils agrandissent le domaine royal. ☐
- Ils deviennent empereurs. ☐
- Ils développent l'administration. ☐
- Ils contrôlent la noblesse et le clergé. ☐
- Ils se font sacrer. ☐

c. Durant les guerres de religion, quels sont les deux camps qui s'affrontent ?
- Les seigneurs catholiques entre eux. ☐
- Les catholiques contre les musulmans. ☐
- Les catholiques contre les protestants. ☐
- Les protestants contre les musulmans. ☐
- Les orthodoxes contre les catholiques. ☐

d. L'édit de Nantes…
- est signé en 1589. ☐
- met fin aux guerres de religion. ☐
- est signé par Charles IX. ☐
- autorise le protestantisme en France. ☐
- permet au roi de nommer les évêques en France. ☐

e. Les États généraux…
- sont réunis par le roi tous les cinq ans. ☐
- regroupent des représentants de la noblesse, du tiers état et du clergé. ☐
- ne sont pas réunis dans la première moitié du XVIe siècle. ☐
- regroupent les généraux de l'armée royale. ☐
- donnent au roi un avis obligatoire à suivre. ☐

Histoire

Livret des corrigés p. 19

Retenir l'essentiel

La consolidation du pouvoir royal

Henri IV et son premier ministre **Sully** redressent le royaume après les guerres de religion. Louis XIII et **Richelieu** développent l'autorité royale et répriment les révoltes. En 1661, à la mort de son premier ministre **Mazarin**, Louis XIV décide de gouverner seul (règne personnel de 1661 à 1715). **Le pouvoir du roi de droit divin est devenu absolu.** Il mène aussi de nombreuses guerres pour montrer sa puissance et agrandir le royaume.

Une monarchie centralisée

- **Louis XIV** dispose d'un appareil d'État efficace. Le roi décide seul mais s'entoure de **conseillers** et de **ministres** compétents comme Colbert pour les Finances ou Louvois pour la Guerre.
- Dans les provinces, Louis XIV nomme des « **intendants de justice, police et finances** ». La monarchie devient **centralisée** : toutes les décisions partent de Versailles où le roi s'installe définitivement à partir de 1682.

La vie à Versailles

- Louis XIV fait construire à Versailles un **château immense qui symbolise son pouvoir.** Entouré de sa **Cour** qui le met en valeur et lui permet de surveiller la noblesse, le roi organise sa vie comme un spectacle (voir exercice 2).
- Pour **contrôler les nobles** qui se sont révoltés durant la Fronde (1648-1653), Louis XIV les attire à Versailles en leur accordant des faveurs et en offrant fêtes et spectacles. Les courtisans doivent respecter **l'étiquette** (règles fixées par le roi).

Comprendre comment faire

▶ Pour étudier un plan

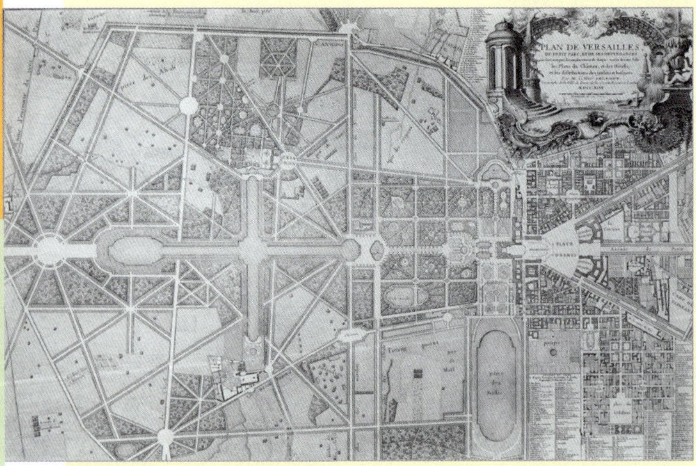

■ *Plan de Versailles, du petit parc et des dépendances* (détail) par l'Abbé Delagrive (1746). Châteaux de Versailles et de Trianon.

1. Je lis la légende. Il s'agit du plan du château de Versailles et ses jardins, établi au XVIIIe siècle.

2. J'observe le plan. Trois grandes parties : les jardins, le château et la ville. Les jardins sont organisés de manière symétrique, le grand canal et des bassins, le château s'ouvre sur la ville de Versailles par trois avenues.

3. Je conclus. Le château (le roi) est placé entre les jardins (symbolisant Dieu) et la ville (représentant les Hommes). À partir de 1701, la chambre du roi est située au centre du château comme le roi est au centre du royaume. Les trois avenues imitent les rayons du Soleil, l'emblème de Louis XIV. Les jardins à la française (réalisés par Le Nôtre) montrent une nature organisée, domestiquée par le roi. Château et jardins sont orientés Est-Ouest (axe du Soleil). Versailles symbolise donc le pouvoir du roi.

POINT ACTU

Le château de Versailles est aujourd'hui un musée qui abrite ponctuellement les institutions de la République. En effet, le président de la République peut réunir en Congrès les députés et les sénateurs à Versailles et leur lire un discours, comme Nicolas Sarkozy en juin 2009.

S'entraîner

★ 1 Schéma de l'organisation administrative sous Louis XIV.

Le roi décide

Les conseils à Versailles
- font des propositions,
- donnent des avis.

1. Conseil d'en Haut (affaires les plus importantes)
2. Conseil des finances (finances)
3. Conseil des dépêches (relations avec les provinces)
4. Conseil des parties (affaires judiciaires)

Les ministres à Versailles
- participent aux conseils,
- appliquent et font appliquer les décisions du roi.

1. le chancelier (justice)
2. le contrôleur général des finances (finances)
3. le secrétaire d'État à la Guerre
4. le secrétaire d'État aux Affaires étrangères
5. le secrétaire d'État à la Marine
6. le secrétaire d'État à la Maison du Roi (Cour)

Les intendants de justice, police et finances dans les provinces
- représentent le roi,
- font appliquer les décisions du roi.

→ préside
→ nomme

a. Comment appelle-t-on ce type de schéma ?

b. Quel est le rôle des ministres ?

c. Combien y a-t-il de conseils ?

d. Qui nomme les intendants ? Où exercent-ils leur activités ?

★★ 2 Lis le texte et réponds aux questions.

L'auteur décrit la scène du coucher du roi à laquelle il assiste régulièrement. Le roi désigne une personne pour tenir le bougeoir pendant qu'il se déshabille.

« Quoique le lieu où il [le roi] se déshabillait fût fort éclairé, l'aumônier de jour, qui tenait […] un bougeoir allumé, le rendait après au premier valet de chambre, qui le portait devant le roi […]. Il jetait un coup d'œil tout autour, et nommait tout haut un de ceux qui y étaient, à qui le premier valet de chambre donnait le bougeoir. C'était une distinction et une faveur qui se comptait, tant le roi avait l'art de donner l'être à des riens. Il ne le donnait qu'à ce qui était là de plus distingué en dignité et en naissance, extrêmement rarement à des gens moindres […]. On ôtait son gant, on s'avançait, on tenait ce bougeoir pendant le coucher, qui était fort court, puis on le rendait au premier valet de chambre […]. Je m'étais exprès peu avancé, et je fus très surpris, ainsi que l'assistance, de m'entendre nommer, et dans la suite je l'eus presque aussi souvent que je l'avais eu jusque-là. »

■ Duc de Saint-Simon, *Mémoires*, 1702.

a. À quelle catégorie de la population appartient l'auteur du texte ?

b. Souligne les passages qui montrent que le coucher du roi est public. Qui y assiste ?

c. Quel passage du texte montre que le bougeoir a peu d'utilité ?

d. En quoi tenir le bougeoir est-il « une distinction et une faveur » ?

e. Comment s'appellent les règles et les usages que doivent observer les courtisans auprès du roi ?

★★ 3 Observe la peinture et relis le cours pour répondre aux questions.

■ Louis XIV tenant les sceaux en présence du Conseil des parties (XVIIe siècle), huile sur toile. Châteaux de Versailles et de Trianon.

a. De quoi s'occupe le Conseil des parties ?

b. Où est le roi ? Comment est-il mis en valeur ?

c. Qu'est-ce qui montre que c'est le roi qui décide durant le Conseil ?

d. Cite deux autres conseils et leurs attributions.

Histoire

Livret des corrigés p. 19

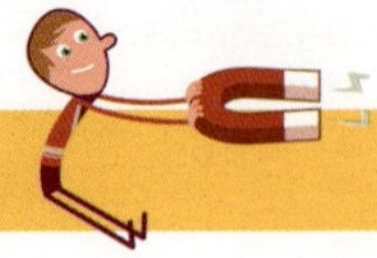

Retenir l'essentiel

Un planisphère est une représentation à plat de la Terre. Il permet donc de montrer un phénomène à l'échelle mondiale. Cette double page présente cinq planisphères qui sont en lien avec les chapitres suivants de géographie. Ils illustrent des thèmes importants du programme : le développement durable et la population, les inégalités mondiales et la gestion des ressources par les hommes.

Le tourisme durable

Le tourisme de masse, exercé par un grand nombre de personnes dans un pays, concerne autant les pays riches que les pays pauvres et génère des revenus importants. Toutefois, il peut remettre en cause les équilibres écologiques, économiques et sociaux. La notion de « tourisme durable » se développe autour de ces trois piliers : préserver l'environnement (surtout dans les pays riches), assurer des ressources suffisantes et distribuer équitablement les revenus du tourisme aux populations locales (surtout dans les pays pauvres).

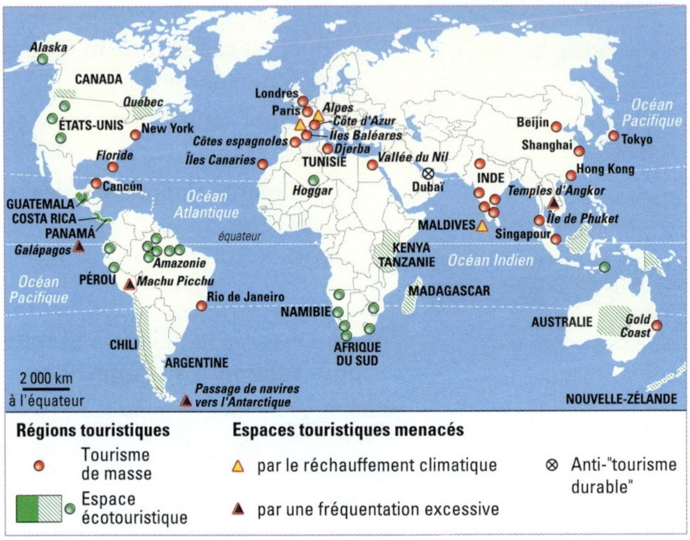

La croissance démographique

La croissance démographique est l'augmentation de la population. En 1800, il y avait environ 1 milliard d'hommes sur la Terre. En deux siècles, la population a connu une forte augmentation puisqu'elle a presque été multipliée par 6. Aujourd'hui, la population continue d'augmenter mais moins fortement et cet accroissement varie beaucoup selon les pays. D'une manière générale, dans les pays en développement, la population progresse fortement alors que, dans les pays riches, elle croît faiblement ou stagne.

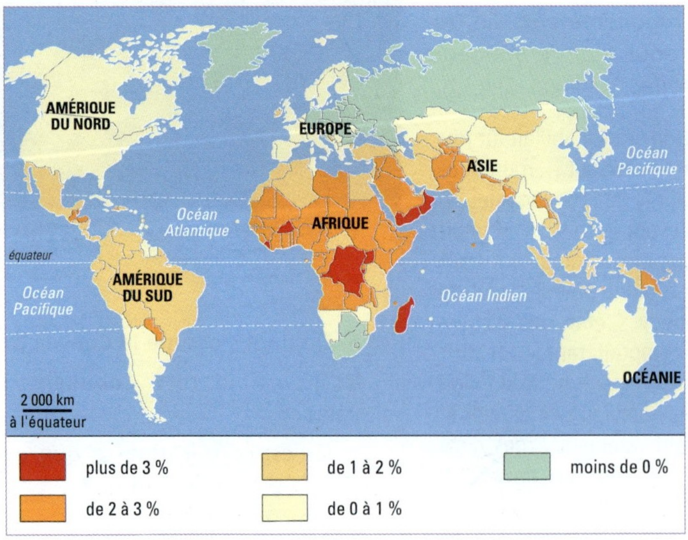

POINT ACTU

Se loger, se nourrir, se vêtir, travailler... le développement soutenable (durable) signifie que les besoins essentiells sont satisfaits. (Extrait du rapport Brundtland, 1987).

Le taux d'alphabétisation

Il calcule le nombre de personnes qui savent lire et écrire dans un pays. Il est lié au taux de scolarisation (personnes qui vont à l'école) et à la qualité du système scolaire (nombre d'enseignants, budgets pour les équipements...). Les taux d'alphabétisation sont faibles dans la plupart des pays africains, en Asie du Sud et au Moyen Orient. En revanche, ils sont élevés en Amérique du Nord, en Europe et en Australie, dans des pays riches où le système éducatif est développé.

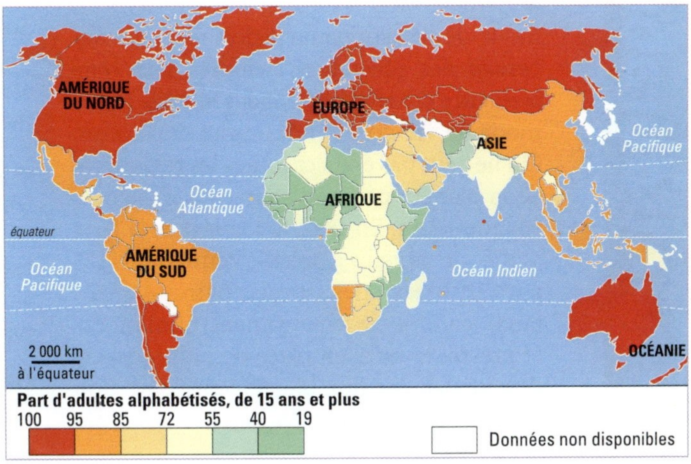

L'IDH

L'ONU a créé l'Indicateur de Développement Humain (IDH) pour mesurer le développement économique et social d'un pays. L'IDH prend en compte une mesure quantitative de la richesse (PIB par habitant) et des facteurs qualitatifs comme l'espérance de vie, la santé, l'éducation. L'IDH varie de 0 à 1 (plus on se rapproche de 1, plus le pays est développé). Les pays avec un fort IDH se situent plutôt au Nord et les pays avec un faible IDH au Sud.

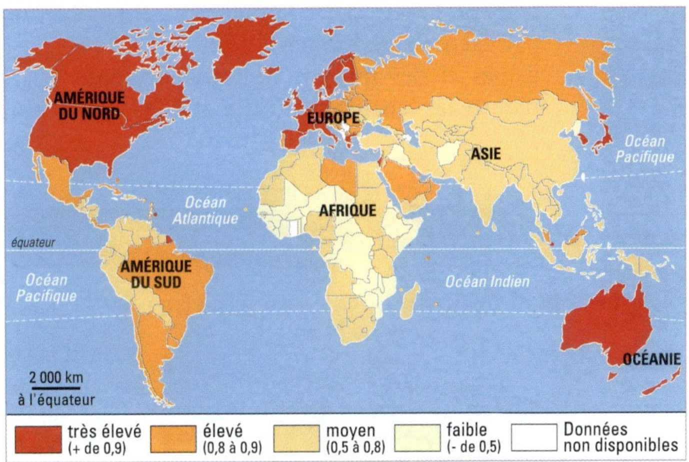

La consommation d'engrais dans le monde

Les engrais (naturels ou chimiques) permettent d'augmenter les rendements des récoltes agricoles. Ils sont très utilisés aux États-Unis, en Europe de l'Ouest et en Chine où l'on trouve des agricultures intensives très modernes et beaucoup moins en Afrique où l'agriculture reste largement traditionnelle. L'utilisation massive d'engrais pollue les sols et les nappes phréatiques (eau).

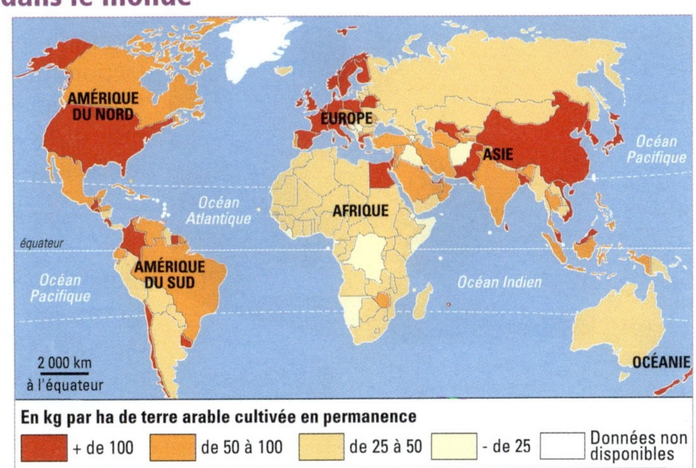

Retenir l'essentiel

Le développement durable

- Cette notion a été définie en 1987. Ce mode de développement doit **répondre aux besoins des générations actuelles sans compromettre ceux des générations futures.** Notre mode de vie doit tenir compte de l'avenir. On ne peut pas épuiser toutes les ressources de la planète pour satisfaire nos exigences économiques. En **1992, le Sommet de la Terre** à Rio de Janeiro (Brésil), réunissant 178 pays, insiste sur des aspects environnementaux, comme le changement climatique, et prévoit la mise en place de politiques de développement durable. Chaque pays doit élaborer des **Agendas 21.**

Trois piliers

- Le développement durable a d'abord des **enjeux écologiques** : préserver l'environnement, lutter contre la pollution. Il s'agit par exemple de limiter le rejet de $C0_2$ des usines et des moyens de transport pour réduire le réchauffement climatique.
- Il a aussi des **enjeux économiques** : la préservation de la nature ne doit pas se faire au détriment de l'économie. Les entreprises doivent trouver des solutions pour réduire leur pollution et pour remplacer des ressources en voie d'épuisement.
- Enfin, il a des **enjeux sociaux** : améliorer les conditions de vie, réduire les inégalités entre les générations, entre les pays, entre les personnes et partager plus justement les richesses et les ressources, en soutenant les pays pauvres.

Des échelles et des acteurs variés

Le développement durable s'applique **à toutes les échelles** : de l'échelle mondiale (la planète) à l'échelle locale (le quartier, son domicile), en passant par l'échelle continentale (l'Europe par exemple), nationale (le pays) ou régionale. Il concerne donc les grandes **organisations internationales** comme l'ONU, les **gouvernements** des pays mais aussi les **entreprises**, les **ONG** et tous les **citoyens** qui peuvent agir dans ce but.

POINT ACTU

En France, un ministère de l'Écologie, de l'Énergie, du Développement Durable et de la Mer montre l'importance politique de cette question.

DÉFINITIONS

- **ONG** : Organisations Non Gouvernementales, associations indépendantes des gouvernements.
- **Agenda 21** : ensemble de propositions élaborées dans chaque pays, région, ville... pour favoriser le développement durable.

Comprendre comment faire

Pour analyser une affiche

■ Affiche pour l'Agenda 21, Nantes métropole.

1. Je lis le titre. Il donne le sujet de l'affiche, réalisée par la ville de Nantes. Le slogan (en gros caractères) est en relation avec la photo puisque l'enfant semble se faire mesurer.

2. J'analyse. L'affiche est divisée en deux parties : à gauche, le présent (cinq thèmes) et à droite, l'avenir incertain (partie floue). L'enfant exprime le présent (actions pour le développement durable) et le futur (il va grandir, avoir des enfants...). Le slogan rappelle que les citoyens peuvent agir chaque jour pour le développement durable.

3. Je conclus. Le développement durable s'opère à l'échelle locale (Nantes) mais se rattache à l'échelle mondiale (Agendas 21). Il aborde les enjeux écologiques (préserver la planète), économiques (produire autrement) et sociaux (garantir l'égalité des chances, partager les ressources, conforter la diversité).

S'entraîner

★ **1 Observe cette photographie et réponds aux questions.**

■ Des militants de Greenpeace survolent en ballon l'usine de charbon de Mae Moh, Lampang, Thaïlande, 2002.

a. Où a été prise la photo ? Quel bâtiment est photographié ?

b. Quel est le nom de l'ONG qui a organisé le survol en ballon ?

c. Quel est le slogan sur le ballon ?

d. Quel est le but de cette action ?

★★ **2 Lis le texte, observe le planisphère et sa légende (p. 144).**

Vers un tourisme durable

« Le développement touristique doit être supportable à long terme sur le plan écologique, viable sur le plan économique et équitable sur le plan social pour les populations. Dans les pays riches, le « tourisme durable » vise à penser et à réduire (autant que possible) ses impacts sur l'environnement ; dans les **pays émergents***, l'enjeu consiste d'abord à favoriser le développement économique et social, en évitant de commettre d'irrécupérables atteintes à l'environnement. Le tourisme durable reste encore bien souvent un projet. »

■ D'après *Atlas des développements durables* (Y. Veyret et P. Arnould dir.) © Autrement, 2008.

* Pays émergents : pays encore pauvres mais depuis quelques années en développement rapide.

a. Cite une région par continent où l'on pratique le tourisme de masse.

b. Cite deux sites touristiques sur deux continents différents menacés par une fréquentation excessive.

c. Qu'est-ce qu'un espace éco-touristique ?

d. Quelle est la priorité du tourisme durable dans les pays riches ? Est-elle la même que dans les pays émergents ? Justifie ta réponse.

★★ **3 Lis le texte et réponds aux questions.**

« En 2000, 189 pays membres de l'ONU ont défini 8 Objectifs du Millénaire pour le Développement (OMD) à remplir d'ici 2015 :
OMD 1 : Réduire l'extrême pauvreté et la faim.
OMD 2 : Assurer l'éducation primaire pour tous.
OMD 3 : Promouvoir l'égalité des sexes et l'autonomisation des femmes.
OMD 4 : Réduire la mortalité infantile.
OMD 5 : Améliorer la santé maternelle.
OMD 6 : Combattre le VIH/Sida, le paludisme et autres maladies.
OMD 7 : Assurer un environnement durable en réduisant de moitié le pourcentage de la population qui n'a pas accès à l'eau potable et à un assainissement de base.
OMD 8 : Mettre en place un partenariat mondial pour le développement. »

■ D'après le site de l'Unicef France : www.unicef.fr

a. Dans le cadre de quelle organisation ont été définis les OMD ? Combien de pays ont-ils participé ?

b. À quelle échelle sont entreprises les actions réalisées dans le cadre des OMD ?

c. Quel pilier du développement durable est surtout mis en avant ?

d. À l'aide du sommaire de géographie, remplis le tableau en retrouvant à quel(s) objectif(s) correspondent les chapitres 4, 5, 7, 8 et 9 :

Chapitres de géographie	Objectifs du Millénaire pour le Développement
4	
5	
7	
8	
9	

Livret des corrigés p. 19-20

Retenir l'essentiel

Une population qui augmente

- La population mondiale atteint **6,8 milliards d'habitants en 2009.** Elle continue d'augmenter (+1,2 % par an) mais moins rapidement. Cette croissance démographique présente un défi pour **nourrir, loger, éduquer, faire travailler** une population de plus en plus nombreuse.

- D'après les prévisions de l'ONU, établies grâce au modèle de la **transition démographique,** la croissance devrait se poursuivre jusque vers 2100 avec une **population maximum de 9 à 10 milliards d'hommes.**

Une augmentation inégale

- **Dans les pays en développement,** la population est jeune et augmente rapidement (Afrique : 41 % de la population a moins de 15 ans et 3 % plus de 65 ans) avec une faible espérance de vie (53 ans en Afrique). **Dans les pays développés,** la population vieillit et augmente très peu (Europe : 15 % de la population a moins de 15 et 15 % a plus de 65 ans) avec une espérance de vie élevée (72 ans en Europe).

- La **Chine** et **l'Inde** sont les pays les plus peuplés. Estimant qu'une trop forte croissance freinerait leur développement, ces deux pays ont pris des mesures **pour limiter les naissances.**

Des fronts pionniers

Dans certaines régions du monde (Asie, Afrique ou Amérique latine), la croissance démographique pousse les populations à **cultiver de nouvelles terres à la limite des foyers de population.** L'objectif de ces fronts pionniers est triple : mettre en valeur de nouvelles terres, mieux répartir les densités de population et contrôler des espaces en marge. Toutefois, les effets peuvent être négatifs : déforestation massive, épuisement rapide des sols, persistance des inégalités sociales.

POINT ACTU

Le site de l'INED (Institut National d'Études Démographiques) permet de comprendre simplement les enjeux démographiques.

DÉFINITIONS

- **Taux de natalité** : nombre de naissances pour 1 000 habitants en un an.
- **Taux de mortalité** : nombre de décès pour 1 000 habitants en un an.

Comprendre comment faire

Pour lire un graphique

1. Je lis le titre. Il concerne la transition démographique. L'axe vertical à gauche fournit les indications sur les TN et TM ; l'axe horizontal symbolise le temps.

2. Je lis les données. À gauche, dans la période la plus éloignée de nous, les TN et les TM sont très élevés et très proches, donc l'AN est faible. 1re phase : les TN restent très élevés tandis que les TM baissent, donc l'AN augmente fortement. 2e phase : les TN baissent pour rejoindre le niveau des TM désormais très faibles, donc l'AN baisse. Une fois la transition achevée, les TN et les TM sont faibles et très proches, donc l'AN est faible.

La transition démographique

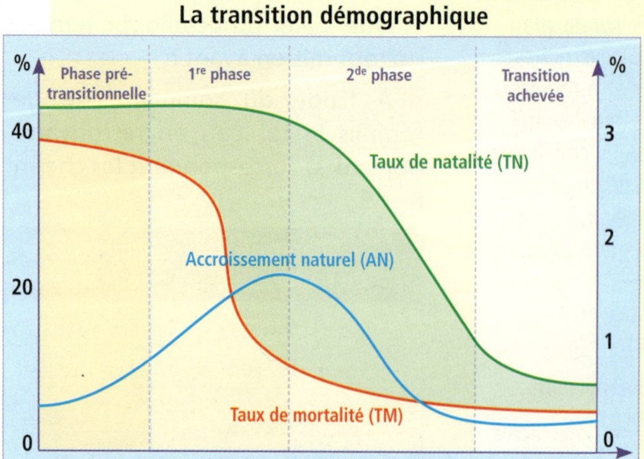

Accroissement naturel (AN) : le taux de natalité (TN) moins le taux de mortalité (TM).

3. Je conclus. Tous les pays du monde connaissent une transition démographique mais avec un décalage dans le temps. Les pays développés ont achevé leur transition démographique tandis que, dans les pays en développement, la population augmente fortement (phases 1 et 2).

S'entraîner

★ 1 Observe la carte p. 144. À l'aide du tableau et du cours, réponds aux questions.

Les 10 pays les plus peuplés du monde en 2009
(en millions d'habitants)

1	Chine	1 331,4
2	Inde	1 171,0
3	États-Unis	317,6
4	Indonésie	243,3
5	Brésil	191,5
6	Pakistan	180,8
7	Bangladesh	162,2
8	Nigeria	152,6
9	Russie	141,8
10	Japon	127,6

a. Cite 2 pays à forte croissance et 2 pays à faible croissance démographique.

b. Où se situent plutôt les pays à faible croissance démographique ? Quel est leur niveau de développement économique ? Dans quelle phase de transition démographique sont-ils ?

c. Hachure sur la carte, p. 144, les 10 pays les plus peuplés de la planète.

d. Quels sont les deux points communs de la Chine et de l'Inde ?

★★ 2 Étudie la photographie et réponds.

■ Terres cultivées proches du parc national Iguaçu, Brésil.

a. Dans quel pays a été prise cette photo ?

b. Complète le schéma à l'aide des numéros.

c. Comment appelle-t-on ce type d'espace dans l'Amazonie ?

d. Quel est l'objectif de ce type d'espace ?

1 Forêt dense amazonienne
2 Forêt en défrichement
3 Champs cultivés (soja)
4 Exploitation agricole

★★ 3 Lis le texte et réponds aux questions.

« Contrairement à l'Inde, la Chine a fait le choix d'une politique de population résolument coercitive*. À partir de 1971, le gouvernement chinois donne des consignes à la population : se marier tard, espacer les naissances et réduire sa descendance. En dix ans, la fécondité diminue de moitié. La population chinoise continue cependant de poursuivre sa croissance, le gouvernement met en place en 1979 la politique de l'enfant unique. [...] La fécondité chinoise poursuit sa baisse : le nombre moyen d'enfants par femme est aujourd'hui estimé à 1,6.

[...] Ayant connu une baisse de la fécondité très rapide, la Chine devra être en mesure de faire face à un vieillissement intense de sa population. Les autorités du pays se préoccupent de mettre en place un système de protection sociale qui bénéficierait à tous.

[...] Au-delà des aspects démographiques, la Chine a à relever le défi du développement. Il s'agit de nourrir, éduquer, offrir des emplois à des populations dont les effectifs vont encore fortement croître [...]. Le problème de la protection de l'environnement est également crucial [...], du fait de la forme prise par le développement économique et de l'urbanisation non maîtrisée. »

■ D'après J. Véron, « La Chine et l'Inde, plus du tiers de l'humanité », in *La population mondiale*, TDC n° 924, 15 novembre 2006.

* Coercitive : contraignante

a. Souligne en rouge les mesures prises pour limiter la croissance démographique.

b. Qu'est-ce que l'indice de fécondité ?

c. Comment évolue l'indice de fécondité en Chine ? Quel problème démographique cela va-t-il poser ?

d. Souligne en vert les problèmes dus à la croissance démographique en Chine.

Géographie

Livret des corrigés p. 20

Retenir l'essentiel

Quels liens entretiennent la santé et le développement ?

Des progrès mais des inégalités

- À l'échelle mondiale, on observe une **amélioration de la santé.** La **mortalité infantile** est passée de 96 pour mille en 1970 à 52 pour mille en 2006. Parallèlement, **l'espérance de vie s'allonge.** Ces progrès répondent à l'un des Objectifs du Millénaire pour le Développement fixé en 2000 et sont essentiellement dus à la **lutte contre les maladies infectieuses** (extension de la vaccination, amélioration de la qualité de l'eau, utilisation d'insecticides dans les zones de paludisme…).

- **De fortes inégalités** existent entre les pays en fonction de leur développement. Dans l'Afrique subsaharienne, la mortalité infantile est souvent supérieure à 100 et l'espérance de vie est faible. En effet, **moins un pays est riche, moins son système sanitaire est développé** : 32 médecins pour 10 000 habitants en Europe contre 2 en Afrique. Les pays en développement accèdent plus difficilement **aux médicaments et à la vaccination** et ils ont six fois moins de lits d'hôpitaux que les pays développés. **À l'intérieur des pays,** les soins sont meilleurs en ville et dans les milieux favorisés et éduqués.

Des maladies infectieuses menaçantes

Les **pandémies** sont des épidémies (maladies contagieuses) qui touchent un nombre important de personnes sur un ou plusieurs continents. Le **Sida** est l'une des plus graves pandémies depuis une trentaine d'années. Sur toute la planète, plus de 33 millions de personnes sont contaminées par le VIH (les 2/3 en Afrique subsaharienne). Les populations des pays en développement sont mal informées et le traitement médical pour ralentir la maladie coûte très cher.

Comprendre comment faire

► Pour étudier un planisphère

La mortalité infantile (moins de 1 an)

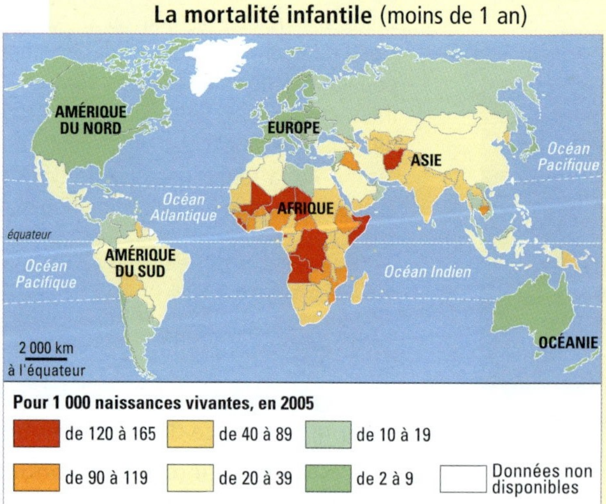

■ D'après l'OMS, 2005.

1. **Je lis le titre.** L'espace représenté est la planète et le thème cartographié est la mortalité infantile pour les enfants de moins de un an. La carte a été établie avec les chiffres de l'OMS de 2005.

2. **J'observe la légende.** La représentation se fait par un dégradé de couleur. Plus la mortalité infantile est forte, plus la couleur est foncée.

3. **Je conclus.** La mortalité infantile est très faible en Amérique du Nord, en Europe et en Australie car ce sont des pays développés avec un système de santé performant. En revanche, elle est forte dans une grande partie de l'Afrique et dans l'Asie du Sud, dans des régions qui comptent la plupart des pays en développement de la planète, donc les systèmes sanitaires et médicaux sont faibles.

POINT ACTU

L'Organisation Mondiale de la Santé (OMS) est l'institution de l'ONU qui œuvre pour améliorer la santé sur toute la planète.

DÉFINITION

▸ **Mortalité infantile :** nombre de décès des enfants avant l'âge d'un an (ou de cinq ans) pour 1 000 naissances.

S'entraîner

★ **1 Relie chaque élément de la colonne 1 à l'impact qu'il peut avoir sur la santé de la population d'un pays dans la colonne 2. Puis, réponds aux questions.**

Colonne 1	Colonne 2
Manque de personnels de santé ●	● Favorise les maladies infectieuses.
Malnutrition ●	● Pas de règles d'hygiène élémentaire.
Manque d'accès à une eau saine ●	● Manque d'hôpitaux, de matériel médical, de médicaments…
Faibles dépenses de santé ●	● Gêne la croissance et affaiblit les organismes.
Faible niveau d'éducation ●	● Pas de prévention et mauvais soins aux malades.

a. Quel type de pays cumule les handicaps cités dans la première colonne ?

b. Prouve avec un élément du cours que certains pays manquent de personnels de santé.

★★ **2 Relis le cours et étudie le tableau de statistiques pour répondre aux questions.**

	Monde	France (Europe)	Burundi (Afrique)
Revenu par habitant (en $)	10 080	34 400	380
Mortalité infantile (pour 1 000 naissances)	46	4	120
Espérance de vie à la naissance des hommes (en années)	67	78	48
Part des 15-49 ans infectés par le VIH (en %)	0,9	0,1	2
Nombre de médecins (pour 10 000 habitants)	13	34	Moins de 1

■ D'après les chiffres de l'OMS et de l'INED.

a. Sur un atlas, situe le Burundi.

b. Quel est l'écart de richesse entre la France et le Burundi ? À quel type de pays appartiennent respectivement la France et le Burundi ?

c. Qu'est-ce que la mortalité infantile ? Dans quel pays est-elle la plus élevée ?

d. Quels sont les indicateurs qui expliquent la faible espérance de vie au Burundi ?

★★ **3 Lis attentivement le texte.**

« L'espérance de vie à la naissance correspond au nombre moyen d'années que pourrait vivre un nouveau-né […]. Aujourd'hui, dans le monde, les hommes vivent en moyenne 65 ans, contre 25 ans il y a un ou deux siècles. Ces dernières années, la durée de vie moyenne a progressé de plus de 20 ans dans le monde […]. Cet allongement colossal de la durée de vie est lié au développement économique, à l'amélioration de la qualité et de la quantité alimentaire, aux grandes politiques d'hygiène et de santé publique permettant notamment de faire reculer la mortalité infantile. Mais les situations restent très contrastées […] : un Européen a une espérance de vie moyenne de 75 ans, alors qu'elle est de 53 ans pour un Africain. Avec une espérance de vie moyenne de 85,8 ans (2006), les femmes japonaises sont celles qui vivent le plus longtemps au monde. Pour les hommes, l'espérance de vie maximale est de 79 ans (2006). […] Le cas des États-Unis attire l'attention : premier pays industrialisé du monde, il est loin d'être en tête pour la longévité. L'espérance de vie moyenne pour les hommes en 2006 était de 75 ans contre 77 ans par exemple aux Émirats arabes unis. Les très fortes inégalités […] de conditions de vie (pauvreté), entre les différentes minorités ethniques noires et hispaniques (les plus défavorisées) et la population dite « américaine blanche non hispanique », tirent la moyenne vers le bas. »

■ Z. Vaillant et G. Salem, *Atlas de la santé mondiale* © Autrement, 2008.

a. Qu'est-ce que l'espérance de vie ? Comment évolue-t-elle ?

b. Souligne en vert les éléments qui expliquent cette évolution.

c. Quels sont les trois exemples d'inégalités concernant l'espérance de vie dans le texte ?

Livret des corrigés p. 20

Retenir l'essentiel

Un enjeu essentiel

● **20 % de la population mondiale** de plus de 15 ans est analphabète (ne sait ni lire, ni écrire). Or, l'éducation est un droit fondamental qui **favorise le développement** d'un pays, en formant des personnes qui participeront aux activités économiques modernes, lutteront mieux contre les maladies (comme le Sida) et encourageront l'instruction de leurs enfants.

● Aujourd'hui, 70 millions d'enfants ne sont pas scolarisés dans le monde. L'OMD2 prévoit **d'assurer l'accès pour tous à l'éducation primaire** d'ici 2015 avec l'action de l'ONU, des pays et des ONG.

Des inégalités

● 98 % des personnes analphabètes habitent dans **des pays pauvres.** La situation s'améliore car le taux de scolarisation progresse mais il reste insuffisant en **Afrique subsaharienne** (30 % des enfants non scolarisés) et en **Asie du Sud-Est.** Cela s'explique par la rareté des écoles et des enseignants faute de moyens financiers, par certaines coutumes qui rejettent l'école et par le besoin des familles pauvres d'un revenu supplémentaire par le travail des enfants. Dans le monde, **un quart des 5-14 ans travaille** (soit 250 millions).

● Les deux tiers des personnes analphabètes sont des **femmes qui restent moins scolarisées** que les hommes. Cette discrimination est grave car plus une mère est éduquée, plus ses enfants vont à l'école et sont en bonne santé. Le taux de scolarisation dépend aussi du lieu de vie (rural ou urbain) et du niveau social des familles. Ainsi, dans les pays en développement, les **enfants des milieux ruraux pauvres se rendent moins à l'école.** Ces pays ne parviennent pas à assurer une scolarisation convenable pour toute la population, ce qui freine le développement économique et social du pays.

POINT ACTU

L'UNICEF est l'institution de l'ONU chargée d'améliorer la vie des enfants. Son action est complétée par celle de l'UNESCO pour l'éducation.

DÉFINITIONS

▸ **Alphabétisation :** le fait d'apprendre à lire et à écrire et plus largement d'avoir accès à un savoir de base. Le taux d'alphabétisation est un indicateur du niveau d'éducation d'un pays.

▸ **Scolarisation :** le fait d'aller à l'école.

Comprendre comment faire

▸ Pour étudier un graphique en barres (ou en colonnes)

Temps de scolarisation pour 12 pays

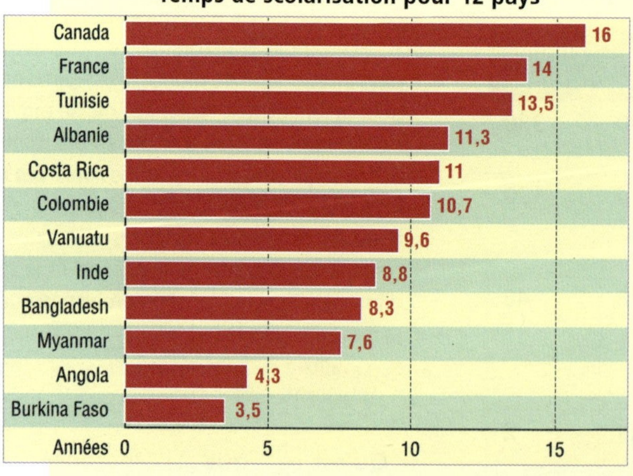

1. Je lis le titre. Le graphique en barres est utilisé pour comparer. Il représente l'espérance de scolarisation (temps moyen qu'un élève passe à l'école) pour 12 pays.

2. Je lis les données. Le graphique est organisé autour de deux axes. Sur l'axe vertical figurent les noms de pays classés dans l'ordre croissant et sur l'axe horizontal le nombre moyen d'années passées à l'école. Au Burkina Faso, les enfants restent 3 ans à l'école, en Inde près de 9 et en France 14.

3. Je conclus. Il existe un lien entre le développement d'un pays et le temps de scolarisation. Ce temps est plus faible dans les pays en développement d'Afrique (Burkina Faso, Angola) ou d'Asie (Myanmar, Bangladesh) que dans les pays développés (Canada, France) où la scolarisation moyenne est plus longue.

S'entraîner

★ 1 Relis le cours et observe le planisphère des taux d'alphabétisation p. 145.

a. Cite deux pays où au moins 95 % des adultes sont alphabétisés.

b. Quel est le continent où les taux d'alphabétisation sont les plus faibles ? Pourquoi ?

c. Cite deux pays asiatiques où moins de 55 % des adultes sont alphabétisés.

★★ 2 Réponds aux questions suivantes.

■ Une école dans un village au sud du Malawi.

a. À l'aide d'un atlas, situe le Malawi.

b. D'après le planisphère de la p. 145, quel est le taux d'alphabétisation au Malawi ?

c. Décris la photographie en montrant que la scolarisation est différente au Malawi et en France.

★★ 3 Lis ce texte et réponds aux questions.

Problèmes des enfants au Bangladesh

– Trente millions d'enfants sont pauvres, et n'ont pas accès à l'éducation ou aux soins de santé de base. Pour de nombreuses filles, le mariage est la seule option économique ; 58 % se marient entre 16 et 18 ans.

– Malgré une initiative réussie pour mettre fin au travail des enfants dans l'industrie textile, 3,3 millions d'enfants ont un emploi au Bangladesh, et beaucoup se livrent à des travaux dangereux.

– Les taux d'inscription à l'école primaire sont relativement élevés, sauf dans les bidonvilles. Mais les taux d'achèvement des études secondaires sont faibles (8 % de filles, 15 % de garçons).

■ D'après le site de l'Unicef France : www.unicef.fr

a. Combien d'enfants n'ont pas accès à l'éducation au Bangladesh ?

b. Quelles sont les deux raisons qui peuvent l'expliquer ?

c. Montre qu'il existe une différence entre les filles et les garçons dans la scolarisation.

d. À quel âge se marie une majorité de filles ? Pour quelle raison ?

★★ 4 Étudie attentivement le tableau ci-dessous et réponds aux questions.

a. Classe ces quatre pays du plus riche au moins riche à l'aide du revenu par habitant.

b. Quel lien peut-on faire entre le niveau de richesse et le taux d'alphabétisation ?

c. Quel indicateur montre que les conditions de scolarisation sont plus difficiles dans les pays en développement ?

	Taux d'alphabétisation des adultes (en %)	Taux de scolarisation à l'école primaire (en %)	Utilisation d'internet (nombre pour 100 personnes)	Nombre moyen d'élèves par enseignant à l'école primaire	Revenu par habitant (en $)
Bangladesh	54	81	0	45	1 440
Canada	Proche de 100	100	77	17	36 220
Japon	Proche de 100	100	68	18	35 220
Mali	23	61	1	51	1 090

■ D'après les chiffres les plus récents de l'Unicef, l'Unesco et l'INED.

Livret des corrigés p. 20

Retenir l'essentiel

Les catastrophes naturelles

Les **inondations, les séismes et les ouragans** sont les trois principales catastrophes naturelles. Les scientifiques constatent une **augmentation de l'ampleur** de ces catastrophes dues au réchauffement climatique et aux aménagements humains. Certaines formes de développement peuvent accroître les risques. Par exemple, un tourisme massif, qui engendre déchets et pollutions, peut détruire les récifs coralliens protecteurs des littoraux.

Un frein au développement

Les catastrophes naturelles touchent un **nombre croissant de personnes** avec des conséquences économiques importantes. Dans les années 1990, elles ont entraîné plus de 700 000 décès et ont coûté 730 milliards de dollars. Elles **ralentissent donc le développement économique** (destruction des usines, des réseaux de transport ou d'électricité, des récoltes...) et **social** (décès, invalides, destructions des logements, des systèmes de santé...) des pays.

Les inégalités face aux risques

Les conséquences de la catastrophe naturelle varient selon le développement du pays car, si les hommes ne peuvent pas l'empêcher, ils peuvent la prévoir ou agir pour réduire ses effets. Les pays développés sont ainsi **mieux préparés aux risques** (normes de construction antisismique au Japon par exemple). Ils **gèrent aussi mieux les conséquences** grâce à des systèmes de secours plus efficaces et **à des moyens financiers plus élevés pour se reconstruire** (rôle des assurances).

POINT ACTU

Le tremblement de terre en Haïti en janvier 2010, a fait plus de 200 000 morts. C'est une des plus graves catastrophes naturelles depuis 30 ans.

DÉFINITION

Risque naturel : menace d'un phénomène naturel d'origine sismique, volcanique ou climatique avec des conséquences graves pour l'homme et son milieu. Quand il survient, le risque devient catastrophe.

Comprendre comment faire

▶ Pour comparer deux cartes

Zones de risques naturels dans le monde

Répartition de la population mondiale

1. Je lis les titres. Ce sont deux planisphères : l'un montre les principales zones de risques naturels, l'autre la répartition de la population.

2. J'étudie les légendes. 1er planisphère : 4 grands types de risques naturels (tremblement de terre, éruption volcanique, tsunami et cyclone) affectent davantage certaines zones (Asie de l'Ouest et du Sud-Est, façade américaine Pacifique et Caraïbes). 2e planisphère : un point représente 500 000 habitants. Donc, plus il y a de points, plus l'espace est peuplé.

3. Je conclus. De nombreuses zones à risque sont très peuplées (Japon, Chine, Inde, Mexique...). Les grandes villes se situent majoritairement sur les littoraux ou dans les vallées fluviales inondables. Ceci explique que les catastrophes naturelles fassent de plus en plus de victimes et de dégâts.

S'entraîner

★ **1** **Étudie attentivement le tableau et réponds aux questions.**

Les plus grandes catastrophes naturelles en 2008

Pays/région	Événement	Morts
Myanmar	Cyclone Nargis (ouragan)	84 500 (et 54 000 disparus)
Chine	Tremblement de terre	70 000 (et 18 000 disparus)
Afghanistan, Kirghizstan, Tadjikistan	Vague de froid	1 000
Inde, Népal, Bangladesh	Inondations	635
Chine, Philippines	Ouragan	560
États-Unis, Caraïbes	Tempête tropicale	540
Inde	Inondations	790
Pakistan	Tremblement de terre	300
Chine	Éboulements, glissement de terrain	280

■ Source : Munich Re, NatCatService (données janvier 2009).

a. Quelle est la plus grave catastrophe naturelle en 2008 ? Quel pays a été touché ? Quel est le bilan ?

b. Souligne en rouge les catastrophes d'origine sismique, en vert celles d'origine climatique.

c. Quelle peut être la dernière grande origine des catastrophes naturelles ?

★★ **2** **Lis le texte et réponds aux questions.**

Un programme de prévention mis en place par une ONG

« Depuis 1998, la Croix-Rouge française mène des programmes de réduction des désastres (inondations, activités volcaniques, séismes, ouragans, tsunamis…). Le manque de préparation à leur survenue et le peu d'infrastructures permettant de se protéger ou de réagir en situation d'urgence occasionnent des pertes humaines et économiques importantes. La préparation des populations aux comportements à adopter et aux actions à mener en cas de désastre permet de réduire leur impact.
Ces actions de terrain concernent par exemple le Laos. Les bénéficiaires directs de ce projet sont les 10 600 habitants des provinces de Khammouane et Savannakhet, soumises au risque d'inondation. Les actions sont nombreuses : enquêtes sur la vulnérabilité et les capacités des populations, formation des villageois en préparation aux désastres, formation des volontaires de santé aux premiers secours, distribution d'équipements pour améliorer les capacités d'évacuation ainsi que de sensibilisation des communautés… »

■ D'après le site : www.croix-rouge.fr

a. Quelle est l'ONG citée dans le texte ?

b. Dans quel pays est intervenue cette ONG ? Pour faire face à quel risque naturel ?

c. Souligne le passage du texte qui montre que cette ONG mène des actions pour limiter les conséquences des risques naturels.

★★★ **3** **Teste tes connaissances !**

a. Le risque naturel…
- peut toucher des endroits habités. ☐
- peut se produire ou pas. ☐
- ne peut être évité. ☐

b. Par rapport à un pays développé, un pays en développement…
- dispose de secours efficaces. ☐
- répare plus rapidement les dégâts. ☐
- est plus touché par une catastrophe naturelle d'ampleur similaire. ☐

c. L'Inde…
- est exposée au risque d'inondations. ☐
- est exposée au risque de cyclones. ☐
- est exposée au risque de tsunami. ☐

d. Les catastrophes naturelles font de plus en plus de victimes parce que…
- la population qui augmente se concentre dans des zones à risques. ☐
- les progrès techniques ne permettent pas de les prévoir. ☐
- les catastrophes sont de plus en plus rares. ☐

Géographie

Livret des corrigés p. 20-21

Retenir l'essentiel

La pauvreté dans le monde

● Le taux de pauvreté calculé par l'ONU baisse mais 1,4 milliard de personnes (environ 20 % de la population mondiale) vivent encore avec moins de 1,25 dollar par jour. Il y a de fortes inégalités entre les pays : **15 % de la population mondiale des pays les plus riches détiennent 80 % des richesses**, et l'écart se creuse.

● **Les pays du Nord s'opposent à ceux du Sud** : en effet, les pays riches se situent plutôt dans le Nord de l'hémisphère Nord alors que les pays en développement (pauvres), sont plus au Sud. Les **PMA** se situent dans l'Afrique subsaharienne (51 % de la population vit avec moins de 1,25 dollar par jour) et dans l'Asie du Sud (40 %) et de l'Est (17 %). **Les pays émergents** (Brésil, Chine, Inde) sont des pays en développement qui connaissent une croissance économique rapide.

Des inégalités à toutes les échelles

● **À l'échelle d'un continent**, l'Amérique du Nord ou l'Europe de l'Ouest sont plus riches que l'Amérique du Sud ou l'Europe de l'Est. **À l'échelle d'un pays**, aux États-Unis, 1 % de la population détient 38 % des richesses tandis que 16 % vit avec moins de 1 dollar par jour. L'Inde et la Chine se développent rapidement sur le plan économique mais les écarts de niveau vie se creusent dans leur population. L'Allemagne de l'Ouest est plus riche que l'Est. **À l'échelle des villes**, elles connaissent une forte croissance (surtout dans les pays en développement) et s'étalent en produisant une **ségrégation socio-spatiale.** Les bidonvilles sont de plus en plus nombreux et des quartiers privés, sécurisés et réservés aux riches, voient le jour.

● Les populations pauvres ne parviennent pas toujours à satisfaire leurs besoins essentiels. Elles souffrent de **malnutrition**, vivent dans des **logements souvent insalubres**, n'ont pas facilement accès à l'eau potable, ni aux systèmes d'éducation et de santé, et connaissent le **chômage** ou des salaires très bas. La pauvreté freine le développement.

POINT ACTU

Le premier Objectif du Millénaire pour le Développement est de réduire de moitié l'extrême pauvreté d'ici 2015.

DÉFINITIONS

▸ **Ségrégation socio-spatiale** : la séparation dans l'espace des populations en fonction de leurs revenus. Elle aboutit à la création de quartiers pour riches et de quartiers pour pauvres.

▸ **PMA** : Pays les Moins Avancés, pays les plus pauvres de la planète.

Comprendre comment faire

▸ Pour étudier la photographie d'un paysage

■ Bidonville de Dharavi, Bombay en Inde, 2008.

1. Je lis la légende. C'est un paysage urbain. La ville de Bombay est la capitale économique de l'Inde et l'agglomération la plus peuplée du pays avec près de 20 millions d'habitants.

2. Je détermine des plans. Au 1er plan : un immense bidonville, avec des habitations basses, irrégulières, constituées de matériaux de récupération. Ce quartier manque d'équipements (eau, électricité, égouts, gestion des déchets, rues goudronnées). Au 2e plan : des immeubles élevés et modernes, dotés de toutes les infrastructures nécessaires.

3. Je conclus. La pauvreté et l'urbanisation croissante, due à l'exode rural et au fort accroissement naturel, expliquent les nombreux bidonvilles dans les pays en développement. Cette photographie montre aussi les inégalités sociales en Inde et la ségrégation socio-spatiale.

S'entraîner

★ 1 Observe le planisphère de l'IDH p. 145 et réponds aux questions.

a. Qui a créé l'IDH ? À quoi sert-il ?

b. Cite deux pays dont l'IDH est très élevé et deux pays dont l'IDH est très faible.

c. Dans quels continents se situent les IDH les plus faibles ? Dans quels continents (ou partie de continent) se situent les plus élevés ?

★★ 2 Observe le tableau pour répondre.

Pays	Revenu national brut par habitant en $ (2008)
États-Unis	46 970
Allemagne	35 940
Japon	35 220
France	34 400
Corée du Sud	28 120
Russie	15 630
MONDE	**10 080**
Brésil	10 070
Chine	6 020
Philippines	3 900
Inde	2 960
Nigéria	1 940
Mali	1 090
RDC	290

■ D'après les chiffres de l'INED.

Le revenu national brut sert à mesurer la richesse du pays, comme le PIB et le PNB. Pour tenir compte de la population du pays, on le rapporte au nombre d'habitants. Par exemple, un très grand pays comme la Chine a un très fort revenu (8 015 milliards de dollars) qui se révèle faible quand on le divise par le nombre d'habitants (6 020 dollars par habitant).

a. Montre qu'il existe un fort écart de richesse entre le Mali, la Chine et les États-Unis.

b. Montre qu'il existe un fort écart de richesse à l'intérieur du continent asiatique.

c. À quelles régions du monde appartiennent les six pays les plus pauvres du tableau ?

★★ 3 Teste tes connaissances !

a. Parmi ces organisations, lesquelles dépendent de l'ONU ?

l'OMS ☐ l'UNICEF ☐
l'ONG ☐ l'INED ☐

b. L'alphabétisation, c'est…
- le fait d'aller à l'école. ☐
- le fait de savoir lire et écrire. ☒
- le fait de ne pas savoir lire et écrire. ☐
- le fait de trouver un emploi. ☐
- le fait de parler plusieurs langues. ☐

c. Dans le monde,
- 20 % de la population mondiale de plus de 15 ans est analphabète. ☒
- 25 % des 5-14 ans travaillent. ☐
- plus de 33 millions de personnes sont contaminées par le VIH. ☐
- 20 % de la population mondiale vit avec moins de 1,25 $ par jour. ☐
- il y a 5,8 milliards d'habitants. ☐

d. Les pays en développement…
- se situent majoritairement en Afrique subsaharienne. ☒
- ont un revenu par habitant élevé. ☐
- sont plus exposés aux risques naturels. ☐
- ont une population jeune. ☐
- se situent majoritairement dans le Nord de la planète. ☐

e. Quelles affirmations sont vraies ?
- plus le pays est développé, plus l'espérance de vie est faible. ☐
- plus le pays est développé, plus le nombre de médecins est élevé. ☐
- plus le pays est développé, plus les conséquences des catastrophes naturelles sont graves. ☐
- plus le pays est développé, plus son IDH est élevé. ☒
- plus le pays est développé, plus les taux d'alphabétisation sont faibles. ☐

Livret des corrigés p. 21

Retenir l'essentiel

Les inégalités face à l'alimentation

- **Près d'un milliard de personnes souffrent de sous-alimentation.** La ration alimentaire moyenne mondiale a progressé depuis les années 1950 grâce aux progrès de l'agriculture et s'établit aujourd'hui à 2700 Kcal. Il y a toutefois de fortes inégalités entre les pays riches (3250 Kcal) et les pays en développement (2650 Kcal).

- Dans les pays en développement, l'immense majorité des personnes souffrant de la faim sont des **ruraux pauvres** ou des **habitants des bidonvilles.** On observe des disparités entre les pays d'Afrique subsaharienne (2200 Kcal) et des pays émergents (Chine ou Inde) qui disposent de rations supérieures.

Deux types d'agriculture

- Les ressources alimentaires proviennent essentiellement de la céréaliculture (riz, blé, maïs) et de l'élevage (volailles et porcs). Dans les pays développés, **l'agriculture moderne intensive** permet de nourrir la population et d'exporter.

- Dans les pays pauvres, **l'agriculture souvent traditionnelle**, associée aux guerres, aux sécheresses, à la corruption, explique la sous-alimentation, voire les famines, dont souffrent les populations. De plus, ces pays n'ont pas les moyens d'importer des produits agricoles et dépendent de l'aide alimentaire internationale.

Deux défis majeurs pour l'avenir

Il faut pouvoir **répondre à la demande croissante** liée à l'augmentation de la population particulièrement forte dans les pays pauvres. Cela passe par des **progrès dans l'agriculture** pour augmenter les rendements et développer l'économie, et ainsi diminuer la pauvreté. Il est aussi nécessaire de mettre en place une **agriculture durable**, assurant des revenus suffisants aux paysans et respectueuse de l'environnement. En effet, l'agriculture intensive pollue les sols et les rivières, consomme trop (eau pour l'irrigation, carburants pour les machines) et ne respecte pas toujours la qualité sanitaire des produits (vache folle, grippe aviaire, OGM…).

Comprendre comment faire

► Pour lire un diagramme circulaire (ou camembert)

Nombre de personnes souffrant de la faim (en millions)

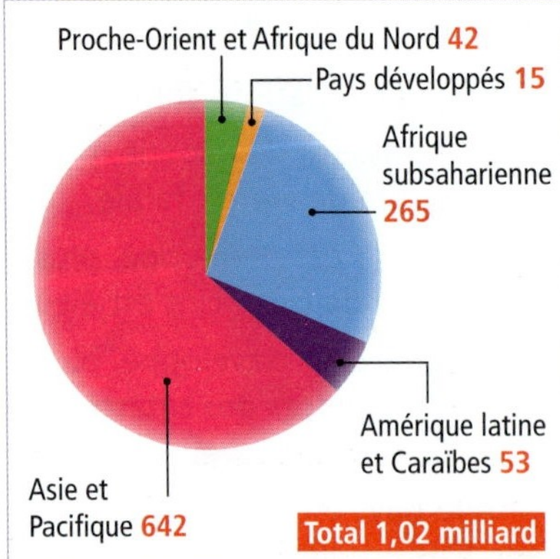

1. Je lis le titre. Un diagramme circulaire est un cercle divisé en portions. Il concerne ici la répartition par grandes régions des personnes sous-alimentées dans le monde avec moins de 2500 Kcal par jour.

2. J'étudie les données. Plus la portion est grande, plus le nombre est important. L'Asie et le Pacifique sont les régions les plus touchées avec 642 millions de personnes sous-alimentées (15 % de la population asiatique), puis l'Afrique subsaharienne avec 265 millions de personnes (plus de 25 % de la population africaine). Les pays les moins touchés par la sous-alimentation sont les pays développés.

3. Je conclus. Les pays en développement sont les plus concernés par l'insécurité alimentaire mais en proportion, l'Afrique est plus touchée que l'Asie. Toutefois, même dans les pays développés, la sous-alimentation existe, touchant surtout les personnes aux revenus les plus faibles. Donc pauvreté et sous-alimentation sont liées.

POINT ACTU

La FAO (organisation de l'ONU pour l'alimentation et l'agriculture) estime à 2500 kilocalories (Kcal) par jour la ration alimentaire minimum d'une personne.

DÉFINITION

- **Sécurité alimentaire :** le fait d'avoir une alimentation suffisante en quantité et en qualité.

S'entraîner

★ **1 Étudie le planisphère de la consommation d'engrais en 1998, p. 145.**

a. Dans quel type d'agriculture les engrais sont-ils utilisés ?

b. Sur quel continent les engrais sont-ils le moins utilisés ?

c. Sur quels continents sont-ils le plus utilisés ?

d. Quel avantage et quel problème représente l'utilisation des engrais ?

★★ **2 Lis le texte et réponds aux questions.**

Au Kenya, la faim est revenue

« Au Kenya, après quatre saisons de pluies inexistantes, 3,8 millions de personnes, soit 10 % de la population d'après l'ONU, ont besoin d'une aide alimentaire d'urgence. Les communautés d'éleveurs font partie des populations les plus touchées par cette sécheresse qui constitue « la pire depuis plus d'une décennie », selon l'ONG Oxfam [...]. Après avoir parcouru plus de cent kilomètres en quête d'eau et de pâturages [...], ces populations n'ont trouvé que rivières asséchées et paysages désolés. Des centaines de milliers de têtes de bétail ont succombé, laissant les éleveurs sans ressources et contraints de vendre des animaux squelettiques pour des sommes dix à vingt fois inférieures à la moyenne. Tout ça pour acheter de la farine de maïs dont les prix ont doublé voire triplé en raison de la crise financière. [...]

« Je ne vois pas beaucoup de soutien de la part du gouvernement, estime Alex Kayanda, qui dirige une petite ONG locale. L'aide est arrivée trop tard, en trop faible quantité. Mais surtout alors que nous sommes touchés de plein fouet par la crise et le réchauffement climatique, rien n'est fait sur le terrain pour informer les éleveurs sur les prévisions météorologiques ou pour les éduquer sur les alternatives possibles ». La confiance envers le gouvernement a été aussi ébranlée par de nombreux scandales de corruption, tels ces 100 000 sacs de maïs qui ont disparu des réserves nationales [...] et qui ont été revendus par des hommes d'affaires véreux soutenus au plus haut niveau. »

■ « Les causes d'un massacre quotidien », C. Losson et V. de Filippis, *Libération*, 15 octobre 2009.

a. Situe le Kenya sur un atlas.

b. Quel pourcentage de la population kenyane a besoin d'une aide alimentaire d'urgence en 2009 ?

c. Qu'est-ce qui explique l'insécurité alimentaire au Kenya en 2009 ?

d. De quelle manière pourrait s'organiser la solidarité internationale ?

★★ **3 Complète la grille de mots croisés.**

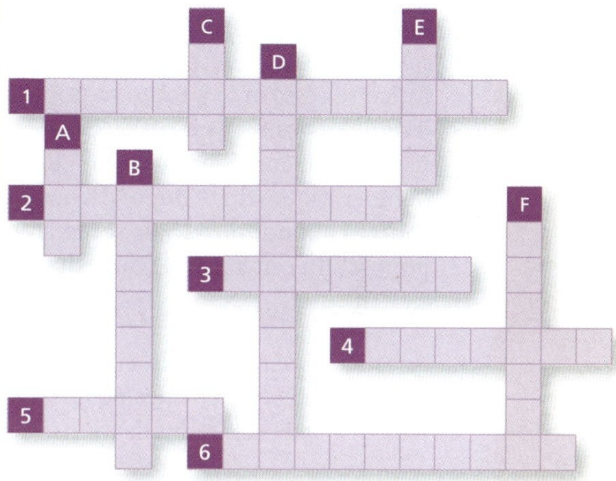

HORIZONTALEMENT :

1. Au sud du Sahara, en Afrique.
2. Elles se retrouvent à différentes échelles (mondiale, nationale, locale...).
3. Type d'agriculture qui permet de développer les pays pauvres sans porter atteinte à l'environnement.
4. Unité de mesure de l'énergie apportée par les aliments.
5. Pays cité dans l'exercice 2.
6. Cette situation entraîne de mauvaises récoltes qui provoquent des famines.

VERTICALEMENT :

A. Céréale cultivée surtout en Asie.
B. Type de pays en développement qui connaît une croissance rapide.
C. Organisation de l'ONU.
D. Intensive ou traditionnelle, elle permet de nourrir les hommes.
E. Pays émergent asiatique.
F. Naturels ou chimiques, ils servent à faire pousser les plantes.

Livret des corrigés p. 21

Retenir l'essentiel

Comment s'organise l'accès à l'eau, ressource renouvelable, et quels problèmes pose-t-il ?

Une ressource inégalement répartie

- 10 pays (Brésil, Chine…) possèdent 60 % des ressources en eau douce grâce **aux précipitations et aux fleuves.** À l'inverse, certains pays sont en situation de **stress hydrique** (pays du Maghreb) ou ont des ressources en voie d'épuisement (Malte).

- L'inégalité est flagrante entre pays riches et pays pauvres pour **mobiliser ces ressources.** L'Australie, peu dotée en eau, fournit cette ressource à toute sa population et irrigue massivement grâce à des investissements considérables. La République démocratique du Congo dispose de ressources abondantes mais seuls 26 % de sa population ont accès à l'eau potable.

Des aménagements coûteux

Accéder à l'eau potable et maîtriser cette ressource nécessitent des **équipements coûteux et nombreux** (canalisations, barrages, stations d'épuration…). Faute de moyens, les pays en développement ne parviennent pas à fournir de l'eau à leur population et connaissent des **problèmes sanitaires** (l'eau contaminée tue 5 millions de personnes chaque année) et **agricoles** (le manque d'eau freine cette activité économique).

Concurrences pour l'eau

- Avec la croissance démographique et urbaine, **la consommation en eau a fortement augmenté**, engendrant des conflits **entre les utilisateurs.** L'agriculture reste l'activité la plus gourmande mais les usages domestiques et industriels s'amplifient aussi fortement. Dans le sud de l'Espagne, l'utilisation de l'eau pour l'irrigation concurrence celle pour le tourisme. Il y a aussi une rivalité **entre les pays** (contrôle des eaux du Nil entre Égypte et Soudan, réserves en eau au Proche-Orient…).

- À l'utilisation croissante de l'eau s'ajoute le problème de la **pollution** par les rejets domestiques, industriels ou agricoles.

POINT ACTU

Sur la planète, un milliard d'habitants n'a pas accès à l'eau potable, 2 milliards n'ont pas d'installation sanitaire et 4 milliards ne sont pas raccordés à un réseau d'assainissement.

DÉFINITIONS

- **Irrigation** : technique pour capter l'eau et la transporter vers les cultures.
- **Stress hydrique** : situation quand la demande en eau dépasse la quantité disponible.

Comprendre comment faire

Pour étudier un schéma

1. Je lis le titre. Ce schéma explique le cycle de l'eau, c'est-à-dire le processus naturel qui permet aux continents de bénéficier d'une eau douce en permanence.

Le cycle de l'eau

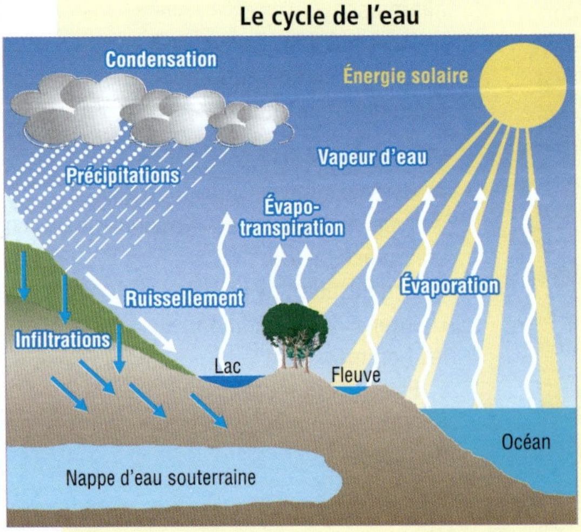

2. J'observe le schéma. Sous l'effet de la chaleur, l'eau salée des océans s'évapore et la condensation forme des nuages dont une partie est poussée vers les continents. L'eau est redistribuée par les précipitations (pluie, neige) qui alimentent les cours d'eau ou les nappes phréatiques. Les précipitations tombent aux deux tiers sur les océans alors qu'ils fournissent 85 % de l'eau évaporée.

3. Je conclus. Le cycle de l'eau permet la désalinisation et la purification des eaux océaniques et donc de disposer d'une ressource renouvelable, indispensable à la vie sur Terre.

S'entraîner

★ **1** **Lis la légende et étudie la carte.**

Indice de pauvreté en eau

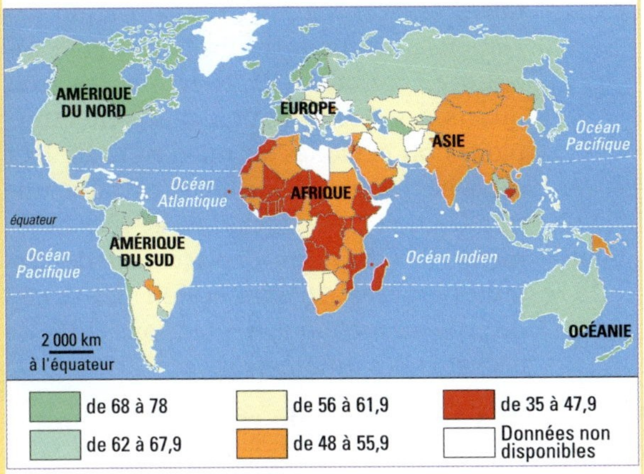

L'Indice de Pauvreté en Eau (IPE) est calculé par le *Centre for Ecology and Hydrology* au Royaume-Uni. Cet IPE prend en compte les ressources en eau, l'accès des populations à l'eau, la mobilisation de la ressource, les types d'utilisation et l'impact sur l'environnement. Plus l'IPE est fort, moins le problème est grave.

a. Combien de paramètres l'IPE prend-il en compte ?

b. Cite deux pays dont l'IPE est très fort.

c. Quel continent connaît les plus graves problèmes liés à l'eau ?

d. Quelle est la situation en Asie ?

★★ **2** **Réponds aux questions.**

Le cycle de l'eau de consommation dans un pays développé

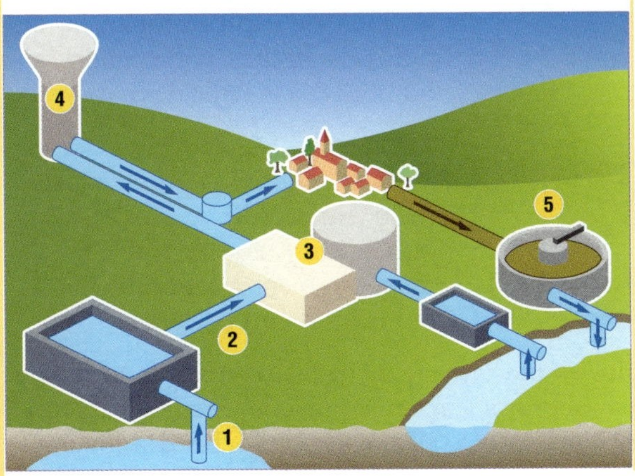

Le cycle de l'eau de consommation nécessite d'énormes infrastructures. Pour alimenter en eau l'ensemble de la population française, pas moins de 40 000 captages, 700 000 km de canalisations, et près de 16 000 usines de production d'eau potable sont en effet nécessaires. À ceci, il faut encore ajouter les installations de collecte et de dépollution des eaux usées, soit 180 000 km de canalisations et 12 000 usines de dépollution.

a. Complète le schéma avec les mots suivants : *captage – collecte et dépollution – usine de production d'eau potable – transport dans des canalisations – stockage et distribution.*

b. Où capte-t-on l'eau ?

c. Qu'est-ce qui permet de collecter les eaux usées dans les villes ?

d. Pourquoi, dans les pays en développement, un nombre important de personnes n'a pas accès à l'eau potable ?

★★★ **3** **À l'aide de la photo et du texte, réponds aux questions.**

Rivalités pour l'eau entre la Turquie et ses voisins

■ Le barrage Atatürk en Turquie.

Le barrage Atatürk, construit dans le sud-est de la Turquie, est l'ouvrage central d'un projet de 22 barrages destinés à l'irrigation ou à la production d'énergie, disséminés sur le Tigre et l'Euphrate et leurs affluents.

a. Situe la Turquie sur un Atlas.

b. À quoi servent les barrages ?

c. Quels sont les deux grands fleuves qui traversent le Moyen-Orient ? Où prennent-ils leurs sources ?

d. Pourquoi l'eau est-elle une source de tensions entre la Turquie, la Syrie et l'Irak ?

Livret des corrigés p. 21

Retenir l'essentiel

L'océan mondial couvre les trois quarts de la planète. Quelles ressources abrite-t-il ? Quels problèmes pose l'exploitation de ces ressources ?

Les ressources aquatiques

- En 2007, la **production halieutique s'élève à 140 millions de tonnes** dont 90 pour la **pêche** et 50 pour **l'aquaculture** (élevage de coquillages, de poissons, de moules… souvent en eau douce).

- Un petit nombre de pays exploite une très grande partie des ressources. Ainsi, **cinq pays** (Chine, Pérou, Japon, Inde et Chili) pêchent plus de 40 % des prises mondiales. 60 % d'entre elles s'effectuent dans l'océan Pacifique, 27 % dans l'océan Atlantique et 10 % dans l'océan Indien.

L'exploitation intensive

- Le nombre de poissons pêchés a fortement augmenté au cours du XXe siècle en raison de **l'augmentation de la population et de l'évolution des techniques** (navires de pêche plus gros, plus puissants et mieux équipés).

- Cette augmentation pose le **problème de la surpêche** et de la **disparition de certaines espèces.** La FAO (Organisation des Nations unies pour l'alimentation et l'agriculture) considère en effet que les trois quarts des stocks de poissons sont surexploités ou exploités au maximum de leur capacité. De plus, la **pollution** entraîne une fragilisation des stocks et le réchauffement climatique un déplacement de certaines espèces. La diminution des stocks de poisson provoque des tensions entre les pêcheurs des différents pays.

Des tentatives de réglementation

Pour lutter contre la surpêche, les organisations internationales adoptent des règlements. Il est **interdit de pêcher certaines espèces** menacées d'extinction. L'UE fixe des **quotas** pour ses pêcheurs. La FAO a rédigé un **code de conduite pour une pêche responsable** : mise en place de plans d'action internationaux pour concilier un niveau de vie correct pour les pêcheurs, une alimentation suffisante pour tous et le renouvellement des espèces de poissons.

Comprendre comment faire

Pour lire et comparer deux courbes

Flotte mondiale de pêche et taux de capture

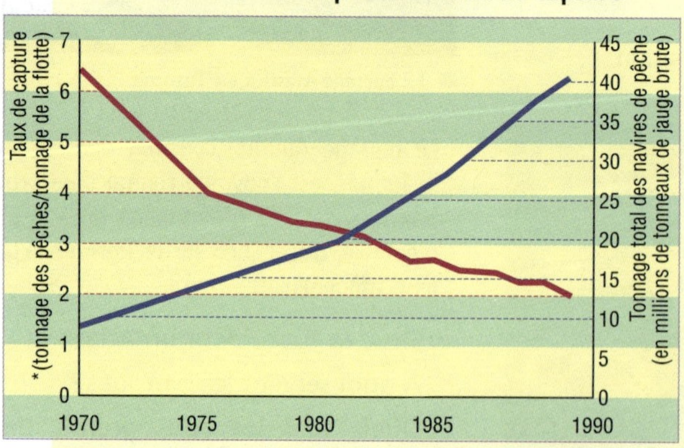

1. Je lis le titre. Le graphique présente deux courbes d'évolution : en bleu, la taille et le nombre des navires de pêche ; en rouge, les taux de capture (quantité de poissons pêchés par rapport au nombre et à la taille des navires).

2. J'étudie les courbes. Depuis 1970, le taux de capture a fortement baissé (divisé par 3) alors que la taille des navires a fortement augmenté (multiplié par 4) durant la même période.

3. Je conclus. Les navires sont de plus en plus gros (courbe bleue) mais ils prennent de moins en moins de poissons par rapport à leur taille puisque le taux de capture baisse (courbe rouge). Ceci montre que les stocks de poissons à pêcher diminuent.

POINT ACTU

Les mers et océans fournissent chaque année environ 85 millions de tonnes de protéines pour l'alimentation humaine et, dans une moindre mesure, animale.

DÉFINITION

Production halieutique : exploitation des ressources et espèces aquatiques.

S'entraîner

★ **1** **Étudie le graphique et réponds aux questions.**

Estimation de la consommation de poissons
(en millions de tonnes)

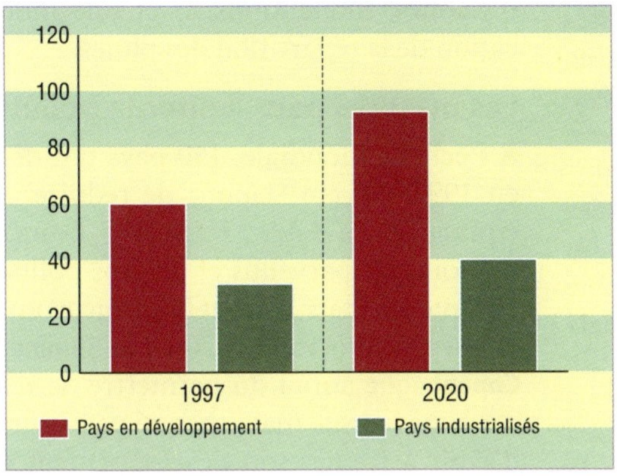

a. En 1997, quelle est la consommation mondiale de poissons ?

b. Globalement, entre 1997 et 2020, comment devrait évoluer la consommation de poissons ?

c. Dans quelle partie du monde cette évolution est-elle la plus forte ? Justifie ta réponse en citant les chiffres.

★★ **2** **Étudie la carte et lis attentivement le texte.**

Les captures de poissons des pays de l'UE en 2005 (en tonnes)

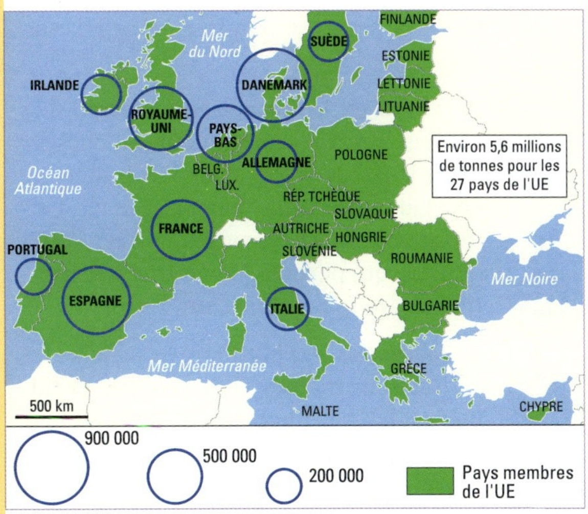

Trois quarts des captures dans les eaux communautaires

La flotte française effectue 73 % de ses captures en Atlantique Nord-Est, dont les eaux bordent les côtes de l'Europe. 20 % sont réalisés en eaux tropicales de l'Atlantique et de l'océan Indien (pêche aux thons notamment) et 7 % en Méditerranée. Parmi les tonnages mis à terre, les plus importants sont : le thon, la sardine, le hareng commun, la coquille Saint-Jacques, le lieu noir et le merlan bleu.

a. Quels sont les cinq pays de l'UE qui pêchent le plus de poissons ?

b. Où la France réalise-t-elle ses captures ?

c. Quelle espèce pêchent les navires dans les océans Atlantique et Indien ?

★★★ **3** **Lis le texte et réponds aux questions.**

Thon rouge :
les quotas mondiaux de pêche réduits de 40 %

[…] Les pays membres de l'organisation internationale chargée de gérer la pêche du thon rouge (CICTA) ont décidé de réduire le quota total de prises de 40 % l'an prochain [de 22 000 tonnes actuellement à 13 500] et se réservent la possibilité d'une interdiction, annonce l'Union européenne.
Selon elle, plusieurs autres mesures restrictives ont été décidées. La saison de pêche pour les thoniers senneurs sera dorénavant réduite à un mois […].
Les pays de la CICTA ont en outre promis de s'attaquer à la surcapacité de leurs flottes de pêche, avec un objectif de réduction de moitié d'ici 2011.
Enfin, ils se réservent la possibilité de suspendre la pêche au thon rouge si de nouveaux éléments scientifiques plaident en ce sens.
Toutefois, ces mesures ont été jugées insuffisantes par les organisations de défense de l'environnement qui demandaient un arrêt immédiat sur la pêche de cette espèce victime d'une surpêche depuis des années et menacée, selon elles, d'extinction.

■ AFP, 16 novembre 2009.

a. Qu'est-ce que la CICTA ? Qu'a-t-elle décidé ? Pourquoi ?

b. Quelles sont les autres mesures prévues ?

c. Que réclament les organisations de défense de l'environnement ?

Géographie

Livret des corrigés p. 21

Retenir l'essentiel

Les sources de pollution

L'atmosphère est polluée par des **gaz provenant de la combustion des énergies** (pétrole, charbon, gaz) utilisées par les transports, les chauffages domestiques et les activités industrielles. Depuis le XIXe siècle, avec la **croissance démographique**, l'**industrialisation et l'urbanisation**, les émissions de ces gaz augmentent. Certaines grandes agglomérations sont particulièrement polluées comme Mexico, Athènes, Los Angeles ou Beijing. Cette pollution est parfois visible par la formation d'un **brouillard appelé *smog*** (*smoke* + *fog*).

Les conséquences

Cette pollution atmosphérique nuit à la **santé** et provoque un **réchauffement du climat**. Si, depuis toujours, les historiens ont étudié une succession naturelle de périodes de réchauffement et de refroidissement, les scientifiques notent aujourd'hui une **augmentation sans précédent des températures, liée aux activités humaines qui rejettent des gaz à effet de serre** (GES) comme le CO_2 et le méthane. Le réchauffement climatique entraîne une élévation du niveau des océans (fonte de glaciers), une augmentation des événements climatiques extrêmes (cyclones, inondations…) et une modification de la répartition des pluies.

Les mesures pour limiter la pollution

À l'échelle mondiale, 150 pays ont décidé en 1997 à **Kyoto** (Japon) de réduire leurs émissions de GES. Toutefois, beaucoup n'y sont pas parvenus et de gros pollueurs comme les États-Unis et la Chine n'ont pas voulu s'y associer. En 2009, le **Sommet de Copenhague** aurait dû permettre de relancer le processus mais chaque pays a craint d'avoir à freiner son développement économique. Pour limiter la pollution, il faut **changer les modes de vie et de production** : développer des énergies renouvelables non polluantes, moins chauffer, utiliser les transports en commun, produire moins de déchets… Des campagnes d'information ont lieu pour changer les mentalités et les gouvernements taxent les activités ou les biens les plus polluants.

POINT ACTU

Le PNUE (Programme de Nations Unies pour l'Environnement) a été créé en 1972 pour promouvoir le développement durable et la défense de l'environnement.

DÉFINITION

▸ Industrialisation : apparition au XIXe siècle des usines, dont les machines utilisent du charbon puis, au XXe siècle, du pétrole pour fonctionner.

Comprendre comment faire

▸ Pour lire un schéma sur l'effet de serre

Le réchauffement de la terre par le GES

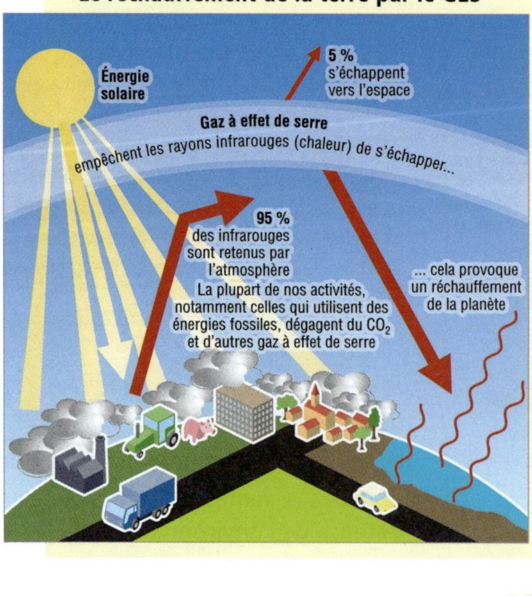

1. Je lis le titre. Ce schéma explique comment la terre est chauffée grâce à l'effet de serre.

2. J'observe le phénomène naturel. Les flèches jaunes représentent la chaleur fournie par le soleil. Une partie de cette énergie est retenue par les gaz de l'atmosphère (flèches rouges) : c'est l'effet de serre qui permet d'avoir une température moyenne de 15 °C sur Terre.

3. Je conclus en étudiant les effets des activités humaines. Les transports, les usines, le chauffage dégagent du CO_2 et d'autres gaz qui se concentrent dans l'atmosphère et renforcent l'effet de serre : la terre renvoie moins de chaleur vers l'espace donc le climat se réchauffe.

S'entraîner

★ **1 Relis le cours, regarde la photographie et réponds aux questions.**

■ Wuhan en Chine centrale, 2009.

a. Où a été prise la photographie ?

b. Comment appelle-t-on le brouillard qui s'est formé ?

c. Que démontre la présence de ce brouillard ?

d. Quels sont les risques pour la santé ?

★★ **2 Lis attentivement ce texte.**

Du 7 au 18 décembre 2009, l'ONU a organisé à Copenhague un Sommet sur le changement climatique auquel ont participé 192 pays.

Un texte sans ambition

Il aura fallu deux jours de discussions intenses et directes entre 27 chefs d'État ou de gouvernement pour parvenir à un texte au statut juridique flou, dit « Accord de Copenhague ». [...]
Son contenu est loin d'être à la hauteur des attentes que la conférence avait soulevées : s'il affirme la nécessité de limiter le réchauffement planétaire à 2 °C par rapport à l'ère préindustrielle, le texte ne comporte aucun engagement chiffré de réduction des émissions de gaz à effet de serre, se contentant de prôner la « coopération » pour atteindre un pic des émissions « aussi tôt que possible ». [...] Quant au protocole de Kyoto, qui engage les pays signataires à réduire leurs émissions de gaz à effet de serre d'au moins 5 % sur la période 2008-2012 par rapport à leur niveau de 1990, il n'est mentionné qu'accessoirement [...].
Un texte de compromis a été péniblement adopté. Mais c'est un résultat [...] qui épargne toute contrainte forte aux États-Unis et aux grands pays émergents, et qui laisse les pays pauvres presque aussi démunis qu'au début de la conférence.

■ L. Caramel et H. Kempf, *www.lemonde.fr*, 21/12/09.

a. Qui a organisé le sommet de Copenhague ? Dans quel but ?

b. Quelle est la grande décision prise à Copenhague ?

c. Pourquoi ce sommet a-t-il déçu une grande partie de la population ?

★★ **3 À l'aide des documents, réponds aux questions.**

Niveaux moyens annuels de dioxyde d'azote en agglomération parisienne de 1992 à 2008
(échantillon constant de stations urbaines)

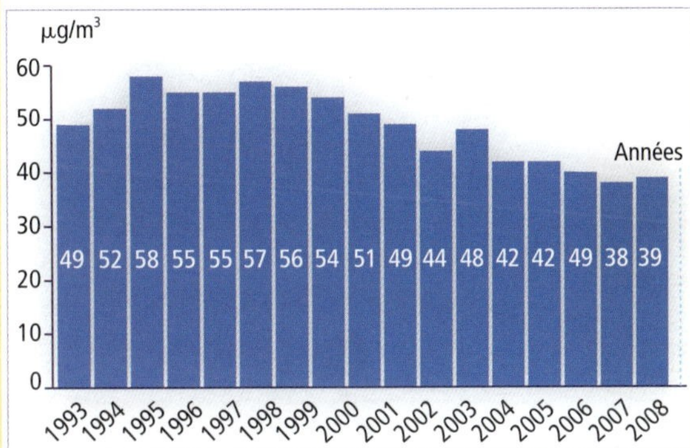

Airparif est une association qui mesure chaque jour la qualité de l'air dans l'agglomération parisienne. Le secteur des transports est le premier responsable des émissions de polluants en Île-de-France (4,5 millions de voitures particulières et 600 000 véhicules utilitaires). Le dioxyde d'azote (NO_2) se forme surtout à partir de la circulation routière. D'après l'OMS, le NO_2 a des effets néfastes sur la santé et sur les végétaux. Les concentrations de dioxyde d'azote (NO_2) ont baissé dans la plupart des agglomérations d'environ 20 % en six ans. Ces évolutions sont à mettre en relation avec les modifications apportées aux véhicules.

■ Site internet : www.airparif.fr.

a. Quelle est la source principale d'émission de NO_2 ?

c. Quels effets sur la santé représentent les émissions de NO_2 ?

d. Comment évoluent les émissions de dioxyde d'azote depuis 2000 ? Pourquoi ?

Livret des corrigés p. 22

Retenir l'essentiel

Comment s'organise la consommation d'énergie dans le monde ?

Une demande croissante

- Depuis le XIXe siècle, avec **l'industrialisation et la croissance démographique**, la consommation d'énergie a augmenté. Elle a été multipliée par 5 entre 1950 et 2000, et connaît une croissance de 2,7 % par an.
- **Les pays développés** (États-Unis, les pays de l'UE ou le Japon) et certains pays **émergents très peuplés** (Chine, Inde) sont les plus gros consommateurs d'énergie. Les pays pauvres ont pour l'instant peu de besoins mais leur demande devrait augmenter avec leur développement.

Des flux et des tensions

Comme les pays consommateurs d'énergie ne sont pas forcément les pays producteurs, des flux (déplacements) s'organisent au niveau mondial. Les ressources énergétiques sont **transportées soit par bateaux** soit par **tuyaux** (oléoducs ou gazoducs). Les pays dépendants doivent assurer la **sécurité de leurs approvisionnements** (les États-Unis interviennent aussi en Irak pour stabiliser le Moyen Orient) et les pays producteurs peuvent utiliser la vente des ressources énergétiques comme une **arme diplomatique** (la Russie a coupé les gazoducs qui approvisionnaient l'Ukraine).

Différents types d'énergie

La consommation mondiale d'énergie repose essentiellement sur les **énergies fossiles**, des énergies non renouvelables très **polluantes** (voir chapitre 11) et en voie **d'épuisement**. Les pays incitent donc les populations à consommer moins d'énergie et recherchent des solutions de remplacement : les **énergies produites grâce à des ressources renouvelables**. L'énergie **nucléaire** a besoin d'une ressource non renouvelable (uranium), est moins polluante mais peut se révéler très dangereuse (accident de la centrale de Tchernobyl en 1986).

POINT ACTU

En 2008, l'UE a adopté le paquet climat-énergie qui prévoit d'économiser 20% d'énergie, de réduire de 20% les émissions de GES et d'atteindre 20% d'énergies renouvelables d'ici 2020.

DÉFINITION

Énergie fossile : énergie qui repose sur des combustibles (matière brûlée pour avoir de la chaleur et de l'énergie) formés il y a des millions d'années par la transformation naturelle des plantes, comme le charbon et les hydrocarbures (pétrole et gaz naturel).

Comprendre comment faire

Pour lire une carte en anamorphose

Les émissions de CO_2 par pays (en millions de tonnes)

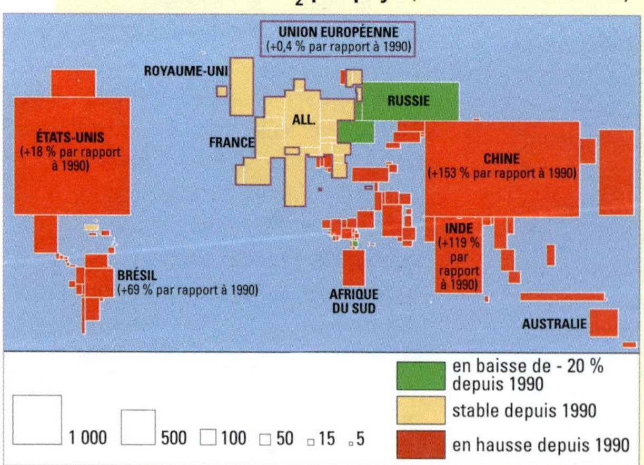

1. Je lis le titre. Le planisphère reflète la consommation d'énergie par pays en représentant les émissions de CO_2. Une carte en anamorphose déforme la réalité géographique pour mettre un phénomène en évidence en utilisant une échelle particulière qui ne correspond plus à la superficie.

2. Je lis la légende. Elle fournit deux renseignements : l'émission de CO_2 par pays en 2009 (taille des carrés) et l'évolution des émissions depuis 1990 (les couleurs).

3. J'interprète la carte. Elle met en évidence les gros consommateurs (Chine...) et les petits consommateurs (Amérique du Sud et Afrique sont plus petits que leur taille réelle). Elle montre aussi que les gros pollueurs n'ont pas fait d'effort depuis 1990 pour réduire leur consommation d'énergie et que les pays pauvres augmentent leur consommation parallèlement à leur développement.

S'entraîner

★ **1 Compare les deux documents et réponds aux questions.**

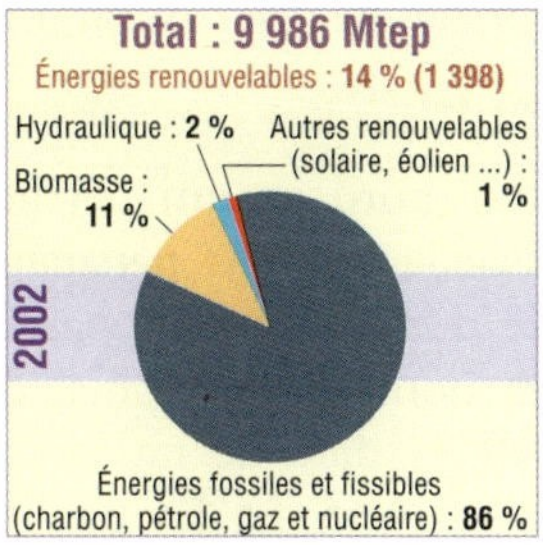

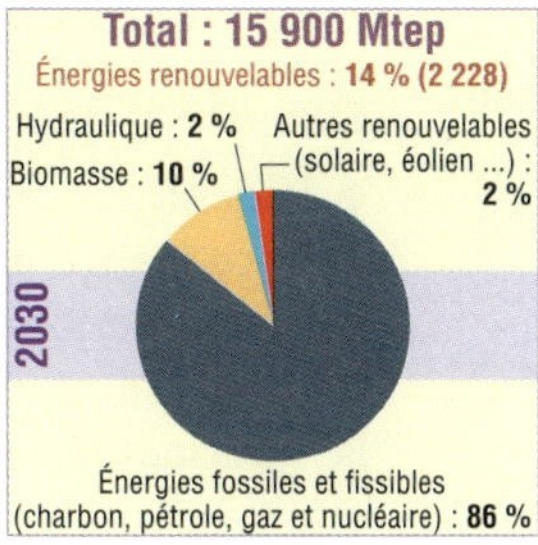

a. Comment appelle-t-on ce type de document ? Que montrent-ils ?

b. À combien s'élève la consommation totale d'énergie en 2002 ? Comment devrait-elle évoluer d'ici 2030 ?

c. Quelle est la part des énergies fossiles et fissibles en 2002 ? Comment évolue cette proportion ?

d. En relisant le cours et en utilisant les documents, que peux-tu conclure sur les efforts faits pour limiter la pollution et développer les énergies renouvelables ?

★★ **2 Ces photographies illustrent des énergies renouvelables. Complète leurs légendes et réponds aux questions.**

Légende : ....

Légende : ....

Légende : ....

Légende : ....

a. Complète les légendes avec les mots suivants : *éoliennes – panneaux solaires – barrage hydroélectrique – centrale géothermique*.

b. Qu'est-ce qu'une énergie renouvelable ?

c. Pour chaque photo, précise quelle est la source d'énergie utilisée.

d. Fais une recherche, dans une encyclopédie ou sur internet, sur la biomasse : de quoi s'agit-il ? Quelle place occupe-t-elle en France ? Quels avantages représente-t-elle ?

★★★ **3 Teste tes connaissances !**

a. L'agriculture moderne intensive…
- est pratiquée dans les pays en développement. ☐
- repose sur l'utilisation de produits chimiques (engrais…). ☐
- repose sur l'utilisation de machines. ☐
- représente un risque de pollution. ☐

b. L'eau douce est une ressource…
- qui provient des fleuves et des précipitations. ☐
- que tous les pays possèdent à égalité. ☐
- que les pays pauvres ont du mal à fournir à leur population faute de moyens financiers. ☐
- qui provoque des conflits. ☐

c. Le nombre de poissons pêchés a augmenté…
- en raison de la croissance démographique. ☐
- en raison de l'utilisation de techniques de plus en plus perfectionnées. ☐
- ce qui entraîne l'épuisement du stock de certaines espèces. ☐
- ce qui pousse les autorités à prendre des mesures pour limiter la pêche. ☐

d. Pour limiter la pollution atmosphérique…
- utiliser davantage les énergies fossiles… ☐
- utiliser davantage sa voiture. ☐
- augmenter de 1 °C la température à l'intérieur de son logement. ☐
- changer nos modes de vie, de consommation et de production. ☐

Géographie

Livret des corrigés p. 22

Retenir l'essentiel

Différents mais égaux

- Tous les êtres humains sont différents et pourtant, ils appartiennent tous à la même espèce humaine, donc **ils ont tous les mêmes droits** : ils sont égaux. Ceux qui utilisent les différences de couleur de peau, d'origine géographique, de religion... pour nuire à une personne se rendent coupables de **discriminations.**

- Pour protéger les citoyens, **la loi punit en France les auteurs de discrimination.** La loi Pleven (1972) interdit les propos et les injures racistes et la loi Gayssot (1990) punit les auteurs d'actes racistes (contre les personnes supposées d'une autre race parce qu'ayant une autre couleur de peau), antisémites (contre les personnes de religion juive) et xénophobes (contre les étrangers). Un individu se rendant coupable de discrimination risque 3 ans de prison et 45 000 € d'amende. La **HALDE** conseille et assiste les personnes victimes de discrimination. Des **associations** luttent aussi contre toutes les formes de discrimination.

Des identités multiples

- L'identité, c'est d'abord ce qui permet de **reconnaître officiellement une personne.** La carte nationale d'identité ou le passeport attestent des noms et prénoms, de la nationalité et de la date de naissance qui fondent cette identité. La loi précise que les parents choisissent les prénoms et nom de leur enfant. Mais on peut faire une demande pour les modifier si on a des motifs valables (articles 60 et 61 du code civil).

- En plus de cette identité légale, chaque personne construit au cours de sa vie **sa propre identité** avec des éléments qui viennent de sa famille, de sa culture ou de son métier. On peut choisir sa profession ou sa religion qui sont des éléments à part entière de l'identité d'une personne.

Comprendre comment faire

► Pour étudier un texte fondamental

Extrait de la *Déclaration universelle des droits de l'homme*, 1948

Article premier – Tous les êtres humains naissent libres et égaux en dignité et en droits. Ils sont doués de raison et de conscience et doivent agir les uns envers les autres dans un esprit de fraternité.

Article 2 – 1. Chacun peut se prévaloir de tous les droits et de toutes les libertés proclamés dans la présente Déclaration, sans distinction aucune, notamment de race, de couleur, de sexe, de langue, de religion, d'opinion politique ou de toute autre opinion, d'origine nationale ou sociale, de fortune, de naissance ou de toute autre situation.
2. De plus, il ne sera fait aucune distinction fondée sur le statut politique, juridique ou international du pays ou du territoire dont une personne est ressortissante, que ce pays ou territoire soit indépendant, sous tutelle, non autonome ou soumis à une limitation quelconque de souveraineté.

1. Je lis le titre. La *Déclaration universelle des droits de l'homme* a été votée en 1948 par les pays membres de l'ONU. Elle s'inspire de la *Déclaration des droits de l'homme et du citoyen* (1789) française mais concerne tous les pays du monde. Elle est divisée en trente articles.

2. Je souligne les passages les plus importants de couleur différente en fonction des thèmes : les hommes ont des droits et des libertés (jaune), ils sont égaux (bleu) et par conséquent, il ne peut y avoir de discrimination (vert).

3. Je conclus avec mes connaissances. Ce texte fixe des objectifs à atteindre mais, dans la plupart des pays en développement, il n'est pas appliqué. Même dans les pays riches comme la France, certaines mesures du texte ne sont pas respectées dans les faits.

POINT ACTU

Pour les scientifiques, il n'existe pas de race chez les hommes parce qu'ils appartiennent tous à la même espèce. Tous les individus de cette espèce peuvent avoir des enfants ensemble.

DÉFINITIONS

- **Code :** recueil de lois dans un domaine particulier.
- **HALDE :** Haute Autorité de Lutte contre les Discriminations et pour l'Égalité, institution indépendante créée par l'État en 2004.

S'entraîner

★ **1** **Lis l'article et réponds aux questions.**

Le CV anonyme relancé

La RATP, Accor, Axa : rares sont encore les entreprises qui effectuent leurs recrutements sur la base de CV anonymes. Mesure plébiscitée en 2006 pour son rôle dans la lutte contre la discrimination à l'embauche, [...] elle n'a pourtant jamais juridiquement vu le jour [...]. Devant tant d'inertie, le gouvernement souhaite donc relancer cette pratique par le lancement, mardi à l'Assemblée nationale, d'une expérimentation. Durant six mois, une cinquantaine d'entreprises volontaires de toutes tailles s'engageront à recruter au moins partiellement sur CV anonyme [...].
Du traditionnel curriculum vitae, l'accord prévoit ainsi de bannir nom, prénom, âge, sexe, date et lieu de naissance, nationalité, situation familiale et photographie, et ce pour toute candidature, qu'il s'agisse de contrats d'intérim, de contrat à durée déterminée (CDD) ou de contrat à durée indéterminée (CDI). L'expérimentation devrait être mise en œuvre dans sept départements [...].

■ Marie Bartnik, www.lefigaro.fr, 8 décembre 2009.

a. Qu'est-ce qu'un CV anonyme ?

b. Que doit-il permettre d'éviter ?

c. Combien d'entreprises participent à l'expérimentation lancée par le gouvernement ?

★★ **2** **Étudie l'affiche et réponds aux questions.**

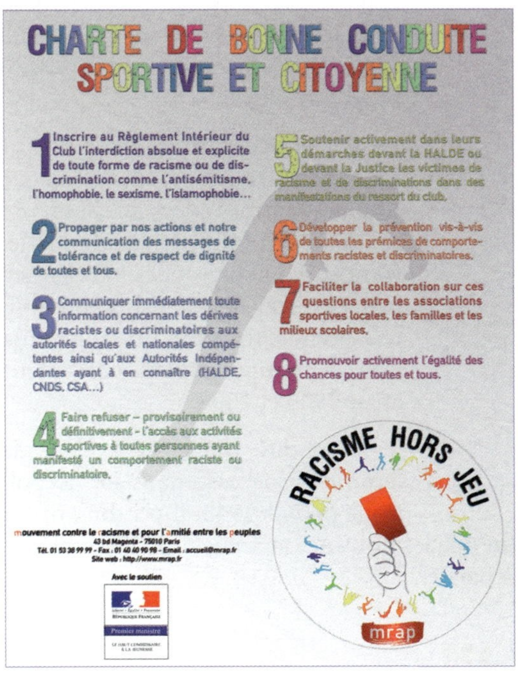

a. Qui a lancé cette opération ? Dans quel but et dans quel domaine ?

b. Dans l'article 1 de la charte, quelles sont les formes de discrimination qui sont citées ?

c. D'après l'article 5, par qui ou par quoi sont protégées les victimes de discrimination ?

d. D'après l'article 4, comment doivent être punis les auteurs de discrimination ?

★★ **3** **Lis ces articles du code civil et coche les bonnes cases.**

Depuis 2005, les règles d'attribution du nom de famille permettent aux parents, lorsque la filiation est établie à l'égard de chacun d'eux à la date de la déclaration de naissance, de choisir quel(s) nom(s) porteront leurs enfants entre :
– le nom du père,
– le nom de la mère,
– leurs 2 noms accolés dans un ordre choisi par eux et dans la limite d'un seul nom de famille pour chacun s'ils portent eux-mêmes le nom de leurs 2 parents.
Lorsque la filiation n'est établie qu'à l'égard d'un parent, l'enfant prend le nom de ce parent.
Toute personne peut demander à changer de nom, lorsqu'elle a un intérêt légitime à le faire, à savoir en cas de :
– nom difficile à porter en raison de sa consonance ridicule ou péjorative,
– nom à consonance étrangère,
– survivance d'un nom illustré de manière éclatante sur le plan national,
– nom éteint ou menacé d'extinction,
– consécration d'un usage constant et continu sous certaines conditions.

■ D'après le site : www.servicepublic.fr

a. Le code civil rassemble les lois qui concernent entre autres la famille. ☐

b. Les parents peuvent choisir n'importe quel nom de famille pour leur enfant. ☐

c. Le nom de famille fait partie de l'identité légale d'une personne. ☐

d. Je peux changer de nom si je préfère celui de mon copain. ☐

e. Je peux changer de nom si je m'appelle M. Sallot. ☐

Livret des corrigés p. 22

Retenir l'essentiel

Une longue conquête

• Le principe d'égalité est apparu en France en 1789 au début de la Révolution. Il figure dans l'article 1 de la ***Déclaration des droits de l'homme et du citoyen*** : « Les hommes naissent et demeurent libres et égaux en droit » (**égalité civile**). Puis, les citoyens ont conquis de nouveaux droits et l'égalité s'est élargie et imposée : en 1848, tous les hommes obtiennent le droit de vote (**égalité politique**) ; en 1882-1883, tous les enfants doivent être scolarisés (**égalité sociale**) ; en 1945, les femmes votent et la même année est créée la **Sécurité sociale** qui permet à tous de se faire soigner.

• En France, pour essayer de réduire les inégalités et assurer à tous des « moyens convenables d'existence » (préambule de la constitution de 1946), **la Nation est solidaire et l'État organise la redistribution des richesses.** Par exemple, on paie des impôts en fonction de ses revenus et cet argent sert à entretenir les services publics (écoles, hôpitaux) et à verser des aides financières (**RSA**). De plus, chaque travailleur cotise à la Sécurité sociale qui rembourse ensuite une partie des frais médicaux.

Combattre les inégalités

Chaque citoyen peut lutter contre les inégalités et les discriminations en agissant seul dans sa vie quotidienne ou en **s'impliquant dans une association, un syndicat ou un parti politique.** Une inégalité encore forte en France concerne **les femmes**, victimes de discriminations à plusieurs niveaux : **dans leur vie personnelle,** elles assument l'essentiel des tâches ménagères et s'occupent des enfants ; **dans leur vie professionnelle,** à emploi et diplôme équivalents, elles sont moins bien payées que les hommes ; **dans la vie politique**, elles accèdent moins facilement aux plus hautes fonctions. Des lois ont pourtant été votées pour lutter contre ces discriminations : les partis politiques sont obligés de présenter autant d'hommes que de femmes aux élections (loi sur la parité politique, 2000).

POINT ACTU

En France, les femmes assument 80% des tâches ménagères et les inégalités augmentent dans le couple à la naissance du premier enfant (étude de l'INED).

DÉFINITIONS

- **Nation :** l'ensemble des citoyens d'un pays.
- **RSA** (Revenu de Solidarité Active) : aide financière versée par l'État qui vise à assurer un revenu minimum chaque mois à une personne. Elle concerne les personnes qui ont peu ou pas de ressources.

Comprendre comment faire

Pour étudier un tableau de chiffres

Les femmes en politique 1945-2009
Président de la République : aucune depuis 1945.
Premier ministre : une seule depuis 1945, Edith Cresson en 1991-1992.
Assemblée nationale : 1945 : 94,4% des députés sont des hommes et 5,6% sont des femmes. 2009 : 81,5% des députés sont des hommes et 18,5% sont des femmes.
Sénat : 1946 : 93,3% des sénateurs sont des hommes et 6,7% sont des femmes. 2009 : 78,1% des sénateurs sont des hommes et 21,9% sont des femmes.
Régions en 2009 : 2 femmes sur 26 présidents de région.

1. Je lis le titre. Les données concernent la place des femmes dans les principales institutions politiques depuis 1945 (droit de vote et possibilité d'être élues).

2. J'étudie les chiffres. Seuls près de 20% des députés et des sénateurs sont des femmes, alors qu'elles représentent la moitié de la population française. De plus, elles parviennent peu à exercer de hautes responsabilités. On note toutefois une augmentation de femmes députés et sénateurs entre 1945 et 2009.

3. Je conclus. Même si la place des femmes progresse dans la vie politique depuis 1945, il y a toujours un retard. Elles accèdent moins facilement que les hommes aux postes à responsabilité et sont moins élues malgré la loi sur la parité.

S'entraîner

★ **1 Lis le texte et réponds aux questions.**

La constitution de la Vᵉ République rédigée en 1958 reprend le préambule de la constitution de 1946, rédigée après la Deuxième Guerre mondiale.

La Constitution
Préambule de la Constitution de 1946

3. La loi garantit à la femme, dans tous les domaines, des droits égaux à ceux de l'homme.
10. La Nation assure à l'individu et à la famille les conditions nécessaires à leur développement.
11. Elle garantit à tous, notamment à l'enfant, à la mère et aux vieux travailleurs, la protection de la santé, la sécurité matérielle, le repos et les loisirs. Tout être humain qui, en raison de son âge, de son état physique ou mental, de la situation économique, se trouve dans l'incapacité de travailler a le droit d'obtenir de la collectivité des moyens convenables d'existence.

a. Montre avec un exemple que l'alinéa 3 du préambule est respecté en France.

b. Qu'est-ce que la Nation ?

c. Pourquoi dans l'alinéa 11, les enfants, les mères et les vieux travailleurs sont-ils particulièrement cités ?

d. En utilisant la frise chronologique et tes connaissances, cite des éléments qui montrent que la nation garantit en France le repos et la protection de la santé.

★★ **2 Étudie la frise chronologique et réponds aux questions.**

a. Quel grand texte a instauré en France les droits civils ? En quelle année ?

b. Combien de temps après les hommes, les femmes ont-elle eu le droit de voter et de se présenter à des élections ?

c. Quels droits sociaux ont été obtenus en 1882 et 1936 ?

d. Complète la légende avec les propositions suivantes : *droit de voter et d'être élu – droits qui améliorent les conditions de vie – droits des personnes.*

★★ **3 Étudie les graphiques et à l'aide du cours, réponds aux questions.**

Budget de la Sécurité sociale en 2010

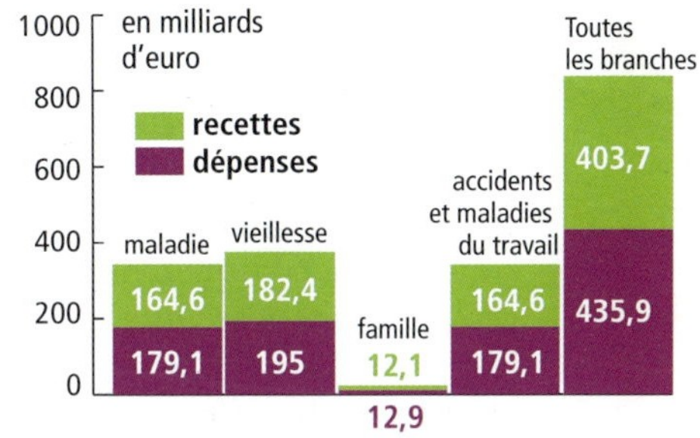

Recettes de la sécurité sociale en 2010
(en milliards d'€)

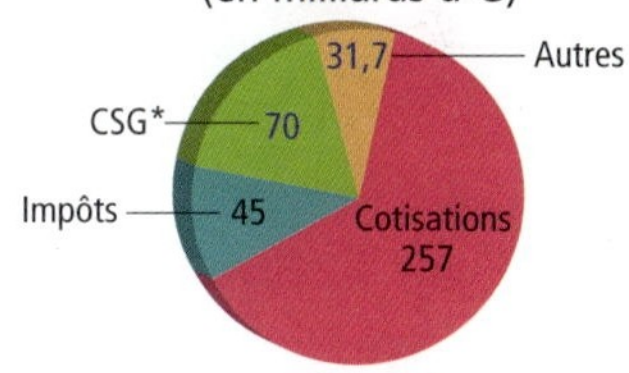

*Contribution sociale généralisée prélevée directement sur les salaires

a. Quels sont les quatre domaines d'intervention de la Sécurité sociale ?

b. Quelles sont les branches excédentaires (recettes supérieures aux dépenses) et déficitaires (dépenses supérieures aux recettes) ?

c. D'où proviennent majoritairement les recettes de la Sécurité sociale ?

d. Calcule le déficit de la Sécurité sociale pour toutes les branches. D'après toi, comment expliquer cette situation ?

e. Rédige un petit paragraphe qui montre que la Sécurité sociale permet de mettre en œuvre la solidarité nationale et de rétablir une certaine égalité.

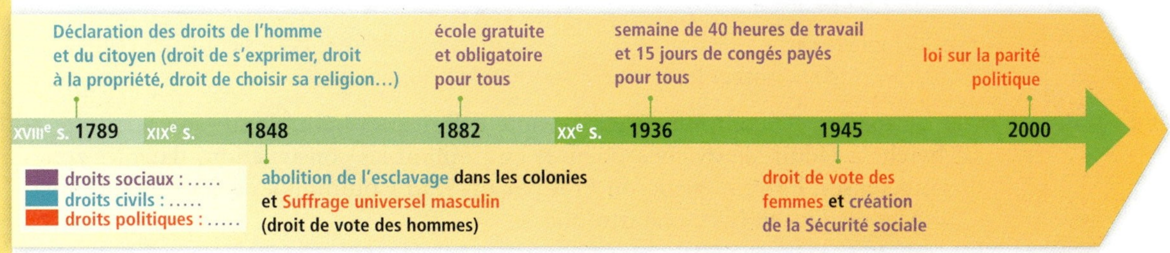

Livret des corrigés p. 22-23

Retenir l'essentiel

Les risques majeurs

Un risque majeur est la possibilité que survienne une catastrophe avec des **conséquences très graves pour la population, les biens et l'environnement.** Il y a des **risques d'origine naturelle** (séisme) et des **risques technologiques** liés à l'activité humaine (marée noire).

Prévenir les risques

C'est la responsabilité de l'État et des collectivités territoriales d'**assurer la sécurité et la protection de la population** et de mettre en place des **mesures de prévention.** Il faut connaître les risques, informer des dangers, former les secours et la population à réagir en cas de catastrophe. Pour cela, il existe des plans comme le **PPR** ou le **plan ORSEC.** Chaque établissement scolaire élabore, en fonction des risques locaux, un **Plan Particulier de Mise en Sûreté (PPMS).** Des exercices d'alerte et des simulations ont parfois lieu pour tester l'efficacité des plans et des secours.

Agir en cas de catastrophe

Si le risque survient, la **population est alertée** par une sirène et par les médias. **Les secours (SAMU, pompiers, police, sécurité civile, services techniques...) sont mobilisés** et leur action coordonnée par le préfet (représentant de l'État dans le département). Après la catastrophe, il faut **indemniser la population et réparer les dégâts.** Ces coûts énormes sont pris en charge par l'État, les collectivités territoriales et les **assurances.** Chaque personne peut verser de l'argent à un organisme privé qui rembourse les dégâts.

Comprendre comment faire

► Pour lire un Plan de Prévention des Risques (PPR)

Plan de prévention des risques naturels prévisibles pour la commune de Veurey-Voroize (Isère)

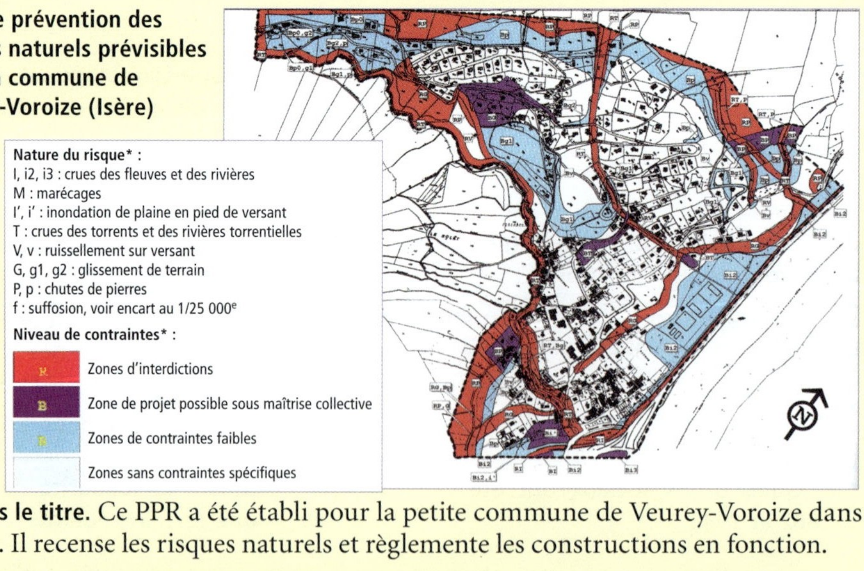

1. Je lis le titre. Ce PPR a été établi pour la petite commune de Veurey-Voroize dans l'Isère. Il recense les risques naturels et règlemente les constructions en fonction.

2. J'étudie la carte. Elle donne deux types de renseignements : les couleurs réglementent la construction et les lettres indiquent le risque naturel.

3. Je conclus. La commune tient compte des risques naturels sur son territoire et cherche à réduire leurs conséquences en limitant les constructions dans les zones dangereuses. Elle complète son PPR par un Plan Communal de Secours qui organise les secours en cas de catastrophe.

POINT ACTU

Pour faire face au risque d'incendie, tous les collèges doivent faire au moins trois exercices d'évacuation dans l'année.

DÉFINITIONS

- **Plan ORSEC** (Organisation de la Réponse de Sécurité Civile) : déclenché par le préfet, il permet l'organisation des secours sous une direction unique en cas de catastrophe.
- **Collectivités territoriales :** régions, départements et communes.

S'entraîner

★ **1 Lis l'article et réponds aux questions.**

Tempête sur des logements à risques

Les ravages causés par le passage de Xynthia jettent une lumière crue sur l'urbanisation à tout prix du littoral. […]

Permis de construire

Un article publié il y a trois mois dans Ouest-France en témoigne. Il concerne justement La Faute-sur-Mer (Vendée), l'une des communes les plus touchées par Xynthia. Ses élus sont alors […] contre le Plan de prévention du risque inondation (PPRI) [élaboré] par l'État, coupable à leurs yeux de vouloir juguler leur projet d'urbanisation. […] Les élus contestaient aussi les périodes de fermeture des campings municipaux […], jugeant que les risques d'inondation pendant les deux mois supplémentaires n'étaient pas avérés. Pour contrer les restrictions du PPRI, le maire de La Faute-sur-Mer avançait un programme de consolidation des digues, supposé parer aux risques d'inondation. […]

La pression économique

La question de fond reste bel et bien celle des terrains imprudemment ouverts à l'urbanisation, avec en toile de fond « des enjeux et des intérêts considérables », pointe un grand commis de l'État. « Il faut faire avec la pression des élus qui veulent développer leurs territoires, avec la pression des intérêts économiques et immobiliers, et aussi avec la pression des gens qui veulent leur maison les pieds dans l'eau. » […]

L'afflux démographique

Les zones côtières, où l'on observe depuis trente ans un afflux de population, sont spécialement concernées. […]. Les communes littorales ont gagné 530 000 personnes pendant la période [20 ans]. […]

■ D'après Tonino Serafini, *Libération*, 2 mars 2010.

a. De quel type de catastrophe est-il question dans cet article ? Quel est le bilan humain ?

b. Qu'est-ce que le PPRI ? Qui l'a rédigé ? Que doit-il empêcher ?

c. Sur quel type de constructions comptaient les élus pour se protéger ?

d. Pourquoi, malgré les risques, trouve-t-on des habitations et des constructions dans des espaces inondables ?

★★ **2 Observe le schéma, complète-le et réponds aux questions.**

a. Quel est le risque majeur évoqué par le schéma ? Est-il naturel ou technologique ?

b. Retrouve la conséquence de la catastrophe pour chaque numéro dans la liste suivante : *habitations détruites par l'explosion – pollution de l'air (formation d'un nuage radioactif) – végétations et sols pollués – eau polluée – habitants respirent des particules radioactives – employés de la centrale victimes de l'explosion et de l'irradiation massive.*

★★★ **3 Teste tes connaissances !**

a. Un risque est majeur si…
- il concerne un grand nombre de personnes. ☐
- ses conséquences sont graves pour l'économie. ☐
- ses conséquences sont graves pour l'environnement. ☐
- il a de très fortes probabilités de se produire. ☐

b. Parmi ces risques, lequel n'est pas technologique ?
- explosion d'une centrale nucléaire. ☐
- naufrage d'un superpétrolier. ☐
- tremblement de terre. ☐
- nuage toxique. ☐

c. Le plan ORSEC…
- signifie Organisation Régionale des Services Communaux. ☐
- est déclenché par le maire. ☐
- est déclenché en cas de catastrophe. ☐
- coordonne l'action de tous les services de secours. ☐

d. Parmi ces sigles, lequel ne concerne pas la sécurité face aux risques ?

ORSEC ☐ DDHC ☐ PPMS ☐ PPR ☐

Livret des corrigés p. 23

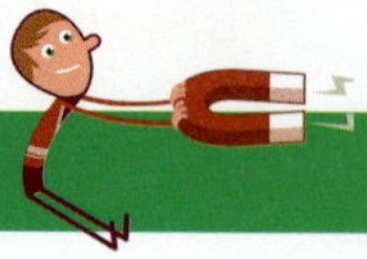

Retenir l'essentiel

● Chez les animaux comme chez les végétaux, **respirer c'est absorber du dioxygène et rejeter du dioxyde de carbone.**

● Chez les animaux, les **échanges gazeux respiratoires** se font entre l'air ou l'eau et l'organisme par l'intermédiaire d'organes souvent spécialisés, tels que les poumons, les branchies et les trachées.

● Les poumons assurent les échanges gazeux respiratoires entre l'air et le sang, les trachées des insectes forment un réseau de tubes amenant l'air directement aux cellules des organes. **Poumons et trachées sont des organes de la respiration dans l'air.**

● Au niveau des branchies, les échanges gazeux se font entre l'eau et le sang.
Les branchies sont des organes de la respiration dans l'eau.

● Chez un animal, l'ensemble des organes qui assurent sa respiration constitue son **appareil respiratoire.**

Comprendre comment ça fonctionne

Comment mettre en évidence la respiration ?

● **L'eau de chaux** est un liquide incolore qui devient trouble au contact du dioxyde de carbone. Si on place un récipient d'eau de chaux au contact de l'air ou de l'eau où un être vivant a respiré, le trouble qui apparaît révèle le rejet de dioxyde de carbone.

● **Une sonde à dioxygène** reliée à un ordinateur permet de suivre l'évolution de la quantité de dioxygène dans un récipient où respire un animal. Le résultat des mesures est exprimé par le graphique ci-dessous.

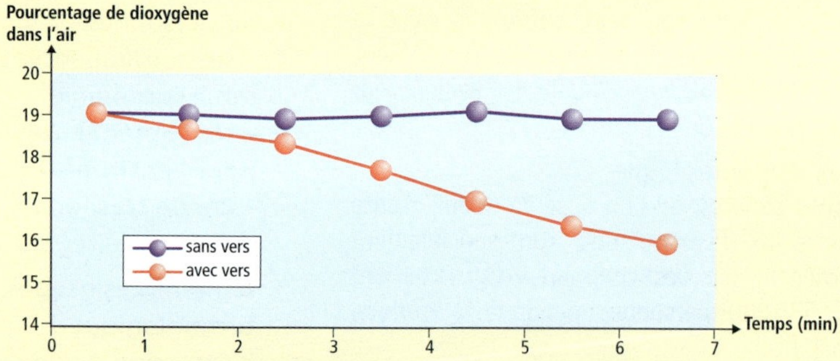

Absorption de dioxygène par des vers de farine

→ **Dans un local où respirent des animaux, l'air s'appauvrit en dioxygène.**

● Sur un poisson fraîchement pêché, on découpe un opercule (sorte de petit volet situé de chaque côté de la tête). On découvre plusieurs rangées de fines lamelles d'un rouge vif : ce sont les **branchies** qui, chez l'animal vivant, baignent continuellement dans l'eau du milieu. Ce sont les organes respiratoires.

DÉFINITION

La respiration constitue l'absorption de dioxygène et le rejet de dioxyde de carbone par les êtres vivants.

1 ■ Tête de poisson avec branchie découverte

2 ■ Dissection d'une branchie

S'entraîner

★ **1 Complète la phrase ci-dessous avec les mots et expressions suivants :** *dioxyde de carbone – organisme – milieu – dioxygène.*

Au cours de la respiration, du .... passe de .... vers .... et du .... passe du .... vers ....

★ **2 Complète le tableau suivant en indiquant, par une croix dans la case correspondante, le milieu de vie et l'appareil respiratoire de chaque animal.**

Animal	Milieu de vie		Appareil respiratoire		
	Air	Eau	Poumons	Branchies	Trachées
Cheval					
Carpe					
Truite					
Mouche					
Homme					
Escargot					
Coccinelle					
Crevette					
Hérisson					
Merle					
Requin					
Vipère					

★★ **3 Relève dans le tableau ci-dessus les animaux pour lesquels la connaissance de l'appareil respiratoire permet de déterminer le groupe auquel ils appartiennent.**

★★ **4 En utilisant les éléments représentés ci-après, schématise une expérience montrant le rejet de dioxyde de carbone par un animal qui respire.**

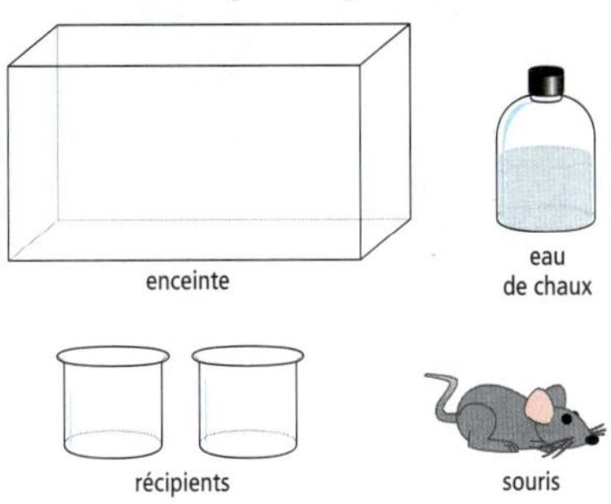

★★ **5** Le dauphin, la baleine, ne sont pas des poissons mais des mammifères.
Utilise cette information pour expliquer qu'ils sont obligés de venir régulièrement respirer à la surface de l'eau.

★★ **6** On laisse couler une goutte de colorant non toxique devant la bouche ouverte d'un poisson (photo A). Quelques secondes après, on observe la circulation de l'eau dans le corps de ce poisson (photo B).

a. Décalque la tête du poisson (photo B). Représente par des flèches le trajet de l'eau dans le corps du poisson.

b. Complète les phrases suivantes :

L'eau qui entre dans le corps du poisson, rendue visible par le colorant, est riche en .... et pauvre en ....

L'eau qui sort est riche en .... et pauvre en ....

★★ **7 Représente par une flèche rouge le trajet de l'air riche en dioxygène et par une flèche verte celui de l'air pauvre en dioxygène.**

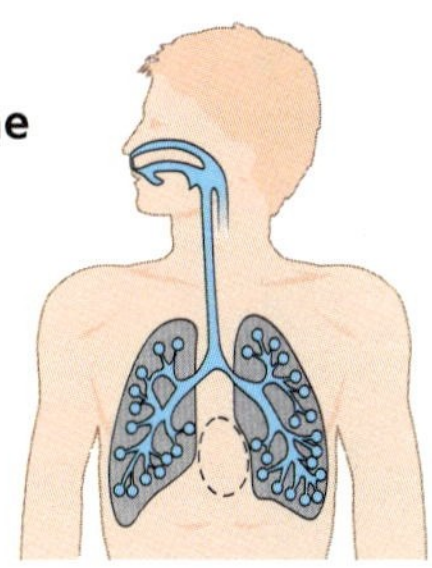

Livret des corrigés p. 23

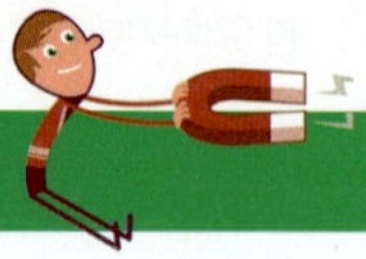

Retenir l'essentiel

- Les êtres vivants (animaux et végétaux) vivent et respirent dans un environnement (air ou eau) qui constitue leur **milieu.**

- **Les caractéristiques physiques du milieu (température, agitation) conditionnent sa teneur en dioxygène, modifiant la répartition des êtres vivants.**

- De nombreuses activités humaines modifient la quantité de dioxygène dans le milieu et influent ainsi sur l'**équilibre du milieu** et la **répartition des êtres vivants** qui le peuplent : l'homme agit sur la **biodiversité.**

Comprendre comment ça fonctionne

Influence de la température sur la quantité de dioxygène dissous dans l'eau

Lorsqu'on fait chauffer une casserole d'eau, dès que la température s'élève, de minuscules bulles de gaz montent vers la surface. **Quand la température s'élève l'eau s'appauvrit en dioxygène.** C'est pourquoi on conseille de placer un dispositif d'aération dans les aquariums chez les particuliers. En effet, l'eau, à la température de la pièce, est trop pauvre en dioxygène pour assurer la respiration des poissons qui y vivent.

Application industrielle : influence d'une centrale électrique à énergie nucléaire

Les centrales électriques à énergie nucléaire utilisent souvent l'eau d'une rivière pour le refroidissement des installations. L'eau est ensuite rejetée et reprend son cours normal. Au passage cependant, sa température s'est élevée de 1 à 2 degrés, parfois davantage, et on note de nettes différences de populations animale et végétale dans la rivière en aval (au-delà) de la centrale.

Influence d'un végétal chlorophyllien sur la quantité de dioxygène dissous dans l'eau

- On a mesuré par une sonde reliée à un ordinateur (expérimentation assistée par ordinateur ou EXAO) la quantité de dioxygène rejetée par un végétal chlorophyllien (algue) dans son milieu (eau), placé tantôt à l'obscurité tantôt à la lumière.

- Ce graphique montre qu'**à la lumière, les végétaux chlorophylliens rejettent du dioxygène dans le milieu.**

Remarque : dans l'expérience réalisée, le temps d'obscurité est trop court pour permettre l'annulation du rejet de dioxygène, qui ne diminue que progressivement.

→ **Les végétaux chlorophylliens favorisent l'oxygénation du milieu.**

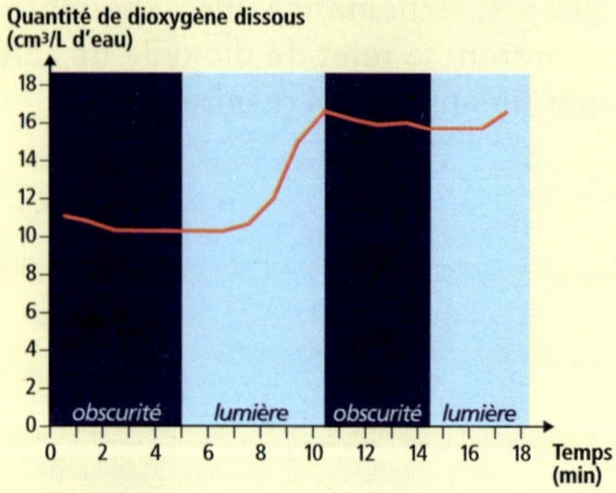

Rejet de dioxygène par un végétal chlorophyllien

DÉFINITION

La biodiversité désigne la diversité des organismes vivants dans un milieu donné.

S'entraîner

★ **1** **Pourquoi les éleveurs recommandent-ils de placer de nombreux végétaux aquatiques dans les aquariums où vivent des poissons.**

....

....

★★ **2** L'été 2003 a été marqué par une période de canicule (température très élevée jour et nuit pendant plusieurs semaines consécutives). Dans les cours d'eau à faible courant, des poissons ont été retrouvés morts par centaines.
Propose une explication liée à la respiration de ces animaux.

....

....

★★ **3** On a mesuré la quantité de dioxygène dissous dans un litre d'eau à différentes températures. Les résultats sont exprimés par le graphique ci-dessous.

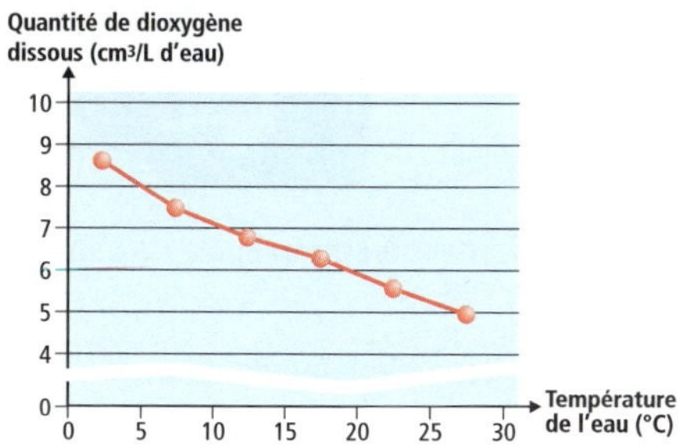

a. Donne un titre au graphique.

....

b. Donne la quantité de dioxygène dissous dans un litre d'eau à 10 °C.

....

c. Donne la quantité de dioxygène dissous dans un litre d'eau à 25 °C

....

d. Complète la phrase pour expliquer comment varie la quantité de dioxygène dissous :
Lorsque la température augmente

....

★★ **4** Principalement pour développer la culture du soja, 20 % de la forêt amazonienne ont été détruits pendant la période 2003-2004.
Si cette destruction se poursuit, donnes-en une conséquence sur la respiration des animaux de la planète.

....

....

★★ **5** Dans 100 cm^3 d'air il y a en moyenne 21 cm^3 de dioxygène. L'eau agitée et peu profonde des torrents de montagne peut contenir jusqu'à 6 cm^3 de dioxygène pour 100 cm^3 d'eau. L'eau calme des étangs ne contient en moyenne que 3 cm^3 de dioxygène pour 100 cm^3 d'eau.
Plus la surface de contact entre air et eau est grande, plus grande est la quantité de dioxygène qui passe de l'air à l'eau.
Utilise ces informations pour expliquer que l'eau agitée des torrents est plus riche en dioxygène que l'eau calme des étangs.

....

....

★★ **6** L'élodée est une plante aquatique que l'on place souvent dans un aquarium d'élevage de poissons.
Détermine son influence en répondant aux questions suivantes.

a. Donne un titre à l'expérience représentée ci-dessous.

b. Quelle expérience complémentaire faudrait-il faire pour prouver que la présence d'élodée est bénéfique pour la respiration des poissons ?

Remarque : ne décris pas l'expérience, mais note seulement ce qu'il faut chercher.

Livret des corrigés p. 23

Retenir l'essentiel

- Une augmentation de l'activité physique entraîne une accélération du rythme respiratoire (on respire plus vite) et du rythme cardiaque (le cœur bat plus vite). La température du corps augmente.

- Les muscles et les autres organes réalisent des **échanges** avec le sang. Ils prélèvent dans le sang des **nutriments** : produits de la digestion des aliments, utilisables par l'organisme, et du **dioxygène.** Ils y rejettent des **déchets** dont le dioxyde de carbone.

- **La consommation de nutriments et de dioxygène, le rejet de dioxyde de carbone par les organes varient selon leur activité.**

Comprendre comment ça fonctionne

L'apport de dioxygène au sang

- On mesure le rythme respiratoire (nombre de respirations/min) chez des enfants au repos, après une course rapide, puis après une récupération de 10 minutes :

Rythme respiratoire en nombre de respirations par minute		
Au repos	Après une course rapide	Après récupération de 10 minutes
22	40	24

- **À l'occasion d'une course rapide,** on est **essoufflé**, le **rythme respiratoire augmente** puis revient peu à peu à la valeur de repos.

- **L'expérimentation assistée par ordinateur**

Un **capteur** spécial est relié à un tube dans lequel respire l'homme. Ce capteur est relié à une **interface**, qui traite les informations reçues et les envoie à un ordinateur. Un logiciel les traite et affiche à l'écran la composition chimique de l'air.

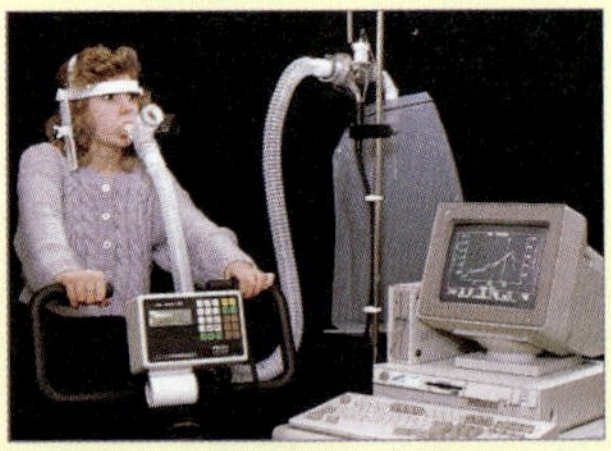

Les échanges au niveau d'un organe

- On réalise une prise de sang dans un vaisseau, juste à son arrivée dans un muscle en activité, puis à la sortie de ce même muscle :

Tableau 1

Dans 100 mL de sang	Volume de dioxygène	Volume de dioxyde de carbone
arrivant au muscle en activité	19,5 mL	50,2 mL
quittant le muscle en activité	11,8 mL	58,1 mL

- On refait la même analyse, mais cette fois le muscle est au repos :

Tableau 2

Dans 100 mL de sang	Volume de dioxygène	Volume de dioxyde de carbone
arrivant au muscle au repos	19,5 mL	50,2 mL
quittant le muscle au repos	14,5 mL	53 mL

- Enfin, on analyse les substances nutritives lorsque le muscle est en activité :

Tableau 3

Quantités exprimées en mg/L	Sang entrant dans le muscle	Sang sortant du muscle
Glucides	1 000	650 à 720
Lipides	4 à 6 000	4 à 6 000
Protides	450	225

DÉFINITION

Nutriments et dioxygène sont des substances indispensables au fonctionnement de l'organisme.

S'entraîner

★ **1** Après une longue séance de natation, on est essoufflé et on a faim.
Fais une phrase reliant ces constats au fonctionnement de l'organisme.

....

....

★ **2** **Mesure ton rythme cardiaque (nombre de battements par minute) au repos, après une course rapide, puis après une récupération de 10 minutes.**

a. Présente les résultats sous forme de tableau.

	Au repos	Après une course rapide	Après récupération
Rythme cardiaque			

b. Résume en une phrase l'information apportée par ce tableau.

....

....

★★ **3** **a. À l'aide du tableau 2 de la page précédente, complète la phrase suivante avec les mots :** *dioxygène – dioxyde de carbone – s'enrichit – s'appauvrit.*

À son passage dans un muscle au repos le sang .... en .... et .... en ....

b. Écris une phrase de conclusion.

★★ **4** **Par rapport à l'exercice 2, quelle information nouvelle apporte le tableau 1 ?**

....

....

★★ **5** **Reprends toutes les informations des tableaux 1, 2 et 3 page 178 pour les résumer en une phrase.**

....

....

★ **6** **À l'aide de ces informations, complète le schéma fonctionnel ci-dessous.**
Une flèche rouge symbolisera le passage du dioxygène. De même on utilisera une flèche bleue pour le dioxyde de carbone une flèche verte pour les glucides, une flèche jaune pour les protides.

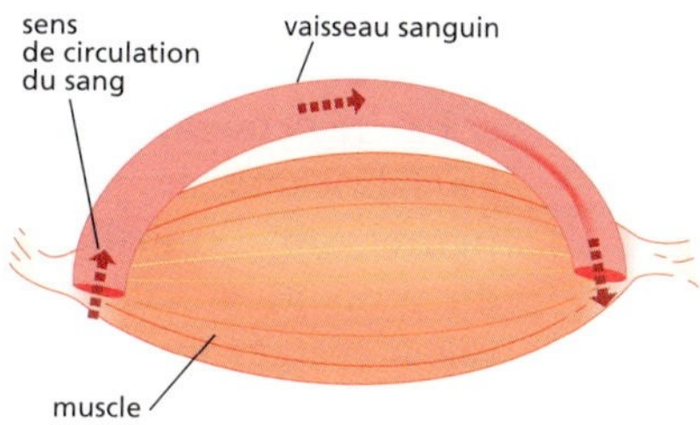

Schéma fonctionnel des échanges sang/muscle

★★ **7** On mesure le débit sanguin dans différents organes, au repos et au cours d'un exercice intense. Les résultats sont exprimés en millilitres par minute dans le schéma ci-dessous.

a. **Place dans un tableau les organes dans lesquels le débit sanguin augmente à l'occasion d'un effort intense et ceux dans lesquels il diminue.**

b. **Quels sont les organes dans lesquels le débit sanguin augmente le plus ?**

c. **Comment expliquer ce fait ?**

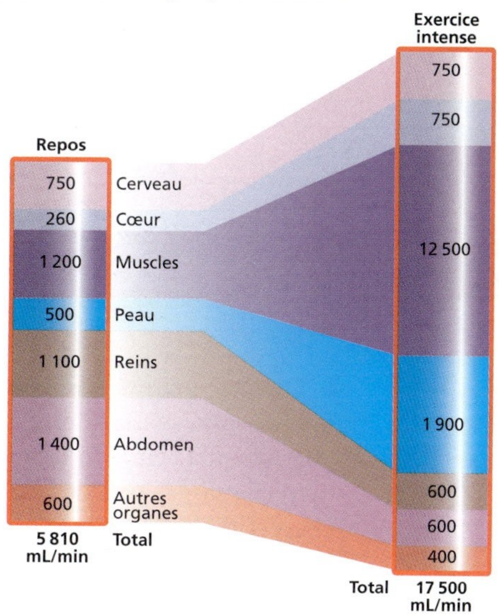

Livret des corrigés p. 23-24

Retenir l'essentiel

● L'énergie nécessaire au fonctionnement des organes est libérée au cours de **réactions chimiques** entre les nutriments et le dioxygène apporté par la respiration. Une partie de cette énergie se disperse sous forme de chaleur.

Comprendre comment ça fonctionne

Aliments et production d'énergie

● La réglementation française oblige les fabricants de plats cuisinés à faire figurer sur l'emballage la composition du produit, sa **valeur nutritionnelle** et sa **valeur énergétique**, c'est-à-dire la quantité d'énergie que l'aliment libérera dans l'organisme.

● **L'énergie** est exprimée en joules (J) ou kilojoules (1 kJ = 1 000 J). On utilise encore parfois une ancienne unité : la calorie et la kilocalorie (1 cal = 4,18 J).

Valeur énergétique moyenne pour 100 g 491 kJ (117 kcal)
Valeurs nutritionnelles moyennes pour 100 g de produit égoutté
Protéines **5,4 g** Glucides **14,1 g** Lipides **4,3 g**
INGRÉDIENTS : Haricots blancs secs trempés, eau, graisse d'oie 3%, double concentré de tomates, sel, jus de veau lié (contient du blé/gluten et du lait, épice, arôme naturel.

■ Étiquette d'une boîte de haricots blancs préparés.

● **Protéines, glucides** et **lipides** sont des nutriments. Les **nutriments** sont les substances produites par l'organisme à partir des aliments (voir chapitre 6).

● **L'organisme produit de l'énergie** qui se manifeste essentiellement par la chaleur, le fonctionnement et l'activité des organes.

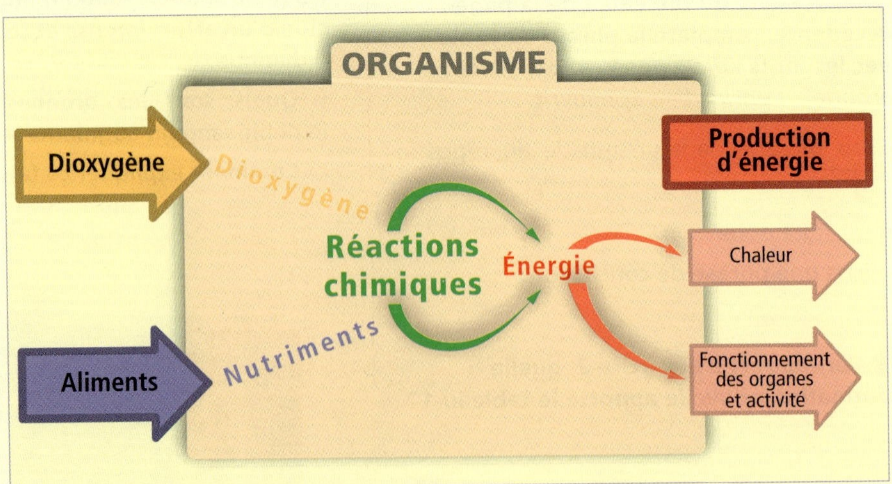

● Les enseignants observent souvent chez certains de leurs élèves le « coup de fatigue » qui se manifeste en fin de matinée : une perte de l'attention qui peut aller jusqu'à l'endormissement. En questionnant ces jeunes, on constate souvent qu'ils n'ont pas pris de petit-déjeuner. Leur organisme est à court de nutriments énergétiques. Grignoter quelques morceaux de sucre (très énergétique) fait dans la plupart des cas disparaître le malaise.

DÉFINITION

▸ Des réactions chimiques produisent **l'énergie** nécessaire au fonctionnement des organes à partir des aliments et du dioxygène.

S'entraîner

★ **1 Classe ces activités en fonction de la quantité d'énergie qu'elles demandent, de la plus petite à la plus grande :**

a. Course de fond.

b. Travail de bureau.

c. Vente de vêtements.

d. Tournée du facteur déposant le courrier.

e. Sommeil.

★ **2** Dans l'exercice précédent, le sommeil apparaît comme une activité consommatrice d'énergie.

Comment l'expliquer ?

....

....

★ **3 Relève sur les étiquettes de produits alimentaires du commerce ci-dessous la quantité d'énergie que chacun d'eux peut libérer dans l'organisme.**

Valeur énergétique moyenne pour 100 g :	
1815 kJ (430 kcal)	
Valeurs nutritionnelles moyennes pour 100 g :	
Protéines :	4,8 g
Glucides :	81,7 g
Lipides :	9,3 g
Poids net : 200 g ℮	

Biscuits secs

INGRÉDIENTS

Viande de porc – gras de porc – eau – sel – blanc d'œuf en poudre – lactose poivre – stabilisants : E450, E451 – ail 0,15% (dont conservateur : E224) dextrose de blé – sucre – conservateurs : E300, E250. Fumée au bois de hêtre.

CONSERVATION

À conserver entre 0° C et + 4° C. À consommer jusqu'au : voir étiquette.

Valeurs énergétiques et nutritionnelles moyennes pour 100 g.		
	Protéines :	14,7 g
1180 kJ (285 kcal)	Glucides :	1,4 g
	Lipides :	24,5 g

Saucisson à l'ail

VALEURS NUTRITIONNELLES MOYENNES POUR 100 G		
Protéines : 3,91 g	Glucides : 24,7 g	Lipides : 7,5 g
VALEUR ÉNERGÉTIQUE MOYENNE POUR 100 G		
763,9 kJ (181,9 kcal)		

Paëlla surgelée

★★ **4** Franck et Paul sont en classe de 5e. Le mercredi matin, de 9 heures à 12 heures, est consacré à la natation. Franck s'y prépare en prenant un petit-déjeuner copieux (céréales, pain, lait, chocolat, fruit, yaourt). Paul se lève toujours à la dernière minute. Il se contente d'un bol de lait chocolaté, mais emporte quelques biscuits qu'il consomme au retour de la piscine.

Laquelle de ces deux habitudes te paraît la meilleure ? Pourquoi ?

....

★★ **5** En signe de protestation, certaines personnes décident de se priver presque totalement de nourriture : elles font la « grève de la faim ». En quelques jours elles s'affaiblissent et ont continuellement froid.

Fais une phrase reliant ces constats au fonctionnement de l'organisme.

....

★★ **6** Des pâtes au petit-déjeuner ! Ce n'est pas courant. C'est pourtant le menu habituel des cyclistes qui courent le Tour de France, avant chaque étape.

Explique cette pratique.

....

★★ **7** « Nous sommes tous faits pareils, nous avons donc tous les mêmes besoins de nourriture ! »

Vrai ou faux ? Explique pourquoi.

....

★★ **8** Le petit-déjeuner traditionnel anglais est très copieux : œuf, charcuterie, pommes de terre et/ou haricots, tomates, tartines grillées avec beurre et confiture, le tout arrosé de thé au lait sucré.

Cette habitude alimentaire te paraît-elle bonne ? Pourquoi ?

Livret des corrigés p. 24

Retenir l'essentiel

● Le dioxygène utilisé en permanence par les organes provient de l'air. Par des mouvements respiratoires, l'air arrive dans les **alvéoles pulmonaires** où a lieu le **passage du dioxygène dans le sang**.

● Le passage du dioxygène est facilité par une **grande surface** alvéolaire richement vascularisée (parcourue par de très **nombreux vaisseaux sanguins**).

● Des substances nocives, plus ou moins abondantes dans l'environnement, peuvent perturber le fonctionnement de l'appareil respiratoire. Elles favorisent l'apparition de certaines maladies.

Comprendre comment ça fonctionne

Les mouvements respiratoires

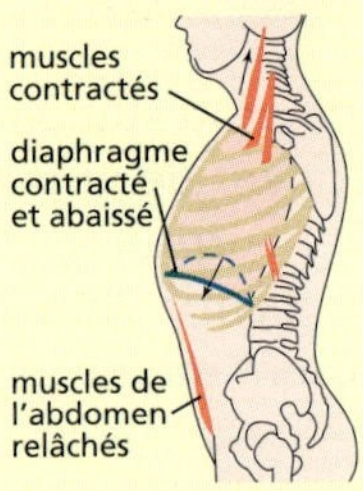

L'inspiration

● **La contraction des muscles de la cage thoracique** entraîne son gonflement. Dans le même temps, le diaphragme contracté s'abaisse, augmentant encore le volume. Les poumons, entraînés par la cage thoracique, se remplissent d'air : **c'est l'inspiration.**

● **Le relâchement** des muscles provoque l'affaissement de la cage thoracique et donc la diminution de volume des poumons qui se vident d'une partie de l'air qu'ils contiennent : **c'est l'expiration.**

Que se passe-t-il dans les poumons ?

Une bronchiole **Une alvéole pulmonaire**

Le microscope électronique permet d'observer et de mesurer la faible épaisseur de la paroi d'une alvéole pulmonaire et des vaisseaux qui l'entourent. À ce niveau, l'air se trouve à moins d'un micromètre (1 millième de millimètre) du sang. Les gaz respiratoires passent aisément à travers les parois, de l'air au sang ou l'inverse.

Schéma fonctionnel d'une alvéole pulmonaire

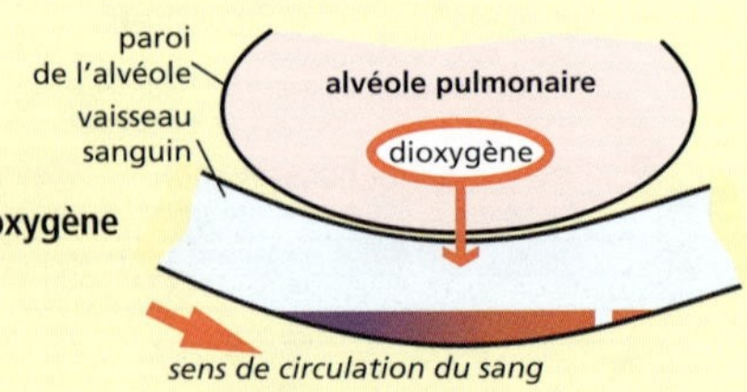

Le passage du dioxygène dans le sang

Des risques pour l'appareil respiratoire

Promener un jeune enfant dans une poussette, en ville, au milieu d'une circulation automobile intense, peut être dangereux : l'enfant se trouve à hauteur des pots d'échappement des véhicules, dont il respire les gaz. Chez certains sujets fragiles, de telles pratiques suffisent à déclencher des crises d'asthme, par exemple.

Remarque : l'asthme est une maladie respiratoire caractérisée par des moments de contraction des bronches (crise d'asthme entraînant une sensation d'étouffement).

DÉFINITION

▸ **Les alvéoles pulmonaires** sont le lieu des échanges respiratoires entre air et sang dans les poumons.

S'entraîner

★ **1** On fait l'analyse de l'air qui entre dans les poumons (air inspiré) et de l'air qui en sort (air expiré).

À l'aide des résultats donnés dans le tableau, complète les phrases ci-dessous.

Valeurs pour 100 litres d'air respiré

	Dioxygène	Dioxyde de carbone
Air inspiré	21 litres	0,03 litre
Air expiré	16 litres	5 litres

a. Dans l'air inspiré il y a .... de dioxygène que dans l'air expiré.

b. Dans l'air inspiré il y a .... de dioxyde de carbone que dans l'air expiré.

c. L'air expiré a donc perdu du .... et gagné du ....

★ **2** **Complète les phrases suivantes.**

Dans les poumons, du .... passe de l'............................... vers le sang et du .... de .... passe du .... vers l'....................
Il y a donc des .... gazeux ....

★★ **3** Il est fortement conseillé d'aérer chaque matin sa chambre à coucher, même en hiver. **Justifie ce conseil.**

....

....

★★ **4** On estime qu'il y a environ 300 millions d'alvéoles par poumon, et que la surface de chacune d'elles est de 0,3 mm^2.

a. Calcule en m^2 la surface totale de contact entre le sang et l'air chez un individu adulte.

....

b. Compare la valeur obtenue à la surface d'un terrain de tennis de 24 m de long sur 8 m de large.

....

★★ **5** **Sachant que 250 millilitres de dioxygène passent à chaque minute de l'air vers le sang, calcule le volume de dioxygène que reçoit l'organisme en une journée.**

....

....

....

★★ **6** **Relève parmi toutes les informations rassemblées dans ce chapitre, les trois caractéristiques des alvéoles pulmonaires qui leur donnent toutes les qualités pour permettre les échanges gazeux respiratoires.**

....

....

....

★★ **7** La fumée de cigarette contient bien des substances nocives, parmi lesquelles des goudrons qui viennent tapisser la paroi des alvéoles pulmonaires.
Quelle est la conséquence sur les échanges gazeux respiratoires ?

....

....

....

....

....

★★ **8** **Utilise les mots suivants dans un petit texte expliquant la respiration :**

inspiration – expiration – dioxygène – sang – trachée – air – alvéoles pulmonaires – échanges gazeux respiratoires – dioxyde de carbone.

....

....

....

....

....

Livret des corrigés p. 24

Retenir l'essentiel

- Les **nutriments** utilisés en permanence par les organes proviennent de la **digestion** des aliments.

- La transformation de la plupart des aliments consommés en nutriments s'effectue dans le tube digestif sous l'action d'**enzymes.** Ces transformations chimiques complètent l'action mécanique des dents.

- Les **nutriments passent dans le sang au niveau de l'intestin grêle** dont la surface richement vascularisée (parcourue par de très nombreux vaisseaux sanguins) favorise l'**absorption.**

Comprendre comment ça fonctionne

Que se passe-t-il dans la bouche ?

- **Dans la bouche,** les aliments subissent l'**action des dents**, qui les coupent, les écrasent, les réduisent en morceaux de petite taille. La **langue** les **mélange** à la **salive**, et l'ensemble constitue une bouillie finalement avalée : c'est la **déglutition.**

Que se passe-t-il ensuite ?

- En 1752, Réaumur fait avaler à une buse (oiseau rapace) un petit tube métallique grillagé aux deux bouts, et contenant un morceau de viande. Vingt-quatre heures plus tard, le tube est vomi par l'animal. Le tube a gardé sa forme, aucune trace de frottement n'est visible à sa surface. Simplement, le morceau de viande qui était à l'intérieur s'est transformé en une bouillie blanchâtre.

➜ Il y a donc eu **transformation chimique** de la viande **dans le tube digestif** de la buse.

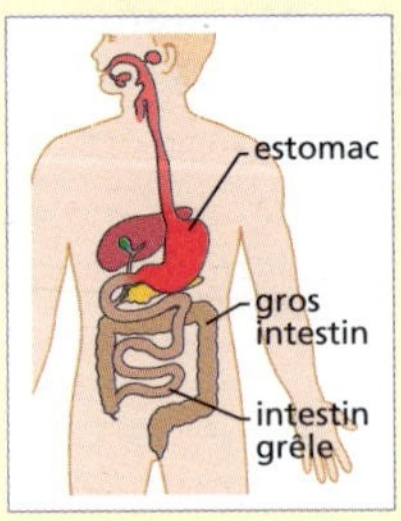

■ Appareil digestif

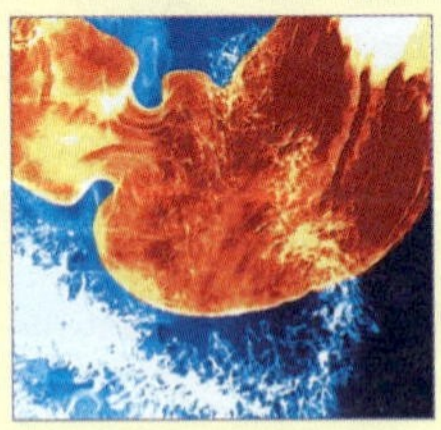

■ Radiographie de l'estomac

■ Radiographie de l'intestin grêle

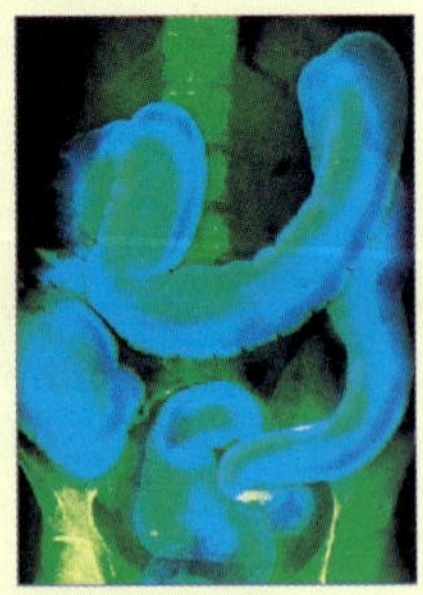

■ Radiographie du gros intestin

- Tout au long de leur trajet dans le tube digestif (estomac, intestin grêle), les aliments subissent l'action de substances produites par l'organisme : **les enzymes.** Celles-ci transforment les aliments consommés en particules extrêmement petites, les **nutriments**, qui peuvent alors franchir la paroi des replis de l'intestin et gagner le sang.

Les aliments non transformés sont rejetés par l'anus.

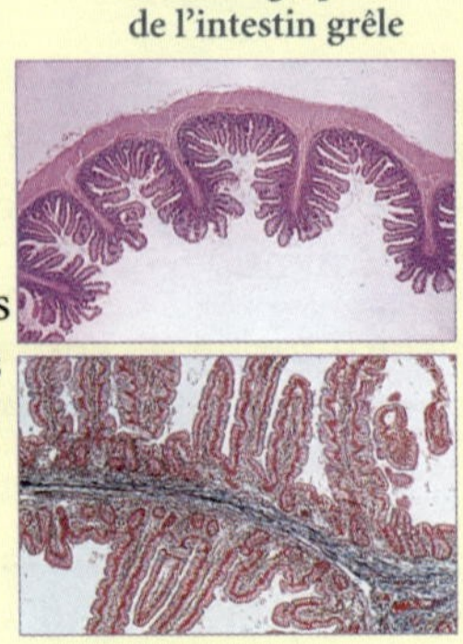

■ Replis et villosités de l'intestin grêle

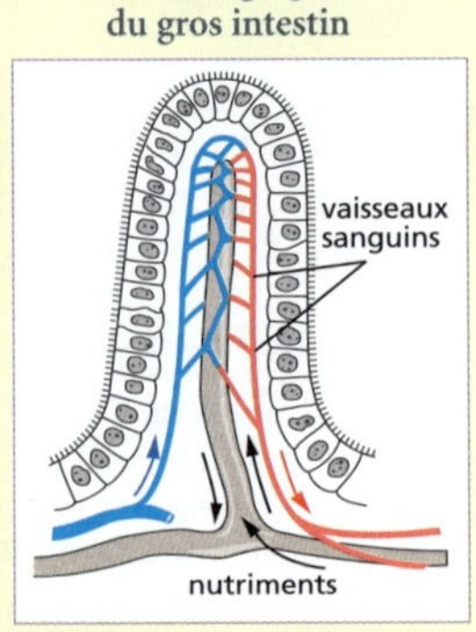

■ Détail d'une villosité

DÉFINITION

▸ **La digestion** est l'ensemble des transformations que subissent les aliments dans le tube digestif, les rendant utilisables par l'organisme.

S'entraîner

★ **1** **Observe le schéma et complète-le selon les consignes.**

a. Indique sur le schéma, le trajet des aliments dans le tube digestif.

b. Indique le lieu des transformations mécaniques (écrasement) et le lieu des transformations chimiques (réduction en particules élémentaires : nutriments).

c. Indique par des flèches d'une autre couleur le lieu de passage des nutriments dans le sang.

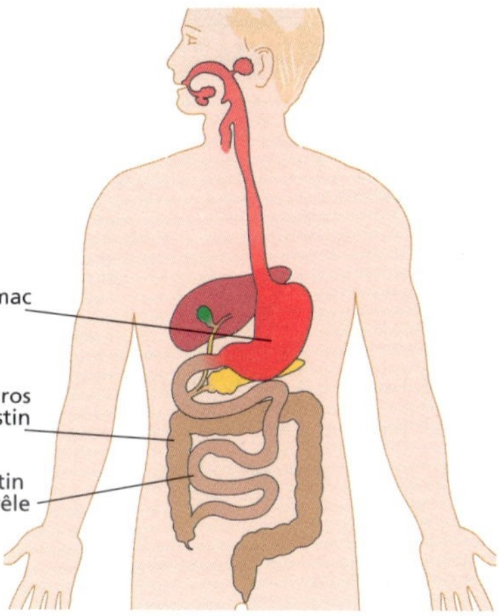

★★ **2** **Observe l'expérience ci-après et réponds.**

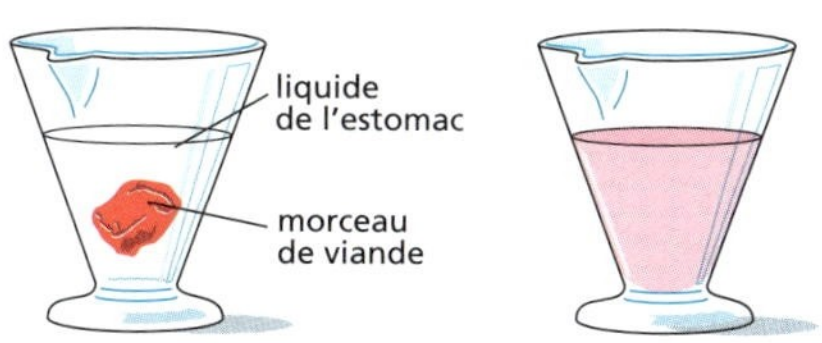

début d'expérience **3 heures plus tard**

a. Décris le résultat obtenu.

....

....

....

....

b. Propose une explication.

....

....

....

★★ **3** Les parents conseillent souvent à leurs enfants de prendre le temps de bien mâcher la nourriture. **Explique l'importance de ce conseil pour une bonne digestion.**

....

....

★★ **4** **Complète la phrase suivante.**

La paroi de l'intestin grêle est très fine, très étendue grâce à ses nombreux replis, elle possède d'innombrables vaisseaux sanguins.

Elle a donc toutes les caractéristiques d'une .... d'......................... Et c'est à ce niveau que les .... passent de l'......................... au ....

★★★ **5** **En t'aidant du schéma fonctionnel d'une alvéole pulmonaire (voir le chapitre 5), schématise le mécanisme de l'absorption intestinale, c'est-à-dire le passage des nutriments de l'intestin dans le sang.**

★★★ **6** Parmi les aliments qui constituent ce repas, un seul a été absorbé au niveau de l'intestin grêle et utilisé par l'organisme sans subir les transformations de la digestion. **Lequel ?**

Tomates – saucisson – côte de veau – pommes de terre – eau – fromage – abricots.

★★★ **7** Certaines personnes doivent subir une intervention chirurgicale au cours de laquelle on leur enlève une grande partie de l'intestin grêle. Elles peuvent alors mener une vie presque normale, à condition de compléter leur repas par des comprimés composés de nutriments.
Propose une explication.

....

....

....

Livret des corrigés p. 24

Retenir l'essentiel

● **Les aliments sont source d'énergie.** Des apports supérieurs aux besoins de l'organisme favorisent l'apparition de certaines maladies.

● **Les déchets de l'organisme sont éliminés :** le dioxyde de carbone, dans l'air expiré au niveau des poumons, les autres déchets sont excrétés (rejetés) au niveau des reins qui fabriquent l'urine.

● Au niveau des alvéoles pulmonaires, du dioxygène passe du milieu (air) au sang et du dioxyde de carbone passe du sang vers le milieu. Les poumons sont le lieu des échanges gazeux respiratoires entre le milieu et l'organisme.

Comprendre comment ça fonctionne

Les problèmes de poids des Français

● Une enquête menée en France par l'Institut national de la santé et de la recherche médicale révèle qu'en 2003, plus de 14 millions de personnes présentaient un surpoids et plus de 5 millions étaient obèses. Plus de 40 % des Français sont donc concernés par un problème de poids.

● Entre 1997 et 2003, alors que la taille moyenne des Français est restée à peu près stable (1,68 m), leur poids a augmenté de 1,7 kg. L'obésité qui progresse dans les pays développés ne pose pas qu'un problème esthétique. Elle est directement responsable de maladies graves, parfois mortelles.

● Inversement, la privation volontaire de nourriture (souvent pour des raisons esthétiques) conduit à des désordres graves.

● **Il appartient à chacun d'adapter sa prise de nourriture** en fonction du sexe, de l'âge, de la taille, de l'activité…, en prenant au besoin conseil auprès d'un médecin. De manière approximative, on considère qu'un adolescent de 13-15 ans a besoin de 12 500 kilojoules (3 000 kcal) par jour, 10 500 kilojoules (2 500 kcal) pour une jeune fille du même âge.

L'élimination des déchets de l'organisme par les reins

● L'utilisation des nutriments par l'organisme et le fonctionnement des organes produisent des déchets. Ceux-ci passent dans le sang et sont éliminés dans l'urine qui se forme dans les reins.

● Comme la surface des alvéoles pulmonaires et les villosités intestinales, **les reins sont des organes richement vascularisés** (parcourus par de très nombreux vaisseaux sanguins). Des parois fines, une vitesse de circulation sanguine faible y favorisent les échanges. Les déchets produits par les organes quittent le sang et sont éliminés dans l'eau sous forme d'urine.

➜ **Consommer régulièrement et quotidiennement 1 litre à 1,5 litre d'eau est donc une nécessité pour l'élimination des déchets.**

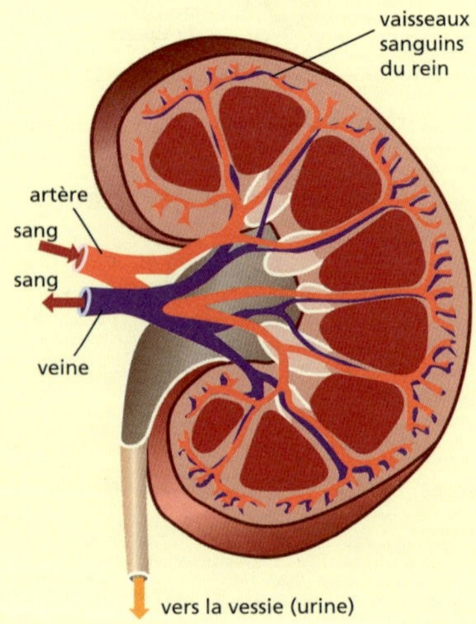

DÉFINITION

L'équilibre alimentaire représente la consommation d'aliments en quantité et en proportions correspondant aux besoins de l'organisme.

S'entraîner

★ **1 Vrai ou faux ?**

	V	F
a. Les fruits et les légumes sont des aliments peu énergétiques : ils peuvent être consommés abondamment.	☐	☐
b. Les frites sont des pommes de terre, elles ne font pas plus grossir qu'un autre légume.	☐	☐
c. L'eau (plate ou gazeuse) est la seule boisson qui ne peut occasionner aucune prise de poids.	☐	☐
d. Les produits « allégés » aident à éviter la prise de poids.	☐	☐
e. Les sodas ne font pas grossir.	☐	☐
f. Les sorbets sont fabriqués à partir de jus de fruits. Ils ne font pas grossir.	☐	☐

★ **2 Dans la liste d'aliments ci-dessous, souligne ceux qu'il convient de privilégier dans le cadre d'une alimentation équilibrée :**

eau plate – petit pain au chocolat – fruit – orangeade – tomate – saucisson – eau gazeuse – salade verte – pop-corn – biscuits apéritifs – poisson pané – vin – lait – concombre – croissant au fromage – jambon.

★★ **3 Recherche la valeur nutritionnelle et la valeur énergétique d'un type de biscuit apéritif et d'un soda. Utilise ces informations pour justifier cette remarque : « Sodas et biscuits apéritifs devant le téléviseur ou un jeu vidéo : un chemin vers l'obésité. ».**

★★ **4 Reproduis le schéma fonctionnel d'alvéole pulmonaire (voir le chapitre 5) et complète-le en ajoutant le dioxyde de carbone.**

★★ **5 Trouve deux caractéristiques communes aux alvéoles pulmonaires (voir le chapitre 5), aux villosités intestinales (voir le chapitre 6) et aux reins, permettant d'affirmer que les poumons, l'intestin grêle et les reins possèdent des surfaces d'échanges. Précise dans chaque cas ce que sont ces échanges.**

★★ **6** Nous consommons chaque jour beaucoup plus d'eau que n'en a besoin notre organisme. **Serait-il judicieux de diminuer notre consommation ? Pourquoi ?**

★★ **7** La présence de sucre (glucide) dans l'urine est l'un des signes d'une maladie : le diabète. **Explique pourquoi il n'y a pas normalement de sucre dans l'urine.**

Livret des corrigés p. 24-25

Retenir l'essentiel

● **La circulation sanguine assure la continuité des échanges au niveau des organes.** Le sang circule à sens unique dans les **vaisseaux – artères, veines, capillaires** – qui forment un système clos.

● **Le sang est mis en mouvement par le cœur,** muscle creux, cloisonné, fonctionnant de façon rythmique.

● Le bon fonctionnement du système cardiovasculaire est favorisé par l'activité physique. Une alimentation trop riche, le stress, favorisent l'apparition de maladies cardiovasculaires.

Comprendre comment ça fonctionne

▶ Le sang, agent de transport dans l'organisme

● Le sang, au cours de son passage dans les poumons, reçoit du dioxygène et se débarrasse du dioxyde de carbone.

● Au cours de son passage au niveau de l'intestin grêle, il reçoit les nutriments.

● Les muscles et autres organes du corps ont besoin de ces nutriments pour fonctionner et du dioxygène de la respiration pour utiliser les nutriments.
→ **Le sang** assure donc une **relation** entre les **différents organes** du corps, et le **transport de matière** (gaz, nutriments) dans l'organisme.

● **Pour assurer ce transport,** le sang doit être mis en mouvement : c'est le rôle du **cœur,** qui fonctionne comme une pompe **aspirant le sang des veines** et le **propulsant dans les artères.** Le cœur est un muscle creux, qui se contracte automatiquement et rythmiquement. Chaque contraction envoie du sang dans les artères.

● **Dans les organes,** les vaisseaux se ramifient en vaisseaux de plus en plus fins : **les capillaires.** Ceux-ci arrivent à proximité immédiate des cellules de l'organisme et **sont le lieu des échanges de matière.**

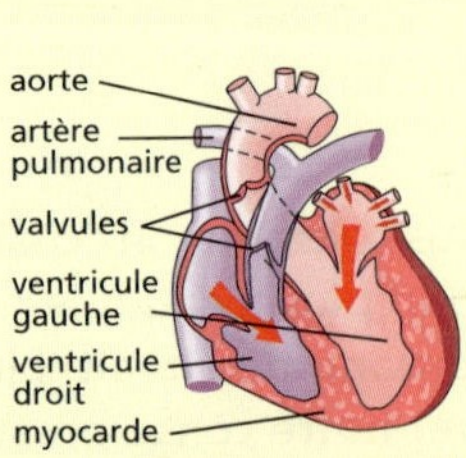

Cœur

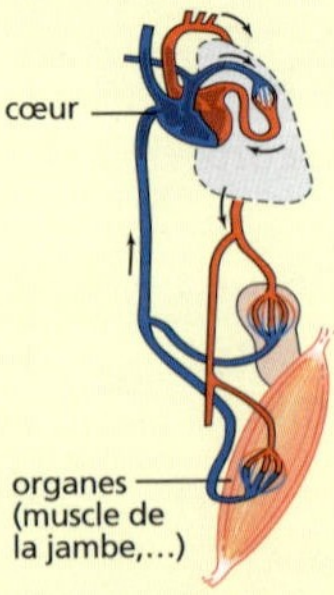

Circulation au niveau d'un organe

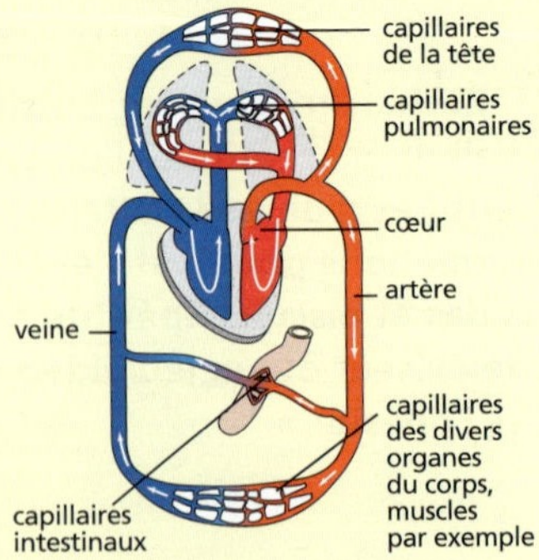

Appareil circulatoire

DÉFINITION

▶ **La circulation sanguine** assure une communication entre les organes et permet les échanges au sein de l'organisme.

▶ Alimentation et santé

● Une alimentation trop riche ou trop abondante favorise l'accumulation de **graisse** dans les artères, qui peuvent même se boucher. L'organe, auquel une artère bouchée devait apporter le sang, est privé de nutriments et d'oxygène, ses cellules meurent. Si cet organe atteint est le cœur, c'est **l'infarctus du myocarde,** qui peut être mortel.
→ **Une alimentation équilibrée, une activité physique** régulière **facilitent la circulation du sang** et peuvent éviter dans une certaine mesure de tels accidents, parfois mortels.

S'entraîner

★ **1 Vrai ou faux ?** V F

a. Les veines transportent le sang sale. ☐ ☐

b. Les artères sont plus grosses que les veines. ☐ ☐

c. Dans les artères le sang circulant s'éloigne du cœur. ☐ ☐

d. Les veines transportent principalement le dioxyde de carbone, les artères transportent principalement le dioxygène. ☐ ☐

e. Les capillaires doivent leur nom au fait qu'ils sont très nombreux dans les cheveux. ☐ ☐

f. Les capillaires sont le lieu des échanges de gaz et de matière entre le sang et les organes. ☐ ☐

g. Les capillaires sont uniquement localisés dans les poumons. ☐ ☐

h. Le cœur est l'organe qui est responsable de nos sentiments. ☐ ☐

i. Le cœur bat jour et nuit, pendant toute la vie. ☐ ☐

j. Les veines conduisent le sang des organes vers le cœur. ☐ ☐

★ **2 Complète la phrase avec les mots suivants :** *déchets – nutriments – relation – dioxygène – cœur – sang.*

Mis en mouvement par le ...., le .... assure la .... entre les organes. Il leur apporte du .... et des ...., et les débarasse des ....

★★ **3 Utilise l'ensemble des informations précédentes pour compléter cette phrase bilan à l'aide des mots suivants :**

dioxygène – respiratoire – cardiaque – nutriments – augmentent – rythme.

Au cours de l'activité, les besoins des organes en .... et en .... augmentent. Le rythme .... et le ....

★★ **4 En utilisant les symboles ci-dessous, schématise le transport et les échanges de gaz et de matière dans l'organisme.**

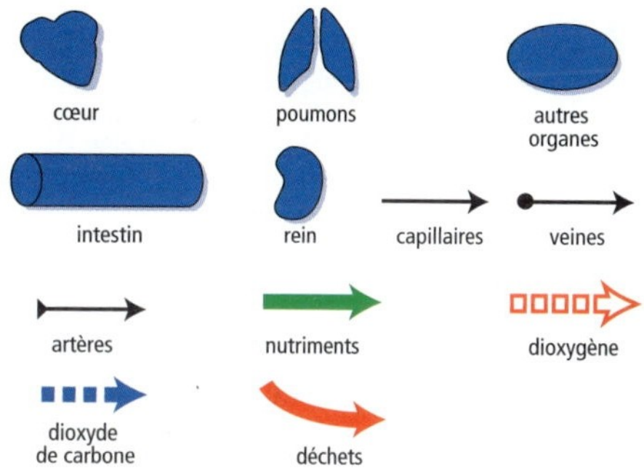

★★★ **5 Utilise toutes les informations des chapitres précédents pour dresser une liste des substances transportées par le sang.**

....

....

....

....

....

Livret des corrigés p. 25

Retenir l'essentiel

- Les **roches** constituant le sous-sol subissent à la surface de la Terre une **érosion** (dégradation) dont l'eau est le principal agent. Les roches résistent plus ou moins bien à l'action de l'eau.

Comprendre comment ça fonctionne

Sol et sous-sol : un ensemble en constante évolution

- **Les racines des arbres se glissent dans les moindres fissures de la roche.** Au fur et à mesure de leur croissance, elles élargissent les fissures, jusqu'à parvenir à écarteler les blocs. Sur une côte, les blocs dévalent la pente, se fracassant au passage en **fragments de taille très variable.**

■ Carrière de granite rose.

- **La roche craie** contient une substance chimique facilement soluble dans l'eau : **le carbonate de calcium.** Les eaux de ruissellement provenant de la pluie s'infiltrent dans **les fissures ou diaclases** et dans la masse de roche, comme l'eau dans une éponge : **la craie est une roche poreuse.** L'eau se charge en carbonate de calcium et poursuit son ruissellement de fissure en fissure, dans les profondeurs du sous-sol. **Des cavités se creusent**, comme c'est le cas dans la région de Lille, où **les grottes** ainsi formées sont aujourd'hui utilisées pour la culture des champignons. En hiver, l'eau imbibant la roche à la manière d'une éponge, gèle. Elle augmente alors de volume, et fracture la roche. Lorsque survient le dégel, la roche s'effrite.

■ Carrière de craie.
On peut voir des diaclases et des petites cavités.

La formation des cheminées de fées

La **roche dure** protège les formations inférieures de **roche tendre** des effets de l'érosion, tandis qu'alentour les eaux de ruissellement mais aussi le vent ont dégagé sable et argile. Ces sortes de pics qui en résultent, dont la formation fut longtemps inexpliquée, et auxquels on attribuait une origine surnaturelle, ont reçu pour cette raison le nom de « cheminées de fées ».

■ Ille-sur-Têt, Pyrénées orientales, France.
1. Formation récente composée de roche dure.
2. Formation plus ancienne constituée de sable et d'argile (roches tendres).

DÉFINITION

▸ **L'érosion** est le résultat de processus physiques et chimiques de dégradation des roches à la surface de la terre, entrainant une transformation du relief.

S'entraîner

★ **1** Dans les régions de cuesta, le relief n'est pas uniforme : à un plateau en pente douce succède brutalement une dépression (creux).
Propose une hypothèse quant à la résistance de ces deux roches (calcaire – argile) à l'érosion.

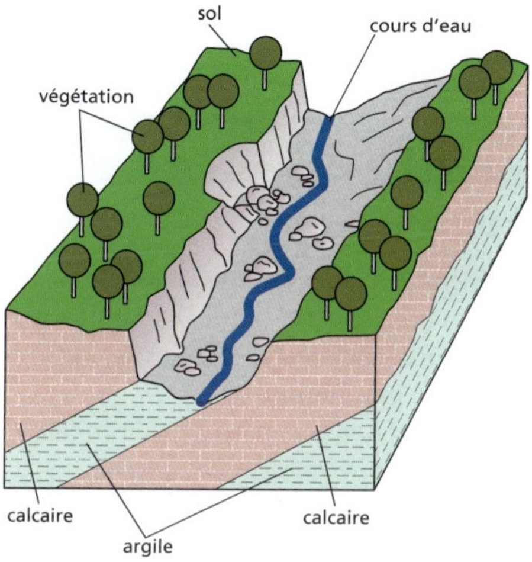

....

....

....

....

....

★ **2** **Vrai ou faux ?**

	V	F
a. La circulation de l'eau sur le sol influence le paysage.	☐	☐
b. L'eau n'a pas la force d'attaquer une roche dure comme le granite.	☐	☐
c. L'eau érode fortement le sable.		
d. L'eau forme avec l'argile une boue imperméable.	☐	☐
e. L'eau coule sur une roche calcaire.	☐	☐
f. L'érosion par l'eau dépend de la nature de la roche.	☐	☐
g. Le granite est une roche si dure qu'elle ne change pas.	☐	☐
h. Le calcaire est plus résistant que le granite.	☐	☐

★★ **3** **Observe cette photographie et réponds aux questions.**

a. Sachant que les arbustes au pied de la falaise mesurent environ 2,5 m, donne la hauteur approximative de la falaise après avoir expliqué la méthode de calcul.

....

....

b. Explique la présence d'éboulis au pied de la falaise sur lesquels s'est développée la végétation.

....

....

★★ **4** La région du Nord a la réputation d'être le « plat pays ». Pourtant, en se promenant dans la Flandre intérieure (Bailleul, Hazebrouck) on observe une série de monts qu'on appelle aussi buttes témoins (mont Cassel, mont des Cats, mont Noir, mont Rouge, mont Kemmel).
Alors que la plaine de Flandre est argileuse, au sol lourd, facilement boueux, voué à la culture du blé et de la pomme de terre, ces monts constitués de grès font saillie dans le paysage.

a. Propose une explication à la présence de ces monts dans un paysage par ailleurs uniformément plat.

....

....

....

b. Formule une hypothèse justifiant la dénomination de « buttes témoins ».

....

....

Livret des corrigés p. 25

Retenir l'essentiel

● Au cours de l'**érosion** des roches, des particules de différentes tailles peuvent s'accumuler sur place et participer à la formation d'un sol, ou être entraînées par des agents de transport.

● **Les cours d'eau sont les agents principaux de l'érosion et du transport des particules qui en résultent.** Ils sont largement responsables du modelé du paysage.

● La **sédimentation** correspond essentiellement au dépôt de particules issues de l'érosion.

Comprendre comment ça fonctionne

L'érosion due à l'eau modèle les paysages

● **En pays granitique (roche dure), l'effondrement des blocs provoque l'éclatement de la roche en bas de pente.** Si une rivière circule au bas de cette pente, elle entraînera les particules sur des distances d'autant plus grandes que les particules seront fines :
– **les graviers restent sur place**, ils forment **l'arène granitique** ;
– au cours de leur transport, **certains éléments (cristaux)** constituant la roche granitique **se dissolvent dans l'eau** ;
– le cours de la rivière ralentissant, les éléments les plus durs se déposent peu à peu en commençant par les plus lourds.

● **En pays calcaire, l'eau s'infiltre profondément dans le sol.**

L'alternance gel-dégel fait **éclater la roche** et les particules sont déblayées par l'eau. Dans ce cas, on n'observe **pratiquement pas de dépôt**, car les constituants de la roche sont **solubles dans l'eau.** C'est ainsi que le Verdon a progressivement entaillé le plateau calcaire sur une épaisseur de 500 à 600 mètres, en laissant des parois abruptes.

■ Torrent encaissé dans les gorges.

Sur la roche argileuse, imperméable et constituée de très fines particules, **l'eau s'écoule lentement** le long de la pente : **c'est le ravinement.** Les flancs de la vallée sont alors en forme de V plus ou moins ouvert.

Les matériaux issus de l'érosion des roches sont entraînés par le courant

● Des prélèvements d'eau ont été effectués en mer à des distances croissantes de l'embouchure d'un fleuve et à des profondeurs croissantes également. Emportées par le courant, les particules issues de l'érosion des roches arrivent à la mer. Les plus grosses se déposent d'abord.

→ **Plus la masse des particules est faible, plus elles sont facilement transportées, et parcourent donc de grandes distances.**

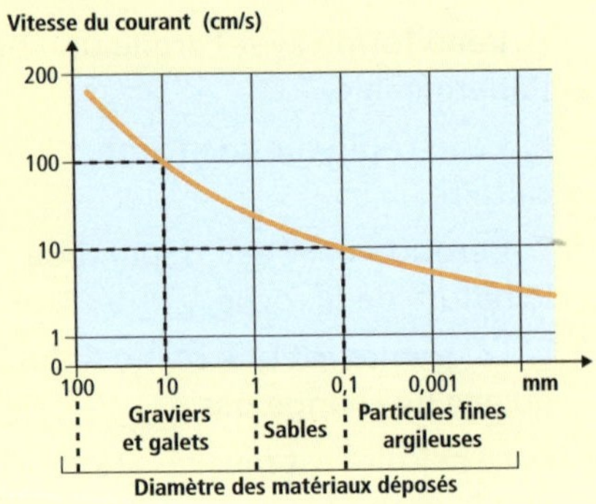

DÉFINITION

▸ **La sédimentation est le dépôt, sur place ou après transport, des produits de l'érosion.**

S'entraîner

★ **1 Vrai ou faux ?** V F

a. L'altération du calcaire par l'eau donne des graviers qui s'accumulent sur place. ☐ ☐

b. L'argile est une roche perméable. L'eau s'y infiltre et y creuse des rivières souterraines. ☐ ☐

c. L'érosion par l'eau qui s'infiltre en pays calcaire donne des vallées profondes aux parois abruptes. ☐ ☐

d. Tous les éléments provenant de la dégradation d'une roche finissent par se déposer. ☐ ☐

e. L'eau ruisselle sur les pentes argileuses. Les vallées sont en pente douce. ☐ ☐

f. Certains éléments constitutifs des roches sont solubles dans l'eau. Transportés par les rivières, ils peuvent arriver à la mer. ☐ ☐

★★ **2 Observe cette photographie et réponds.**

a. Réalise un dessin simplifié de cette vallée.

b. Représente par une flèche bleue le chemin de l'eau de pluie sur ce paysage.

c. Utilise tes connaissances pour expliquer la forme de la vallée.

★★ **3** Observe ce dessin de la formation du méandre d'une rivière. Lorsque la rivière butte sur la roche, il y a érosion de la roche. Ceci se produit sur la partie concave, qui est donc plus abrupte. Dans la partie convexe du méandre, la vitesse du courant est moins rapide et c'est une zone de dépôt.

a. **Annote les schémas avec les mots suivants :** *zone d'érosion – dépôt d'alluvions – bords abrupts – zone de dépôt.*

b. **Indique la largeur de la vallée sur le dessin n° 2.**

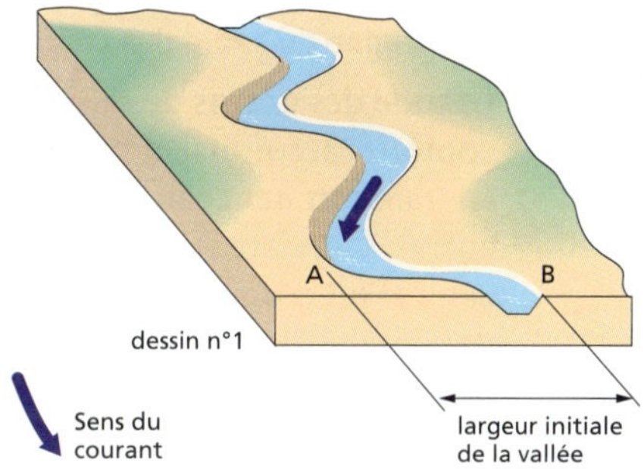

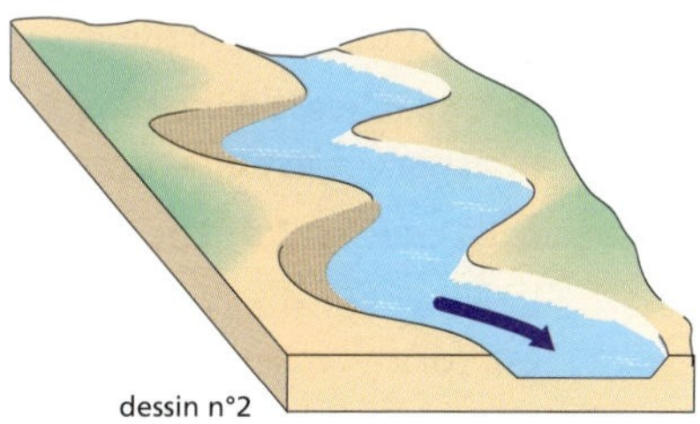

★★ **4 Explique pourquoi les produits d'érosion d'un torrent des Alpes sont plus grossiers que ceux qui sont transportés par la Seine dans la région de Rouen.**

....

★★ **5 Précise la période de l'année où l'on pourra trouver les éléments les plus grossiers dans les produits d'érosion d'une rivière au pied d'une montagne. Justifie ta réponse avec deux arguments.**

....

Livret des corrigés p. 25-26

Retenir l'essentiel

- Les roches sédimentaires peuvent contenir des **fossiles : traces ou restes d'organismes ayant vécu au cours des temps géologiques.** L'être vivant à l'origine du fossile est contemporain de la sédimentation.

- Les observations faites dans les milieux actuels, transposées aux phénomènes du passé, permettent de reconstituer certains éléments des paysages anciens : c'est le **principe d'actualisme.**

- **Les roches sédimentaires sont des archives permettant de reconstituer des éléments de paysages anciens.**

Comprendre comment ça fonctionne

Comment se forme une roche sédimentaire ?

- **L'origine du sable des Landes**

L'étude des grains de sable révèle une proportion importante de grains aux contours arrondis, et présentant une surface polie et luisante : cet aspect caractérise **un transport par l'eau** au cours duquel les grains ont été frottés les uns contre les autres. On y observe également des minéraux qu'on ne trouve pas dans le Massif central ou dans les Pyrénées voisins. Il faut aller jusqu'en Bretagne pour en trouver de semblables, dans des roches d'origine profonde apparues en surface à l'occasion de l'érosion des roches superficielles. **Les sables des Landes viennent donc du Massif armoricain** et ont été transportés par les courants marins. Au cours de ce transport, les minéraux constituant le granite du Massif armoricain ont subi une dissolution par l'eau, à l'exception des grains de quartz, très peu solubles dans l'eau, et dont l'accumulation forme le sable.

→ **Ce sable est donc constitué par l'accumulation de débris d'autres roches, après transport : c'est une roche sédimentaire détritique.**

- **La craie du Nord de la France**

Le sous-sol du Nord de la France, de Lille à Étretat, est formé essentiellement de craie, dont l'épaisseur atteint localement 200 m. Cette craie renferme des fossiles, restes d'animaux anciens, qui, ici, sont tous proches d'animaux marins. L'observation de la craie au microscope montre également une accumulation de microfossiles cimentés entre eux par des particules calcaires provenant d'autres roches.

■ La falaise d'Étretat.

Le calcaire, soluble dans l'eau, a été transporté jusqu'à la mer où les conditions physiques et chimiques sont telles qu'il a précipité, c'est-à-dire qu'il a reformé des particules solides. Cette boue a enfermé des fossiles : **c'est un sédiment.** L'accumulation de sédiments chasse l'eau, l'ensemble forme une masse de plus en plus solide et donne finalement une roche, la craie, qui a emprisonné des restes d'animaux vivants.

→ **La craie est donc une roche sédimentaire d'origine double : biologique** à cause de l'apport des êtres vivants et **chimique** par le dépôt de calcaire.

DÉFINITION

Le principe d'actualisme : en géologie, la connaissance des phénomènes actuels aide à reconstituer les paysages anciens.

S'entraîner

★ **1** Le cap Blanc-Nez, dans le Boulonnais, a une altitude de 101 m. Des observations de sédimentation nous apprennent qu'il faut 1 000 ans pour déposer 2,3 cm de sédiment.

Calcule la durée théorique de dépôt de la craie dans cette région.

....

★★ **2** Des études plus précises montrent que la durée de formation de la craie dans le Boulonnais est de 6 millions d'années. On en déduit que le dépôt de la craie n'a pas été continu, mais qu'il y a eu des périodes d'interruption. Ces périodes d'interruption de la sédimentation correspondent sur la falaise aux limites de couches qui marquent l'alignement des bancs de craie.

a. Propose une hypothèse quant au paysage du Boulonnais pendant ces périodes d'interruption de la sédimentation.

b. Propose une hypothèse quant aux différents aspects du paysage boulonnais pendant la période de formation de la craie du cap Blanc-Nez, soit pendant 6 millions d'années.

★★ **3** **Observe ce schéma de la concentration des particules dans l'eau selon la profondeur et réponds.**

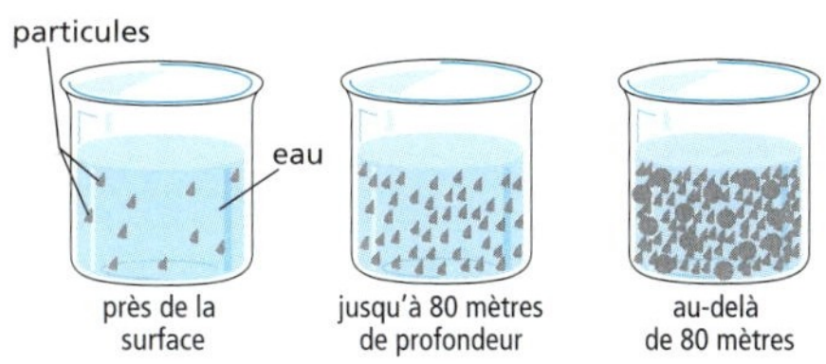

a. Précise la consistance de la vase en fonction de la profondeur.

....

....

....

....

....

b. Explique la variation de cette consistance.

....

....

....

....

....

c. Précise le mécanisme qui permet de passer du stade « sédiment » au stade « roche ».

....

....

....

....

★★ **4** Dans le bassin de Paris, de la surface vers la profondeur, on a pu identifier dans les roches les fossiles ci-dessous.

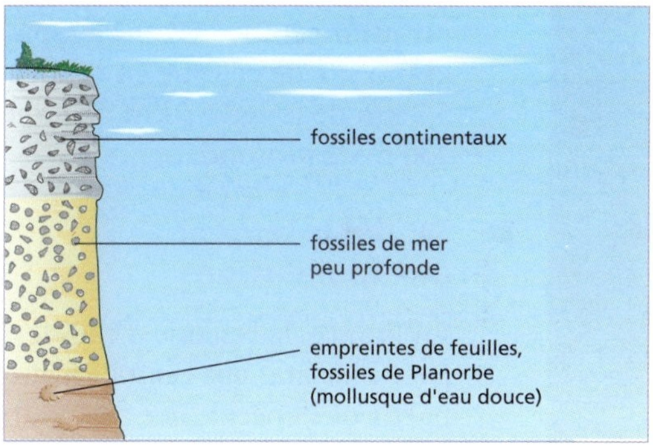

a. À partir de ces informations, décris l'évolution du paysage au fil du temps.

....

....

....

....

....

b. Comment expliques-tu les variations observées ?

....

....

....

....

....

Livret des corrigés p. 26

Retenir l'essentiel

- L'action de l'Homme, dans son environnement géologique, influe sur l'évolution des paysages.
- **L'Homme prélève dans son environnement géologique les matériaux qui lui sont nécessaires** tout en essayant de prendre en compte les conséquences de son action sur le paysage.
- **L'Homme peut prévenir certaines catastrophes naturelles en limitant l'érosion.**

Comprendre comment ça fonctionne

Exploitation géologique

L'exploitation commencée au XIXe siècle pour les besoins de l'industrie sidérurgique **a profondément marqué le paysage.** La mine à ciel ouvert de Decazeville fut exploitée jusqu'en 2001. C'est le plus grand site de ce type en France : 3,7 km de long, 2,5 km de large, 250 m de profondeur.

■ La découverte (mine à ciel ouvert) de Decazeville (Aveyron).

Du déboisement aux inondations

En France, la retenue d'eau de Serre-Ponçon (Hautes-Alpes) a été aménagée **pour alimenter une centrale hydroélectrique** (centrale produisant de l'électricité à partir de l'énergie liée à la chute d'eau). **Les forêts** bordant cette retenue d'eau **ont été dévastées** au XIXe siècle, les pentes n'ont pas été reboisées. L'eau ruisselle sur les pentes, entraînant le sol dont les particules s'accumulent au fond de la retenue d'eau au rythme de 3 millions de m^3 par an. Celle-ci tend à se combler progressivement, et la durée d'exploitation de l'ouvrage pour la production d'électricité doit être revue à la baisse.

Prévention du ruissellement

Sur un sol nu (dépourvu de couverture végétale), en cas de forte pluie, l'eau ruisselle, entraînant le sol et les substances nutritives nécessaires aux végétaux.

Différentes techniques permettent de limiter le ruissellement :
– une couche de paille et de débris végétaux sur le sol fonctionne comme une éponge qui s'imbibe d'eau, empêchant le ruissellement en surface et redistribuant l'eau progressivement dans le sol ;
– la plantation de haies, de saules, qui absorbent une grande quantité d'eau, en bordure de champs ;
– la création d'un réseau de fossés qui recueillent les eaux et les mènent à la rivière…

DÉFINITION

La gestion des sites c'est l'utilisation raisonnée des ressources naturelles, respectant les paysages et assurant la prévention de catastrophes naturelles.

S'entraîner

★ **1** Autrefois, dans le Nord de la France, en zone urbaine, rues et trottoirs étaient revêtus de pavés d'environ 15 à 20 cm de côté. Les espaces libres entre les pavés étaient comblés par du sable ou de la terre. Ce revêtement particulièrement inconfortable, car très inégal, est aujourd'hui presque partout remplacé par un « enrobé », lisse et imperméable. On constate une nette augmentation des inondations de caves en cas de fortes pluies.

Écris un court texte mettant en relation ces informations.

....

....

★★ **2** Les oyats sont des plantes herbacées qui ne peuvent pousser que sur le sable. Elles se caractérisent par la présence de très longues racines (plusieurs mètres) qui leur permettent de puiser l'eau en profondeur. Sur certaines dunes très exposées au vent, l'homme plante des oyats.

Propose une explication.

....

Une dune plantée d'oyats.

★★ **3** Le Nord de la France était une région minière. L'exploitation a commencé au milieu du XIXe siècle et s'est terminée vers 1960. Il reste pourtant encore du charbon dans le sous-sol de cette région.

Documente-toi et propose une explication pour les dates de début et de fin d'exploitation.

....

★★ **4** Dans le pays minier de la région de Lens (Pas-de-Calais), il arrive actuellement qu'une maison, parfois même toute une rue, s'effondre brutalement.

Propose une explication à ces effondrements et une méthode possible de prévention.

....

....

....

★★ **5** L'homme exploite intensément le pétrole pour satisfaire ses besoins croissants en énergie et en matières premières. Le pétrole se forme dans les profondeurs de la terre à partir de débris végétaux et animaux. Il faut environ 200 millions d'années pour passer de la matière vivante au pétrole.

Propose une explication au fait qu'on s'oriente de plus en plus vers l'énergie nucléaire.

....

....

....

★★ **6** **Documente-toi et trouve au moins trois utilisations différentes du pétrole.**

....

★★ **7** Cette ancienne carrière n'est plus exploitée. Elle a été aménagée avec un plan d'eau comme le montre la photo ci-dessous.

Quel peut en être l'intérêt ?

....

Livret des corrigés p. 26

Retenir l'essentiel

Circuit électrique avec pile plate ou ronde plus une lampe

- Pour allumer la lampe, il suffit de mettre en contact les deux bornes de la lampe avec les deux bornes de la pile.

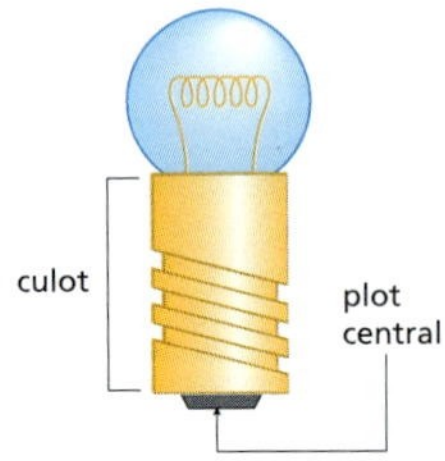

■ La lampe

Les éléments du circuit électrique

- La pile est un générateur électrique.
- La lampe est un récepteur électrique.
- Ce sont, toutes les deux, des dipôles (deux bornes).
- Un interrupteur, une douille, des fils de connexion et des pinces crocodiles permettent d'améliorer le montage.

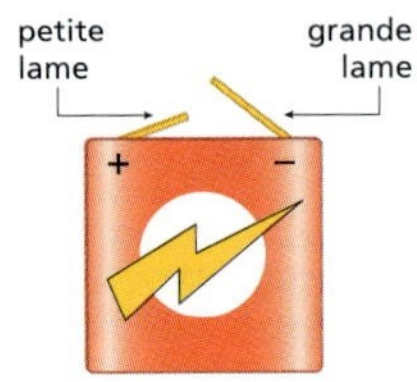

■ La pile plate

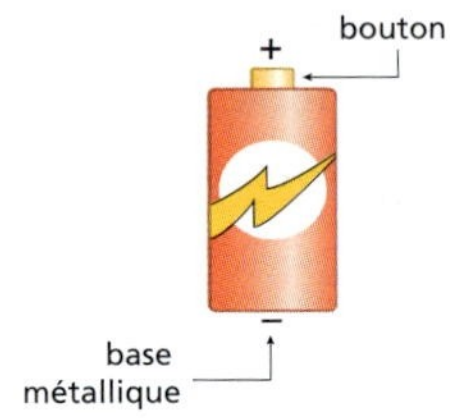

■ La pile ronde

■ Avec une pile plate

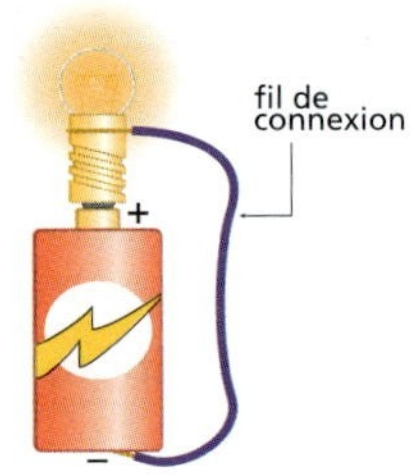

■ Avec une pile ronde

Comprendre ce qui se passe

► Comment représenter schématiquement un circuit électrique ?

Chaque élément du circuit doit être remplacé par un symbole.

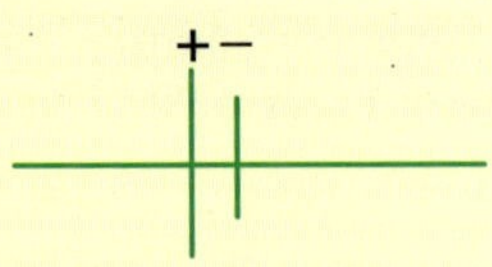

■ Pile

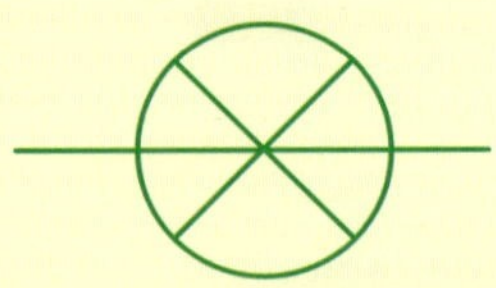

■ Lampe

■ Fil de connexion

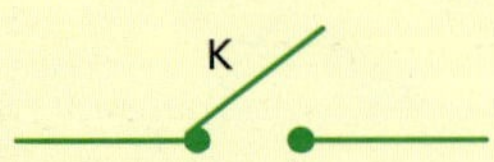

■ Interrupteur ouvert

■ Interrupteur fermé

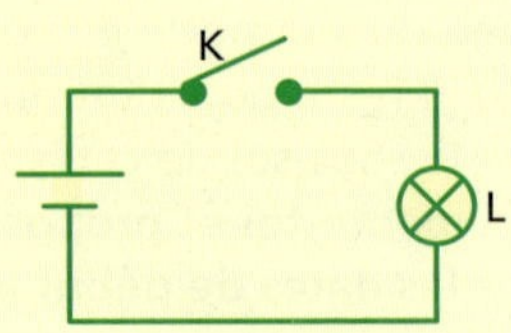

■ Circuit ouvert

DÉFINITION

▸ **Un circuit électrique** est une suite ininterrompue de conducteurs électriques.

S'entraîner

★ **1 Coche la bonne réponse.**

a. Une pile électrique est un :

☐ récepteur ☐ générateur

b. La petite lame de la pile plate est :

☐ la borne + ☐ la borne –

c. L'interrupteur est ouvert dans un circuit et la lampe est :

☐ allumée ☐ éteinte

d. Le séchoir à cheveux est un :

☐ récepteur ☐ générateur

e. Dans une pile ronde, la borne + est :

☐ le bouton ☐ la base

★ **2 Réponds aux questions.**

a. Pourquoi a-t-on besoin d'un fil de connexion pour allumer une lampe avec une pile ronde ?

....

....

b. Peux-tu citer 3 générateurs et 3 récepteurs ?

Générateurs : ....

....

....

Récepteurs : ....

....

....

c. Qu'est-ce qu'un dipôle ?

....

....

d. Quel est le rôle de l'interrupteur ?

....

....

e. Quelles sont les deux bornes de la lampe et de la pile plate ?

....

....

....

★★ **3 Observe ce montage et complète le tableau.**

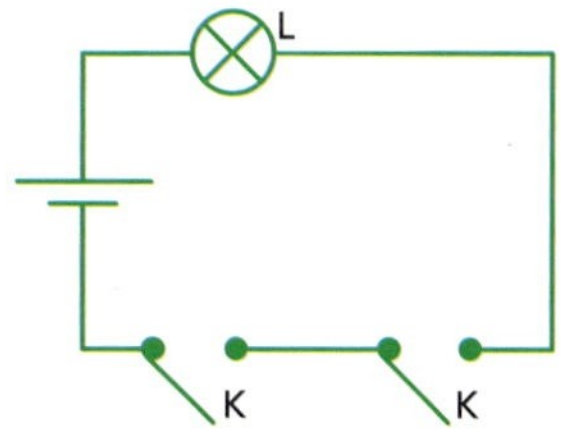

K_1	K_2	L
Ouvert	Fermé	....
....	Fermé	Allumée
Fermé	....	Éteinte
Ouvert	Ouvert	....

★★ **4** Il existe 4 façons d'allumer une lampe avec une pile ronde et un seul fil. **Complète ce schéma.**

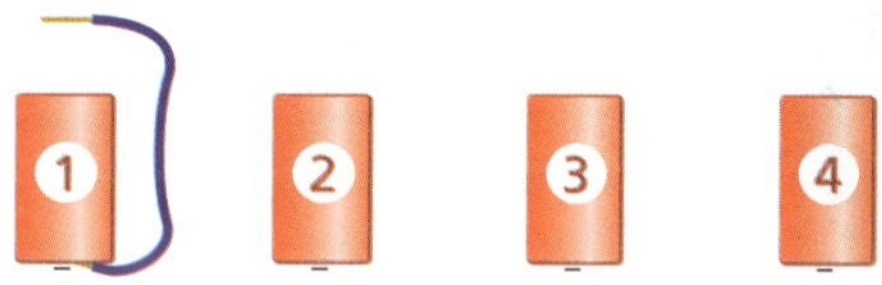

★★ **5 Réponds aux questions.**

a. Qui a inventé la première pile ?

....

b. Pourquoi lui a-t-on donné le nom de pile ?

....

....

c. À part les piles, connais-tu d'autres générateurs de courant électrique ?

....

....

d. Qui a inventé la lampe électrique ?

....

e. Quelle différence y a-t-il entre une lampe électrique et une ampoule électrique ?

....

....

....

Physique Chimie

Livret des corrigés p. 26

Retenir l'essentiel

Conducteurs et isolants

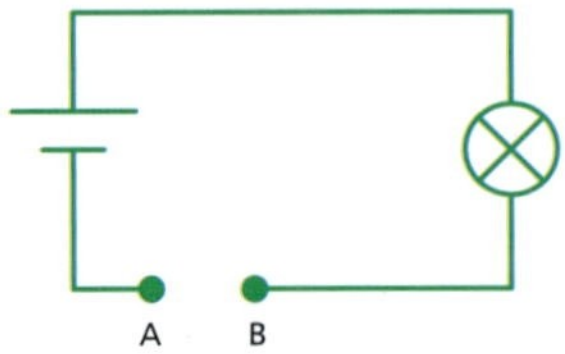

● Lorsqu'on intercale entre les points A et B différents matériaux :
– si la lampe **s'éclaire** : le matériau est **conducteur** de courant électrique ;
– si la lampe reste **éteinte** : le matériau est **isolant.**

Objet intercalé	Matériau	État de la lampe
Clou	Acier	Allumée
Règle	Bois	Éteinte
Mine de crayon	Graphite	Allumée
Règle	Aluminium	Allumée
Gomme	Caoutchouc	Éteinte
Aucun objet	Air	Éteinte
Clé	Cuivre	Allumée
Craie	Calcaire	Éteinte

● **À quoi est due la lumière produite par une lampe éclairée ?**
La lumière est due à une propriété du métal traversé par le courant électrique. En effet, lorsqu'on relie des fils de fer très fins aux deux bornes d'une pile plate, ils deviennent **rouges** : c'est le phénomène de **l'incandescence.**

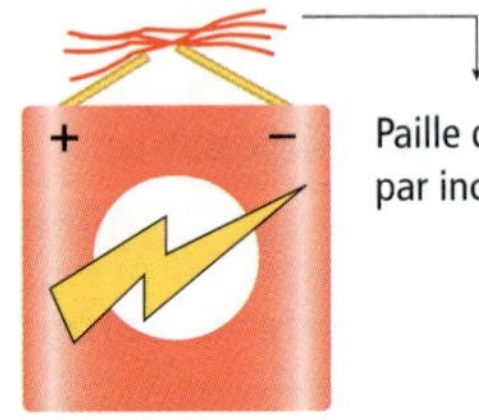

Paille de fer rougie par incandescence

Définition d'un circuit électrique

C'est une suite ininterrompue d'éléments conducteurs, branchée aux bornes d'un générateur.

Comprendre ce qui se passe

▶ Les différents éléments d'une lampe à vis

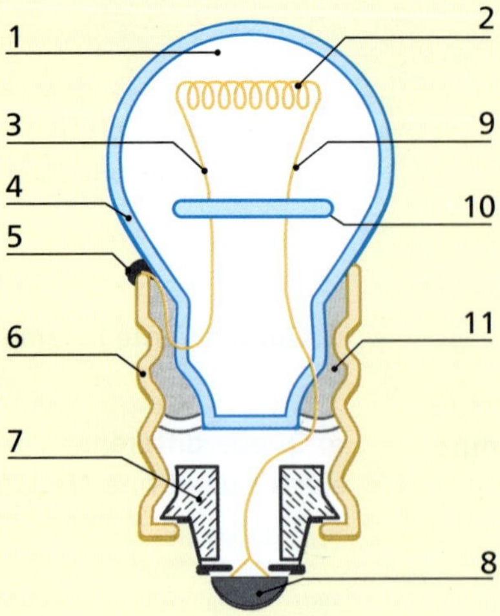

1 Gaz inerte (argon, azote…)
2 Filament en tungstène
3 Fil conducteur n° 2
4 Ampoule
5 Soudure
6 Culot
7 Verre noir
8 Plot central
9 Fil conducteur n° 1
10 Perle
11 Ciment

DÉFINITION

▸ **Un conducteur** est un élément permettant le passage du courant. Dans le cas contraire, c'est un **isolant.**

S'entraîner

★ 1 Coche les éléments justes.

a. Un circuit électrique est une suite :

- ☐ interrompue ☐ ininterrompue
- ☐ de conducteurs ☐ d'isolants

b. La mine de crayon est un :

- ☐ conducteur ☐ isolant

c. Si dans un circuit électrique, il y a plusieurs conducteurs et un seul isolant, la lampe est :

- ☐ allumée ☐ éteinte

d. L'air humide est :

- ☐ isolant ☐ conducteur

e. Tous les métaux sont :

- ☐ isolants ☐ conducteurs

★★ 2 Réponds aux questions.

a. Quel gaz y a-t-il à l'intérieur d'une ampoule ?

....

b. Le filament des lampes est en tungstène. Quelle est la particularité de ce métal ?

....

c. Il n'y a pas d'air à l'intérieur d'une ampoule. Pourquoi ?

....

d. On casse l'ampoule d'une lampe et on branche cette lampe aux bornes d'un générateur. Que va-t-il se passer ?

....

e. Pourquoi une lampe finit-elle par griller, après une longue utilisation ?

....

★★ 3 Complète le tableau ci-après.

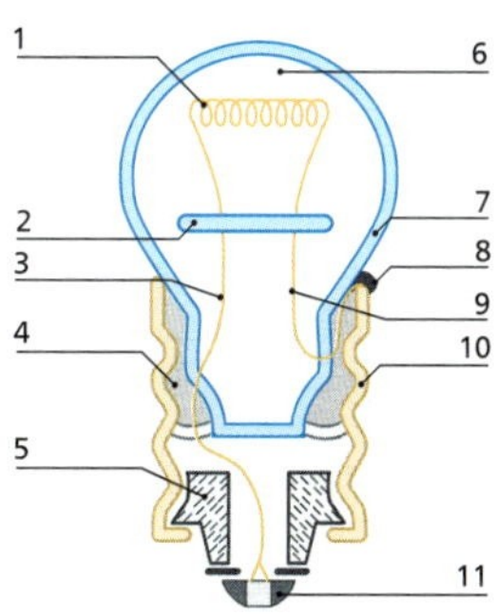

	Légende	conducteur ou isolant
1		
2		
3		
4		
5		
6		
7		
8		
9		
10		
11		

★★ 4 Dessine et complète.

a. Colorie en rouge le chemin suivi par le courant (sur le schéma de la lampe de l'exercice 3) en partant du plot central.

b. Complète les cases suivantes représentant le chemin du courant à l'intérieur de la lampe.

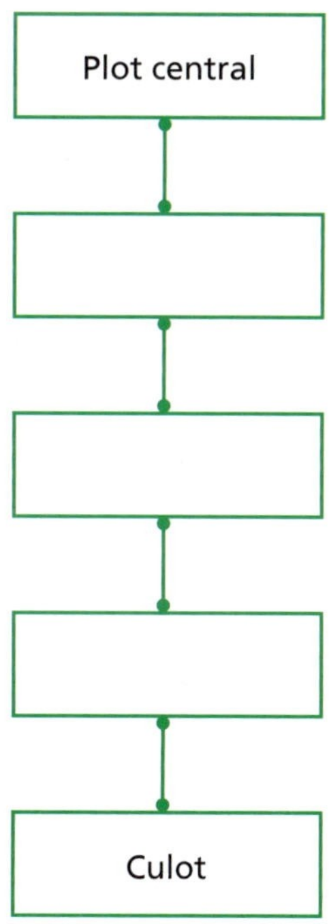

Livret des corrigés p. 26-27

Retenir l'essentiel

Le sens du courant

- Le courant électrique a un sens : **le sens conventionnel**. C'est celui qui va de la **borne + à la borne –** à l'extérieur du générateur.

- **Une diode** (symbole —▷|—) est un composant électronique qui ne laisse passer le courant que **dans un seul sens** (celui de la flèche).

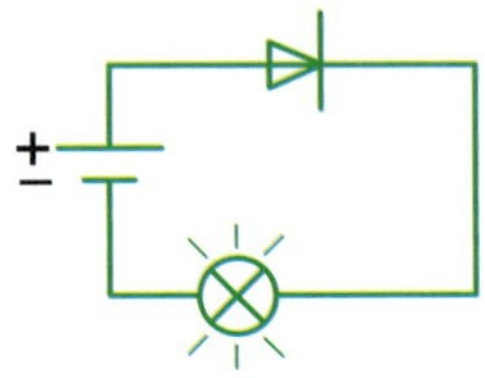

■ Diode « passante »

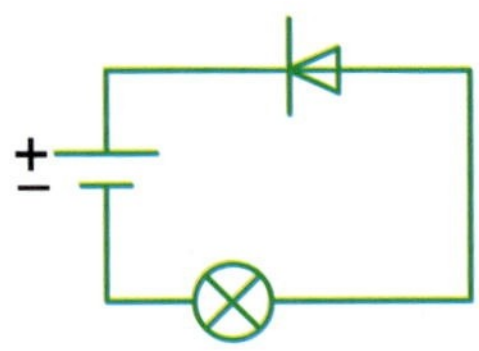

Cette diode ne laisse pas passer le courant puisque la flèche est opposée au sens du courant.

■ Diode « non passante »

- Il existe aussi des **diodes électroluminescentes** (ou D.E.L.) qui ont pour symbole —▷|—.

Dipôles polarisés et non polarisés

- **La lampe.** Si on inverse le sens du courant, l'éclat de la lampe est le même. On dit que la lampe est un **dipôle non polarisé.**

- **Le moteur** (symbole —(M)—). Si on inverse le sens du courant, on modifie le sens de rotation du moteur. Le moteur (comme la diode) est **un dipôle polarisé.**

Comprendre ce qui se passe

La diode au secours des circuits intégrés

- Un circuit intégré comporte 14 portes logiques.

- Le courant doit **impérativement** entrer par **la porte 14** et sortir par **la porte 7**, sinon le circuit intégré serait **détruit.**

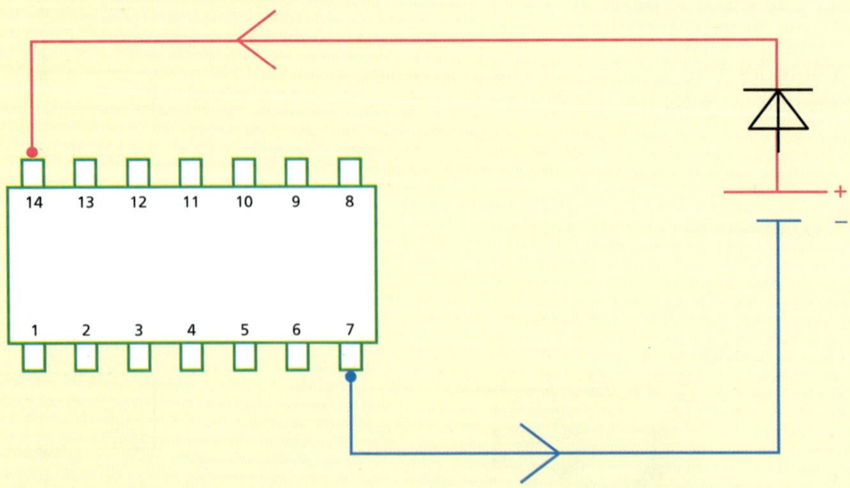

- **On place donc une diode pour éviter tout risque d'erreur** dans le branchement et protéger ainsi le circuit intégré.

DÉFINITION

▸ **Le courant électrique** circule toujours dans le même sens (du + au –).

S'entraîner

★ **1 Coche la bonne réponse.**

a. Une D.E.L. a pour symbole :

☐ 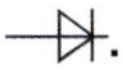. ☐ 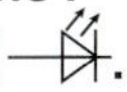.

b. Une diode est passante quand :

☐ elle laisse passer le courant.

☐ elle ne laisse pas passer le courant.

c. Le courant a un sens :

☐ de la borne + ☐ de la borne −.

☐ à la borne −. ☐ à la borne +.

d. Le moteur est un dipôle :

☐ polarisé. ☐ non polarisé.

e. La lampe est un dipôle :

☐ polarisé. ☐ non polarisé.

★★ **2 Fais la liste du matériel nécessaire à la réalisation de ce circuit.**

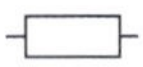 est le symbole d'une résistance.

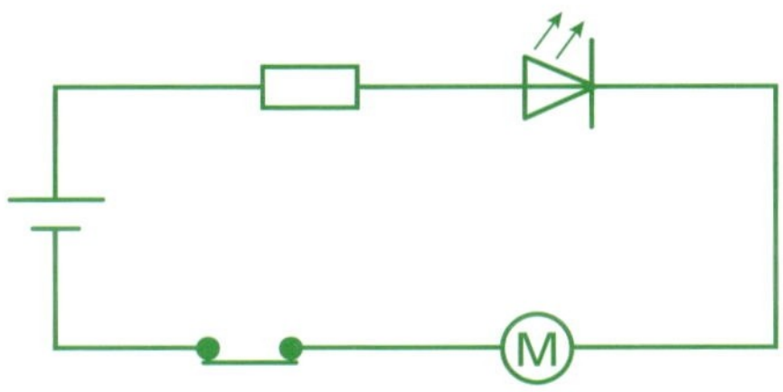

- ……………………………………………………
- ……………………………………………………
- ……………………………………………………
- ……………………………………………………
- ……………………………………………………
- ……………………………………………………

★★ **3** On veut que le moteur ne tourne que dans un sens (celui du courant).
Place entre les points A et B une pile et entre les points C et D une diode.

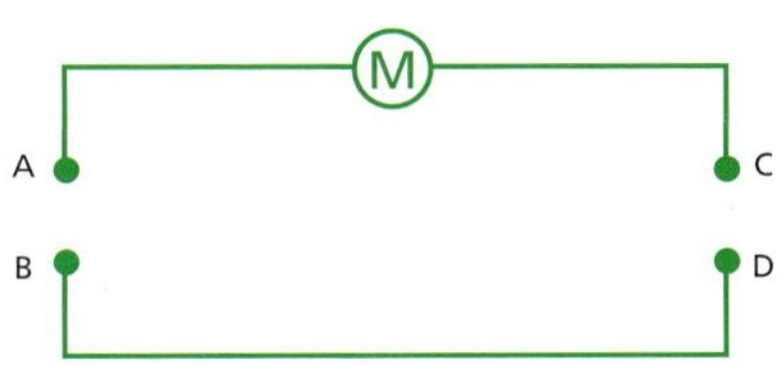

★★ **4 Allumée ou éteinte ? Réponds et complète le dessin si nécessaire.**

a.

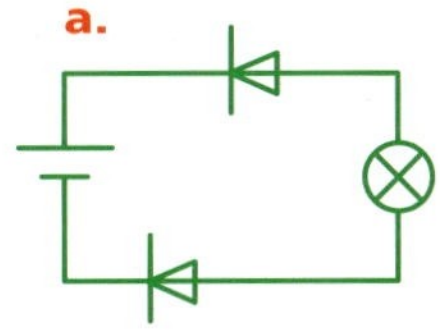

……………………

b.

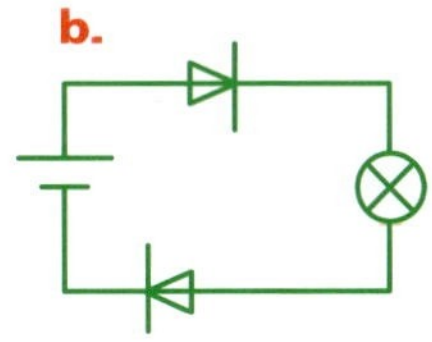

……………………

c.

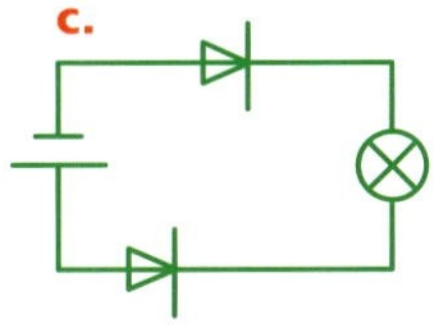

……………………

d.

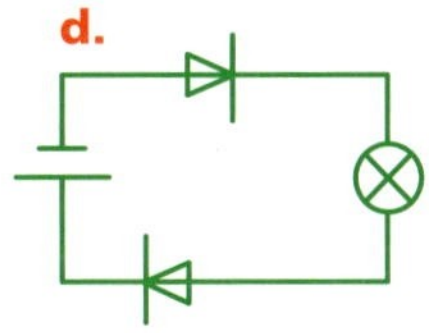

……………………

★★ **5 Observe le montage suivant et réponds aux questions.**

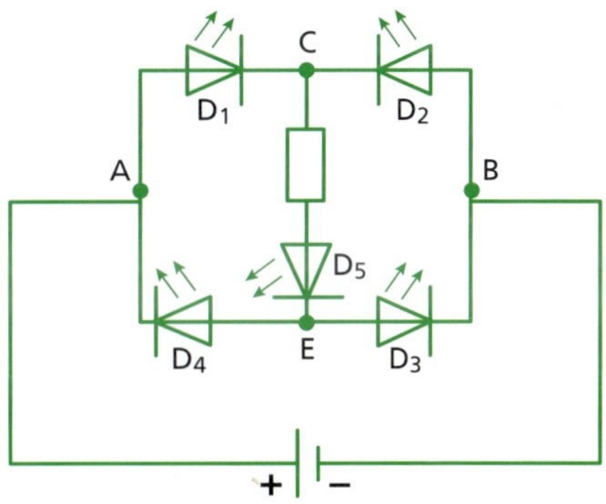

a. Quelles sont les D.E.L. allumées ?

……………………………………………………

……………………………………………………

b. On permute les bornes + et − de la pile : quelles sont les D.E.L. allumées ?

……………………………………………………

……………………………………………………

c. Quelle est la D.E.L. qui éclaire dans les deux cas ? Pourquoi ?

……………………………………………………

……………………………………………………

……………………………………………………

d. Repasse en bleu le sens du courant dans le montage ci-dessus.

Livret des corrigés p. 27

Retenir l'essentiel

Montage de deux lampes identiques en série

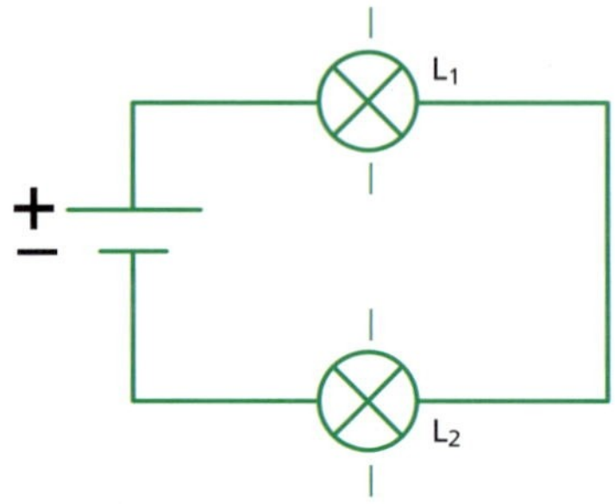

– Pile : 4,5 V.
– Tension d'usage des lampes L_1 et L_2 : 4 V.
– Éclairage **faible.**
– L_1 et L_2 sont montées dans une seule boucle, **un seul circuit.**
On dit que L_1 et L_2 sont montées en **série** : elles brillent du même éclat, mais **faiblement** car la tension de la pile se partage entre les deux lampes.
– Le fonctionnement de chaque lampe **dépend** de celui de l'autre : si on dévisse L_1 ➜ **L_2 s'éteint.**

Montage de deux lampes identiques en dérivation ou parallèle

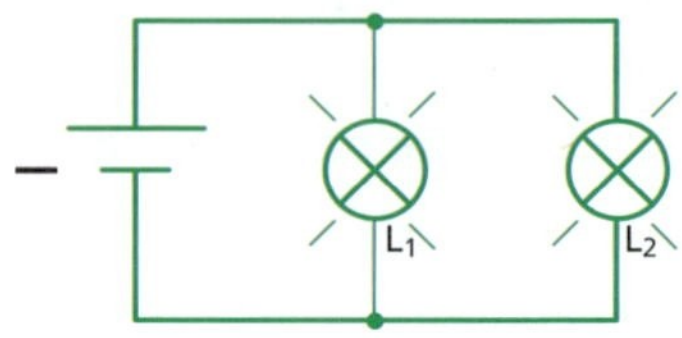

– Pile : 4,5 V.
– Tension d'usage des lampes L1 et L2 : 4 V.
– Éclairage **normal.**
– Il y a 2 boucles, **2 circuits.**
– On dit que L_1 et L_2 sont montées en **dérivation ou parallèle** : elles brillent du même éclat et **normalement** car chaque lampe est soumise à la tension de la pile.
– Chaque lampe fonctionne **indépendamment** de l'autre : si on dévisse L_1 ➜ **L_2 reste allumée.**

Comprendre ce qui se passe

► Le court-circuit

● Si un fil électrique est placé aux bornes de la lampe, celle-ci **s'éteint** : on dit qu'elle est **court-circuitée.**

● Le courant traverse alors un circuit peu résistant. Il y a :
– échauffement des fils ;
– échauffement du générateur.
À cause de ces échauffements il y a risque d'incendie.

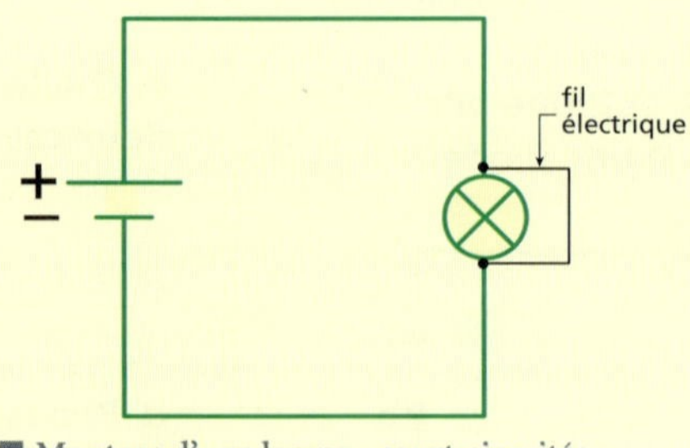

■ Montage d'une lampe « court-circuitée »

DÉFINITION

▸ Deux lampes montées, dans un circuit, l'une à l'autre sont dites **en série.** Montées l'une aux bornes de l'autre, elles sont **en dérivation.**

S'entraîner

★ **1** **Coche la bonne réponse.**

a. Dans un montage en série, il y a :

☐ un seul circuit. ☐ plusieurs circuits.

b. Dans un montage en dérivation, chaque lampe :

☐ est dépendante de l'autre.

☐ n'est pas dépendante de l'autre.

c. On dévisse une lampe, l'autre s'éteint : c'est un montage :

☐ en série. ☐ en dérivation.

d. Dans un montage en dérivation, il y a :

☐ une seule boucle. ☐ plusieurs boucles.

e. L'éclat des lampes est faible dans un montage :

☐ en série. ☐ en dérivation.

★★ **2** **Donne deux raisons pour lesquelles, à la maison, les lampes et tous les appareils électriques sont montés en dérivation.**

....

....

....

....

★★ **3** **Dans chacun de ces deux montages, ajoute les fils nécessaires pour que les lampes soient montées en série.**

a.

b.

★★ **4** **Soit le montage suivant :**

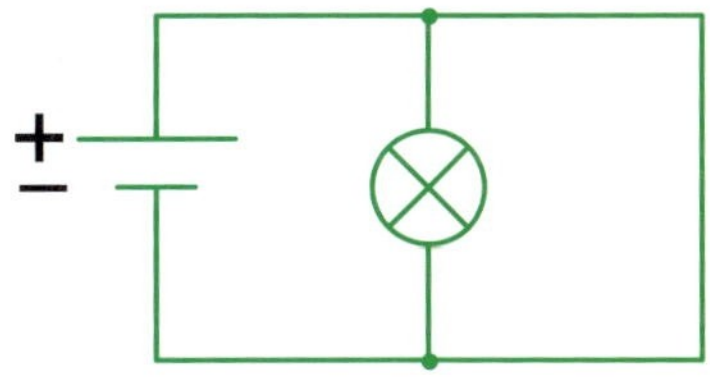

a. Quel est l'état de la lampe ? Pourquoi ?

....

....

....

b. Trace en rouge le chemin suivi par le courant électrique.

c. Que va-t-il se passer ?

....

....

....

....

★★ **5** **Documente-toi, informe-toi puis réponds aux questions suivantes.**

a. Pour protéger les circuits électriques, on met des fusibles (ou coupe-circuits) en série dans le circuit. Quel est leur rôle ?

....

....

....

....

b. Quel est le rôle du disjoncteur à la maison ?

....

....

....

c. Pourquoi ne faut-il pas remplacer un fil fusible en plomb par un fil en fer ?

....

....

....

....

Livret des corrigés p. 27

Retenir l'essentiel

La lumière

● Voir un objet, c'est recevoir des informations sur sa forme, sa couleur, sa position.

● Il faut que deux conditions soient réunies pour qu'on puisse voir un objet :
– qu'il soit éclairé ;
– qu'il n'y ait pas d'obstacle opaque sur le trajet de la lumière (objet-observateur).

Les sources de lumière

● Tout corps qui émet de la lumière est appelé **source lumineuse** ou **source de lumière.** Le Soleil, les étoiles, les galaxies sont des sources naturelles ; les bougies, les tubes au néon sont des sources artificielles, c'est-à-dire conçues par l'homme.

● Si la source produit la lumière qu'elle émet, c'est une **source primaire.** Une flamme, le Soleil (et toutes les autres étoiles), le filament d'une lampe, une diode électroluminescente (D.E.L.), une luciole, etc. sont des sources primaires.

● Si la source émet une partie de la lumière qu'elle reçoit, c'est une **source secondaire.**

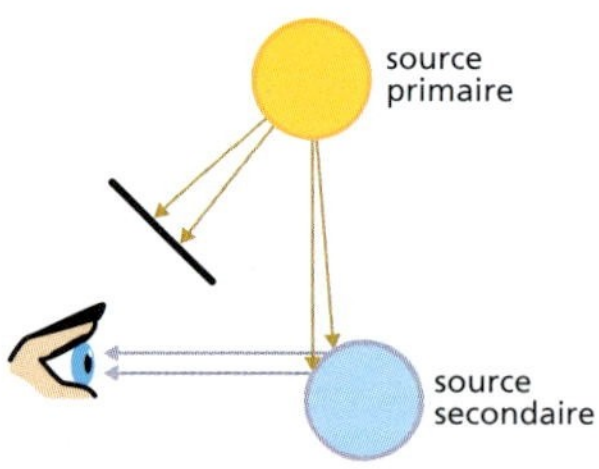

On dit qu'un objet **diffuse** de la lumière lorsqu'il renvoie la lumière reçue dans toutes les directions. Un écran blanc au cinéma diffuse une partie de la lumière du projecteur ; la Lune diffuse une partie de la lumière qu'elle reçoit du Soleil ; tout objet de la classe diffuse une partie de la lumière du Soleil ou des lampes.

La propagation de la lumière

● La lumière, dans un milieu homogène et transparent, se propage en **ligne droite.** On peut parler de **propagation rectiligne de la lumière.**
Remarque : un milieu est homogène s'il a les mêmes propriétés en tout point.

● Les physiciens ont pris l'habitude de représenter les **rayons lumineux** par des **segments de droite** munis d'une **flèche** qui indique leur **sens de propagation.**

● Un ensemble de rayons émis par exemple par un phare ou une lampe est un **faisceau lumineux.**

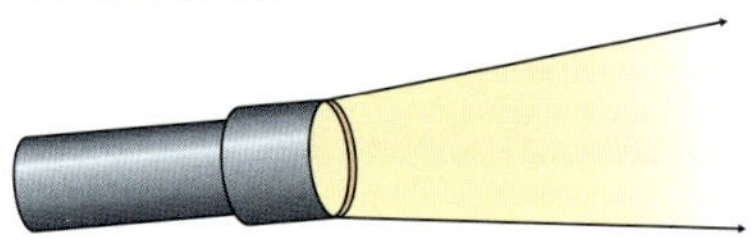

Applications

On utilise parfois un faisceau lumineux très fin émis par un laser pour guider certains appareils de manière parfaitement rectiligne (missiles, outils de microchirurgie…), ou pour construire des installations (canalisations, rails, tunnel…).

Comprendre ce qui se passe

Visualiser un faisceau lumineux

On ne peut pas voir la lumière, mais on peut visualiser le faisceau de lumière en plaçant par exemple de la poussière de craie sur son trajet. Ce que nous voyons, ce sont les **grains de craie éclairés.** Chaque grain devient alors une source de lumière secondaire. Ils nous donnent l'impression de voir le faisceau lumineux.

La lumière ne se voit pas. Elle permet de voir les objets.

DÉFINITION

▶ **La lumière,** dans un milieu homogène et transparent, se propage en ligne droite.

S'entraîner

★ 1 Complète le texte suivant.

a. Une source primaire de lumière .... la lumière qu'elle ....

b. Un objet qui diffuse de la lumière est une ....

c. Les étoiles sont des sources .... de lumière. La lampe halogène est une source .... de lumière.

d. Un .... est constitué de rayons lumineux.

e. On appelle .... une droite fléchée matérialisant le trajet de la lumière.

★★ 2 Choisis la bonne proposition.

a. Jupiter et Saturne sont des sources :

☐ primaires de lumière.

☐ secondaires de lumière.

b. Pour voir un objet, il faut que l'œil :

☐ envoie de la lumière.

☐ reçoive de la lumière.

c. Une D.E.L. :

☐ diffuse de la lumière.

☐ émet de la lumière.

d. Les corps éclairés sont des sources :

☐ primaires de lumière.

☐ secondaires de lumière.

★★ 3 Coche la bonne réponse.

a. On peut voir une tomate parce que :

☐ elle est rouge.

☐ il fait beau.

☐ elle diffuse la lumière reçue.

b. La lumière se propage toujours en ligne droite :

☐ de l'objet éclairé à l'œil, dans un milieu homogène et transparent.

☐ de l'œil à la source primaire de lumière.

☐ de l'œil à la source secondaire de lumière.

c. La Lune est visible le soir car :

☐ c'est une source primaire.

☐ elle est éclairée par le Soleil.

☐ la Terre lui envoie de la lumière.

d. Lors de la projection d'un film au cinéma :

☐ c'est l'écran blanc la source primaire.

☐ c'est la lumière du projecteur qui est directement reçu par l'œil du spectateur.

☐ c'est l'écran la source secondaire qui diffuse la lumière reçue par le projecteur.

★★★ 4 Observe le schéma ci-dessous et réponds aux questions.

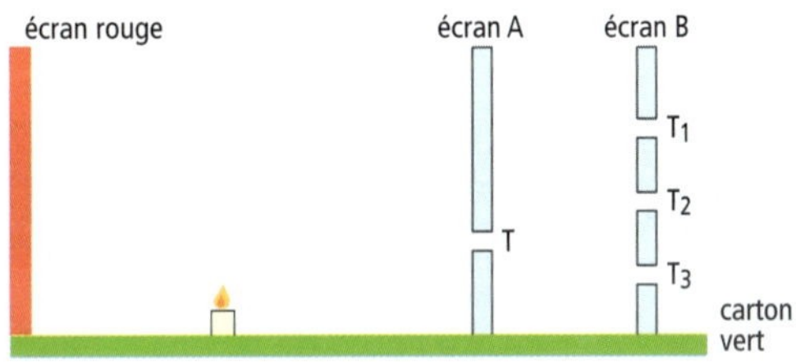

a. Rappelle les deux conditions permettant de voir un objet.

....

....

b. Que voit l'observateur placé en T_1 ? Quelle condition n'est pas vérifiée ?

....

....

c. Que voit l'observateur placé en T_2 ? Trace le rayon lumineux correspondant.

....

....

d. Que voit l'observateur placé en T_3 ? Quelle condition n'est pas vérifiée ?

....

....

....

Livret des corrigés p. 27-28

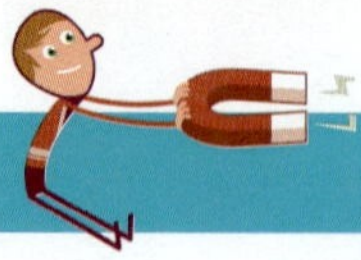

Retenir l'essentiel

Formation d'une ombre

- Une **zone d'ombre** ne reçoit pas de lumière de la source. Une **zone éclairée** reçoit de la lumière de toute la source.

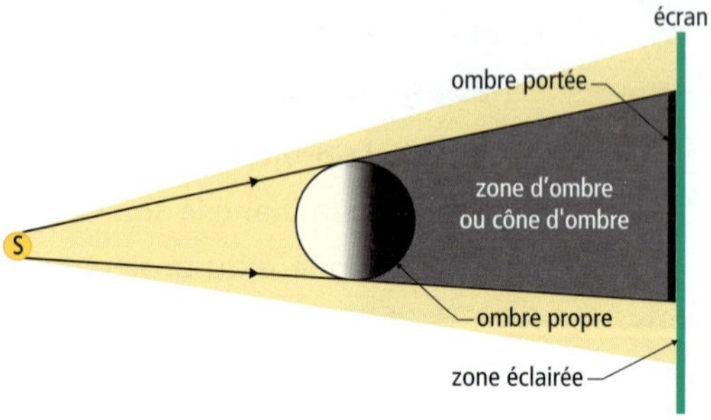

- Pour déterminer les zones d'ombre et les zones éclairées, il suffit d'essayer de tracer une ligne droite de la source vers l'objet éclairé.

Applications

- **Le cadran solaire**

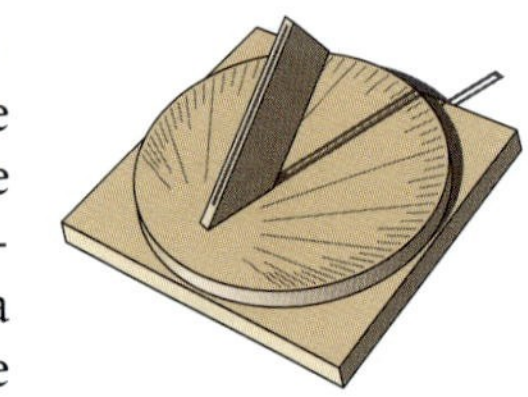

Le cadran solaire sert à mesurer le temps en repérant, au cours de la journée, la course de l'ombre d'un bâton sur un plan gradué appelé cadran. L'ombre du bâton est projetée sur le cadran par le Soleil et change de position au cours du temps.
Cette mesure du temps est donc basée sur le mouvement apparent du Soleil dans le ciel, qui se lève à l'est et se couche à l'ouest. L'ombre la plus courte de la journée correspond à l'instant où le Soleil est le plus haut dans le ciel.

- **La Terre est sphérique**

Au Ve siècle avant J.-C., Anaxagore de Clazomènes avait remarqué la forme circulaire de l'ombre portée de la Terre sur la Lune lors des éclipses de Lune (voir **Comprendre comment ça fonctionne**). Il en avait déduit que la Terre avait la forme d'un disque.
Plus tard, d'autres observations, comme la disparition des navires à l'horizon, firent évoluer les idées : Aristote (384-322 av. J.-C.), en déduisit que la Terre est sphérique.

- **La mesure du rayon terrestre**

Au IIIe siècle avant J.-C., Ératosthène de Cyrène (276-194 av. J.-C.), géomètre de l'école d'Alexandrie, effectua la première mesure du rayon terrestre en mesurant à deux endroits différents et au même moment la longueur de l'ombre d'un bâton.

Comprendre ce qui se passe

▶ L'éclipse de Lune

Lorsque le Soleil, la Terre et la Lune sont alignés dans cet ordre, la Lune se trouve dans la zone d'ombre de la Terre ; elle n'est donc plus visible : c'est **l'éclipse de Lune.**

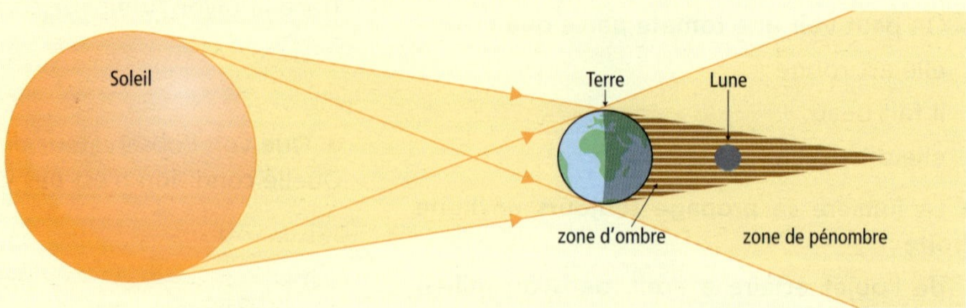

DÉFINITION

▸ **Une zone éclairée** reçoit la lumière de la source, sinon c'est une zone d'ombre.

S'entraîner

★ **1 Complète les phrases suivantes.**

a. La partie non éclairée d'un objet éclairé est son ....

b. L'ombre d'un objet projeté sur un écran est l' ....

c. Depuis la zone ...., on ne voit pas la source de lumière.

d. Depuis la zone ...., on peut voir .... de la source de lumière.

★ **2 Sur le schéma ci-dessous, associe à chaque numéro l'un des termes suivants :** *ombre propre – ombre portée – zone d'ombre – source lumineuse.*

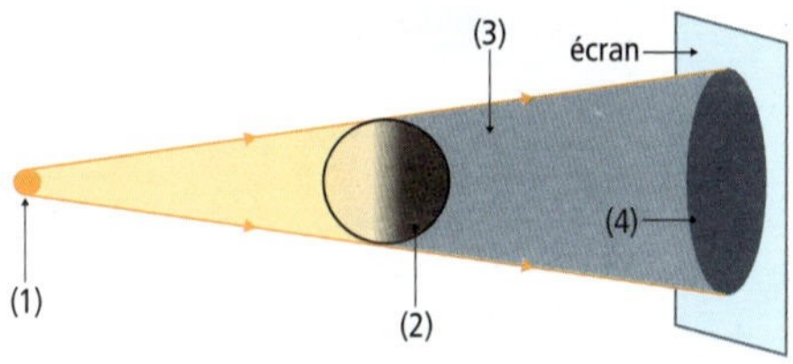

1. ....
2. ....
3. ....
4. ....

★ **3 Complète la grille ci-dessous avec les définitions suivantes, et découvre le mot mystère dans la colonne jaune.**

a. Disparition momentanée d'un astre de la vue d'un observateur.

b. Zone de l'espace située derrière un objet éclairé.

c. Qualifie une source qui renvoie une partie de la lumière reçue.

d. Qui ne laisse pas passer la lumière.

a											
b											
c											
d											

★★ **4 Coche la bonne réponse.**

a. Dans une zone d'ombre, on voit :

☐ toute la source de lumière.
☐ une partie de la source de lumière.
☐ aucune partie de la source de lumière.

b. L'ombre propre d'un objet éclairé se trouve :

☐ dans la zone comprise entre l'objet et l'écran.
☐ sur l'écran.
☐ sur la partie non éclairée de l'objet.

c. Lorsqu'on éclaire un objet à l'aide d'une source de lumière, on observe sur l'écran placé derrière :

☐ une zone d'ombre et une zone de pénombre.
☐ uniquement une zone d'ombre.
☐ l'ombre propre de l'objet.

★★★ **5 Comprends le phénomène d'éclipse.**

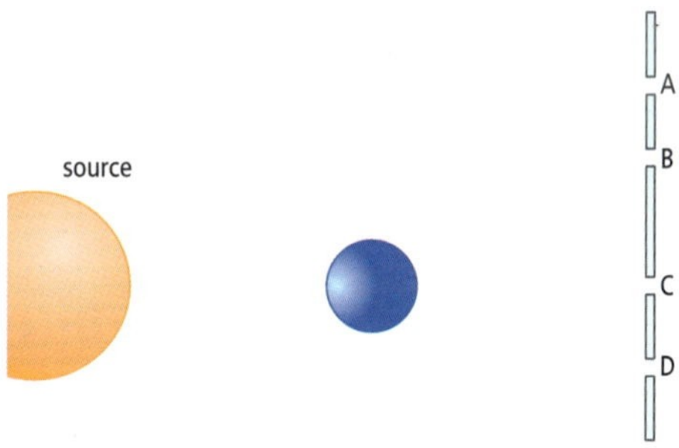

a. Sur le schéma ci-dessus, trace les rayons lumineux qui délimitent la zone d'ombre.

b. À travers quels trous, un observateur placé derrière l'écran voit-il la source ?

c. À travers quel trou, un observateur placé derrière l'écran ne voit-il que la boule bleue ?

d. Une éclipse de Soleil a lieu lorsque la Lune passe entre le Soleil et la Terre.
Dans le schéma ci-dessus, qui joue le rôle du Soleil ? Qui joue le rôle de la Lune ?
Qui joue le rôle de la Terre ?

e. À quel endroit sur la Terre fait-il alors complètement sombre ?

Livret des corrigés p. 28

Retenir l'essentiel

- **Comment déceler la présence de l'eau ?**

– Le sulfate de cuivre est un corps chimique qui est **bleu.**
– Chauffé dans un tube à essais, il devient **blanc** : c'est du sulfate de cuivre **anhydre** (sans eau).
– Ajoutons de l'eau : ce sulfate de cuivre anhydre **redevient bleu.**

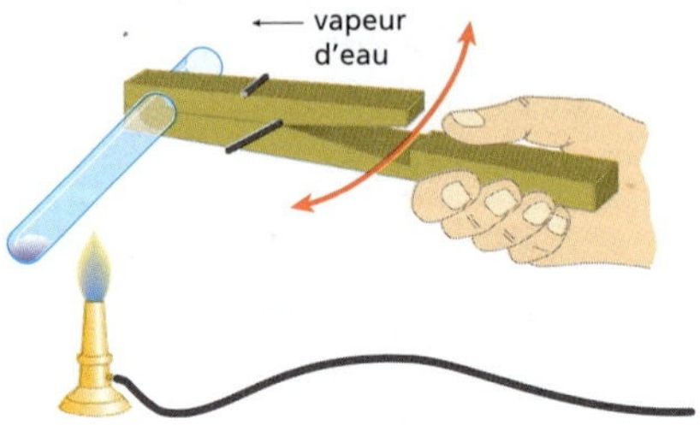

- **Test de reconnaissance**

Liquide	Couleur du sulfate de cuivre anhydre	Présence d'eau
Jus d'orange	Bleu	Oui
Eau minérale	Bleu	Oui
Acétone	Blanc	Non
Huile	Blanc	Non
Cyclohexane	Blanc	Non
Lait	Bleu	Oui

Le test est toujours **positif** avec les boissons.

- **De nombreux aliments contiennent de l'eau.**

On réalise le test au sulfate de cuivre anhydre avec différents aliments.
Les résultats sont les suivants :
– avec de la mie de pain → **positif**
– avec un morceau de poire → **positif**
– avec une tranche de pomme de terre → **positif**
La plupart des aliments contiennent de l'eau.

- **L'eau dans l'air qui nous entoure :**

– On trouve de **l'eau** dans l'air, sous forme de **vapeur.**
– On mesure le **taux d'humidité** présent dans l'air à l'aide d'un **hygromètre.**

■ Un hygromètre

Comprendre ce qui se passe

▶ Symboles de matériel couramment utilisé en chimie

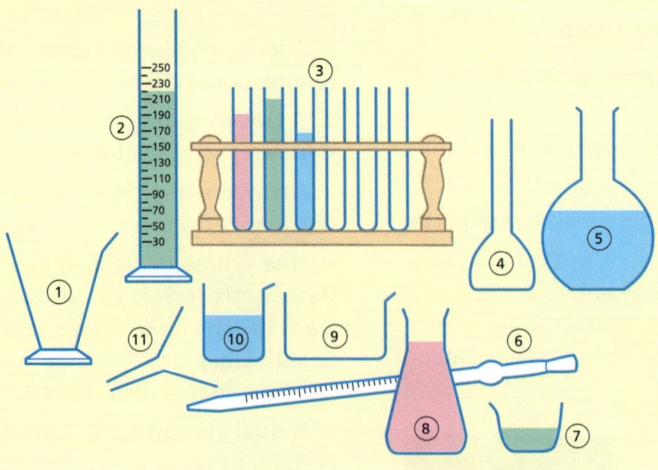

① verre à pied
② éprouvette graduée
③ tubes à essais
④ fiole jaugée
⑤ ballon à fond plat
⑥ pipette graduée
⑦ capsule
⑧ erlenmeyer
⑨ cristallisoir
⑩ bécher
⑪ entonnoir

DÉFINITION

▸ **Le sulfate de cuivre** est une poudre blanche qui devient bleue en présence d'eau.

S'entraîner

★ **1 Coche la bonne réponse.**

a. Le sulfate de cuivre hydraté est :

☐ bleu. ☐ blanc.

b. Quand on chauffe du sulfate de cuivre, on obtient du sulfate de cuivre :

☐ hydraté. ☐ anhydre.

c. On mesure le taux d'humidité dans l'air avec un :

☐ voltmètre. ☐ hygromètre.

d. Avec les boissons, le test au sulfate de cuivre est toujours :

☐ positif. ☐ négatif.

e. Avec la mie de pain, le test au sulfate de cuivre est toujours :

☐ positif. ☐ négatif.

★★ **2 Recherche une méthode expérimentale.**

Décris une méthode te permettant de savoir si l'encre bleue contient de l'eau, en utilisant le test au sulfate de cuivre anhydre.

★★ **3 Recherche une méthode expérimentale.**

Décris une méthode te permettant de savoir si la viande contient de l'eau, en utilisant le test au sulfate de cuivre anhydre.

★★★ **4 Documente-toi puis réponds aux questions.**

a. Quelle différence y a-t-il entre déshydraté et anhydre ?

....

b. Explique la nécessité de l'eau pour la vie.

....

....

....

c. Y a-t-il de l'eau dans l'air ? Si oui, comment le prouver ?

....

....

★★★ **5** **a.** On peut se procurer dans le commerce des petites statuettes qui peuvent « annoncer » le temps qu'il fait. En effet par beau temps elles sont bleues et par temps de pluie elles passent au rose. Ces statuettes sont recouvertes de chlorure de cobalt.

À l'aide de ces informations, peux-tu dire si le chlorure de cobalt est utilisable dans le test de reconnaissance de l'eau.

....

b. L'huile contient-elle de l'eau ? Sans faire le test au sulfate de cuivre anhydre, on peut répondre par la négative ! Pourquoi ?

....

....

★★★ **6 Donne le nom du matériel de chimie.**

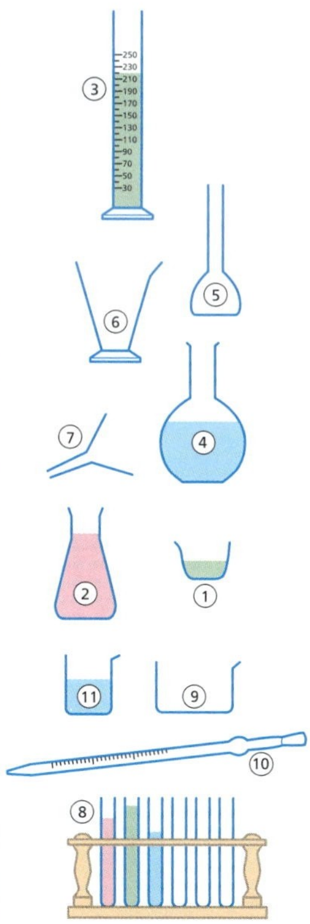

1 ....

2 ....

3 ....

4 ....

5 ....

6 ....

7 ....

8 ....

9 ....

10 ....

11 ....

Physique Chimie

Livret des corrigés p. 28

Retenir l'essentiel

L'état solide

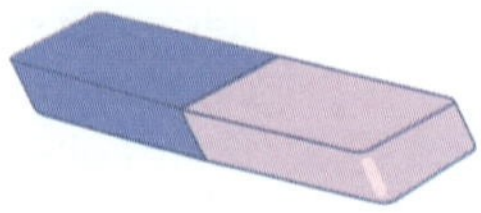

● Les solides peuvent être **saisis.** Ils ont **une forme propre.**

● Certains solides sont **divisés** (farine, sucre en poudre, sable) : ils coulent et prennent la forme du récipient qui les contient.

L'état liquide

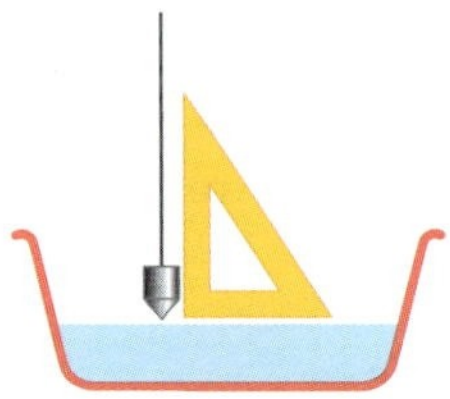

● L'eau ne peut être **saisie.** Elle coule et prend la forme du récipient qui la reçoit.

● La surface libre d'un liquide, au repos, est toujours **plane** et **horizontale.**

L'état gazeux

● Les gaz ne peuvent être **saisis.** Ils occupent **toute la forme** du récipient qui les contient.

● **Particularités des gaz**

1. On enferme un certain volume de gaz dans une seringue.

2. On pousse le piston : le volume de gaz diminue tandis que sa **pression** augmente.
→ on dit que les gaz sont **compressibles.**

3. On tire le piston : le volume de gaz augmente. On dit que les gaz sont **expansibles.**

Comprendre ce qui se passe

► Tout ce qui est fluide est-il liquide ? Le sable : solide ou liquide ?

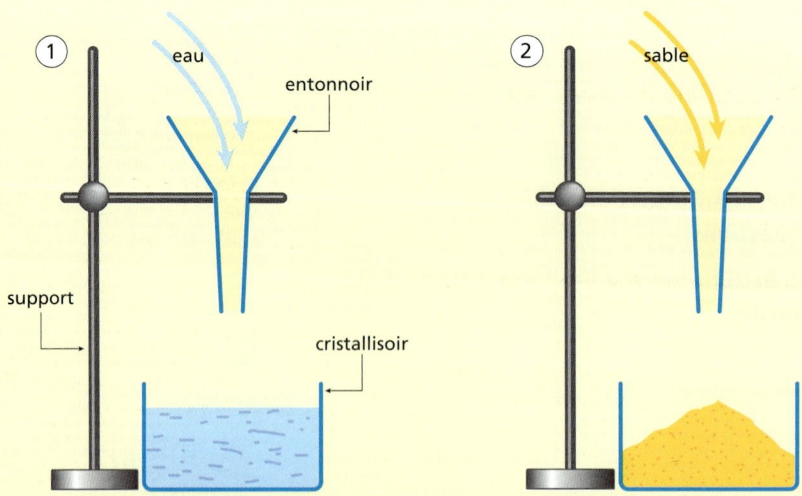

1. L'eau coule (c'est un fluide) dans le cristallisoir et sa surface libre, au repos, est **plane et horizontale** : c'est un liquide.
2. Le sable coule (c'est un fluide) dans le cristallisoir, mais sa surface libre n'est pas plane et horizontale : c'est un **solide.**

DÉFINITION

▸ **La matière** est constituée de trois états : solide, liquide et gazeux.

S'entraîner

★ **1 Coche la bonne réponse.**

a. La farine est un :

☐ solide. ☐ liquide.

b. Ils occupent toute la forme du récipient qui les contient :

☐ les solides. ☐ les liquides. ☐ les gaz.

c. Quand un gaz est compressé, sa pression :

☐ augmente. ☐ diminue.

d. Ils ont une forme propre :

☐ les solides. ☐ les liquides. ☐ les gaz.

e. Quand le volume d'un gaz augmente, on dit qu'il est :

☐ compressible. ☐ expansible.

★★ **2 Montre l'existence d'un gaz.**

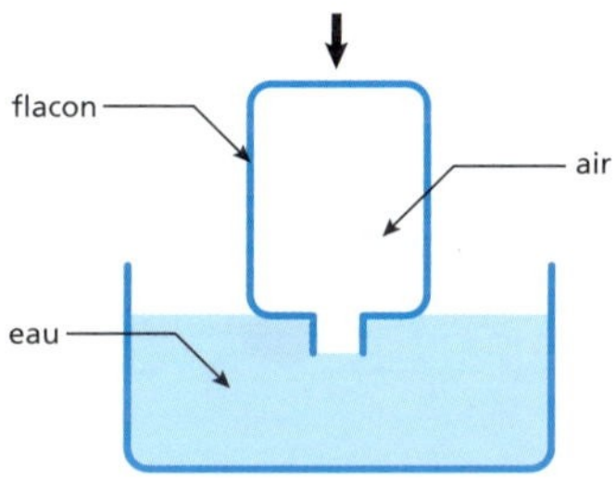

a. L'eau pénètre-t-elle dans le flacon ? Pourquoi ?

....

....

b. Cite d'autres expériences ou des faits d'observation qui prouvent l'existence de l'air.

....

....

★★ **3 Représente la surface libre du liquide qui atteint le niveau H.**

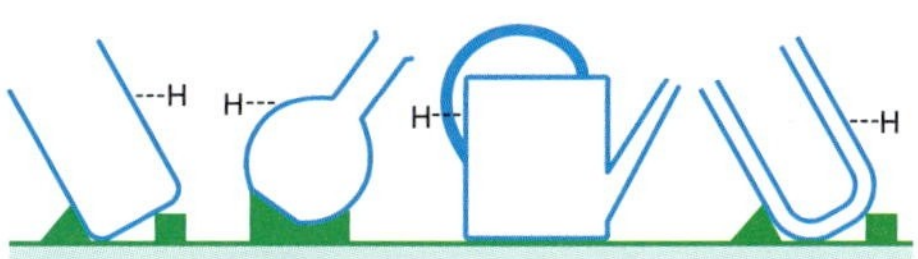

★★ **4 Comment prouves-tu qu'un verre « vide » contient de l'air ?**

....

....

....

....

....

★★ **5 On peut ajouter de l'air dans un ballon déjà bien gonflé. Pourquoi ?**

....

....

★★ **6** Sachant qu'1 L d'air a une masse de 1,3 g, on enferme 1 L d'air dans un récipient.

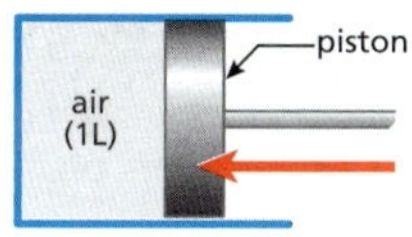

a. On pousse sur le piston, que fait :

– la masse ? ....

– le volume ? ....

– la pression ? ....

On dit que l'air est : ....

b. On tire sur le piston, que fait :

– la masse ? ....

– le volume ? ....

– la pression ? ....

On dit que l'air est : ....

★★ **7**

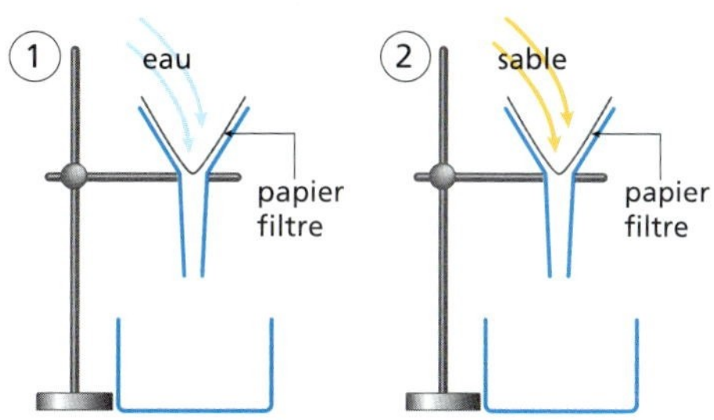

a. Que se passe-t-il en 1 et 2 ?

b. Quelles conclusions peut-on tirer de ces deux expériences ?

Livret des corrigés p. 28

Retenir l'essentiel

Comment mesurer le volume d'un liquide ?

En classe, on utilisera des récipients gradués ou jaugés (éprouvette, bécher, fiole…)
L'unité de capacité ou de contenance est le **litre** (symbole **L**).

	× 1000	× 100	× 10	1	: 10	: 100	: 1000
Unité	kilolitre	hectolitre	décalitre	litre	décilitre	centilitre	millilitre
Symbole	kL	hL	daL	L	dL	cL	mL

- L'unité usuelle de **volume** est le **mètre cube** (symbole $\mathbf{m^3}$).
- Il y a des équivalences entre les unités de capacité et les unités de volume.
$1\ L = 1\ dm^3 = 1\,000\ cm^3$.

Unité de capacité	1 kL	1 hL	1 daL	1 L	1dL	1cL	1mL
Unité de volume	1 m^3			1 dm^3			1 cm^3

Comment déterminer le volume d'un solide ?

- **Le solide a une forme géométrique.**

Parallélépipède rectangle $V = L \times l \times h$
Cube $V = c \times c \times c$
Cylindre $V = r \times r \times 3{,}14 \times h$

- **Le solide a une forme quelconque.**

Pour mesurer le volume d'un caillou par exemple. On mesure le volume V1, puis on immerge le caillou et on mesure le volume V_2. La différence entre V_2 et V_1 représente le volume du caillou. C'est la méthode dite par « **déplacement de liquide** ».
$V = V_2 - V_1 = 120 - 100 = 20$
$V = 20\ cm^3$ (= 20 mL)

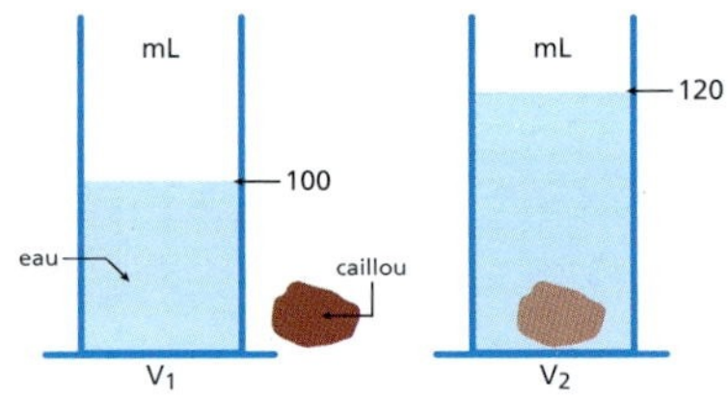

Comprendre ce qui se passe

Comment lire correctement une éprouvette graduée ?

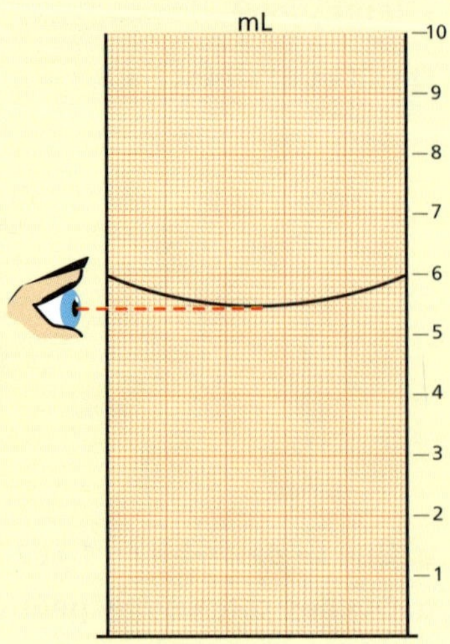

1e étape : Il faut chercher l'unité de volume indiquée sur l'éprouvette → ici le mL.

2e étape : Il faut déterminer le volume correspondant à 1 division → ici : 1 division = 0,1 ml.

3e étape : La surface du liquide fait une légère courbure : le **ménisque**.

Il faut toujours lire à la base du ménisque
→ il faut donc lire ici : **5,5 mL.**

DÉFINITION

L'unité usuelle du volume est le mètre cube (m^3) alors que la capacité est le litre (L).

Physique Chimie

S'entraîner

★ **1** **Coche la bonne réponse.**

a. 1 L d'eau équivaut à :

☐ 1 dm^3. ☐ 1 cm^3.

b. L'unité usuelle de volume est :

☐ le litre. ☐ le mètre cube.

c. Le litre, le décalitre, le centilitre sont des unités de :

☐ volume. ☐ capacité.

d. Pour bien lire une éprouvette graduée, il faut placer son œil :

☐ à la base du ménisque.

☐ à la hauteur maximum du liquide.

e. Pour trouver le volume d'un cube, on utilise la formule :

☐ $V = L \times l \times h$. ☐ $V = c \times c \times c$.

★ **2** **Fais les conversions suivantes.**

a. 2,6 hL = ... L	**f.** 3,4 dm^3 = ... L
b. 0,35 hL = ... L	**g.** 1,8 m^3 = ... daL
c. 2 500 cL = ... L	**h.** 3 500 cm^3 = ... dL
d. 7,8 daL = ... L	**i.** 0,05 m^3 = ... L
e. 95 dL = ... L	**j.** 13 dm^3 = ... cL

★★ **3** Une baignoire a les dimensions suivantes : longueur 1,3 m ; largeur 60 cm ; hauteur 30 cm.

Donne en m^3, puis en L, le volume d'eau que peut contenir cette baignoire.

....

....

....

★★ **4** **Combien faudra-t-il de litres d'eau pour remplir, à ras bord, une piscine circulaire d'enfant, qui a 25 cm de hauteur et 0,6 m de rayon ?**

....

....

....

★★ **5** Un verre gradué de cuisine porte les traits de graduation suivants 1/2 L ; 1/4 L ; 1/8 L ; 1/10 L ; 1/20 L.

Trouve, en cm^3, le volume qui correspond à chaque graduation.

....

★★★ **6** **Cherche un mode expérimental pour connaître le volume d'un objet très petit (une épingle par exemple).**

....

....

....

★★★ **7** **a. Lis les volumes V_1 à V_5.**

V_1 = ... V_4 = ...

V_2 = ... V_5 = ...

V_3 = ...

b. À gauche de l'éprouvette, repère, par des flèches rouges, 5 volumes :

V_6 = 176 mL ; V_7 = 165 mL ; V_8 = 144 mL

V_9 = 130 mL ; V_{10} = 105 mL.

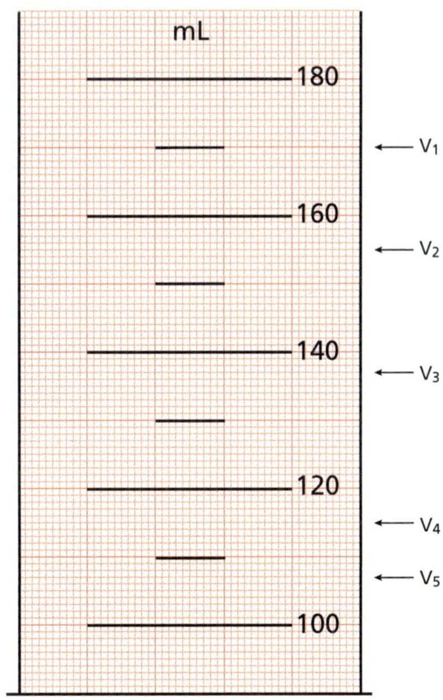

Livret des corrigés p. 28-29

Retenir l'essentiel

Mélange homogène

- On dissout du sel dans l'eau : on obtient de l'eau salée qui est liquide.
- C'est un mélange **homogène.**
- Au cours de cette dissolution, **l'eau est le solvant** et le sel est **le soluté.**
- **Le mélange** (eau + sel) porte le nom de **solution** et si **l'eau est le solvant**, on parle alors de **solution aqueuse.**

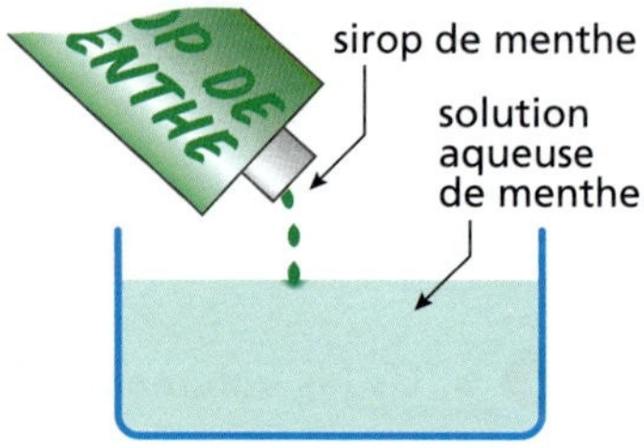

Mélange hétérogène

- On verse du sable dans de l'eau et on agite : le sable ne se dissout pas, il est **insoluble.**
- Le mélange obtenu est **hétérogène.**

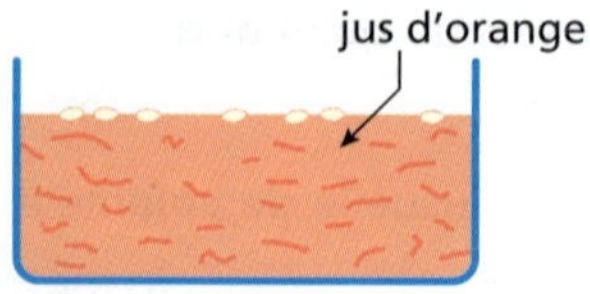

La solubilité a des limites

- Ajoutons de plus en plus de sel dans l'eau et agitons.
- À partir d'une certaine quantité, le sel ne se dissout plus : on a atteint la limite de solubilité.
On dit que la solution est **saturée.**

Masse avant et après dissolution

- Il y a **conservation de la masse totale** du solvant et du soluté.

Concentration massique (C)

- C'est **la masse** de substance **dissoute dans 1 L** de solution. On la mesure en **g/L.**

$C = \frac{m}{V}$ → **masse** de corps dissout **en gramme.** → **volume** de la solution **en litre.**

Comprendre ce qui se passe

► Étudions une étiquette d'eau minérale

EAU MINÉRALE

Analyse moyenne en mg/L

Calcium	90	Bicarbonates	287
Magnésium	24	Sulfates	3
Sodium	23	Chlorures	5
Potassium	2	Nitrates	1

Extrait sec à 180? C : 270 mg/L – pH : 7,6

Quelle masse de calcium est présente dans un verre de 150 mL de cette eau minérale ?

Volume de solution (en mL)	Masse de calcium (en mg)
1000 mL	90 mg
150 mL	? g

$$m = \frac{150 \times 90}{1000} = 13{,}5 \text{ mg} = 0{,}0135 \text{ g}$$

DÉFINITION

▸ **Un mélange** est dit **homogène** si on ne distingue pas ses différents constituants à l'œil nu.

S'entraîner

★ **1 Coche la bonne réponse.**

a. Je mets du sucre dans mon lait et je remue. Le sucre :

☐ fond. ☐ se dissout.

b. Je mets du sel dans de l'eau. Le sel est le :

☐ solvant. ☐ soluté.

c. Je verse du sable dans un verre d'eau et je remue, le mélange est :

☐ homogène. ☐ hétérogène.

d. Une solution est saturée quand :

☐ on peut encore dissoudre le soluté.

☐ on ne peut plus dissoudre le soluté.

e. Je dissous 10 g de sel dans 200 g d'eau, la masse du mélange est de :

☐ 200 g. ☐ 210 g.

★★ **2 Sachant qu'on peut dissoudre au maximum 360 g de sel par litre d'eau, complète le tableau en indiquant si chacune de ces solutions est saturée ou non saturée.**

Eau	Sel	Solution
50 cm^3	20 g	
200 cm^3	50 g	
300 cm^3	75 g	
400 cm^3	150 g	

★★ **3 Complète les phrases suivantes :**

a. Le sucre se dissout ....

....

b. Le sucre fond si ....

....

c. Quand on met trop de sel dans un verre d'eau, la solution est ....

d. Si on mélange du sable et de l'eau, on obtient un mélange ....

e. Quand on dissout un soluté dans de l'eau, on parle alors de solution ....

★★ **4 On veut préparer 50 mL d'une solution de sulfate de cuivre, de concentration massique 180 g/L. Quelle masse de sulfate de cuivre sera nécessaire ?**

....

....

....

★★ **5 Sur l'étiquette d'une boisson fruitée, on peut lire : « concentration en sucre 30 g/L ». Si je bois 25 cL de cette boisson, quelle masse de sucre vais-je absorber ?**

....

....

....

★★ **6 a. Donne la formule de la concentration massique en rappelant les unités de grandeur.**

....

....

....

....

b. Si on dissout 20 g de sucre dans 50 mL d'eau, calcule la concentration de la solution obtenue.

....

....

....

....

★★ **7 Je dois préparer un bocal de fruits au sirop de 500 mL. Si on veut que la concentration de ce sirop soit de 300 g/L, quelle masse de sucre doit-on mettre ?**

....

....

....

....

....

Livret des corrigés p. 29

Retenir l'essentiel

La décantation

● Prenons un jus d'orange : c'est un mélange hétérogène car on peut distinguer la pulpe du jus.

● Si on laisse « reposer » ou **décanter** ce jus d'orange, la pulpe se dépose au fond du verre.

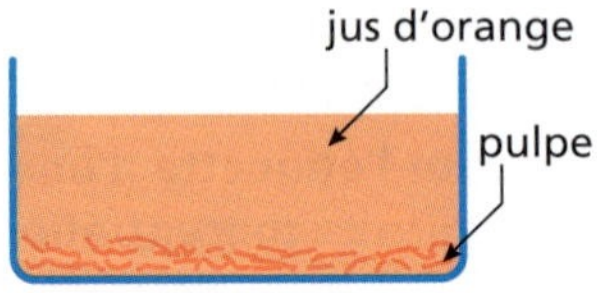

La centrifugation

● Une centrifugation permet **d'accélérer la décantation.**

● Après centrifugation (des milliers de tours par minute) les substances les plus denses sont plaquées au fond du tube.

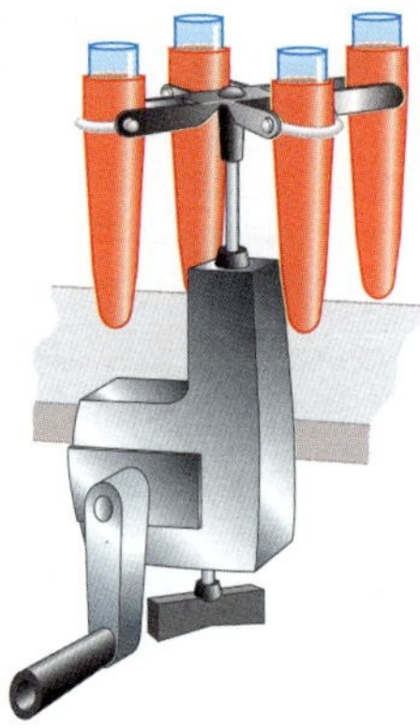

La filtration

● On peut aussi filtrer le jus d'orange : la pulpe se dépose sur le filtre et le liquide obtenu, **le filtrat**, est plus clair.

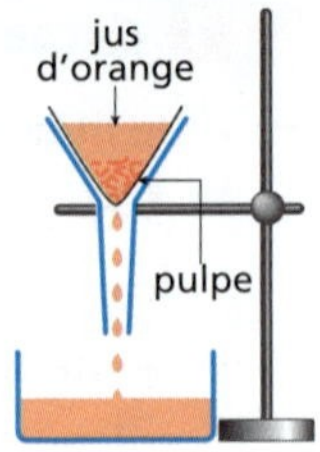

La distillation

● On fait la distillation du vin (jus de raisin + 10 à 12 % d'alcool).

● On chauffe le vin jusqu'à **ébullition**.

● Les **vapeurs se condensent** grâce au tube réfrigérant.

● On obtient un liquide clair, **le distillat** : c'est de l'alcool qui peut brûler.

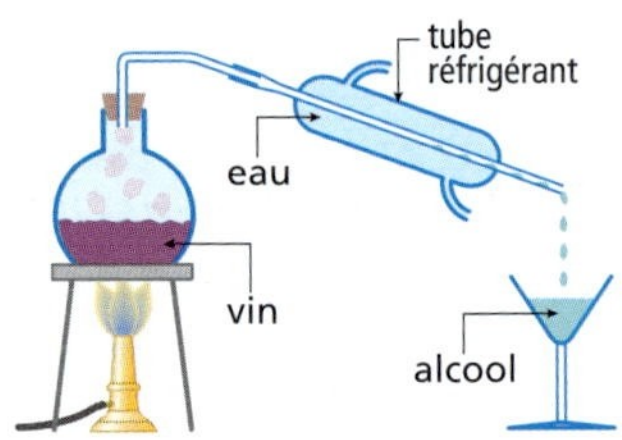

Comprendre ce qui se passe

Le distillateur solaire

Il permet par exemple d'obtenir de l'eau douce à partir de l'eau de mer.

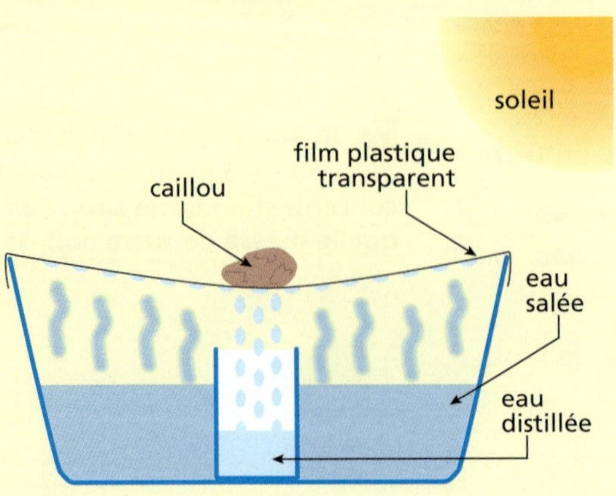

→ L'eau chauffée par le soleil **s'évapore.**

→ Elle se condense au contact du film plastique.

→ Des gouttelettes d'eau glissent sur le film plastique et tombent dans le verre : **cette eau n'est pas salée.**

→ À partir de l'eau salée, on a obtenu de l'eau douce.

DÉFINITION

▸ Suivant la nature du mélange, différentes techniques permettent de séparer ses **constituants.**

S'entraîner

★ **1** **Coche la bonne réponse.**

a. Pour récupérer le sel de l'eau, on fait une :

☐ décantation. ☐ distillation.

b. Quand on filtre un mélange, le liquide obtenu est le :

☐ filtrat. ☐ distillat.

c. Si on filtre de l'eau salée, on obtient de :

☐ l'eau douce. ☐ l'eau salée.

d. Quand on laisse reposer un mélange hétérogène, on fait une :

☐ distillation. ☐ décantation.

e. On fait une centrifugation, pour accélérer la :

☐ filtration. ☐ décantation.

★★ **2** **Complète la légende de ce schéma de la distillation du vin en écrivant les lettres correspondant aux mots suivants :**

entrée de l'eau (......) – *alcool* (......) – *vin* (......) – *bec Bunsen* (......) – *sortie de l'eau* (......) – *tube réfrigérant* (......).

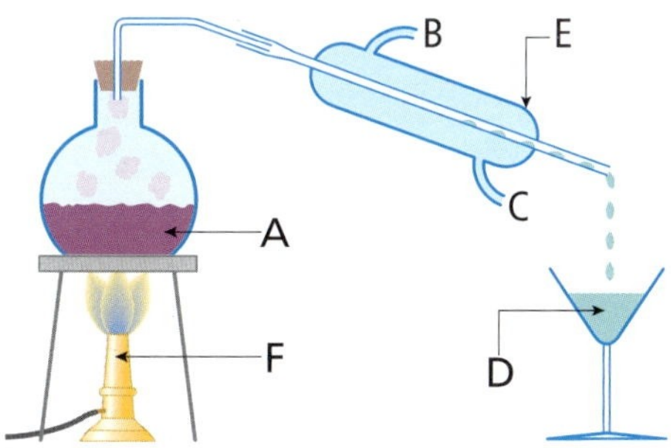

★★ **3** **Que se passerait-il si, dans le montage ci-dessus, il n'y avait pas de tube réfrigérant ?**

....

....

....

....

★★ **4** Les eaux minérales contiennent des substances dissoutes (sodium, potassium, calcium, magnésium...).

Propose une démarche expérimentale pour prouver qu'une eau minérale contient ces substances dissoutes.

....

....

....

....

★★ **5** On a mélangé de l'eau, du sel et du sable.

Propose une démarche expérimentale pour séparer les trois constituants de ce mélange.

....

....

....

....

....

....

★★ **6** L'eau et l'huile ne se mélangent pas : ces liquides ne sont pas miscibles.

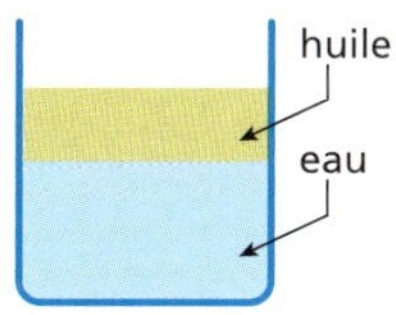

Verre ▲

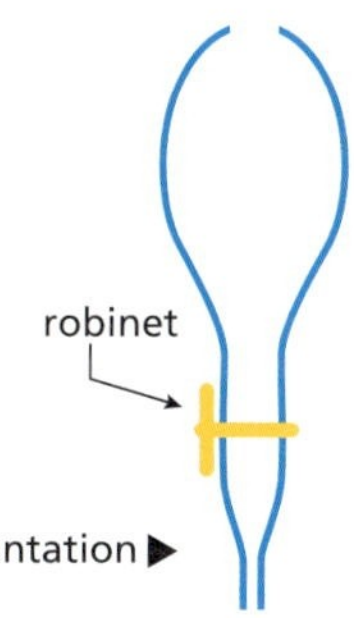

Ampoule à décantation ▶

Explique comment tu vas procéder pour séparer ces deux liquides avec une ampoule à décantation.

....

....

....

....

Livret des corrigés p. 29

Retenir l'essentiel

Les boissons gazeuses contiennent du dioxyde de carbone

- Pour mettre en évidence la présence de dioxyde de carbone, on fait le test à l'eau de chaux. **L'eau de chaux** se **trouble** en présence du **dioxyde de carbone.**

- Pour déterminer si l'eau gazeuse contient du dioxyde de carbone, on prélève du gaz en agitant la bouteille. Ce gaz trouble l'eau de chaux. Donc l'eau gazeuse contient du dioxyde de carbone.

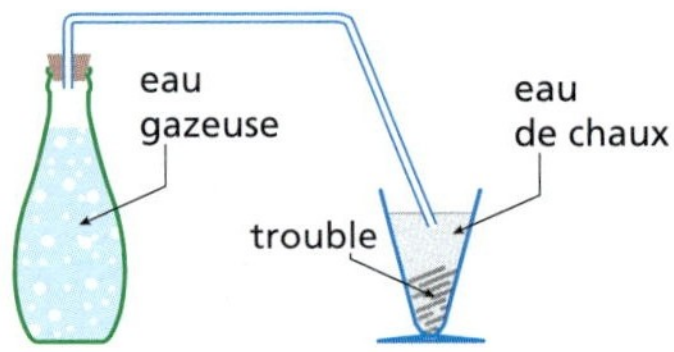

Le dioxyde de carbone est pesant

Soit m_1 la masse d'une bouteille d'eau gazeuse avant agitation ($m_1 = 361{,}2$ g).
Soit m_2 la masse de cette bouteille après agitation ($_2 = 360{,}8$ g).
Donc, le départ du gaz a allégé la bouteille : $m_1 - {}_2 = 0{,}4$ g.
Le dioxyde de carbone (comme tous les autres gaz) est pesant.

1 L de dioxyde de carbone a une masse de 1,9 g.
1 L de dioxygène a une masse de 1,4 g.
1 L de diazote a une masse de 1,2 g.

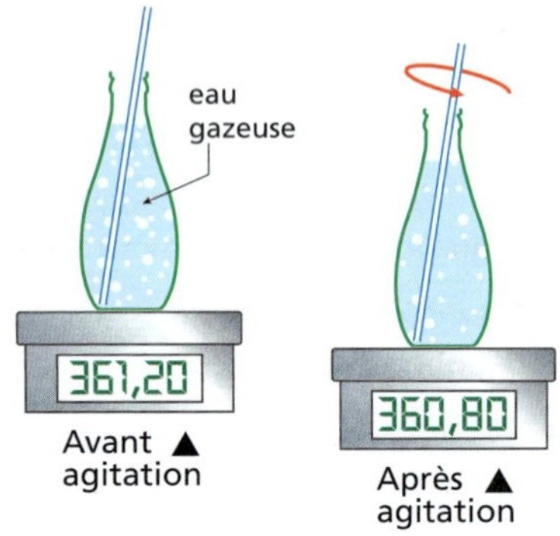

Température et solubilité

Si on réchauffe une bouteille d'eau gazeuse, le gaz se dégage plus vite.
Donc le gaz est moins soluble quand la température augmente.

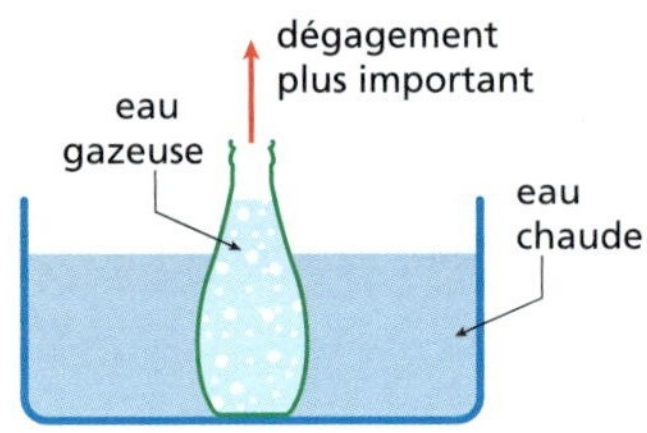

Comprendre ce qui se passe

► J'apprends à fabriquer le réactif du dioxyde de carbone : l'eau de chaux

1. Dissolution
Je mets un peu de chaux éteinte dans un verre d'eau et je mélange : c'est du lait de chaux.

2. Décantation
Je laisse « reposer » ce lait de chaux quelques instants.

3. Filtration
Je filtre et le filtrat est clair : c'est de l'eau de chaux.

4. Expérimentation
Je prends une paille et j'expire dans cette eau de chaux. Elle se trouble, car en expirant, j'ai rejeté du dioxyde de carbone.

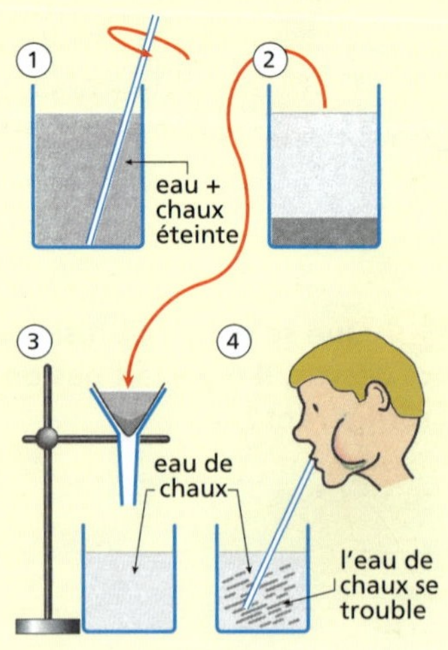

DÉFINITION

▸ **L'eau de chaux** est le réactif du dioxyde de carbone : elle se trouble en sa présence.

S'entraîner

★ **1** **Coche la bonne réponse.**

a. L'eau de chaux est le réactif du :

☐ carbone. ☐ dioxyde de carbone.

b. Quand on ouvre une bouteille d'eau gazeuse, laissée au soleil, le dégagement gazeux est :

☐ plus important. ☐ moins important.

c. Les boissons gazeuses contiennent :

☐ de l'hydrogène.

☐ du dioxyde de carbone.

d. Si on agite une bouteille d'eau gazeuse ouverte, sa masse :

☐ ne change pas. ☐ diminue.

e. Le dioxygène est plus dense que :

☐ le dioxyde de carbone. ☐ le diazote.

★★ **2** **Commente cette expérience.**

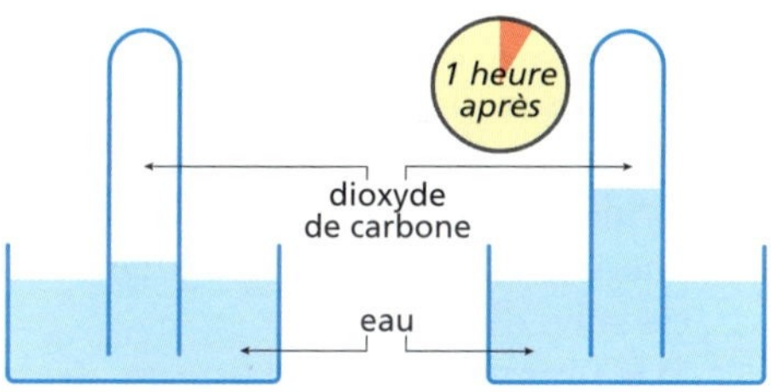

★★ **3** **Un flacon contient du dioxyde de carbone. Quelle est la position (1 ou 2) qui permet de conserver le gaz ? Pourquoi ?**

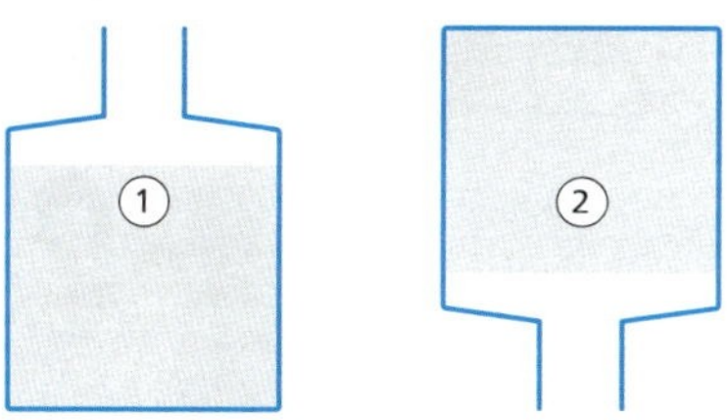

★★ **4** **Si on agite un tube contenant de l'eau et du dioxyde de carbone, en gardant le doigt sur l'ouverture, le doigt est « aspiré ». Donne une explication.**

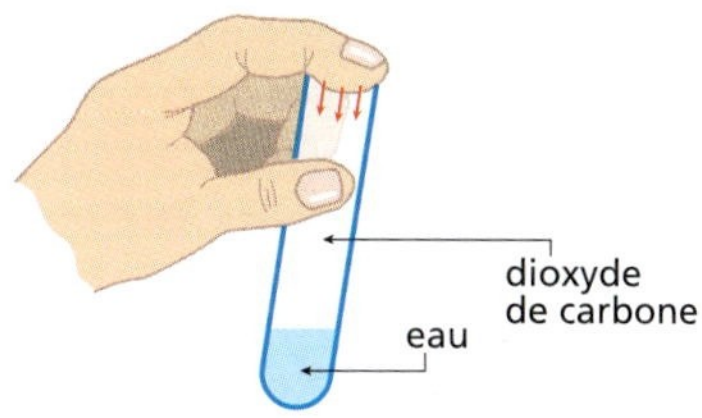

★★ **5** **Recherche pourquoi :**

a. Il y a du dioxyde de carbone dans les extincteurs.

b. Les bouches d'aération, dans la cuisine, sont placées en bas.

c. Il faut conserver l'eau de chaux à l'abri de l'air.

d. Pour réparer un puits, les ouvriers y descendent avec une bougie allumée.

e. Il est recommandé de servir les boissons gazeuses bien fraîches.

Physique Chimie

Livret des corrigés p. 29

Grammar

Be

● ***Be*** renseigne sur **ce que l'on est** (âge, nom, nationalité).
I am at home (I'm) / She is in the garden (She's) / They are outside (They're).
L'interrogation : *Are you with Paul?*
La négation : *He is not (isn't) in the house.*
Are your parents at home? Yes, they are.
Is Sarah your music teacher? No, she isn't.

● Plusieurs expressions se construisent avec ***be*** **en anglais mais pas avec « être » en français.**
I'm twelve. J'ai douze ans.
I'm lucky. J'ai de la chance.
I'm hungry/thirsty. J'ai faim / soif.
I'm cold / hot, warm. J'ai froid / chaud.
I'm fine. Je vais bien.
I'm afraid. J'ai peur.

Have

● ***Have*** est **tantôt un auxiliaire tantôt un verbe régulier.**

● ***Have got*** sert à parler de **ce que l'on possède.**
Peter has got one brother and five sisters.
– Forme affirmative : *I, you, we, they have got. / He, she, it has got.*
– Forme interrogative : *Have I, you, we, they got? / Has he, she, it got?*
– Forme négative : *I, you, we, they have not got. / He, she, it has not got.*

On peut utiliser une forme contractée : *I've got, I haven't got. / He's got, he hasn't got.*
Attention à ne pas confondre les formes contractées de ***be*** et ***have*** à la 3ᵉ personne du singulier : *He's got a cat. / He's happy.*

● ***Have*** n'a pas toujours le sens de « avoir ». **Il peut se traduire par « prendre, faire »…**
– *have breakfast, lunch, dinner, tea, a drink :* prendre le petit déjeuner, déjeuner, dîner, prendre le thé, un verre.
– *have a bath :* prendre un bain.
– *have a walk :* faire une promenade.
– *have a lesson :* prendre un cours.
– *have a good time :* s'amuser.
Dans ces expressions *have* se conjugue avec l'auxiliaire *do* :
Do you have a bath in the morning?
I don't have a walk on Monday.

There is / There are

● *There is, there are* servent à parler de **ce qu'il y a.**
There is a bird on your bike. Il y a un oiseau sur ton vélo.
There are five pigeons on the balcony. Il y a cinq pigeons sur le balcon.
There is est suivi d'un singulier. *There are* est suivi d'un pluriel.
Si le premier mot de la liste est au singulier on emploie *there is.*
There is a lorry and two cars. Il y a un camion et deux voitures.

Vocabulary

▶ Family

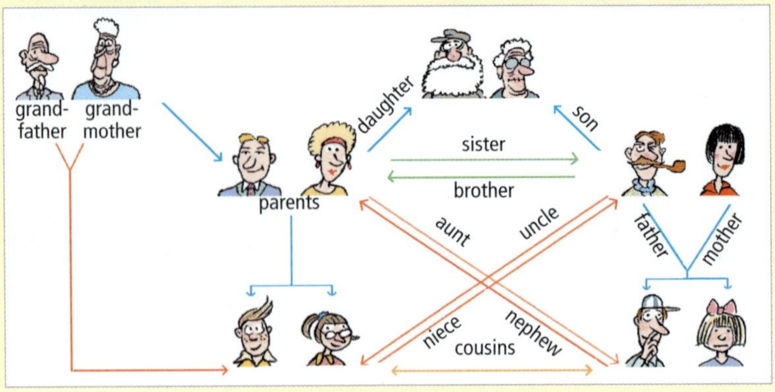

MINI DICO
▸ *Neighbour :* voisin

S'entraîner

★ **1 Complète les phrases suivantes avec *be* (forme pleine).**

a. I .... very tired today.

b. It .... ten o'clock.

c. My parents .... in Australia.

d. John .... not at school today.

e. We .... better than them.

★★ **2 Réponds en donnant des réponses brèves.**

a. Is Peter a journalist? No, ...

b. Are the Smiths your neighbours? Yes, ...

c. Is it new? Yes, ...

d. Is this her dog? Yes, ...

e. Are we late? No, ...

★★ **3 Complète avec *there is* ou *there are*.**

a. .... a pen and two books on the table.

b. .... ten roses in the vase.

c. .... a cake for you in the fridge.

d. .... many students in the meeting room.

e. .... someone in the garage.

f. .... any tomatoes in the fridge?

g. .... a teacher and three pupils in the classroom.

h. .... any milk in the fridge?

★★ **4 Complète avec *have got* ou *has got* (formes affirmative ou interrogative).**

a. Keith .... a headache.

b. .... Paula .... a walkman?

c. My best friend .... a boyfriend.

d. .... you .... time for us?

e. I .... short hair.

★★★ **5 Complète avec *be* ou *have* à la forme qui convient.**

a. I .... very hungry: I want to .... lunch now.

b. My sister .... ten.

c. She .... a piano lesson on Saturday.

d. .... you cold? No, I .... very warm.

e. My friends .... hungry and thirsty.

★★★ **6 Comment dirais-tu que... ? :**

a. Tu as de la chance.

....

b. Ton frère prend des cours de guitare.

....

c. Jane a faim et soif.

....

d. Tu t'amuses avec tes amis.

....

e. Tu dînes tôt le soir.

....

Livret des corrigés p. 29

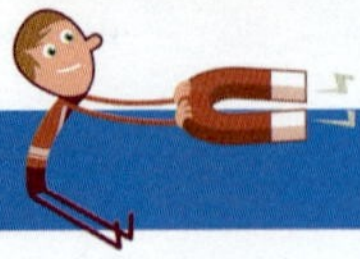

Grammar

Le présent simple

● Le présent simple sert à **décrire des actions habituelles**, à parler de **vérités**, de **faits permanents**, de **généralités.**
Bridget works every day. / It rains a lot in autumn. / He likes tea.

● À la forme affirmative on utilise la base verbale à toutes les personnes (ne pas oublier le « s » à la 3e personne du singulier).
I sing, you sing, he/she/it sings, we sing, you sing, they sing.

● Pour former les **formes interrogative et négative**, il faut utiliser ***do***, ou ***does*** à la **3e personne du singulier.**
Do you sing, Does he sing? He does not (doesn't) sing, We do not (don't) sing.

● **Réponses brèves :**
Do you live in Manchester? Yes, I do.
– *Does Tim smoke? No, he doesn't.*

● *Often* (souvent), *sometimes* (quelquefois), *always* (toujours), *never* (jamais), *usually* (habituellement) sont des **adverbes de fréquence.** Ils se placent avant le verbe, mais toujours après *be* : *I never take the bus to school. I am always early.*

Le présent en « *be + -ing* »

● Pour parler d'une **action** qui est **en train de se dérouler**, on emploie le présent en « *be + -ing* ».
He is waiting for the bus. Il attend l'autobus. *It is raining.* Il pleut.

● La phrase se construit ainsi :
– Forme affirmative : Sujet + auxiliaire *be* + base verbale + *ing* :
Paul is washing his car.
– Forme interrogative : *Is Nat cooking?*
– Forme négative : *Pam is not (isn't) cleaning her room.*
– Réponses brèves : *Is Fred painting? Yes, he is.*
Are Paul and Jennifer watching TV?
No, they aren't.

Les *questions tags*

You don't smoke, do you? It is raining, isn't it?
Your sister works in a bank, doesn't she?
The sun isn't shining, is it?

Vocabulary

▶ The house

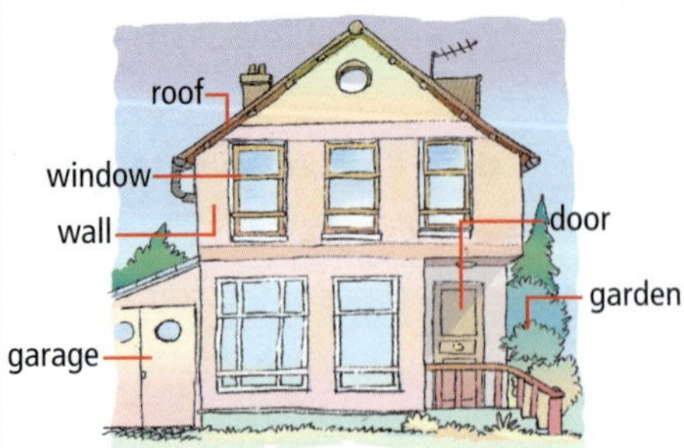

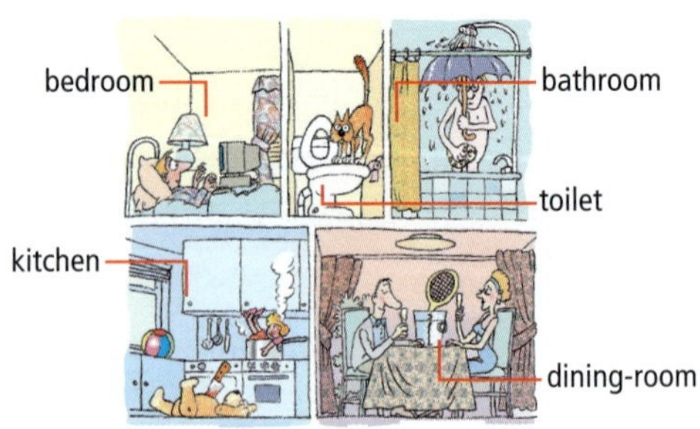

Regarde bien le dessin et réponds aux questions suivantes.

a. Where is the computer?

....

b. Where is the cat?

....

c. Where are the toys?

....

d. Where is the umbrella?

....

e. Where is the tennis racket?

....

MINI DICO
▶ ***Homework*** : devoirs (de classe)

S'entraîner

★ **1 Mets les phrases suivantes aux formes interrogative et négative.**

a. Pamela is playing the piano.
b. Her friends are drinking tea.
c. She is taking a picture.
d. The athlete is running.
e. Your teacher is speaking with mine.

★ **2 Mets les phrases suivantes aux formes interrogative et négative.**

a. Tom likes classical music.
b. You buy the newspaper every morning.
c. Pat often sleeps late.
d. He speaks Chinese.
e. Your friends live in London.

★ **3 Donne des réponses brèves aux questions suivantes.**

a. Are you playing with your dog? Yes, ...
b. Does Barbara swim? No, ...
c. Is Maureen writing a letter? Yes, ...
d. Do your parents go out at night? Yes, ...

★★ **4 Mets le verbe entre parenthèses soit au présent simple soit au présent en « *be* + *-ing* ».**

a. Look! Mark .... fast. (run)
b. Samantha .... glasses. (wear)
c. They can't come, they .... their homework. (do)
d. I .... chocolate. (love)
e. He always .... me late at night. (call)

★★ **5 Complète avec *do, does, is, are*.**

a. .... you playing or .... you working?
b. .... he help you? No, he ....n't.
c. The cat .... running after the puppy.
d. We .... not play cards.
e. .... you travel alone?

★★ **6 Choisis la forme verbale correcte.**

a. Michael .... in New York. (is living, lives)
b. Brian .... lunch in the kitchen now. (has, is having)
c. I'm at the airport; I .... for my flight. (wait, am waiting)

★★ **7 Ajoute la *question tag*.**

a. Paul doesn't eat meat, ...?
b. She is driving your car, ...?
c. Your cousins live behind the park, ...?
d. Her husband is cutting the grass, ...?

★★ **8 Comment dirais-tu que... ? :**

a. Tu n'aimes pas les oignons.
....
b. Il est tard : tu attends l'autobus.
....
c. Ta mère est en train de dormir.
....

chair

sofa

carpet

armchair

picture

bookcase

Livret des corrigés p. 30

Grammar

Les différentes constructions

● ***Be going to*** **+ base verbale**

L'auxiliaire ***be*** se conjugue au présent. *Going to* et la base verbale sont invariables. Cette expression sert à exprimer une action qui va se dérouler dans un futur proche, ce qu'on a l'intention de faire et pour prédire un événement.

Look! She's going to jump. Regarde ! Elle va sauter.

I'm going to leave. Je vais = j'ai l'intention de partir.

It's going to snow. Il va neiger.

● ***Be*** **+ verbe +** ***-ing***

La construction *be* + verbe en *-ing* peut servir à exprimer le futur. Le sujet est un être animé. La phrase doit contenir un complément de sens futur.

Jane is coming tonight. Jane vient ce soir.

We're leaving next week. Nous partons la semaine prochaine.

● ***Will*** est un auxiliaire modal qui sert à exprimer le futur.

– Forme affirmative : *will* (ou *'ll*) + base verbale.

We'll call you tomorrow. Nous vous appellerons demain.

Chris will have a party next Saturday. Chris donnera une fête samedi prochain.

– Forme interrogative : *will* + sujet + base verbale.

Will you take the train tomorrow? Prendras-tu le train demain ?

– Forme négative : *will not* (*won't*) + base verbale.

Sam won't sleep here. Sam ne dormira pas ici.

Réponses brèves et *questions tags*

● **Réponses brèves**

Are they going to help us? Yes, they are.

Will you call me tomorrow? Yes, I will.

● **Questions tags**

Helen is going to dance, isn't she?

Mary won't spend too much money, will she?

Vocabulary

▶ Food, meals

Écris ce que cet homme a mangé aujourd'hui.

a. For breakfast he had ....

b. For lunch he had ....

c. For dinner he had ....

MINI DICO

▸ *To dive* : plonger

S'entraîner

★ 1 Donne les trois futurs possibles.

Exemple : I / help you / tomorrow :
I'll help you tomorrow / I'm going to help you tomorrow / I am helping you tomorrow.

a. We / invite the Taubers / for Christmas

....

....

....

b. She / take the train / tonight

....

....

....

c. They / go to Spain / next August

....

....

....

★ 2 Mets les phrases suivantes à la forme interrogative puis à la forme négative.

a. They 'll be at home later.
b. She is having a cello lesson tomorrow.
c. Paul is going to open the door.
d. I'll go to the concert next week.
e. We're coming tonight.

★★ 3 Donne des réponses brèves.

a. Is he going to come? No, ...
b. Will Sarah travel with us next year? Yes, ...
....
c. Are you leaving tonight? Yes, ...
....
d. Is he going to dive? No, ...
e. Will the journalists interview him tomorrow? Yes, ...

★★ 4 Ces phrases sont-elles au futur ou au présent ? Coche la bonne case.

a. He is going to the supermarket.
☐ présent ☐ futur
b. They are going to read.
☐ présent ☐ futur
c. She is coming.
☐ présent ☐ futur
d. She is coming at 5.
☐ présent ☐ futur
e. I am going to swim.
☐ présent ☐ futur

★★ 5 Complète avec la *question-tag*.

a. He won't do it, ...?
b. She isn't going to smoke, ...?
c. They will give you their address, ...?
d. He is coming tonight, ...?
e. The're going to play tennis, ...?

★★ 6 Comment dirais-tu que...? :

a. Il va pleuvoir.

....

b. Peter arrive ce soir.

....

c. Tu voyageras seul(e) l'année prochaine.

....

....

d. Tu pars à Londres demain.

....

e. Je t'appellerai jeudi.

....

carrots

cabbage

lettuce

mushroom

cucumber

cauliflower

Livret des corrigés p. 30

Grammar

L'adjectif

L'adjectif est un mot qui accompagne le nom et en précise le sens.

● L'adjectif qualificatif peut être **épithète** ou **attribut**.
I like your blue car. J'aime ta voiture bleue. → épithète.
Attention ! L'adjectif épithète se place avant le nom.
Paul is tall. Paul est grand. → attribut.

● L'adjectif est **invariable** :
The boy is young. The girl is young. The teachers are young.

● **Les adjectifs de nationalité** prennent une majuscule.
Mr Sassila doesn't like Chinese restaurants.
I speak Italian.

● L'adjectif peut être **composé** :
a light-grey car (une voiture gris clair) /
A dark-blue scarf (une écharpe bleu foncée)

● Certains adjectifs précédés de *the* ont un **rôle de collectif.** Le verbe qui suit est au pluriel : *The poor cannot go to expensive restaurants.* Les pauvres ne peuvent pas aller dans des restaurants chers.

Les comparatifs

● **Le comparatif d'égalité** se forme en mettant *as* de chaque côté de l'adjectif.
Jane is as nice as Mary. / Peter isn't as tall as Matt.

● Pour former le **comparatif de supériorité** :
– des adjectifs courts : adjectif court + *-er* + *than*
This building is higher than your house.
Attention : *big* → *bigger*; *heavy* → *heavier*; *sunny* → *sunnier.*
– *more* + adjectif long + *than* : *Her car is more expensive than yours.*

Le superlatif de supériorité

● Superlatifs des adjectifs courts : *the* + adjectif + *est*
He is the nicest boy of the class.

● Superlatif des adjectifs longs : *the most* + adjectif
This is the most interesting book I have ever read.

● Attention, certains adjectifs ont des comparatifs et des superlatifs irréguliers :
good → *better*, *the best*; *bad* → *worse*, *the worst*; *far* → *farther*, *the farthest*; *little* → *less*, *the least*.

Vocabulary

► Days, months

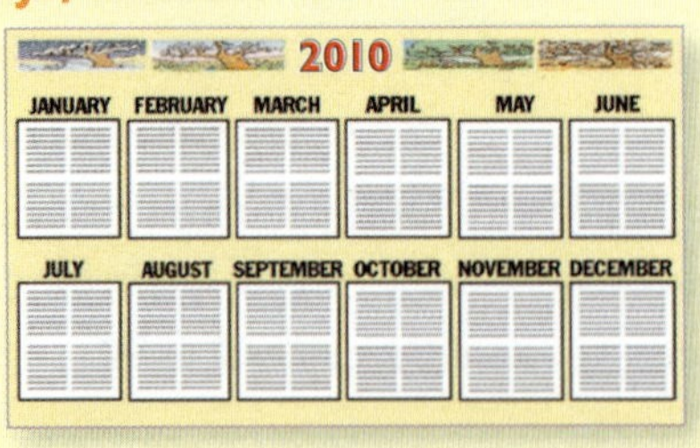

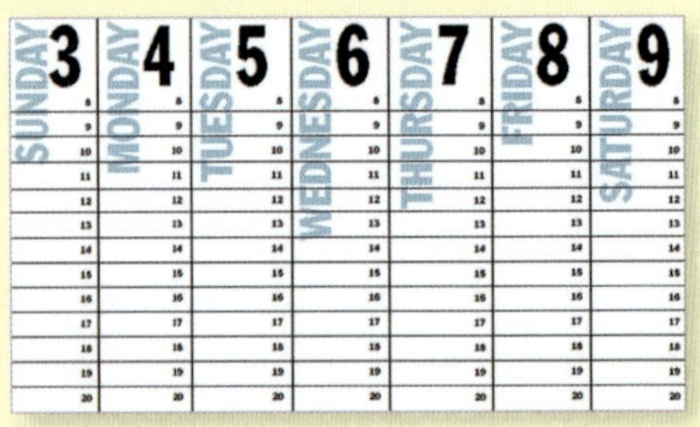

Inscris ton emploi du temps et construis des phrases comme dans l'exemple.

I have English on Monday and Thursday.

....

MINI DICO
▸ *Careful :* prudent

S'entraîner

★ **1 Transforme les phrases comme dans l'exemple.**

This lion is dangerous. → *It's a dangerous lion.*

a. This bag is heavy.

→ ....

b. These flowers are lovely.

→ ....

c. This garden is big.

→ ....

d. This perfume is expensive.

→ ....

e. These girls are tall.

→ ....

★★ **2 Mets les mots dans le bon ordre.**

a. is / new / she / pullover / wearing / a / today.

....

b. dirty / my / dark / -grey / skirt / is.

....

c. today / hot / is / sunny / it / is / and.

....

d. American / interesting / is / this / film.

....

e. and / looks / tired / old / she.

....

★★ **3 Mets ces phrases au superlatif.**

a. My dog / fast / in town.

b. Bill / nice / of the class.

c. These shoes / expensive / in the shop.

d. August / hot / month of the year.

e. This restaurant / good / in town.

f. Peter B. / bad / singer.

★★ **4 Construis des phrases avec les éléments donnés.**

Exemple : *Lucas / nice / interesting / Paul*
→ *Lucas is nicer and more interesting than Paul.*

a. This restaurant / small / expensive / that one

b. My teacher / tall / elegant / yours

c. Mum / slow / careful / Dad

d. Elephants / big / dangerous / birds

e. Ellen / young / beautiful / Mary

★★ **5 Comment dirais-tu que... ? :**

a. Les Anglais roulent à gauche.

b. Tu aimes les vestes bleu marine.

c. Les Italiens aiment chanter.

d. Il faut aider les pauvres.

★★ **6 Construis le plus de phrases possible au comparatif ou au superlatif concernant ces coureurs. Observe bien le dessin. Utilise les adjectifs suivants : *fast, slow, good, bad.***

Exemple : *Matt runs faster than Paul. Matt is the fastest.*

autumn

winter

spring

summer

Livret des corrigés p. 30

Grammar

Le nom

Le nom désigne une personne, un animal ou une chose. Il existe deux catégories de noms en anglais : les dénombrables et les indénombrables.

● Les **dénombrables** = ce que l'on peut compter. Ils peuvent se mettre au pluriel.
a window → windows / a tree → trees
La plupart des dénombrables prennent un *s* au pluriel.
Attention : *people* est un dénombrable.

● Les **indénombrables** = ce que l'on ne peut pas compter. Ils ne peuvent pas se mettre au pluriel. *milk, sugar, rice, money, time.*

Le pluriel des noms

● Certains dénombrables forment leur pluriel **en *es*** (prononcé IZ).
– mots terminés par *s*, *x*, *sh*, *ch* : *dresses, buses, taxes, boxes, brushes, matches.*
– quelques mots terminés par *o* : *tomatoes*, *potatoes*, mais → *pianos*.
– mots terminés par une consonne + *y* : *hobbies*, *babies*, *families*, *ladies*, *countries*, *stories*.

● La plupart des mots terminés par *f*, *fe*, *lf* forment leur pluriel **en *ves***.
shelf → shelves; *leaf → leaves*; *wife → wives*; *knife → knives*.

● Certains noms ont des pluriels **irréguliers.**
man → men; *woman → women*; *child → children*; *foot → feet*; *tooth → teeth*; *mouse → mice*; *penny → pence*.

● Il existe quelques **cas particuliers** :
– *people* est toujours suivi d'un verbe au pluriel et ne prend pas d'*s* quand il signifie « des gens », « du monde ».
There were many people at the post office.
Il y avait beaucoup de monde à la poste.
– *hair*, *luggage*, *furniture* sont toujours suivis d'un verbe au singulier. Ils sont invariables.
My hair is too short. Mes cheveux sont trop courts.
Your luggage is in your room. Vos bagages sont dans votre chambre.
This furniture is expensive. Ces meubles sont chers.
– *trousers*, *pyjamas* sont toujours au pluriel (comme tous les vêtements comportant deux jambes).
His trousers are dirty. Son pantalon est sale.
– *fish*, *fruit* sont généralement au singulier.
I must buy some fruit. Je dois acheter des fruits.
– *sheep* ne prend pas d'*s* au pluriel.
The sheep are in the meadow. Les moutons sont dans le pré.

● **Dans un nom composé** c'est le deuxième élément qui prend la marque du pluriel. Certains s'écrivent en un seul mot.
dining-rooms, taxi-drivers, toothbrushes, weekends.

Vocabulary

► Jobs

MINI DICO
◗ *Luggage :* bagages

S'entraîner

★ **1 Les mots suivants sont-ils des dénombrables ou des indénombrables? Place-les dans la bonne colonne.**

pepper – window – sugar – money – radio – glass – book – bread – computer – milk – time – orange – bag – meat – water – chair – salt.

dénombrables	indénombrables

★ **2 Donne le pluriel des mots suivants.**

baby	leaf ....
foot	sheep ....
man	woman ....
mouse	child ....
penny	match ....
brush	dress ....
box	country ....
tooth	hobby ....

★★ **3 Mets ces mots au pluriel puis place-les dans la bonne colonne.**

mother – bus – baby – car – window – match – potato – boy – bag – box – piano.

Réguliers	Irréguliers

★★ **4 Forme dix mots composés en reliant un élément de A à un élément de B.**

A	B
apple •	• paper
sitting •	• end
home •	• book
rain •	• room
copy •	• tree
week •	• work
news •	• driver
taxi •	• chair
arm •	• coat

★★ **5 Complète les phrases suivantes avec *is* ou *are*.**

a. .... your trousers on your bed?

b. His furniture .... very beautiful.

c. You should go to the hairdresser; your hair .... too long.

d. There .... many people in the meeting-room.

e. .... your mother's luggage ready?

★★ **6 Comment dirais-tu que...? :**

a. Ton pantalon est neuf.

....

b. Il y a du monde au cinéma.

....

c. Tes cheveux sont longs.

....

d. Les moutons de ton oncle mangent dans le pré. ....

e. Tu dois acheter des tomates et des pommes de terre.

....

guitar

violin

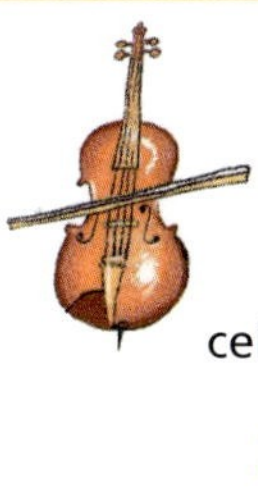

cello

drums

trumpet

conductor

Livret des corrigés p. 30

Grammar

La possession

On peut exprimer les relations entre les personnes et la possession de différentes manières en anglais.

● **Les déterminants possessifs** sont toujours suivis d'un nom (mais ne s'accordent pas avec ce nom) : *my cat, your cat, his/her cat, Its ball, our pen, your pen, their pen.*
Attention : à la troisième personne du singulier il faut choisir en fonction du possesseur : – *his name* (le nom du garçon) – *her name* (le nom de la fille) – *its name* (le nom d'un animal ou d'un objet)

● **Le cas possessif**
Mary's dog, Brian's cake, sont des cas possessifs. La possession est exprimée au singulier par *'s* suivi d'un nom sans déterminant. Le possesseur est placé en premier. Au pluriel, le *'s* du cas possessif disparaît mais l'apostrophe demeure : *the teachers' room.*
Lorsque le pluriel est irrégulier, on emploie *'s* : *the postmen's bikes.*

● *Whose* sert à **interroger sur l'appartenance.**
Whose watch is this? It's Bill's watch. À qui est cette montre ? c'est la montre de Bill.
On peut répondre : *It's Bill's* ou *It's his watch.* C'est sa montre.

● Les **pronoms possessifs** remplacent le groupe nominal :
mine, yours, his, hers, its, own, ours, yours, theirs. It's my key. → *it's mine.*

Les pronoms personnels

● **Sujets** : *I, you, he, she, it, we, you, they.*

● **Compléments** : *me, you, him, her, it, us, you, them.*
Le pronom personnel complément se place toujours après le verbe :
You must help her. Tu dois l'aider. *I work with him.* Je travaille avec lui.

Les pronoms réfléchis

Myself, yourself, himself, herself, itself, ourselves, yourselves, themselves.
On les emploie lorsque le sujet et le complément représentent la même personne :
I am looking at myself. Je me regarde. *He cut himself.* Il s'est coupé.
Ils servent aussi à insister sur le sujet : *I cooked it myself.* Je l'ai cuisiné moi-même.

Vocabulary

► School

Relie chaque mot au dessin qui le représente. Pour trouver le mot mystérieux, reporte la lettre placée à côté du dessin de chaque objet dans la case correspondante.

1. bag
2. pupil
3. pen
4. book
5. blackboard
6. pencil case
7. copybook
8. teacher

The mysterious word is:

1	2	3	4	5	6	7	8

MINI DICO
▸ *Alone* : seul

S'entraîner

★ **1 Complète les phrases suivantes avec un déterminant possessif.**

a. Betty put .... socks under the bed.

b. I work with the Johnsons and .... cousins.

c. My mother and I would like to invite you to .... country house.

d. I can't come, ... car has broken down.

e. Chuck is alone in .... bedroom.

★ **2 Réponds négativement et complète.**

Exemple : *Is it Maureen's bag? (Susan)*
– *No, it isn't. It's Susan's.*

a. Is it the Brown's cottage? (the Carters)

....

b. Is it Allan motorbike? (Paul)

....

c. Are they your parents' neighbours? (my friends)

....

d. Is it Alice's piano? (Elton)

....

e. Are they Carol's boots? (Samantha)

....

★★ **3 Choisis le bon pronom personnel.**

a. She writes to Paul every day; I'm sure she loves (her, him).

b. I don't understand this exercice; can you help (me, us)?

c. Give (she, her) some money for the bus.

d. My friends are late, I am waiting for (us, them).

e. Don't disturb (him, me), I am watching an interesting film.

★★ **4 Donne toutes les réponses possibles.**

Exemple : – *Whose car is it? It's Brian's car. It's Brian's. It's his car. It's his.*

a. Whose baby is it? (Alicia)

b. Whose bikes are they? (John)

c. Whose radio is it? (Mr Bond)

d. Whose flowers are they? (Jessica)

e. Whose glass is it? (Mike)

★★ **5 Ajoute le pronom réfléchi.**

a. Bill cut ....

b. Susan took these pictures ....

c. I made this cake ....

d. The babies are looking at .... in the mirror.

e. We enjoyed .... at the party.

★★ **6 Comment demanderais-tu... ?**

a. À qui sont ces jouets ?

....

b. À qui est cet ordinateur ?

....

c. Que ta mère est l'amie de Paula.

....

d. Que John s'est coupé ce matin.

....

e. Que tu l'aimes (en parlant de Melissa).

....

f. Aux enfants de se laver les mains.

....

g. À Jim de t'aider.

....

ruler | rubber | pencil case | pencil | pen | schoolbag

Livret des corrigés p. 30-31

Grammar

Le prétérit est un temps du passé.

● Le verbe *be* prend **deux formes au prétérit** : *was* au singulier, *were* au pluriel. *I am, you were, he/she/it was, we were, you were, they were.*
The President was in Texas last week. The managers were busy yesterday.
– Forme interrogative : *Were you tired yesterday?*
– Forme négative : *I was not (wasn't) tired yesterday.*
– Réponses brèves : *Were you happy? Yes, I was. Was she in Scotland? No, she wasn't.*

● Le prétérit des **verbes réguliers**
Il se forme en ajoutant *-ed* à la base verbale à toutes les personnes :
rain ➜ *rained*; *listen* ➜ *listened*; *cook* ➜ *cooked*.
Attention à la prononciation : les verbes qui se terminent par le son [d] ou [t] auront leur prétérit en [id] : *land* ➜ *landed*; *want* ➜ *wanted*; *paint* ➜ *painted*.
Attention à l'orthographe : – *like* ➜ *liked*; *type* ➜ *typed*; – *carry* ➜ *carried*; *marry* ➜ *married*; mais *play* ➜ *played*.

– Forme interrogative :
Il faut utiliser l'auxiliaire *did*.
Auxiliaire + sujet + base verbale
Did you watch
+ compléments
TV yesterday?

– Forme négative :
Sujet + auxiliaire + not + base verbale
She did not go
+ compléments
to school yesterday.

– Réponses brèves :
Did you like the film? Yes, I did.
Did Rick dance with you? No, he didn't.

● Le prétérit des **verbes irréguliers**
Certains verbes ont un prétérit irrégulier qui est le même à toutes les personnes. Il faut bien sûr les apprendre par cœur. En voici quelques-uns : *take* ➜ *took*; *buy* ➜ *bought*; *write* ➜ *wrote*; *eat* ➜ *ate*; *see* ➜ *saw*; *have* ➜ *had*.

● **Les *questions tags***
He was late, wasn't he?
Greg went to Italy last summer, didn't he?
He didn't like it, did he?

Vocabulary

▶ Body, face

Ajoute la partie du corps dont il s'agit.

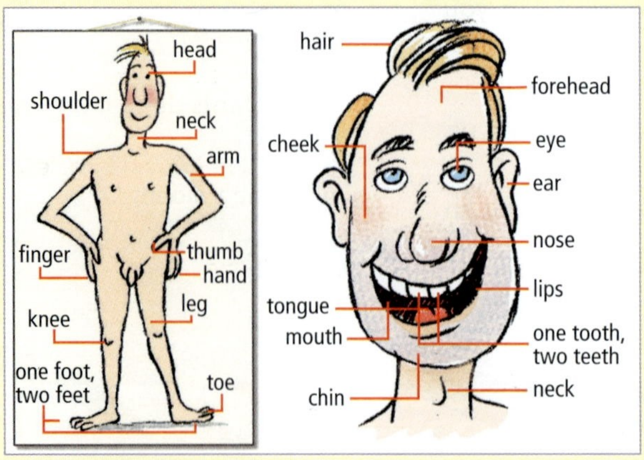

a. I can smell with my ....
b. I can hear with my ....
c. I can walk with my ....
d. I can touch with my ....
e. I can see with my ....
f. I can eat with my ....

MINI DICO
▸ *Library* : bibliothèque

S'entraîner

★ **1 Complète les phrases avec *was* ou *were*.**

a. Helen and Paul .... very ill last week.

b. His friend .... nice with us.

c. My parents .... not at home when we arrived.

d. .... Paul's teacher patient with him?

e. .... you tired after the swimming lesson?

★ **2 Mets les verbes entre parenthèses au prétérit (attention à la forme).**

a. She .... not .... the film. (like)

b. Bill .... at the library with me last Saturday. (be)

c. My father .... late for dinner. (arrive)

d. .... you angry? (be)

e. It .... a lot in Ireland. (rain)

★★ **3 Mets ces phrases à la forme interrogative.**

a. We bought her a nice present.

....

b. It was too cold there.

....

c. His parents took the plane.

....

d. She liked the perfume.

....

e. The tourists visited the castle.

....

★★ **4 Mets ces phrases à la forme négative.**

a. My music teacher was late.

....

b. They drove to Dover.

....

c. It was too cold to swim.

....

d. They enjoyed their holidays.

....

e. Grandma watched TV late last night.

....

★★ **5 Donne les réponses brèves.**

a. Did John enjoy the party?

No, ...

b. Were you happy?

Yes, ...

c. Was it cold? Yes, ...

d. Did Fred call you?

No, ...

e. Did she play tennis with you?

No, ...

★★ **6 Comment dirais-tu que... ? :**

a. Tu as lavé ton vélo hier.

....

b. Ton frère est allé en Afrique l'année dernière. ....

c. Tu es né(e) en mars.

....

d. Tes amis ne t'ont pas téléphoné.

....

e. Il faisait très chaud.

....

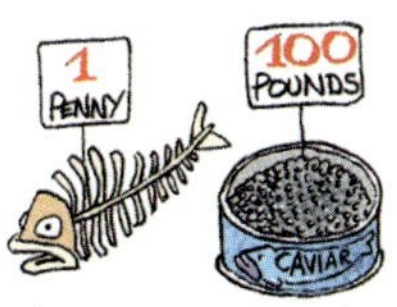

cheap / expensive

rich / poor

tall/short

old/young

Livret des corrigés p. 31

Grammar

● Les quantifieurs indéfinis sont utilisés pour exprimer une **quantité ou un nombre approximatif.**

Grande quantité		
Dénombrable		**Indénombrable**
Many → ***Many** chairs, books, people.*		Much → ***Much** milk, time, sugar, money.*
A lot of → ***A lot of** records, a **lot of** work.*		
Quantité non définie (du, de la, des)		
Phrase affirmative	*Some* → *There is **some** milk in the jug.* *There are **some** bottles here.*	
Phrase interrogative	Réponse inconnue : *any*	→ *Have you got **any** eggs?* *Are there **any** biscuits in the plate?*
	Réponse connue ou offre : *some*	→ *Can I have **some** bread please?* *Would you like **some** tea?*
Phrase Négative	La phrase contient une négation : *any*	→ *There aren't **any** envelopes.*
	La phrase ne contient pas de négation : *no*	→ *There are **no** envelopes.*
Les composés suivent les mêmes règles d'emploi		
Personnes	→ *somebody, anybody, nobody / someone, anyone, no one*	
Choses	→ *something, anything, nothing*	
Lieux	→ *somewhere, anywhere, nowhere*	

● **L'exclamation**

– *How* + adjectif ou adverbe :

How nice he is! Comme il est gentil !

How well she cooks! Comme elle cuisine bien !

– *So* + adjectif ou adverbe :

The exercice was so difficult! L'exercice était si difficile !

– *What* + groupe nominal (*what* est suivi de *a* ou *an* avec un dénombrable singulier) :

What a good driver! Quel bon conducteur ! *What an actor!* Quel acteur !

Mais : *What great novels!* Quels excellents romans ! (dénombrable pluriel)

What perfume! Quel parfum ! (indénombrable).

Vocabulary

► Town, country

Entoure les mots qui ne correspondent pas à la campagne, et place les autres mots au bon endroit sur ce dessin.

Field – Lake – Meadow – Zebra Crossing – Traffic light – Village – Forest – Building – Hill – Street – Road – River – Church – Pond – Skyscraper – Gate.

MINI DICO

▸ *Boring :* ennuyeux

S'entraîner

★ **1 Place *many* ou *much* devant ces noms.**

a. .... sugar
b. .... postcards
c. .... umbrellas
d. .... bottles of water
e. .... money
f. .... people
g. .... meat
h. .... time
i. .... water
j. .... records

★ **2 Complète avec *some*, *any* ou *no*.**

a. I need .... more time to finish the exercices.
b. Are there .... restaurants in the area?
c. Would you like .... tea?
d. I must go to the bank. I have .... money.
e. He hasn't got .... stamps.

★★ **3 Complète ces phrases avec les composés de *some* puis mets-les à la forme interrogative.**

a. I can hear some noise, there must be .... at the door.
....
b. Susan! Come here! I have .... for you.
....
c. My sisters are .... in the house.
....
d. There's .... on your nose.
....
e. Look! there's .... in the box.
....

★★ **4 Complète ces phrases exclamatives avec *what*, *how* ou *so*.**

a. This journalist is .... interesting!
b. .... beautiful flowers he brought me!
c. .... expensive this vase is!
d. .... a nice man she has met!
e. Paul Smith was .... famous in his town!

★★ **5 Transforme ces phrases en phrases exclamatives en utilisant *what* ou *how*.**

a. His parents are tolerant.
b. Sarah runs fast.
c. This is a lovely house.
d. It was an interesting story.
e. Paul is nervous.

★★ **6 Forme des phrases exclamatives avec les éléments donnés comme dans l'exemple.**

Exemple : *Room / dirty* → *What a dirty room! The room is so dirty!*

a. Car / fast
b. Coffee / strong
c. Film / boring
d. Teachers / interesting
e. Neighbours / friendly

★★ **7 Comment dirais-tu que... ? :**

a. Personne n'est venu à l'anniversaire de Bill.
....
b. Tu as trouvé quelque chose dans ton sac.
....
c. Les parents de Kim sont si gentils !
....

snake

zebra

hen

bird

bear

monkey

Livret des corrigés p. 31

Grammar

Les auxiliaires modaux servent à modifier le sens des verbes qu'ils accompagnent. Ils peuvent exprimer la capacité, l'obligation, l'interdiction, la permission.

- **Règles générales** :
  – Ils sont suivis d'un verbe à l'infinitif sans *to* : *He can speak Chinese.*
  – Ils ont la même forme à toutes les personnes : *I must call her. / He must call her.*
  – Ils se conjuguent sans *do* aux formes interrogative et négative : *Can you drive? / You mustn't come now.*

- ***Can*** exprime :
  – la capacité physique ou intellectuelle : *She can drive.* Elle sait conduire.
  He can carry heavy suitcases. Il peut porter de lourdes valises.
  – la permission : *Can I come in?* Est-ce que je peux entrer ?
  – la demande polie : *Can you give me your pen?* Peux-tu me donner ton stylo ?

- ***Can't*** exprime :
  – l'incapacité : *I can't run fast.* Je ne peux pas courir vite.
  – l'impossibilité : *I can't help you now.* Je ne peux pas t'aider maintenant.
  – l'interdiction : *You can't travel alone.* Tu ne peux pas voyager seul.

- ***Could*** (prétérit de *can*) exprime :
  – la capacité dans le passé : *I could sleep late before.* Je pouvais me coucher tard autrefois.
  – la demande polie : *Could you help me?* Pourriez-vous m'aider ?

- ***Must*** ne s'emploie qu'au présent. Il exprime :
  – l'obligation : *You must do your homework.* Tu dois faire tes devoirs.
  – la forte probabilité : *He must be sick.* Il doit être malade.

- ***Mustn't*** exprime l'interdiction :
  You mustn't climb on the tree. Tu ne dois pas grimper à l'arbre.

- ***Needn't*** (= *don't have to*) exprime l'absence d'obligation :
  You needn't run. = *You don't have to run.* Tu n'as pas besoin de courir.

- ***May*** exprime la probabilité :
  He may come. Il se peut qu'il vienne.

Vocabulary

Means of transport

Dans cette grille trouve six moyens de transport. Les cinq lettres restantes mises dans le bon ordre te donneront le nom d'un gros véhicule de transport.

U	T	R	A	I	N
N	L	V	A	N	I
D	C	A	R	X	E
E	O	R	A	R	N
R	Y	T	P	L	A
G	R	O	U	N	D

The answer is: ....

MINI DICO
▸ *Together* : ensemble

S'entraîner

★ **1 Complète les phrases suivantes avec *can, can't, must, mustn't*.**

a. It's midnight; you .... go to sleep.

b. I don't have a car, I .... drive you home.

c. I'm an English teacher; I .... unders-tand my American family.

d. You're too young, you .... drink alcohol.

e. Your mother is tired; you .... help her.

★ **2 Complète avec *needn't* ou *mustn't*.**

a. I have watered the flowers; you .... do it.

b. This is a hospital room; you .... make noise.

c. We .... hurry, we're early.

d. The speed is limited; you .... drive fast.

e. You .... finish today, we'll do it tomorrow together.

★★ **3 Utilise *may* pour transformer ces phrases.**

We'll probably come at 6. → *We may come at 6.*

a. She will probably be late.

b. Perhaps it will snow.

c. I'll probably go to New York.

d. Perhaps they'll buy a new house.

e. He'll probably get married in June.

f. Perhaps Paul will bring a cake.

★★ **4 Donne des réponses brèves.**

a. Can you drive? No, ...

b. Can he open the window? Yes, ...

c. Must they come in? Yes, ...

d. Must you wear a jacket? Yes, ...

★★ **5** Elizabeth Gordon écrit à un magazine pour des conseils d'amaigrissement. **Que lui répond Ann, chargée du courrier des lectrices ? Regarde ses premiers conseils et donnes-en d'autres. Utilise les mots suivants :** *to jog – bread – to eat chocolate – vegetables – sodas – ice-cream – to ride a bike – fried food – grilled food.*

– *You must go on a strict diet.*
– *You mustn't eat sweets.*

★★ **6 Relie chaque phrase à la notion qu'elle exprime.**

a. I can't speak German. ●	● interdiction
b. He can lift 50 kilos. ●	● permission
c. You mustn't drive fast. ●	● capacité
d. I must clean the room. ●	● impossibilité
e. Can I open the door? ●	● obligation
f. You needn't repeat. ●	● probabilité
g. She may come. ●	● absence d'obligation

★★ **7 Comment dirais-tu que... ? :**

a. Il se peut que vous déménagiez.

b. Tu ne peux pas conduire la voiture de ton père.

c. Ton frère doit passer un examen d'espa-gnol.

d. Jane n'est pas là ; elle doit être malade.

e. Tu n'as pas besoin de l'appeler, il arrive.

sleep

dream

sing

walk

fly

run

Livret des corrigés p. 31

Grammar

Formation

Le prétérit en « *was/were* + *-ing* » se forme ainsi :
Be au prétérit + base verbale + *-ing*
She was eating. Were they watching TV?
It wasn't raining.

Emploi

● Le prétérit en « *was/were* + *-ing* » s'emploie pour décrire des actions qui étaient **en cours dans le passé** :
My father was repairing his bike, my mother was reading, my sister was playing and I was doing my homework!

● On l'emploie aussi souvent **en opposition avec le prétérit simple** :
– une action ayant une certaine durée se déroule dans le passé (verbe au prétérit en « *was/were* + *-ing* ») → *Mary was cooking when the first guests arrived.*
– une autre action se produit (verbe au prétérit simple) → *When I saw him he was speaking with the Maths teacher.*

● **Réponses brèves.**
Was Henry driving? No, he wasn't.
Were the Wilsons playing cards? Yes, they were.

Vocabulary

► Sports / Free time

Regarde attentivement les dessins et dis les activités que ces personnages aiment ou n'aiment pas pratiquer.

a. Matthew likes .... ;
he doesn't like ....

b. Carol likes .... ;
she doesn't like ....

c. David likes .... ;
he doesn't like ....

d. Sarah likes .... ;
she doesn't like ....

MINI DICO
▸ *To laugh* : rire

S'entraîner

★ **1 Mets ces verbes au prétérit en « *was/were* + *-ing* ».**

a. Jim .... the gate. (paint)

b. Susan and her sister .... to school. (walk)

c. Matthew and I .... the old castle. (visit)

d. My brother .... our little sister. (look after)

e. Mr Bryne .... his car. (wash)

★ **2 Réponds en donnant une réponse brève.**

a. Was Pamela waiting for the bus?

No, ...

b. Were your friends dancing?

Yes, ...

c. Was Mary shopping?

No, ...

d. Were the Browns laughing?

Yes, ...

e. Was he sleeping?

No, ...

★★ **3 Mets les verbes suivants soit au prétérit simple soit au prétérit en « *was/were* + *-ing* ».**

a. What you (do) when you (see) Jane?

b. They (park) the car; suddenly they (hear) an explosion.

c. I (do) the gardening when I (see) a strange animal near the tree.

d. You (speak) to the teacher yesterday?

e. No, I (can) not, he (talk) to the headmaster.

★★ **4 Construis des questions et donne les réponses correspondantes.**

Exemple : *Paul / do / watch TV (what)*
→ *What was Paul doing? He was watching TV.*

a. Jane/ wear/ wear a red dress (what)

b. Chris/ help/ help our neighbour (who)

c. Sarah / do/ cry (what)

★★ **5 Regarde les dessins et trouve les légendes.**

a.

....
....

b.

....
....

c.

....
....

d.

....
....

e.

....
....

★★ **6 Comment dirais-tu que... ? :**

a. Tu faisais du roller quand tu es tombé.

b. Tu dînais quand la porte s'ouvrit.

c. Tu dormais quand ton frère t'a réveillé.

on — in — under — between — in front of — behind

Livret des corrigés p. 31

Grammar

Les mots interrogatifs servent à interroger, à poser des questions.

Wh– questions

- *What* interroge :
– sur **les choses** : *What are these?*
– sur **l'action** : *What is he looking at?*

- *Who* interroge sur une **personne** :
Who will come with us? Who does she like?

- *Whose* interroge sur **l'appartenance** :
Whose umbrella is it?

- *When* interroge sur **le temps** :
When will you call him?

- *Which* interroge sur **le choix** :
Which shoes do you like?

- *Where* interroge sur **le lieu** :
Where do you work?

- *Why* interroge sur **la cause** :
Why are you sad?

Questions avec *how*

- *How* interroge sur la manière :
How can I do it?

- *How old* interroge sur l'âge :
How old is Fred?

- *How many* interroge sur le nombre :
How many roses do you want?

- *How much* interroge sur :
– le prix : *How much is it?*
– la quantité + indénombrable :
How much money have you got?

- *How far* interroge sur la distance :
How far is the station?

- *How long* interroge sur la durée :
How long will he stay?

Pronom interrogatif accompagné d'une préposition

Il faut rejeter la préposition en fin de question, après le verbe.
What are you waiting for?
Qu'attends-tu ?
What is he looking for?
Qu'est-ce qu'il cherche ?
Who is she looking at?
Qui regarde-t-elle ?

Vocabulary

▶ Numbers

1 one	2 two	3 three	4 four	5 five
6 six	7 seven	8 eight	9 nine	10 ten
11 eleven	12 twelve	13 thirteen	14 fourteen	15 fifteen
16 sixteen	17 seventeen	18 eighteen	19 nineteen	20 twenty
30 thirty	40 forty	50 fifty	60 sixty	70 seventy
80 eighty	90 ninety	100 one hundred	200 two hundred	300 three hundred

1. Écris en chiffres.

a. two hundred + twenty five + twelve =

....

b. fifty two – thirteen – eight =

....

2. Écris en lettres.

a. 132 = ...

b. 588 = ...

c. 305 = ...

MINI DICO

▸ *To wait for :* attendre

S'entraîner

★ **1** **Complète avec un des mots interrogatifs suivants :** *who – which – whose – how much – how far – how long – how many.*

a. .... records are these?

b. .... did you pay for it?

c. .... questions did he ask you?

d. .... is your school from the bus station?

e. .... is Mr Garfell?

f. .... does it take you to go home?

g. .... dress do you prefer? The blue one or the red one?

★★ **2** **Pose des questions sur les mots soulignés.**

a. Margaret has got <u>two sisters and one brother.</u> ....?

b. <u>William</u> is Ann's son.

....?

c. He goes to Rome <u>twice a year</u>.

....?

d. I've bought <u>two interesting books</u>.

....?

e. It usually takes <u>twenty minutes</u> to go to the airport. ....?

f. Paul lives <u>ten miles</u> from here.

....?

g. I prefer <u>the red</u> one.

....?

h. The bike cost <u>100 pounds</u>.

....?

i. He is <u>fine</u>.

....?

j. My parents went <u>to London</u> for Christmas.

....?

★★ **3** **Voici les réponses, trouve les questions correspondantes. N'oublie pas la préposition.**

a. ....?

They are interested in music.

b. ....?

She is waiting for the train.

c. ....?

She is waiting for her son.

d. ....?

John comes from California.

e. ....?

I'm listening to the radio.

f. ....?

He's sitting on a bench.

g. ....?

The teacher is writing with a piece of chalk.

h. ....?

I'm looking for a pen.

★★★ **4** **Comment demanderais-tu à Jane... ?**

a. Quand elle est née ?

....

b. Où elle habite ?

....

c. Pourquoi elle est triste aujourd'hui ?

....

....

d. Si elle habite loin de la gare ?

....

e. Quel est son sport préféré ?

....

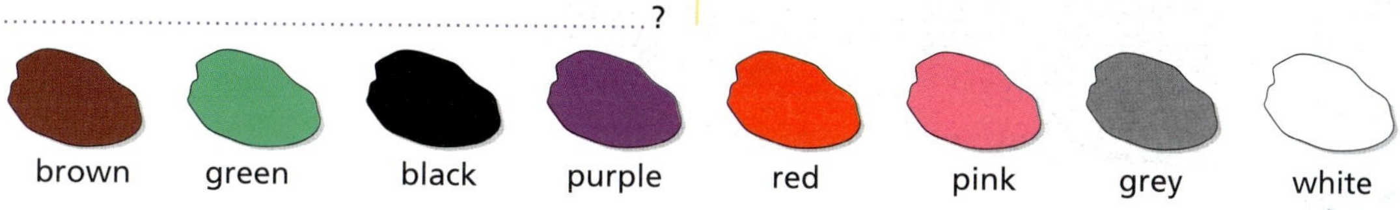

Livret des corrigés p. 32

Grammar

Le gérondif

Le gérondif peut se traduire en français par un nom ou un infinitif. Il se forme ainsi : base verbale + *-ing*. *ski* → *skiing* ; *read* → *reading* ; *come* → *coming*.

- **Le nom verbal** est formé à partir de la base verbale + *-ing*. Il se traduit en français par un infinitif ou par un nom.
I like swimming. J'aime la natation (nager).
Reading is interesting. La lecture (lire) est intéressante.

- **Verbes + gérondif**
Certains verbes tels que *love*, *like*, *enjoy*, *dislike*, *prefer*, *hate* sont suivis du gérondif.
He loves swimming. / She hates taking the plane. / I prefer watching TV.

- **Expressions construites avec un gérondif**
I don't mind doing it. Cela ne me dérange pas de le faire.
I can't stand running in the rain. Je ne supporte pas de courir sous la pluie.
What about going to the restaurant? Et si on allait au restaurant ?
It's no use crying. Cela ne sert à rien de pleurer.

- **Prépositions + gérondif**
After working he went out. / I am fond of cooking. / She isn't interested in doing it. / I'm fed up with repeating. / Call us before leaving. / I am good at painting.

L'impératif

L'impératif est utilisé pour donner des ordres ou interdire.

- **À la 2e personne**, il se forme en utilisant la base verbale.
Put the book on the table. / Come at 5. / Help your mother.
– Forme négative : *Don't go out. / Don't smoke too much.*

- **Aux autres personnes** : *Let* + complément + base verbale.
Let's (us) go to the theatre. Allons au théâtre. → Proposition (et non un ordre).

Vocabulary

▶ Dates

Ann was born on April 1st.
Harry was born on April 3rd.
Griffin was born on April 12th.
Mary was born on April 30th.

Quand ces personnages sont-ils nés ?

Larry (3/8/1996) : ....

Julia (2/11/1985) : ....

Benjamin (31/7/1979) : ....

▶ Hours

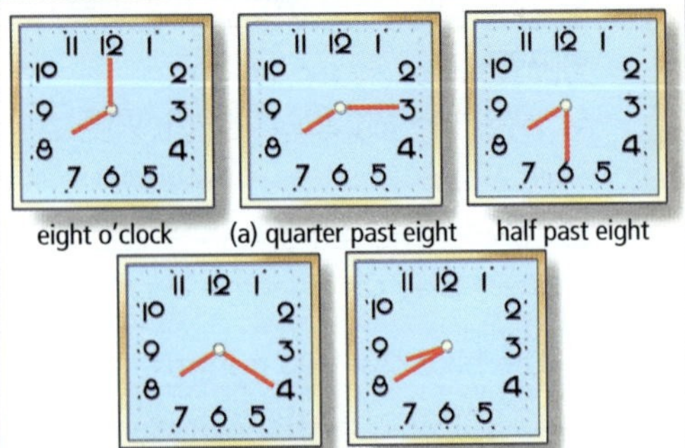

eight o'clock — (a) quarter past eight — half past eight — twenty past eight — twenty to nine

What time is it?

a. .... **b.** .... **c.** ....

MINI DICO

▶ *To stay :* rester

S'entraîner

★ **1 Regarde ces dessins. Dis ce que ces personnages aiment faire. Utilise les verbes *like, love, enjoy*.**

a.

....

....

b.

....

....

c.

....

....

d.

....

....

e.

....

....

★ **2 Transforme ces phrases en utilisant le gérondif.**

Exemple : *I ski well. (like) → I like skiing.*

a. She drives every day. (enjoy)

b. Paul cooks a lot. (love)

c. Fred usually rides his bike to school. (prefer)

d. I don't peel onions. (hate)

e. They play cards in the evening. (like)

★ **3 Comment dirais-tu que… ?**

a. Tu aimes courir dans les bois.

b. Tu détestes te lever tôt le matin.

c. Tu préfères regarder la télévision.

★ **4 Mets ces phrases à l'impératif négatif, ceci afin d'exprimer une interdiction.**

Exemple : *She is walking on the grass.*
→ Don't walk on the grass.

a. John is eating a big cake before dinner.

→ .... !

b. Paul is watching television late.

→ .... !

c. The children are playing in the rain.

→ .... !

d. Julia is climbing on the roof.

→ .... !

e. He is parking in the garden.

→ .... !

★★ **5 Transforme ces phrases qui suggèrent ces activités.**

Exemple : *What about eating? → Let's eat!*

a. What about going to the concert?

→ .... !

b. What about playing tennis?

→ .... !

c. What about riding a bike?

→ .... !

d. What about watching TV ?

→ .... !

e. What about painting?

→ .... !

★★ **6 Mets les verbes soit au gérondif soit à l'infinitif.**

a. I enjoy (have) a bath in the morning.

b. Would you like (stay) with us?

c. (Swim) is good for your body.

d. I'd like (go) to the cinema.

e. I like (walk) in the forest.

tulip

poppy

lily of the valley

daffodil

waterlily

daisy

Livret des corrigés p. 32

Classes grammaticales et fonctions

Type	Classe grammaticale	Exemples	Définition
Variable	nom	*Julie, fille, amitié*	Un nom désigne un être, une chose ou une idée. *Julie* est un nom propre, *fille* est un nom commun.
	déterminant	*un, le, cette, ses*	Un déterminant introduit un nom commun. Il forme avec lui un groupe nominal (GN) minimal.
	adjectif qualificatif	*beau, puissants*	Un adjectif qualificatif apporte des précisions sur le nom auquel il se rapporte.
	pronom	*il, lui, celle, les siens*	En général, un pronom remplace un nom ou un groupe nominal (*pro* : « à la place de »).
	verbe	*aimer, partait, serons*	Un verbe exprime une action ou un état. Il prend une forme différente selon le temps évoqué, le nombre et la personne du sujet (il se conjugue).
Invariable	adverbe	*ici, hier, clairement*	Un adverbe peut s'ajouter à un verbe, un adjectif, un autre adverbe ou une proposition.
	préposition	*à, dans, à côté de*	Une préposition sert de lien entre un mot et son complément.
	conjonction de coordination	*mais, ou, et, donc, or, ni, car*	Une conjonction de coordination relie deux mots ou groupes de mots de même classe grammaticale.
	conjonction de subordination	*que, quand, dès que*	Une conjonction de subordination relie deux propositions (une subordonnée et une principale).

	Fonction	Exemples	Définition
Dans la phrase	sujet	*Julie aime Théo.*	Le sujet désigne l'être ou la chose qui fait l'action exprimée par le verbe à la voix active.
	complément d'agent	*Théo est aimé par Julie.*	Le complément d'agent désigne l'être ou la chose qui fait l'action exprimée par le verbe à la voix passive. Il est le plus souvent introduit par ***par***.
	attribut du sujet	*Julie est étudiante.*	L'attribut du sujet exprime une caractéristique du sujet; il s'y rapporte par l'intermédiaire d'un verbe d'état (être, sembler…).
	COD	*Julie aime le cinéma.*	Le complément d'objet direct complète le verbe directement (sans préposition).
	COI	*Théo joue au ballon.*	Le complément d'objet indirect complète le verbe indirectement (avec une préposition).
	COS	*Théo envoie un message à Julie.*	Le complément d'objet second complète un verbe qui a déjà un complément d'objet.
	CC	*Théo et Julie se voient avec plaisir.*	Le complément circonstanciel exprime une circonstance (temps, lieu, manière…) de l'action.
Dans le GN	épithète	*une étudiante sympathique*	Une épithète se rapporte directement au nom.
	complément du nom	*une étudiante d'une grande école*	Le complément du nom complète le nom à l'aide d'une préposition.
	apposition	*Passionnée de cinéma, Julie possède cent DVD.*	Une apposition se rapporte au nom ou au GN, elle en est séparée par une virgule (construction détachée).

Verbes modèles du 1er et du 2e groupe

- **Chanter**

Indicatif			
Présent	**Passé composé**	**Imparfait**	**Plus-que-parfait**
je chante	j'ai chanté	je chantais	j'avais chanté
tu chantes	tu as chanté	tu chantais	tu avais chanté
il chante	il a chanté	il chantait	il avait chanté
ns chantons	ns avons chanté	ns chantions	ns avions chanté
vs chantez	vs avez chanté	vs chantiez	vs aviez chanté
ils chantent	ils ont chanté	ils chantaient	ils avaient chanté
Passé simple	**Passé antérieur**	**Futur**	**Futur antérieur**
je chantai	j'eus chanté	je chanterai	j'aurai chanté
tu chantas	tu eus chanté	tu chanteras	tu auras chanté
il chanta	il eut chanté	il chantera	il aura chanté
ns chantâmes	ns eûmes chanté	ns chanterons	ns aurons chanté
vs chantâtes	vs eûtes chanté	vs chanterez	vs aurez chanté
ils chantèrent	ils eurent chanté	ils chanteront	ils auront chanté

Conditionnel		Subjonctif		Impératif	
Présent	**Passé**	**Présent**	**Passé**	**Présent**	**Passé**
je chanterais	j'aurais chanté	que je chante	que j'aie chanté	chante	aie chanté
tu chanterais	tu aurais chanté	que tu chantes	que tu aies chanté	chantons	ayons chanté
il chanterait	il aurait chanté	qu'il chante	qu'il ait chanté	chantez	ayez chanté
ns chanterions	ns aurions chanté	que ns chantions	que ns ayons chanté		
vs chanteriez	vs auriez chanté	que vs chantiez	que vs ayez chanté		
ils chanteraient	ils auraient chanté	qu'ils chantent	qu'ils aient chanté		

- **Finir**

Indicatif			
Présent	**Passé composé**	**Imparfait**	**Plus-que-parfait**
je finis	j'ai fini	je finissais	j'avais fini
tu finis	tu as fini	tu finissais	tu avais fini
il finit	il a fini	il finissait	il avait fini
ns finissons	ns avons fini	ns finissions	ns avions fini
vs finissez	vs avez fini	vs finissiez	vs aviez fini
ils finissent	ils ont fini	ils finissaient	ils avaient fini
Passé simple	**Passé antérieur**	**Futur**	**Futur antérieur**
je finis	j'eus fini	je finirai	j'aurai fini
tu finis	tu eus fini	tu finiras	tu auras fini
il finit	il eut fini	il finira	il aura fini
ns finîmes	ns eûmes fini	ns finirons	ns aurons fini
vs finîtes	vs eûtes fini	vs finirez	vs aurez fini
ils finirent	ils eurent fini	ils finiront	ils auront fini

Conditionnel		Subjonctif		Impératif	
Présent	**Passé**	**Présent**	**Passé**	**Présent**	**Passé**
je finirais	j'aurais fini	que je finisse	que j'aie fini	finis	aie fini
tu finirais	tu aurais fini	que tu finisses	que tu aies fini	finissons	ayons fini
il finirait	il aurait fini	qu'il finisse	qu'il ait fini	finissez	ayez fini
ns finirions	ns aurions fini	que ns finissions	que ns ayons fini		
vs finiriez	vs auriez fini	que vs finissiez	que vs ayez fini		
ils finiraient	ils auraient fini	qu'ils finissent	qu'ils aient fini		

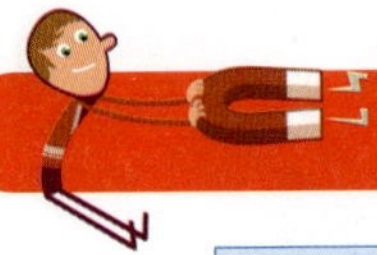

21 verbes du 3e groupe à connaître

	Indicatif					Subjonctif
	présent	imparfait	passé simple	futur	passé composé	présent
aller	je vais il va	j'allais il allait	j'allai il alla	j'irai il ira	je suis allé il est allé	que j'aille qu'il aille
résoudre	je résous il résout	je résolvais il résolvait	je résolus il résolut	je résoudrai il résoudra	j'ai résolu il a résolu	que je résolve qu'il résolve
partir	je pars il part	je partais il partait	je partis il partit	je partirai il partira	je suis parti il est parti	que je parte qu'il parte
venir	il vient	il venait	il vint	il viendra	il est venu	qu'il vienne
courir	il court	il courait	il courut	il courra	il a couru	qu'il coure
offrir	il offre	il offrait	il offrit	il offrira	il a offert	qu'il offre
cueillir	il cueille	il cueillait	il cueillit	il cueillera	il a cueilli	qu'il cueille
voir	il voit	il voyait	il vit	il verra	il a vu	qu'il voie
devoir	il doit	il devait	il dut	il devra	il a dû	qu'il doive
vouloir	je veux il veut	je voulais il voulait	je voulus il voulut	je voudrai il voudra	j'ai voulu il a voulu	que je veuille qu'il veuille
pouvoir	je peux il peut	je pouvais il pouvait	je pus il put	je pourrai il pourra	j'ai pu il a pu	que je puisse qu'il puisse
savoir	il sait	il savait	il sut	il saura	il a su	qu'il sache
faire	il fait	il faisait	il fit	il fera	il a fait	qu'il fasse
dire	il dit	il disait	il dit	il dira	il a dit	qu'il dise
croire	il croit	il croyait	il crut	il croira	il a cru	qu'il croie
vivre	il vit	il vivait	il vécut	il vivra	il a vécu	qu'il vive
prendre	il prend	il prenait	il prit	il prendra	il a pris	qu'il prenne
peindre	il peint	il peignait	il peignit	il peindra	il a peint	qu'il peigne
mettre	je mets il met	je mettais il mettait	je mis il mit	je mettrai il mettra	j'ai mis il a mis	que je mette qu'il mette
avoir	j'ai il a ils ont	j'avais il avait ils avaient	j'eus il eut ils eurent	j'aurai il aura ils auront	j'ai eu il a eu ils ont eu	que j'aie qu'il ait qu'ils aient
être	je suis il est ils sont	j'étais il était ils étaient	je fus il fut ils furent	je serai il sera ils seront	j'ai été il a été ils ont été	que je sois qu'il soit qu'ils soient

Principales confusions orthographiques

Je ne confonds plus…	Nature	Astuce	Exemple
a et à	a = 3e pers. du sg du verbe *avoir* à = préposition	On remplace par l'imparfait *avait*, pour vérifier qu'il s'agit du verbe *avoir*.	Il **a** (avait) mis du temps **à** (~~avait~~) arriver.
ou et où	ou = conjonction de coordination où = adverbe de lieu	Si on peut remplacer par *ou bien*, il s'agit de la conjonction de coordination.	Sais-tu **où** (~~ou bien~~) il est parti en vacances : à la mer **ou** (ou bien) à la campagne ?
on et ont	on = pronom sujet ont = 3e pers. du pl. du verbe *avoir*	On remplace par l'imparfait *avaient*, pour vérifier qu'il s'agit du verbe *avoir*.	**On** (~~avaient~~) est surpris par tout le travail qu'ils **ont** (avaient) accompli.
son et sont	son = déterminant possessif sont = 3e pers. du pl. du verbe *être*	On remplace par l'imparfait *étaient*, pour vérifier qu'il s'agit du verbe *être*.	Ils **sont** (étaient) admiratifs de **son** courage (sa bravoure).
dans et d'en	dans = préposition introduisant un CC de lieu ou de temps d'en = de + en	On remplace par l'expression *à l'intérieur de* ou *après / au bout de…* pour vérifier qu'il s'agit de la préposition *dans*.	**Dans** quelques minutes (au bout de quelques minutes), ils arriveront, soulagés **d'en** sortir (de sortir de là) indemnes.
sans et s'en	sans = préposition indiquant un manque s'en = se + en	Si on peut remplacer par son contraire *avec*, il s'agit de la préposition *sans*; si on peut remplacer par *m'en / t'en*, il s'agit du pronom adverbial précédé du pronom personnel réfléchi élidé.	Elle **s'en** sort (je m'en sors) très bien **sans** (avec) l'aide de personne.
Ce et se	ce = déterminant démonstratif se = pronom personnel	Si on peut remplacer par *celui-ci*, il s'agit du déterminant démonstratif qui précède un nom singulier; si on peut remplacer par *me / te*, il s'agit du pronom personnel.	Il **se** (je me / tu te…) demande encore s'il va aller voir **ce** film (celui-ci).
Ces et ses	ces = déterminant démonstratif ses = déterminant possessif	Si on peut remplacer par *ceux-ci*, il s'agit du déterminant démonstratif qui précède un nom pluriel; si on peut remplacer par *mes / tes*, il s'agit du déterminant possessif.	**Ses** (mes / tes) nombreux amis lui ont offert tous ces cadeaux (**ceux-ci**) pour son anniversaire.
ni et n'y	ni = conjonction de coordination de sens négatif n'y = ne + y	Si on peut mettre la phrase à la forme affirmative, alors il s'agit de la conjonction de coordination de sens négatif *ni*.	Je n'ai **ni** regrets, **ni** rancœur (j'ai des regrets et de la rancœur). D'ailleurs, je n'y pense même plus (je ne pense même plus à cela).
si et s'y	si = adverbe ou conjonction de subordination s'y = se + y	Si on peut remplacer par *très*, il s'agit de l'adverbe d'intensité; si on peut remplacer par *au cas où*, il s'agit de la conjonction de subordination.	Il est **si** (très) maladroit qu'il doit **s'y** (que tu dois t'y) reprendre à deux fois. **Si** (au cas où) tu y vas, tu ne seras pas déçu.

Grille de relecture d'une dictée

Une fois le texte dicté entièrement, vient le moment de la relecture – une étape clé qui permet bien souvent de corriger de nombreuses erreurs. Pour la rendre la plus efficace possible, voici une grille rappelant les principaux points à prendre en compte dans l'ensemble du texte.

Je vérifie…	J'applique la règle…
La situation de communication	Il faut se demander : qui parle ? à qui ? de quoi ? Ainsi, si le texte est rédigé à la 1re personne, il faut prendre garde d'accorder les verbes à cette personne.
Le temps et le mode des verbes	Pour identifier les différents **temps** utilisés, il faut se demander quel est le type du texte. Ainsi, dans un récit au passé, les actions principales sont rapportées au passé simple ; mais on trouve également des verbes à l'imparfait pour planter le décor, ou au plus-que-parfait, pour évoquer des actions antérieures. Dans les dialogues, le temps de base est le présent.
L'accord des verbes	Le verbe s'accorde avec le sujet qui accomplit l'action. Pour trouver le sujet, on pose la question : *Qui est-ce qui… ?* ou *Qu'est-ce qui… ?* suivie du verbe. Attention au sujet *qui* : pour bien accorder le verbe dans ce cas, il faut trouver l'antécédent du pronom. Ex. : *Il regarde les navires qui s'éloign**ent**.*
L'accord des adjectifs	L'adjectif s'accorde en genre et en nombre avec le nom qu'il qualifie. Pour trouver ce nom, on pose la question : *qui est-ce qui est… ?* ou *qu'est-ce qui est… ?* suivie de l'adjectif.
L'accord des participes passés	• Si le participe passé est employé avec l'auxiliaire *être*, il s'accorde en genre et en nombre avec le sujet du verbe. Ex. : *Elle est habill**ée** chaudement.* • Si le participe passé est employé avec l'auxiliaire *avoir*, il ne s'accorde jamais avec le sujet du verbe, mais il s'accorde avec le COD si celui-ci est placé devant le verbe. Ex. : *Les fleurs qu'il a apport**ées** sont superbes.*
Les terminaisons verbales en [e]	• Pour savoir si un verbe doit se terminer par *-er* (infinitif) ou *-é(es)* (participe passé), on le remplace par un verbe du 3e groupe. Ex. : *Il souhaitait oubli**er*** (prendre) *le passé. – Elle avait oubli**é*** (~~prendre~~) *de la prévenir.* • On peut également appliquer les règles suivantes : – quand deux verbes se suivent, le second est à l'infinitif ; – derrière une préposition, on trouve toujours un infinitif.
Les homophones grammaticaux les plus fréquents	• a (avait) ≠ à • ont (avaient) ≠ on • ou (ou bien) ≠ où • est (était) ≠ et • sont (étaient) ≠ son (le sien) • ces (ceux-ci) ≠ ses (les siens) ≠ c'est (c'était)
L'emploi des majuscules	On met une majuscule systématiquement : – au début d'une phrase, donc au début du texte et derrière tous les points ; – aux noms propres.

Unités de mesure

Longueur

- L'unité de référence est le **mètre (m)**.

Unité	Symbole	
kilomètre	km	1 km = 1 000 m
hectomètre	hm	1 hm = 100 m
décamètre	dam	1 dam = 10 m
mètre	**m**	
décimètre	dm	1 dm = 0,1 m
centimètre	cm	1 cm = 0,01 m
millimètre	mm	1 mm = 0,001 m

Aires

- L'unité de référence est le **mètre carré (m^2)**.

Unité	Symbole	
kilomètre carré	km^2	1 km^2 = 1 000 m^2
hectomètre carré	hm^2	1 hm^2 = 100 m^2
décamètre carré	dam^2	1 dam^2 = 10 m^2
mètre carré	**m^2**	
décimètre carré	dm^2	1 dm^2 = 0,1 m^2
centimètre carré	cm^2	1 cm^2 = 0,01 m^2
millimètre carré	mm^2	

Les unités d'aires vont de 100 en 100.

- En agriculture, on utilise aussi :

Unité	Symbole	
hectare	ha	1 ha = 100 a = 10 000 m^2
are	a	1 a = 100 m^2

Masses

- L'unité de référence est le **kilogramme (kg)**.

Unité	Symbole	
kilogramme	**kg**	1 kg = 1 000 g
hectogramme	hg	1 hg = 100 g
décagramme	dag	1 dag = 10 g
gramme	g	
décigramme	dg	1 dg = 0,1 g
centigramme	cg	1 cg = 0,01 g
milligramme	mg	1 mg = 0,001 g

- On utilise aussi :
  - la tonne (t) ; 1 t = 1 000 kg
  - le quintal (q) ; 1 q = 100 kg

Volumes

- L'unité de référence est le **mètre cube (m^3)**.

Unité	Symbole	
kilomètre cube	km^3	
hectomètre cube	hm^3	
décamètre cube	dam^3	1 dam^3 = 1 000 m^3
mètre cube	**m^3**	
décimètre cube	dm^3	1 dm^3 = 0,001 m^3
centimètre cube	cm^3	
millimètre cube	mm^3	

Les unités de volume vont de 1 000 en 1 000.

- Dans la vie courante, on utilise aussi :

Unité	Symbole	
hectolitre	hL	1 hL = 100 L = 0,1 m^3
décalitre	daL	1 daL = 10 L = 0,01 m^3
litre	**L**	1 L = 1 dm^3
décilitre	dL	1 dL = 0,1 L = 100 cm^3
centilitre	cL	1 cL = 0,01 L = 10 cm^3
millilitre	mL	1 mL = 0,001 L = 1 cm^3

Durées

- L'unité de la référence est la **seconde (s)** :

Unité	Symbole	
seconde	**s**	
minute	m	1 min = 60 s
heure	h	1 h = 60 min = 3 600 s
jour	j	1 J = 24 h = 86 400 s

On utilise aussi les divisions décimales de l'heure.
Exemple : 3,5 h = 3 h 30 min.

Angles

Unité	Symbole
degré	°

Exemple :
Un angle droit mesure 90°.
Un angle plat mesure 180°.
Un angle plein mesure 360°.

Formulaire de géométrie

Quadrilatères

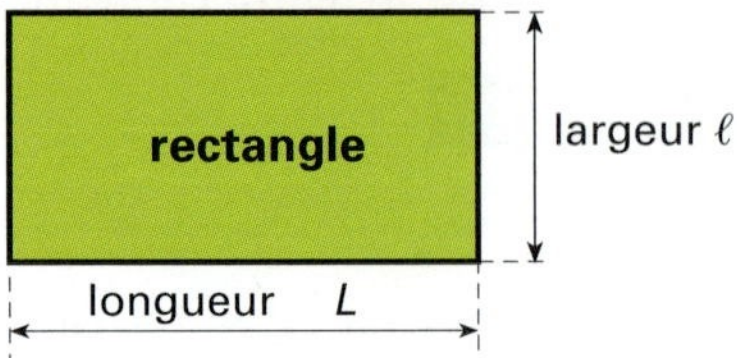

périmètre $= 2 \times (L + \ell)$
aire $= L \times \ell$

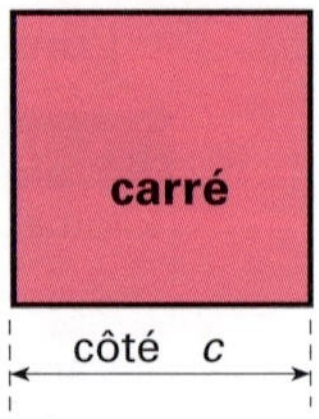

périmètre $= 4 \times c$
aire $= c \times c = c^2$

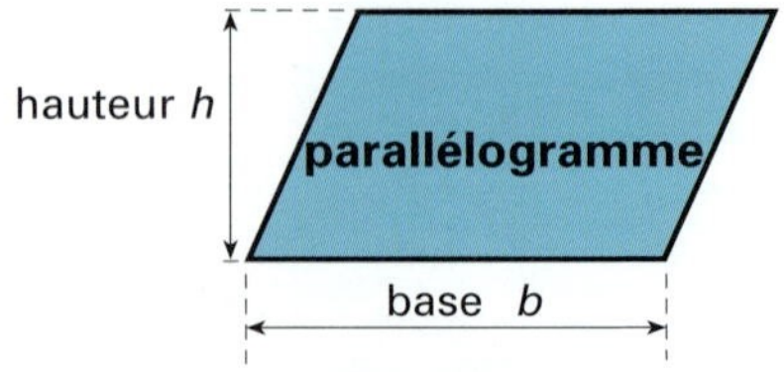

aire $= b \times h$

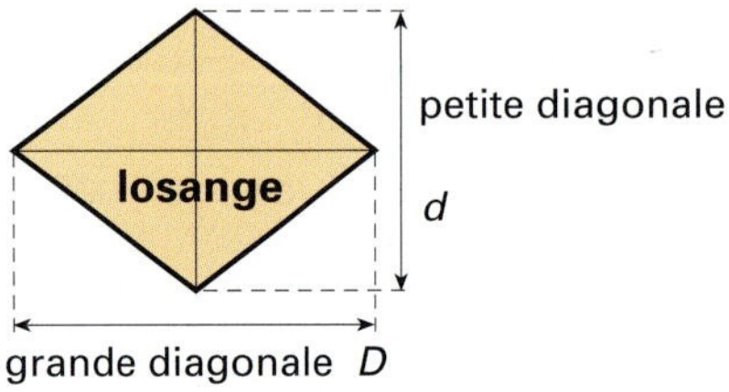

aire $= \dfrac{D \times d}{2}$

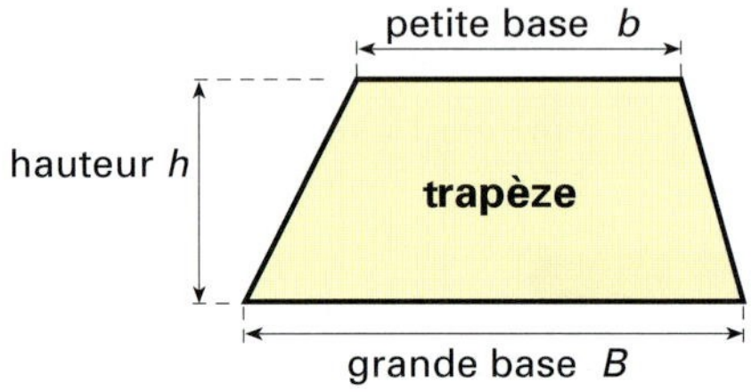

aire $= \dfrac{(B + b) \times h}{2}$

Triangles

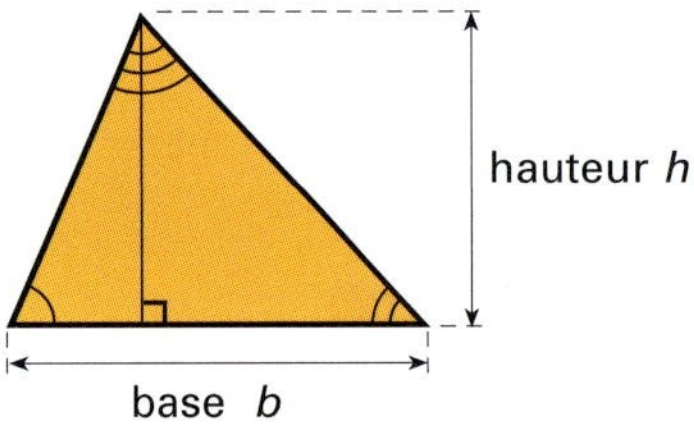

aire $= \dfrac{b \times h}{2}$
somme des angles $= 180°$

Disques

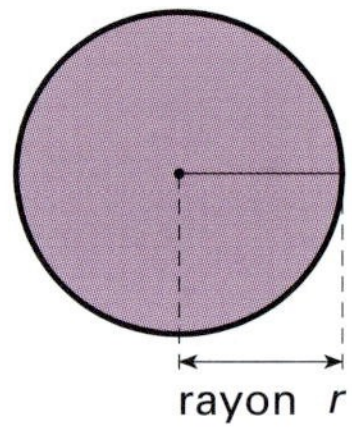

aire $= \pi \times r^2$
périmètre $= 2\pi \times r$

Prismes et cylindres

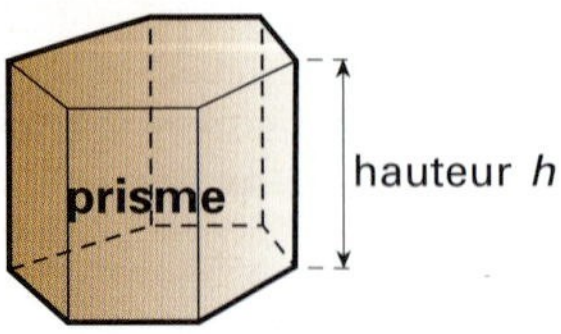

base d'aire B et de périmètre p

volume $= B \times h$
aire latérale $= p \times h$

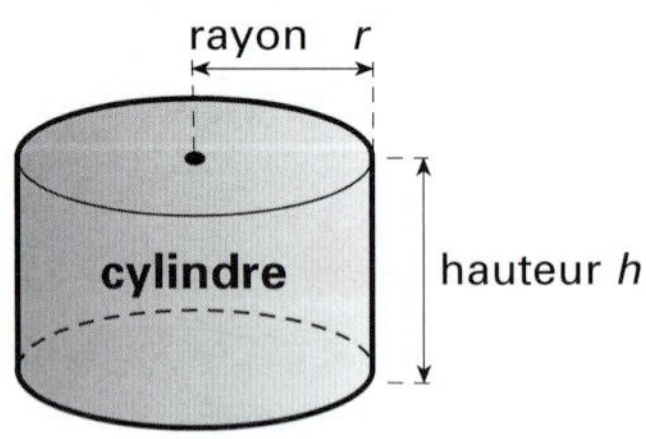

aire de la base $= \pi \times r^2$
volume $= \pi \times r^2 \times h$
aire latérale $= 2\pi \times r \times h$

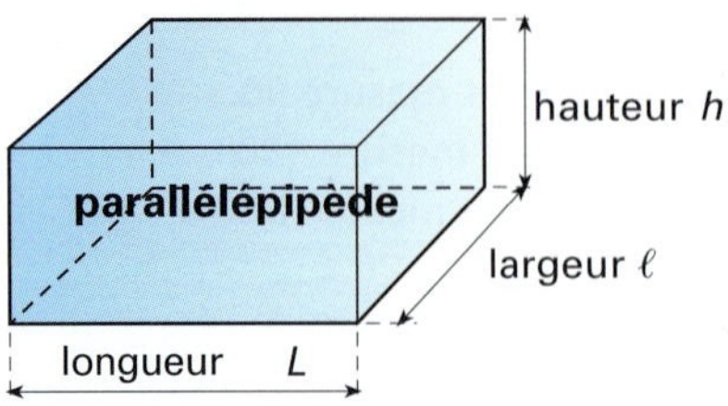

volume $= L \times \ell \times h$
aire totale $= 2\ (L \times \ell + L \times h + \ell \times h)$

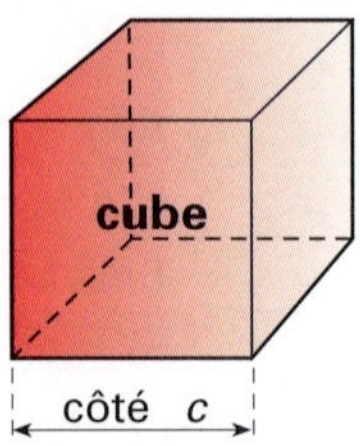

volume $= c \times c \times c = c^3$
aire totale $= 6 \times c^2$

Maths

Frises chronologiques du programme

Les grandes époques historiques

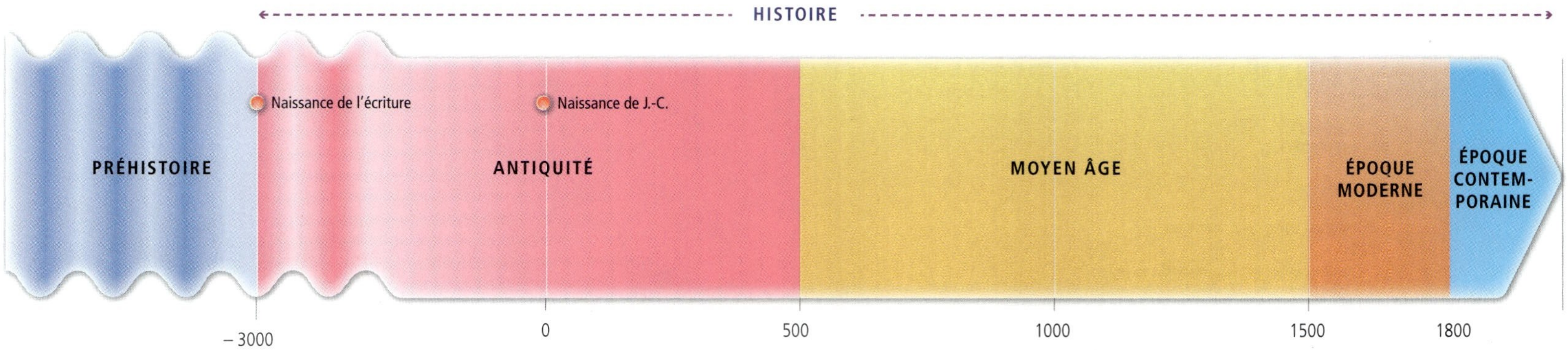

Les principaux rois de France

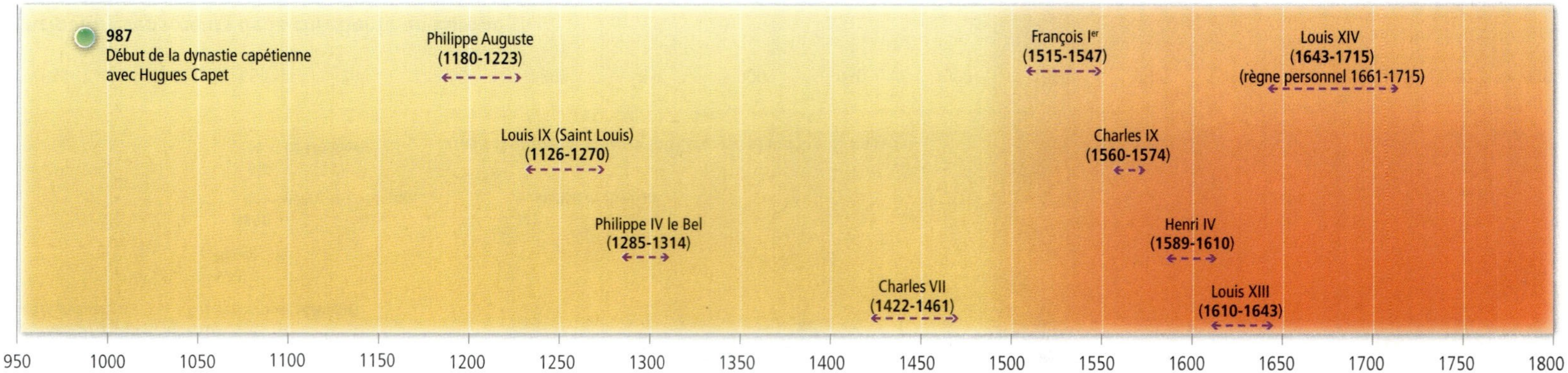

Histoire Géo

Frises chronologiques du programme

Les débuts de l'islam

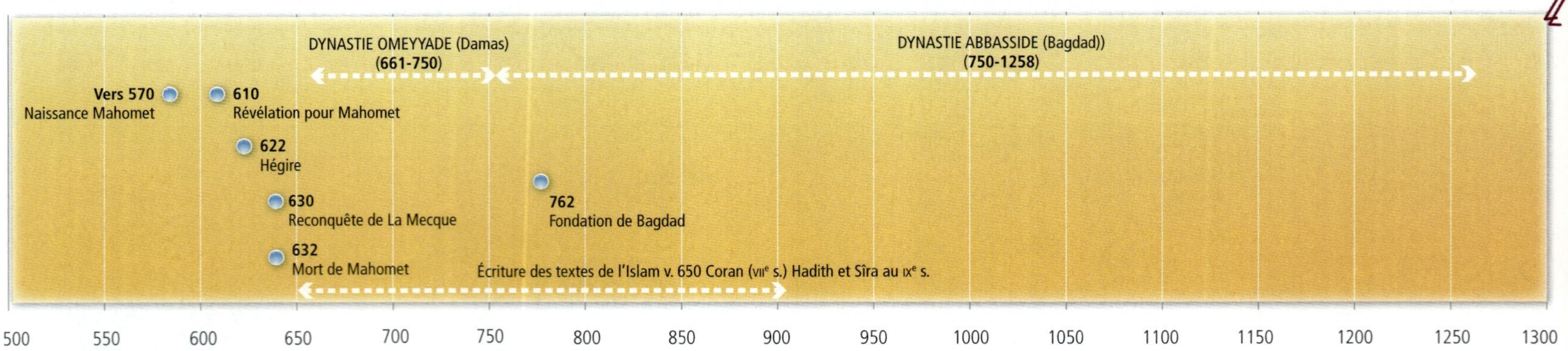

Les principaux événements de la chrétienté en Europe

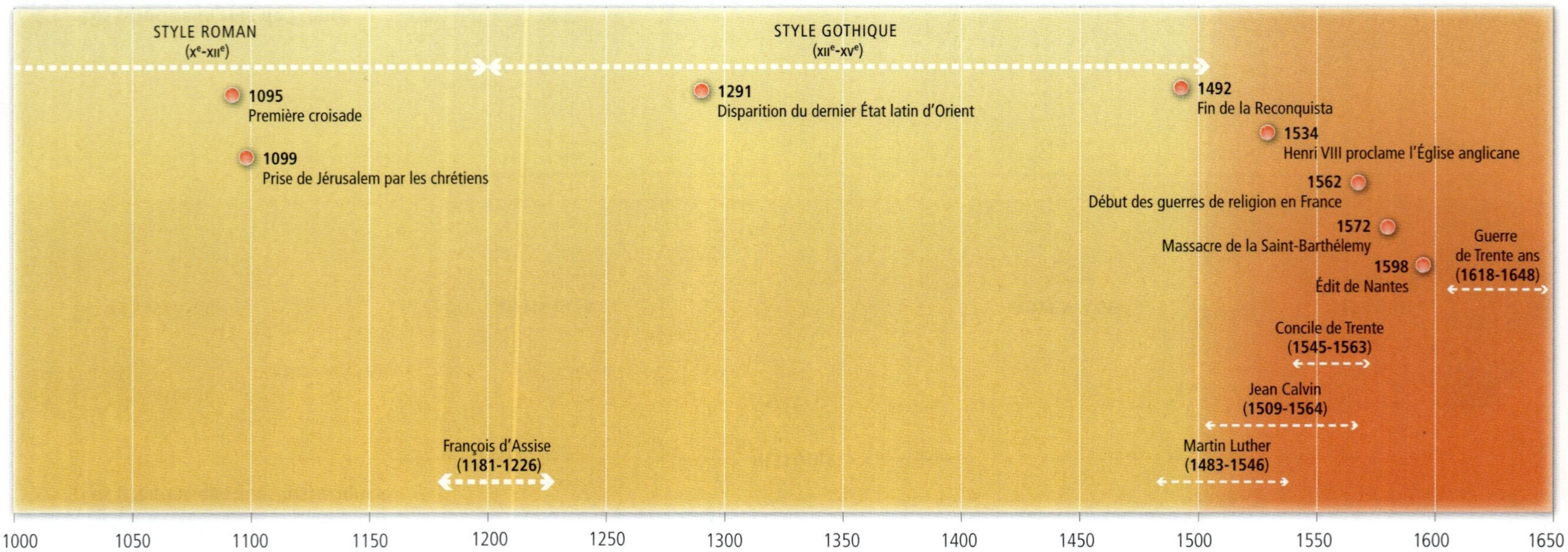

Les pays du monde

L'Europe

Histoire Géo

L'Union européenne

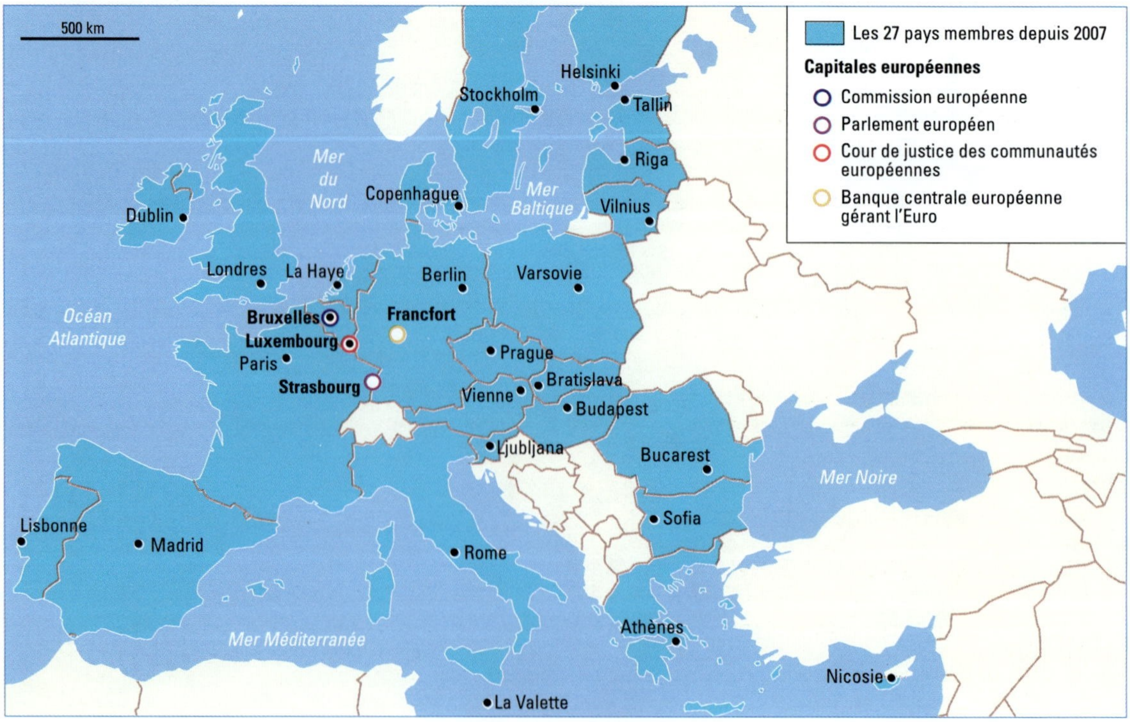

Lexique d'HG/Éducation civique

Abbé Homme d'Église régulier dirigeant un monastère ou un ordre religieux chez les catholiques.

Accroissement naturel Augmentation de la population par les naissances. Il se calcule de la manière suivante : taux de natalité – taux de mortalité.

Administration Ensemble des personnes au service de l'État, chargées de gérer le pays ou une partie du pays.

Agriculture moderne intensive Agriculture très rentable pratiquée dans les pays riches qui repose sur la mécanisation (tracteur…) et sur l'utilisation de produits chimiques (engrais, pesticides…).

Antiquité Première période historique allant des origines de l'histoire à la chute de l'Empire romain (Ve siècle).

Assurance Contrat par lequel l'assureur rembourse des dégâts à l'assuré qui a versé des cotisations.

Bailli Représentant du roi dans les provinces du Nord du royaume, ayant des pouvoirs sur les finances, la justice et l'armée royale.

Banalités Taxes payées aux seigneurs par les habitants de la seigneurie en échange de l'utilisation des instruments appartenant au seigneur (four, moulin, pressoir…).

Bidonville Quartier pauvre d'une ville, constitué d'habitations faites de matériaux de récupération.

Carolingien Nom donné à la dynastie de Charlemagne, formé à partir de Carolus (Charles en latin).

Charte de franchise Texte par lequel le seigneur accorde à une ville des libertés et le droit de se gérer elle-même.

Chômage Situation d'une personne qui recherche un emploi.

Cisterciens Ordre religieux créé par Bernard de Clairvaux au XIIe siècle.

Clerc Personne qui appartient à l'Église. On distingue les clercs séculiers (évêques, curés qui vivent parmi les laïcs dans le « siècle ») des clercs réguliers (abbés, moines qui vivent selon une règle).

Code civil Recueil de lois dans le domaine du patrimoine, des relations entre les personnes et de la famille.

Concile Réunion d'hommes d'Église pour discuter de questions religieuses importantes.

Conquistadores « Conquérants » en espagnol, soldats espagnols qui prennent possession des territoires d'Amérique centrale et du Sud.

Constitution Texte le plus important dans un pays qui fixe les règles de fonctionnement de ce pays.

Corporation Organisation qui regroupe les gens d'un même métier.

Cour Ensemble des personnes qui forment l'entourage du roi.

Courtisan Personne de l'entourage du roi, souvent noble.

Croissance démographique Augmentation de la population.

Croissance urbaine Augmentation de la population vivant en ville et donc extension de la ville.

CV (Curriculum Vitae) Document qui retrace le cours de la vie professionnelle d'une personne (sa formation, ses expériences…).

Discrimination L'utilisation d'une différence (religion, couleur de peau, sexe, handicap, âge…) pour faire du tort à une personne.

Dynastie Succession de rois qui viennent de la même famille.

Empire colonial Vaste ensemble des territoires conquis et dominés par une puissance éloignée.

Énergie fossile Énergie produite à partir des roches issues de la sédimentation comme le charbon, le pétrole ou le gaz naturel.

Engrais Produit naturel ou chimique qui améliore la fertilité de la terre et donc les rendements.

Époque moderne (ou Temps modernes) Troisième période historique allant de la fin du XVe siècle (découverte de l'Amérique par Christophe Colomb, 1492) à la fin du XVIIIe siècle (début de la Révolution de 1789 pour la France).

Espérance de vie Nombre moyen d'années que peut vivre une personne à la naissance dans un pays.

Évêque Homme d'Église séculier, dirigeant un diocèse chez les catholiques (et les anglicans).

Exporter Vendre des produits à l'étranger.

FAO (Food and Agriculture Organization) Organisation internationale qui dépend de l'ONU et qui a pour but d'améliorer l'état nutritionnel, le niveau de vie, la productivité agricole et le sort des populations rurales.

Foi Croyance très forte, souvent religieuse.

Foyer de population Région du monde qui est fortement peuplée.

Franciscains Ordre religieux créé par François d'Assise au XIIIe siècle.

Front pionnier Espace auparavant presque naturel et très peu peuplé que la population commence à défricher et à mettre en valeur.

Gazoduc Tuyau qui sert à transporter le gaz.

GES (Gaz à Effet de Serre) Gaz qui absorbe les infrarouges réémis par la Terre et qui contribuent donc au réchauffement climatique.

Guerre civile Guerre entre les habitants d'un même pays.

Halieutique Qui est en lien avec la pêche et l'aquaculture (élevage de moules, coquillages, poissons…).

Importer Acheter des produits à l'étranger.

Jésuites Ordre religieux créé par Ignace de Loyola au XVIe siècle.

Laïc Au Moyen Âge, personne qui ne fait pas partie de l'Église.

Moyen Âge Deuxième période historique allant de la chute de l'Empire romain (ve siècle) à la fin du xve siècle (découverte de l'Amérique par Christophe Colomb, 1492).

Musulman Personne qui a comme religion l'islam.

Nation Ensemble des citoyens d'un pays.

Noblesse Catégorie de la population qui partage des valeurs et un mode vie particuliers. Les nobles sont généralement des seigneurs et des chevaliers.

OGM (Organisme Génétiquement Modifié) En agriculture, plante dont on a modifié les gênes pour augmenter les rendements.

Oléoduc Tuyau qui sert à transporter le pétrole.

OMS (Organisation Mondiale de la Santé) Organisation internationale qui dépend de l'ONU et qui agit pour favoriser la santé dans le monde.

ONU (Organisation des Nations Unies) Organisation internationale créée après la Deuxième Guerre mondiale pour favoriser la paix, les droits de l'homme et le développement des pays. Elle regroupe actuellement 192 pays.

Pays développés Pays riches dont l'IDH et le PIB sont forts.

Pays en développement Pays pauvres dont l'IDH et le PIB sont faibles.

Pélerinage Voyage accompli vers un lieu saint.

PIB (Produit Intérieur Brut) Ensemble des richesses produites par les entreprises installées dans un pays en un an.

PNB (Produit National Brut) Ensemble des richesses produites par les entreprises d'un pays qu'elles soient installées dans le pays ou à l'étranger, en un an.

Population rurale Population qui vit à la campagne.

Population urbaine Population qui vit en ville.

Prêcher Diffuser une religion.

Propagande Faire passer un message, une idée.

Protestantisme Courant du christianisme apparu au début du xvie siècle en dénonçant des abus commis par les catholiques. Le protestantisme se divise en plusieurs courants : luthérien, calviniste, anglican…

Quota Nombre ou pourcentage déterminé, à ne pas dépasser.

Relique Reste (vêtement, objet, ossement) ayant appartenu à un saint. La relique est conservée dans un reliquaire ou une châsse. Chez les catholiques, elle fait l'objet d'un culte.

Risque technologique Menace d'un phénomène dont l'origine est liée à l'activité des hommes (marée noire, explosion d'une usine, accident d'un camion transportant des déchets toxiques…).

Roi de droit divin Roi qui tient son pouvoir de Dieu.

Sacre Cérémonie ayant lieu au début du règne et durant laquelle le roi est marqué d'une huile sainte puis couronné.

Sacrement Élément du culte catholique.

Sécurité sociale Organisme créé en 1945 qui repose sur le principe de solidarité et qui rembourse les frais médicaux, aide les familles nombreuses et finance les retraites.

Sénéchal (pluriel : sénéchaux) Représentant du roi dans les provinces du sud du royaume, ayant des pouvoirs sur les finances, la justice et l'armée royale.

Taille seigneuriale Impôt payé au seigneur par l'habitant de la seigneurie en échange de sa protection.

Taux d'urbanisation Pourcentage de la population qui vit en ville.

Traite (des esclaves) Commerce (des esclaves).

Traité Texte d'un accord signé par deux (ou plusieurs) pays.

Torchis Mélange de terre et de paille pour remplir des pans de bois dans les maisons.

Tourisme de masse Tourisme qui concerne un grand nombre de personnes. S'oppose au tourisme de luxe, plus cher, réservé à une minorité de personnes.

UE (Union européenne) Organisation régionale qui regroupe 27 pays européens qui dans certains domaines ont décidé d'avoir des politiques communes.

UNICEF (United Nations of International Children's Emergency Fund) Organisation internationale qui dépend de l'ONU et qui a pour but d'assurer à chaque enfant, santé, éducation, égalité et protection.

Vassal (pluriel : vassaux) Chevalier ou seigneur qui prête hommage à un seigneur plus important, devant aides et conseil et recevant un fief.

Lexique de SVT

Absorption Passage de matière du milieu extérieur dans le sang.

Alvéole pulmonaire Minuscules sacs constituant en grande partie les poumons et où arrive l'air de la respiration. C'est le lieu des échanges gazeux respiratoires avec le sang.

Alluvion Sédiment qui se dépose dans un cours d'eau lorsque le courant ne suffit plus à l'entraîner. L'accumulation des alluvions forme souvent des terres fertiles (plaine du Nil par exemple).

Anus Orifice d'évacuation des déchets non digérés de l'alimentation, situé à l'extrémité du tube digestif.

Appareil circulatoire Ensemble des organes participant à la circulation du sang.

Appareil respiratoire Ensemble des organes qui, chez un animal, assurent sa respiration.

Asthme Maladie respiratoire caractérisée par une contraction des bronches entraînant une sensation d'étouffement.

Argile Roche sédimentaire, poreuse mais imperméable, formant une boue avec l'eau.

Artère Vaisseau sanguin dans lequel le sang circulant s'éloigne du cœur.

Biodiversité Diversité des espèces animales et végétales qui peuplent un territoire donné.

Branchie Organe de la respiration dans l'eau.

Bronches Tubes ramifiés assurant la circulation de l'air dans les poumons.

Bronchiole Petite bronche; dernière ramification des bronches dans les poumons, de diamètre très faible.

Butte témoin Formation de roche dure formant un mont dans un paysage de plaine après érosion des roches tendres environnantes.

Calcaire Roche sédimentaire constituée presque exclusivement de carbonate de calcium.

Cage thoracique Partie du corps contenant essentiellement les poumons et le cœur. Elle débute au niveau des épaules, est limitée par les côtes et le diaphragme.

Capillaire Vaisseau sanguin de faible diamètre, dans lequel le sang s'écoule lentement. Présents en très grand nombre dans tous les organes, les capillaires sont le lieu des échanges de matière entre le sang et le milieu.

Capteur Dispositif utilisé en EXAO, sensible aux variations d'un phénomène, biologique, géologique, physique, chimique... convertissant l'information qu'il reçoit en un signal électrique transmis à l'ordinateur via une interface.

Carbonate de calcium Substance chimique présente dans de nombreuses roches sédimentaires.

Chlorophylle Substance verte contenue dans les végétaux chlorophylliens, leur permettant d'utiliser le dioxyde de carbone du milieu pour produire leur matière organique.

Circulation sanguine Passage du sang dans tous les organes du corps.

Cœur Organe situé dans la cage thoracique, entre les deux poumons, il assure la mise en circulation du sang par ses contractions régulières et automatiques.

Craie Roche sédimentaire constituée de microfossiles (fossiles microscopiques) cimentés entre eux par du carbonate de calcium.

Cuesta Relief caractérisé par un plateau en pente douce se terminant par une falaise qui domine un creux ou dépression, parfois occupé par un cours d'eau.

Débit sanguin Quantité de sang circulant dans un vaisseau pendant une durée déterminée.

Déglutition Action d'avaler (un aliment, ou la salive par exemple).

Dépression Dans un paysage, une dépression est une zone en creux, résultant souvent de l'érosion de la roche tendre par un cours d'eau.

Diaclase Fissure dans une roche ou une couche rocheuse, permettant la circulation de l'eau dans la roche.

Digestion Ensemble des transformations physiques et chimiques que subit un aliment, le rendant utilisable par l'organisme.

Dioxygène Gaz contenu dans l'air, indispensable à la respiration des êtres vivants.

Dioxyde de carbone Gaz rejeté dans le milieu par les êtres vivants qui respirent.

Éboulis Accumulation de blocs de roches de taille variable au pied d'une falaise, par suite de l'érosion de celle-ci.

Énergie En biologie, l'énergie se manifeste essentiellement par le dégagement de chaleur et le fonctionnement des organes. L'unité est le Joule.

Enzyme Substance produite par un être vivant favorisant la transformation chimique de certaines substances.

Équilibre alimentaire Alimentation fournissant à l'organisme toutes les substances nécessaires à son fonctionnement optimal, et adaptée à divers éléments tels que l'âge, le sexe, l'activité...

Équilibre d'un milieu État d'un milieu dans lequel les relations entre les êtres vivants qui le peuplent permettent une quasi stabilité du nombre d'individus de chaque espèce.

Érosion Dégradation des roches à la surface du globe, principalement sous l'action de l'eau et des agents atmosphériques.

EXAO Expérimentation assistée par ordinateur : ensemble de dispositifs permettant de suivre sur l'écran d'ordinateur l'évolution d'un phénomène naturel (biologique, chimique, géologique).

Expiration Sortie d'air des poumons, provoquée par le relâchement du diaphragme et des muscles de la cage thoracique.

Falaise Escarpement formant un à-pic consécutif à l'érosion par la mer. Les falaises actuelles s'observent sur le littoral, mais des falaises anciennes peuvent subsister dans le paysage après départ de la mer au cours des temps géologiques.

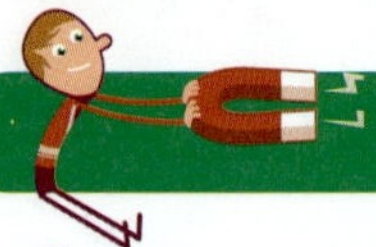

Lexique de SVT

Fossile Trace ou reste d'organisme ayant vécu au cours des temps géologiques.

Galet Sédiment constitué de fragments de roche de quelques centimètres.

Gravier Sédiment constitué de fragments de roche dont la taille varie de 4 à 20 mm environ.

Grotte Cavité dans une couche de roche sédimentaire, résultant de la dissolution du calcaire.

Infarctus du myocarde Mort d'une partie de muscle cardiaque consécutif à l'arrêt de son approvisionnement en dioxygène et en nutriments. La cause la plus fréquente est un bouchon lié à l'accumulation de graisse dans une artère irriguant le muscle cardiaque.

Inspiration Entrée d'air dans les poumons au cours de la respiration, provoquée par la contraction du diaphragme et des muscles de la cage thoracique.

Interface Dispositif utilisé en EXAO, traitant le signal reçu par un capteur pour le rendre exploitable par le logiciel installé sur l'ordinateur.

Intestin grêle Partie du tube digestif dans laquelle les aliments subissent de nombreuses transformations chimiques de la digestion, les transformant en nutriments utilisables par l'organisme.

Maladie cardiovasculaire Maladie atteignant le cœur et/ou les vaisseaux sanguins.

Mouvements respiratoires Les muscles de la cage thoracique et le diaphragme, en se contractant, entraînent une augmentation de volume de la cage thoracique, provoquant l'inspiration.

Nutriment Produit de la digestion d'un aliment, directement utilisable par l'organisme.

Obésité Excès de poids. (Se dit chez l'homme et éventuellement des animaux familiers).

Poumon Organe de la respiration dans l'air, permettant les échanges gazeux entre l'air et le sang.

Ravinement Creusement de la surface d'une roche tendre par l'eau qui y ruisselle.

Respiration Absorption de dioxygène et rejet de dioxyde de carbone par un être vivant.

Roche Matériau constituant le sous-sol.

Roche dure Roche résistant aux principaux agents d'érosion (exemples : granite, grès).

Roche imperméable Roche que l'eau de surface ne peut traverser (exemples : argile, granite).

Roche perméable Roche que l'eau de surface traverse (exemple : sable).

Roche poreuse Roche dans laquelle l'eau de surface peut s'infiltrer sans nécessairement la traverser (exemple : argile).

Roche sédimentaire Roche provenant de l'accumulation de sédiments.

Roche tendre Roche facilement érodée (exemples : argile, sable).

Rythme cardiaque Nombre de battements du cœur par minute.

Rythme respiratoire Nombre de respirations par minute, une respiration étant constituée d'une inspiration et d'une expiration.

Sable Sédiment constitué de fragments de roche de 0,1 à 2 mm environ.

Sédiment Produit de dégradation d'une roche, qui se dépose sur place ou après transport (par l'eau, le vent...).

Sédimentation Dépôt de sédiments, lorsque la force de l'agent de transport est insuffisante pour entraîner leur déplacement.

Sous-sol Partie du globe terrestre située sous la partie superficielle appelée le sol.

Surface d'échanges Partie de certains organes caractérisée par la grandeur de la surface, la faible épaisseur de sa paroi, les très nombreux vaisseaux sanguins qui la parcourent. C'est le lieu des échanges de matière entre l'organisme et le milieu.

Torrent Cours d'eau rapide à flanc de montagne. Un torrent peut avoir une existence temporaire, liée à la fonte des neiges au printemps.

Trachée Réseau de tubes ramifiés, présents chez les insectes, et amenant l'air au contact des cellules des organes pour assurer les échanges gazeux respiratoires.

Valeur énergétique Quantité d'énergie pouvant être libérée par la digestion d'une quantité de 100 grammes d'un aliment.

Valeur nutritionnelle Quantité de matière organique (protides, lipides, glucides) contenue dans 100 grammes d'un aliment.

Vascularisé Parcouru de vaisseaux sanguins.

Veine Vaisseau sanguin dans lequel le sang circulant se dirige vers le cœur.

Lexique de Physique-Chimie

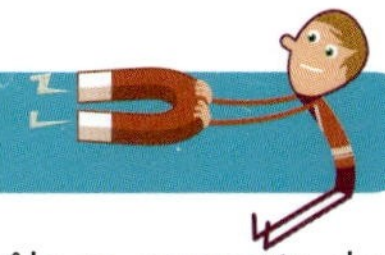

Anhydre Un corps anhydre est un corps qui ne contient pas d'eau.

Boisson gazeuse Boissons qui contiennent du dioxyde de carbone (dissous).

Borne Partie d'un composant électrique par laquelle peut entrer ou sortir le courant.

Cadran solaire Un cadran solaire sert à mesurer le temps en suivant l'ombre d'un bâton éclairé par le soleil sur un cadran (plan gradué).

Centrifugation Lorsqu'on fait tourner (des milliers de tours par minute) un mélange hétérogène, on accélère la décantation (les substances les plus denses sont plaquées au fond du récipient) grâce à cette centrifugation.

Circuit électrique Un circuit électrique est une suite ininterrompue de conducteurs électriques branché aux bornes d'un générateur.

Circuit fermé Dans un circuit fermé, le courant peut circuler.

Circuit ouvert Dans un circuit électrique ouvert, le courant ne peut pas circuler.

Compressible Propriété des gaz : si on enferme un gaz dans un récipient et que l'on diminue le volume du récipient, alors la pression du gaz augmente.

Concentration massique C'est la masse de substance dissoute dans un litre (1L) de solution. On la mesure en gramme par litre (g/L).

Condensation Changement d'état de la matière qui passe de l'état gazeux à l'état liquide (généralement causée par un refroidissement des vapeurs).

Conducteur Un conducteur électrique est un matériau qui laisse passer le courant.

Court-circuit Un court-circuit est réalisé lorsqu'on relie les deux bornes d'un dipôle par un fil. Si on court-circuite un récepteur, le courant passera alors préférentiellement par ce fil plutôt que par le récepteur.

Décantation Si on laisse « reposer » un mélange hétérogène, les composés plus lourds se déposent progressivement au fond du récipient sous l'effet de la gravité ; c'est la décantation.

D.E.L. Une diode électroluminescente (D.E.L.) est une diode qui émet de la lumière lorsqu'elle est traversée par un courant.

Diffusion Un objet diffuse la lumière lorsqu'il renvoie la lumière reçue dans toutes les directions.

Dipôle Élément de circuit possédant deux bornes.

Diode Composant électrique qui ne laisse passer le courant que dans un seul sens.

Diode « passante » Une diode est dite « passante » lorsqu'elle est montée dans un circuit électrique de façon à laisser passer le courant : sens direct.

Diode « non-passante » Une diode est dite « non-passante » lorsqu'elle est montée dans un circuit électrique de façon à ne pas laisser passer le courant.

Dioxyde de carbone Gaz incolore et inodore produit notamment lors de la respiration.

Dipôle non polarisé Un tel dipôle se comporte de la même façon quel que soit le sens du courant qui le traverse (exemple : une lampe).

Dipôle polarisé Composant qui réagit différemment selon le sens du courant qui le traverse (exemple : un moteur).

Douille Pièce dans laquelle se fixe ou se visse le culot d'une ampoule électrique.

Dissolution Passage en solution d'un composé (le soluté) dans un liquide (le solvant) ; par exemple du sel (solide) se dissout dans l'eau pour former de l'eau salée.

Distillat Liquide obtenu à la suite de la condensation des vapeurs dégagées lors d'une distillation.

Distillation Procédé pour séparer les constituants d'un mélange en le chauffant jusqu'à ébullition.

Eau de chaux Solution qui, lorsqu'elle est mise en présence de dioxyde de carbone, se trouble.

Ébullition Lorsqu'on chauffe un liquide suffisamment, il se produit une ébullition : des bulles de vapeur se forment suite au changement d'état de la substance de l'état liquide à l'état gazeux.

Éclipse de Lune Lorsque la Terre se trouve entre le Soleil et la Lune et que les trois sont alignés, la Lune se retrouve dans la zone d'ombre de la Terre et n'est plus visible.

États de la matière La matière peut être en trois états : solide, liquide et gazeux.

Expansible Propriété des gaz : si on enferme un gaz dans un récipient et que l'on augmente le volume du récipient, alors la pression du gaz diminue.

Faisceau Un faisceau lumineux est un ensemble de rayons lumineux émis par une même source.

Filament Le filament d'une ampoule électrique produit de la lumière (par incandescence) lorsqu'il est surchauffé par le passage d'un courant électrique.

Filtration Pour séparer les constituants d'un mélange, on peut le filtrer ; les constituants plus grossiers se déposent sur le filtre tandis les autres le traverse (le liquide obtenu est appelé filtrat).

Gazeux La matière à l'état gazeux occupe tout le récipient qui la contient.

Générateur Un générateur électrique produit de l'énergie électrique.

Hétérogène Un mélange est dit hétérogène lorsqu'on peut distinguer à l'œil nu les différents constituants qui le composent.

Homogène Un mélange est dit homogène si on ne distingue pas les différents constituants qui le composent.

Hydraté Un corps hydraté est un corps qui contient de l'eau.

Hygromètre Instrument qui permet de mesurer le taux d'humidité de l'air.

Lexique de Physique-Chimie

Incandescence L'incandescence est l'émission de lumière due au chauffage d'une matière.

Insoluble Un composé qui ne se dissout pas est dit insoluble. Le sable, par exemple, est insoluble car il ne se dissout pas dans l'eau.

Interrupteur Élément de circuit qui peut être ouvert (il ne laisse alors pas passer le courant) ou fermé (un courant électrique peut alors le traverser).

Isolant Un isolant électrique est un matériau qui ne laisse pas passer le courant.

Lait de chaux Lorsqu'on mélange de la chaux et de l'eau on obtient du lait de chaux; si on le laisse décanter et qu'on le filtre, le filtrat obtenu est de l'eau de chaux.

Liquide Une substance à l'état liquide coule et prend la forme du récipient qui la contient.

Litre Unité usuelle de volume (symbole L) correspondant à un décimètre cube dm^3 (c'est-à-dire le volume d'un cube de 1 dm = 10 cm de côté).

Ménisque La surface d'un liquide contenu dans un récipient fait une légère courbure, c'est le ménisque.

Mètre cube Unité de volume du système international (symbole m^3) correspondant au volume d'un cube de 1 mètre de côté.

Montage en dérivation Des éléments d'un circuit électrique sont dits montés en dérivation (ou montés en parallèle) lorsque leurs bornes sont reliées aux mêmes points d'un circuit électrique; le courant doit se partager pour les traverser et ils fonctionnent indépendamment l'un de l'autre.

Montage en série Circuit électrique dont les éléments sont branchés les uns à la suite des autres (le courant les traverse les uns après les autres).

Ombre portée L'ombre portée d'un objet sur un autre est la zone d'ombre créée par le premier (qui intercepte les rayons lumineux de la source) sur le second.

Ombre propre L'ombre propre d'un objet est la partie de cet objet qui n'est pas éclairée par une source lumineuse.

Opaque Un milieu est opaque s'il ne se laisse pas traverser par la lumière.

Pesant Tous les corps (solide, liquide ou gaz) sont pesants, car ils sont de masse non nulle.

Pression Force exercée par un gaz sur une surface (force de l'air exercée sur les parois d'un ballon de baudruche par exemple).

Rayon lumineux Trajet de propagation de la lumière (ce trajet est rectiligne dans un milieu homogène et transparent).

Réactif Un réactif est un composé qui réagit à la présence d'un autre; par exemple l'eau de chaux est le réactif du dioxyde de carbone puisqu'elle se trouble en sa présence.

Récepteur Un récepteur électrique reçoit de l'énergie électrique qu'il transforme en une autre forme d'énergie.

Rectiligne Qui est suivant une ligne droite; on parle par exemple de propagation rectiligne pour décrire une propagation suivant une ligne droite.

Saturé Une solution (mélange homogène) est saturée en soluté lorsque la limite de solubilité est atteinte et qu'on ne peut plus y dissoudre de soluté.

Solide Une matière à l'état solide a une forme propre qui ne change pas.

Solide divisé Matière à l'état solide mais fragmentée et qui peut donc couler et prendre la forme d'un récipient.

Soluté Composé dissout dans un solvant (généralement de l'eau).

Solution En chimie, c'est le mélange homogène de plusieurs substances.

Solvant Liquide dans lequel peuvent se dissoudre d'autres substances. L'eau est le solvant le plus courant.

Source lumineuse Une source lumineuse est un corps qui émet de la lumière.

Source primaire Une source primaire de lumière est une source qui produit la lumière qu'elle émet.

Source secondaire Se dit d'une source qui émet une partie de la lumière qu'elle reçoit.

Sulfate de cuivre Le sulfate de cuivre est une poudre blanche qui devient bleue en présence d'eau.

Taux d'humidité Mesure de la quantité de vapeur d'eau dans l'air.

Tension électrique La quantité d'électricité circulant d'un point à l'autre d'un circuit.

Tension d'usage La tension électrique qu'il faut établir aux bornes d'un dipôle pour qu'il fonctionne normalement.

Transparent Un milieu transparent est un milieu qui se laisse traverser par la lumière.

Unité usuelle L'unité usuelle d'une grandeur est celle qu'on utilise pour caractériser celle-ci; par exemple, l'unité usuelle du volume est le mètre cube (symbole m^3), celle de la capacité est le litre (symbole L), etc.

Vapeur La vapeur est la forme gazeuse d'un corps pur.

Volume Grandeur qui mesure l'extension d'un objet (ou d'une zone délimitée) dans l'espace.

Zone d'ombre La zone d'ombre (ou cône d'ombre) est la région de l'espace qui ne reçoit pas de lumière d'une source lumineuse (cette dernière étant interceptée par un obstacle opaque).

Zone éclairée Une zone éclairée reçoit la lumière d'une source lumineuse.

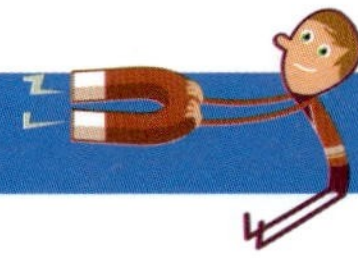

Lexique d'anglais

Alone seul
Bench banc
Boring ennuyeux
Careful prudent
Castle château
Cello violoncelle
Cook (to) cuisiner
Dive (to) plonger
Enjoy (to) aimer, apprécier
Expensive cher
Famous célèbre
Fast rapide
Fridge frigo
Friendly amical
Furniture meubles
Haidresser coiffeur
Hate (to) détester
Headache mal de tête
Headmaster directeur
Heavy lourd
Homework devoirs de classe
Hungry faim
Ill malade
Laugh (to) rire
Library bibliothèque
Lift (to) soulever
Look after (to) s'occuper de
Luggage bagages
Midnight minuit
Neighbour voisin
Newspaper journal
Noise bruit
Puppy chiot
Ready prêt
Sheep mouton
Stay (to) rester
Tall grand
Thirsty soif
Together ensemble
Travel (to) voyager
Water (to) arroser
Wait for (to) attendre

Le Royaume-Uni et l'Irlande

Les verbes irréguliers

Base verbale	Prétérit	Participe passé	Sens
be	was/ were	been	*être*
become	became	become	*devenir*
begin	began	begun	*commencer*
break	broke	broken	*casser*
bring	brought	brought	*apporter*
build	built	built	*construire*
burn	burnt	burnt	*brûler*
buy	bought	bought	*acheter*
catch	caught	caught	*attraper*
come	came	come	*venir*
cost	cost	cost	*coûter*
cut	cut	cut	*couper*
do	did	done	*faire*
draw	drew	drawn	*dessiner*
drink	drank	drunk	*boire*
drive	drove	driven	*conduire*
eat	ate	eaten	*manger*
fall	fell	fallen	*tomber*
feed	fed	fed	*nourrir*
feel	felt	felt	*(se) sentir*
fight	fought	fought	*se battre*
find	found	found	*trouver*
fly	flew	flown	*voler, s'envoler*
forget	forgot	forgotten	*oublier*
get	got	got	*devenir, obtenir*
give	gave	given	*donner*
go	went	gone	*aller*
grow	grew	grown	*grandir, pousser*
have	had	had	*avoir*
hear	heard	heard	*entendre*
hide	hid	hidden	*(se) cacher*
hold	held	held	*tenir*
hurt	hurt	hurt	*(se) blesser, se faire mal*
keep	kept	kept	*garder*
know	knew	known	*savoir, connaître*
lay	laid	laid	*poser, mettre (la table)*
learn	learnt	learnt	*apprendre*
leave	left	left	*quitter, partir, laisser*

Les verbes irréguliers

Base verbale	Prétérit	Participe passé	Sens
lie	lay	lain	*être allongé*
lose	lost	lost	*perdre*
make	made	made	*faire*
mean	meant	meant	*vouloir dire*
meet	met	met	*(se) rencontrer*
pay	paid	paid	*payer*
put	put	put	*mettre*
read	read	read	*lire*
ride	rode	ridden	*aller à cheval ou à bicyclette*
ring	rang	rung	*sonner, téléphoner*
run	ran	run	*courir*
say	said	said	*dire*
see	saw	seen	*voir*
sell	sold	sold	*vendre*
send	sent	sent	*envoyer*
shine	shone	shone	*briller*
shut	shut	shut	*fermer*
sing	sang	sung	*chanter*
sit	sat	sat	*être assis*
sleep	slept	slept	*dormir*
smell	smelt	smelt	*sentir (odorat)*
speak	spoke	spoken	*parler*
spell	spelt	spelt	*épeler*
spend	spent	spent	*passer du temps, dépenser*
stand	stood	stood	*être debout*
sweep	swept	swept	*balayer*
swim	swam	swum	*nager*
take	took	taken	*prendre*
teach	taught	taught	*enseigner*
tell	told	told	*dire, raconter*
think	thought	thought	*penser*
throw	threw	thrown	*lancer, jeter*
understand	understood	understood	*comprendre*
wake (up)	woke (up)	woken (up)	*(se) réveiller*
wear	wore	worn	*porter (un vêtement)*
win	won	won	*gagner*
write	wrote	written	*écrire*

Q, R

S

T

U, V

Anglais

Les mots de vocabulaire renvoyant à des thèmes sont indiqués en **gras** dans cette liste.

Table des illustrations

15 ph © Gusman / Leemage
25 ph © Paris, BNF / Archives Hatier
27 ph © Jean-Gilles Berizzi / RMN
31 ph © Hervé Lewandowski / RMN
43 ph © Los Angeles County Museum of Art, CA, USA / The Bridgeman Art Library
51 ph © The Bridgeman Art Library
121-hg ph © The Art Archive / Egyptian Museum Cairo / Gianni Dagli Orti
121-hd ph © Paris, BNF / Archives Hatier
121-bd ph © Gérard Degeorge / Akg-images
122 ph © Josse / Leemage
123 ph © Michel de Wismes
124 ph © Paris, Archives nationales / Archives Hatier
125 ph © Akg-images
126 ph © Daniel Arnaudet / RMN
127-hg ph © Electa / Leemage
127-hd ph © Nicolas Thibaut / Photononstop
127-bd ph © Pascal Lemaître / Centre des Monuments Nationaux, Paris.
128-131 ph © Paris, BNF / Archives Hatier
132 ph © Josse / Leemage
134 ph © Franck Raux / RMN
135 ph © Hervé Champollion / Akg-images
136 Coll. Jonas / Kharbine-Tapabor
138 ph © Bianchetti / Leemage
139 ph © Gérard Blot / RMN (Château de Versailles)
141 ph © René-Gabriel Ojéda / RMN
142 ph © RMN (Château de Versailles) / D. R.
143 ph © Christian Jean / RMN (Château de Versailles)
146 © Agenda 21 - Nantes Métropole
147 ph © Unanongrak / epa / Corbis
149 ph © Frans Lanting / Corbis
153 ph © Antonello Nusca / Gamma / Eyedea Presse
156 ph © Mark Henley / Panos-Réa
161 ph © Murat Tueremis / Laif Réa
165 ph © STR / AFP
167-1 ph © Alain Majchrowicz / Age Fotostock / Hoa Qui / Eyedea Illustration
167-2 ph © Alfred Buellesbach / Visum-Réa
167-3 ph © Jarry-Tripelon / Top / Eyedea Illustration
167-4 ph © François Perri / Réa
169 © Mouvement contre le racisme et pour l'amitié entre les peuples - www.mrap.fr
172 © IGN - Paris 2010, Autorisation n°80-0018
174-g ph © J.P. Saussez / Jacana / Eyedea
174-d ph © Frédéric / Jacana / Eyedea
175 ph © J.M. Labat et Y. Lanceau / Phone / Biosphoto
178 ph © St-Bartholomew's Hospital / S.P.L. / Cosmos
184-h ph © Biophoto Associates / S.P.L. / Cosmos
184-b ph © M. Kage / S.P.L. / Cosmos
190-h ph © C. Clech / Campagne, Campagne
190-m ph © Bob Paterson / Campagne, Campagne
190-b ph © C. Vaisse / Hoa-Qui / Eyedea
191 ph © Pambour / Campagne, Campagne
192 ph © Perrodin / Campagne, Campagne
193 ph © B.A. La Guillaume / Campagne, Campagne
194 ph © L. Sassi / Hémis.fr
196 ph © M. Petzold
197-g ph © J. Breton / Biosphoto
197-d ph © M. Petzold
210 © Météo France

Iconographie : Hatier Illustration

Conception graphique : Anne Gallet
Adaptation, réalisation : Ici & ailleurs
Cartographie : Légendes Cartographie
Infographie : Illustratek
Illustrations (français, histoire-géographie) : Volker Theinhardt
Illustrations (SVT) : Coredoc
Illustrations (anglais) : Daniel Guerrier
Pictogrammes : Philippe Derrien
Suivi éditorial : Brigitte Brisse assistée de Anne-Virginie Ternoir

Achevé d'imprimer par Clerc à Saint-Amand-Montrond - France
Dépôt légal : 94929-6/01 - Avril 2011